◆ 河北科技师范学院学术著作出版基金资助 ◆
◆ 秦皇岛市社科联课题（编号:2020-105）阶段性成果 ◆
◆ 河北省文化艺术科学规划项目（批准号:HB20-YB116）阶段性成果 ◆

乡村旅游理论与实务

王 颖 ◎ 著

中国农业科学技术出版社

图书在版编目（CIP）数据

乡村旅游理论与实务 / 王颖著．—北京：中国农业科学技术出版社，2020.8（2023.6重印）
ISBN 978-7-5116-4891-4

Ⅰ.①乡…　Ⅱ.①王…　Ⅲ.①乡村旅游-旅游业发展-研究-中国　Ⅳ.①F592.3

中国版本图书馆 CIP 数据核字（2020）第 133075 号

责任编辑	崔改泵　张诗瑶
责任校对	贾海霞

出 版 者	中国农业科学技术出版社 北京市中关村南大街 12 号　邮编：100081
电　　话	（010）82109194（编辑室）　（010）82109702（发行部） （010）82109709（读者服务部）
传　　真	（010）82109698
网　　址	http://www.castp.cn
经 销 者	各地新华书店
印 刷 者	北京捷迅佳彩印刷有限公司
开　　本	787 mm×1 092 mm　1/16
印　　张	18
字　　数	394 千字
版　　次	2020 年 8 月第 1 版　2023 年 6 月第 4 次印刷
定　　价	60.00 元

版权所有·翻印必究

前　言

习近平同志2017年10月18日在党的十九大报告中提出乡村振兴战略，实施乡村振兴的最终目标，是要不断提高村民在产业发展中的参与度和受益面，彻底解决农村产业和农民就业问题，确保当地群众长期稳定增收、安居乐业。近年来，全国各省的乡村旅游建设如火如荼，乡村旅游已经成为农村发展、农业转型、农民致富的重要途径，乡村旅游业将会有大作为、大担当。

乡村旅游是以促进农村发展为目的、以农村地区为特色、以农民为经营主体、以旅游资源为依托、以旅游活动为内容的社会活动。乡村性和地方性是乡村旅游的核心吸引力，也是乡村旅游发展的重要资源。随着我国国内生产总值以及居民收入、消费水平的不断提高，城乡空间距离的缩短，乡村旅游呈现消费升级和多元化发展的趋势。初级乡村旅游产品已不能满足大众所需，产品日趋创意化、精品化、高端化，农家乐、民俗村、田园农庄、农业科技园、乡村度假村、特色小镇、田园综合体等逐步涌现。

未来几年乡村旅游业将成为旅游业的主要新力量，通过发展乡村旅游业切实启动乡村旅游消费市场，推进我国乡村旅游实现消费大众化、产品特色化、服务规范化、效益多元化发展。随着国家大力发展休闲农业与乡村旅游产业，农村电商得到进一步发展，培育出一批批宜居、宜业、宜游的特色村镇。"智慧化"也逐步应用到乡村旅游产业，未来"旅游+""互联网+"等行动将推动发展休闲旅游、旅游电子商务、城镇旅游等业态，拓展乡村旅游产业链价值链。

本书依托休闲农业与乡村旅游的相关政策，分析乡村旅游的发展现状和未来趋势，在乡村旅游理论与实务的有机结合上做了有益的探索和尝试。本书第一章至第四章是理论部分。第一章主要阐述乡村旅游理论基础，对国家近些年一系列休闲农业与乡村旅游的政策进行解读。第二章、第三章、第四章分别介绍乡村旅游资源概述、乡村旅游发展模式、乡村旅游可持续发展。第五章至第九章是实务部分。第五章从乡村旅游规划的程序和内容两方面讲述乡村旅游规划实务。第六章、第七章针对新、旧旅游"六要素"在乡村旅游中的应用进行了剖析，旧的旅游六要素"吃、住、行、游、购、娱"侧重于"做服务"，第六章主要介绍上述基本要素在乡村旅游中如何进一步提升；新的旅游六要素"商、养、学、闲、情、奇"则是"重文化"，第七章主要写明上述拓展要素在乡村旅游中开发的途径。第八章、第九章分别阐述乡村旅游形象建设和乡村旅游信息传播，对共享经济时代的乡村旅游提出了发展建议。第十章重点阐释休闲农业与乡村旅游的标准化管理，介绍美丽乡村的建设指南和乡村旅游服务的质量标准。

　　本书对乡村旅游发展的理论与实践研究尚欠深入，笔者将对其进行更深层次的研究，希望能够形成一些新的理论成果。尽管在编写过程中注意到了实用性和可阅读性，积极征求了农学、果树学等有关专家及旅游企业工作人员的意见，参阅了大量的参考资料，然而毕竟学识和实践经验有限，再加上时间紧迫，书中不足之处，恳请各位专家、学者、同行及读者提出宝贵意见。最后，感谢河北科技师范学院新农村发展研究中心（秦皇岛市农业科学研究院）对本书撰写和出版的大力支持！

作　者

2020 年 4 月

目　　录

第一章　乡村旅游理论基础 ··· 1
　　第一节　乡村旅游的起源与发展 ··· 1
　　第二节　乡村旅游的内涵 ··· 9
　　第三节　休闲农业与乡村旅游政策解读 ································ 13
第二章　乡村旅游资源概述 ··· 16
　　第一节　乡村旅游资源的内涵 ··· 16
　　第二节　乡村旅游资源的类型 ··· 20
　　第三节　乡村旅游资源的开发 ··· 27
第三章　乡村旅游发展模式 ··· 31
　　第一节　休闲度假为主旨的发展模式 ··································· 31
　　第二节　体验劳作为核心的发展模式 ··································· 34
　　第三节　乡俗风情为重点的发展模式 ··································· 39
　　第四节　综合型发展模式——田园综合体 ··························· 42
第四章　乡村旅游可持续发展 ··· 52
　　第一节　乡村旅游可持续发展的内涵 ··································· 52
　　第二节　乡村旅游可持续发展的目标 ··································· 55
　　第三节　乡村旅游发展存在的问题 ······································ 56
　　第四节　乡村旅游与环境保护 ··· 59
　　第五节　乡村旅游可持续发展的途径 ··································· 63
第五章　乡村旅游规划实务 ··· 67
　　第一节　乡村旅游规划概述 ·· 67
　　第二节　乡村旅游规划的程序 ··· 70
　　第三节　乡村旅游规划的内容 ··· 71
第六章　乡村旅游基本要素提升 ··· 74
　　第一节　乡村旅游交通设计 ·· 74
　　第二节　乡村旅游导游服务 ·· 77
　　第三节　乡村旅游住宿服务 ·· 82
　　第四节　乡村旅游餐饮服务 ·· 90
　　第五节　乡村旅游商品开发 ·· 95
　　第六节　乡村旅游娱乐服务 ·· 100

第七章　乡村旅游拓展要素开发 ································ 103
　　第一节　乡村与休闲度假 ·· 103
　　第二节　乡村与养老旅游 ·· 108
　　第三节　乡村与情感旅游 ·· 113
　　第四节　乡村与研学旅游 ·· 117
　　第五节　乡村与生态旅游 ·· 122

第八章　乡村旅游形象建设 ·· 128
　　第一节　旅游形象与乡村旅游形象 ································ 128
　　第二节　乡村旅游形象设计 ······································ 132
　　第三节　乡村旅游品牌塑造 ······································ 136

第九章　乡村旅游信息传播 ·· 142
　　第一节　信息与传播媒介 ·· 142
　　第二节　乡村旅游信息传播媒介 ·································· 143
　　第三节　乡村旅游与互联网 ······································ 146

第十章　休闲农业与乡村旅游标准化管理 ································ 152
　　第一节　乡村旅游标准化概述 ···································· 152
　　第二节　乡村旅游示范园的申报与创建 ···························· 155
　　第三节　休闲农业与乡村旅游的相关标准 ·························· 162

附录一　休闲农业与乡村旅游相关政策（部分） ·························· 163
附录二　休闲农业与乡村旅游的国家标准（部分） ························ 185
附录三　休闲农业与乡村旅游的地方标准（部分） ························ 218
附录四　休闲农业与乡村旅游经典案例 ·································· 270
参考文献 ·· 281

第一章 乡村旅游理论基础

第一节 乡村旅游的起源与发展

乡村旅游是中国旅游发展新热点,是最具潜力与活力的旅游板块之一。当前,乡村旅游发展的总趋势是:乡村旅游形式已经实现多元化与综合化转变,不再是过去单一的农家乐模式,而是将观光、个性度假、娱乐等进行融合。这也宣告着个性休闲时代的来临,乡村旅游的各项活动正式跨入精致、创意发展阶段。

乡村旅游出现了以下特点:一是乡村旅游的全域化、特色化、精品化。许多地方往往共同规划、协调发展,以全村、全镇、全县范围来做乡村旅游。在推动乡村旅游的过程中,为避免同质化竞争、取得差异化优势,各个村镇实行诸如"一村一品""一户一业态"的差异化发展策略,深挖潜力,精心设计,打造精品,使乡村旅游呈现出特色化、精品化的特点。二是新产品、新业态、新模式层出不穷。四川省成都市是乡村旅游发展的先行者,"五朵金花"是其代表。现在乡村旅游发展很快,走在前列的有江苏省、山东省、浙江省等。江苏省出现了一系列的乡村旅游新业态。山东省扶持力度很大,每个县都做乡村旅游规划,省政府给予每县乡村旅游规划资金支持;另外,市县级政府还要追加支持经费。浙江省面对较多的境内外高消费客源,发展出了像"裸心谷"这样的高端乡村旅游产品。北京市郊区,近年来乡村旅游发展也很快,出现了很多新业态,呈现蓬勃发展的势头。三是从乡村旅游到乡村生活的新理念。一部分游客到乡村已不再是单纯的旅游,而是被乡村的环境所吸引,在当地较长时间地生活和居住,这种现象不仅出现在北京等大都市,也出现在包括如河南这样的省份。部分退休的年长人士,不愿意长期住在城市,一年中往往有数月栖居于乡间。他们认为乡村的生态环境好,能更好地亲近自然和享受有机生态食品。河南省有的农场已针对这种需求进行规划。

从乡村旅游到乡村生活,这是一大发展新趋势。因此,有必要更新对乡村及乡村旅游的认识:第一,重新认识乡村,全面认识乡村在生态上、文化上、生活方式上的特色和优势;第二,要振兴乡村,乡村现在面临着一个振兴发展的问题。

一、乡村旅游的产生与发展阶段

当前,乡村旅游可以进一步细分成传统乡村旅游与现代乡村旅游,对应的英文全称为 Homecoming or Traditional Rural Tourism 与 Modern Rural Tourism。在工业革命之后，传统乡村旅游便已出现，其起源即为当时的一些城市居民"回老家"休假，进而演化成乡村旅游，从而对当地的经济发展带来一定的促进效应，城乡之间的交流也开始加深。不过与现代乡村旅游相比依然有着显著不同，具体差异为：传统乡村旅游大多是游客选择节假日出行，这对旅游目的地经济缺乏带动效应，也很难增加当地就业，改善当地经济环境。传统乡村旅游在全球范围之内，无论是发达国家，还是发展中国家都十分普遍，我国常常将其称作探亲游。

20世纪80年代，现代乡村旅游开始陆续出现，这是一种新型旅游模式，出现之后便得到快速发展。它的参与主体不再是那些"回老家"的探亲游客，其特征体现在：旅游时间不再受到假期制约；游客对农村景观、建筑、文化等资源颇有兴趣；游客对当地经济的促进作用不仅体现在收入的增加，同时还为农民带来更多的就业岗位，传统经济也因此受益良多。现代乡村旅游对乡村经济发展带来很大的促进作用，而且随着相应游客数量的增多，更是逐渐演变成农村经济快速发展的重要措施。本研究所提到的乡村旅游，若是没有特别注明，都指的是现代乡村旅游。

（一）国外乡村旅游的起源

乡村旅游今天在世界上已经成为旅游业发展的潮流之一。在国外乡村旅游可以追溯到19世纪，从最初单一的旅游度假空间选择开始，已经有百年以上的历史。欧洲、美洲很早就开始以农庄度假和民俗节日活动为主题的乡村旅游，早在1865年，意大利就已经正式成立"乡村旅游全国协会"，并在社会上积极宣传，引导城镇居民来到乡间田野体会田园生活的情趣。但是，乡村旅游迅速发展普遍认为是在第二次世界大战以后，特别是20世纪60—70年代。当时西班牙、法国等国家，随着城市化水平的提高和对环境生态重视程度的提高，度假风气兴盛，更多的市民开始将田园当成重要的度假地，以躲一躲城市的喧嚣。甚至一些富豪、贵胄，更是在地中海海滨、休闲地盖起了别墅、第二住宅。另外一些经济状况不富裕的城市居民，有的联手购房、分时度假，有的到乡村农户家里住一段时间度假。于是一些农户和农场主适应这一需求，纷纷把自有房屋进行改造装修，使之成为温馨的家庭式旅馆，从而有效提升游客的家居体验，乡村旅游也就这样随之诞生，并显示出强大的生命力和越来越大的发展潜力。

（二）我国乡村旅游的起源

我国的乡村旅游，相对一些发达国家来说，起步要晚得多。萌芽于20世纪50年代，直到20世纪80年代，乡村旅游在我国才有了一定的发展。1984年广东省珠海市白藤湖农民度假村的开业标志着乡村旅游在我国的兴起。1989年乡村旅游在我国开始受到较为广泛的关注。1989年4月，我国农民旅游协会在河南省会郑州市成功召开第三届全国代表大会，并将"中国农民旅游协会"正式更名为"中国乡村旅游协会"。我国的乡村旅游是在政府主导下在具备旅游条件的乡村逐步推广开展。

二、国内外乡村旅游发展现状和经营模式

（一）国内外乡村旅游现状

1. 海外乡村旅游发展现状

19世纪70年代之后，在发达国家乡村旅游就已经开始迅速发展，这对当时经济发展面临困境的农村带来了新的促进点。在很多国家更是认为乡村旅游可以很好地解决农村经济衰退问题，并成为农民增收的重要措施。到了20世纪后期，西班牙以最近20年为时间跨度对本国的乡村旅游开展情况进行深入剖析，得出结论：乡村旅游在推动该国农村发展方面作用显著；参与乡村旅游的游客年龄段大多在25~45岁，他们有着较高的文化层次，同时也有着较高购买力，对田园生活心向往之，十分享受农家闲趣；他们主要喜欢与农业有关联的劳动项目以及对田园风光流连忘返等。为此旅游地开始积极利用已有设施，构筑更具有个性化的乡村旅馆，提升相应游客的旅游体验。如今乡村旅游在全球范围内都已经得到迅速发展，美国已超过30个州明确表示要在乡村旅游方面加大政策扶持力度，其中更有14个州已经将乡村旅游纳入旅游业的总体规划之中。以色列为了进一步发展农村经济，已经将乡村旅游纳入重要的创收路径，这使得有关农村旅游的公司数量蓬勃增长。澳大利亚、加拿大等国家，同样认为乡村旅游是促使农村经济多元发展的重要驱动力。

韩国、日本等国家在乡村旅游方面取得丰硕成果。韩国的德东里最初是一个僻远的山村，历代都是以农业种植为生，然而该地区有着秀美的风光，远离城市的喧闹，天空澄明，有着良好的自然资源优势，这为其开展乡村旅游提供了巨大优势。于是在当地政府与民间资本的带领下，开始积极发展农家乐项目，如捕鱼、种花等，对城里人有很大的吸引力。德东里乡村旅游的成功也代表了韩国在此领域的一个缩影。韩国乡村旅游的出现和发展与其经济发展不无关系。20世纪60年代，韩国经济开始迅速发展，从最初的落后农业国一跃成为中等发达国家，基本上完成了城市化改造。如今韩国总人口达到4 800万人，然而有九成已经在城市生活，从事农业生产的人口不到一成，尤其是该国的交通网络星罗棋布，这些都为当地乡村旅游发展提供了重要条件。在韩国旅游业中，乡村旅游的比重业已达到9.4%。

如今韩国乡村旅游内容或者项目十分丰富，如各种民俗、溪流、涧泉、海滩、瓜果等都可以打造成相应的旅游主题，其中有800个涉及民俗方面的旅游，如"泡菜节""拔河节""蝴蝶节""钓鱼节"等，这些都有着鲜明的地方色彩。除此之外，韩国乡村旅游还在不断地创新，如开辟"主题列车"，让游客可以随行、随看、随玩。还有相应的"饮食旅行"活动，可以让游客品尝当地的各种农家美食等，根据国家双休日制度，还开辟出"周末农场"等项目，吸引城市家庭来农场体会农事生活，或感受田野风光，或体悟农事艰辛。与此同时，韩国农林部还在积极推广"绿色农村体验村庄"等项目，其目的就是将科技、生态、旅游、农业等进行充分融合，由此推动高端乡村旅游发展。

城里人来到乡村，不仅有各种好玩的项目，同时还能享受到舒适的住宿环境，美味可口的农家美食。这些游客往往将这种家庭旅馆称作"民泊"。目前，这种旅馆只有农民或者渔民才有资质开设，其目的就是让他们受惠。通常每户最多不能超过7间，而且收入无须缴税。一般这些床铺采用地坑模式，所以成本较为低廉，1间房最多可以住上10多个人，而且游客还能在旅馆自己生火做饭，同时还配置卫生间，生活起居一切用度颇为便捷。为了保障环境，韩国政府颁布了颇为严格的标准。此外，相关农民本身也非常注重卫生健康，所以食宿环境都能很好地满足游客所需。

为了更好发展农民家庭旅馆，韩国还成立了专门的民泊协会，其目的就是要为行业提供相应服务和协调支持。如今该协会的正式与非正式成员数量分别达到1.2万个与4.5万个，开设了官方网站，相关成员都可以通过网站进行注册，游客也能通过该网站进行检索。通常，若是民泊协会的正式会员，在暑假期间，最多可以挣到1.5亿韩元，最少也不会低于4 000万韩元。同时韩国旅馆的形式也具有多样化，有别墅化旅馆，也有简朴的原木屋等，可以满足不同消费层次的游客需求。

2. 国内乡村旅游的发展现状

我国乡村旅游主要是以民俗、休闲为核心，或以农产品采摘作为主题，或以民间活动为主题等。根据我国旅游局所统计的相关数据，截至2014年，乡村旅游方面的游客数量已经是全国各类游客的33.3%。特别是我国近些年的假期日益增多，很多城市民众开始利用节假日出游，其中就有七成选择周边乡村来观光旅游，在一些城市周围的乡村，每年接待游客的数量增速可达20.0%。国家旅游局更是多次在旅游扶贫等会议上要求大力推动乡村旅游的发展，并在具体发展过程中要切实以农为本，要不断创新旅游业态与主题项目，有效推动乡村旅游业的健康持续发展，真正让传统的农家乐旅游实现现代化升级。2012—2016年，中国乡村旅游游客接待人次和营业收入年均增速分别为32.0%、26.2%。其中，2013年、2015年乡村旅游游客接待人次与营业收入增长迅猛，各指标增长率都达到30%以上。2016年，乡村旅游总接待的游客已经高达24亿人次，在国内的比例已有54.4%，对应的营收规模达到4 800亿元，所占全国的比例为12.2%。2017年中国乡村旅游接待游客达25亿人次，同比增长16%，营业收入近6 200亿元，占比超过国内旅游收入的30%（图1-1）。

我国乡村旅游地主要分布在经济较发达、交通便利的大中型城市周边地带及景区周围。在我国大中型城市如北京、上海、广州等地周边农村，由于具有广大的客源市场、便利的交通条件，且靠近旅游风景区，这使得乡村旅游取得迅速发展。对我国旅游市场进行分析，乡村旅游表现出对景区、农业生产的收获活动和传统节庆活动的极大关联性。游客参加频率最高和重游率最高的项目主要为民俗旅游与农产品采摘旅游，大多为短期与附近游。乡村旅游的国内客源地主要在大中城市，该地区的上班族大多利用周末和短期假日来放松身心，从而形成了近距离、短时间的出游。由于闲暇时间、工资、交通条件的制约，我国出游者大多选择交通便利的城郊乡村景点。

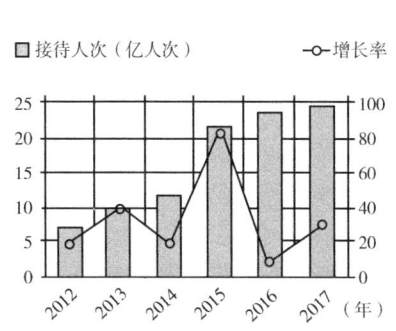 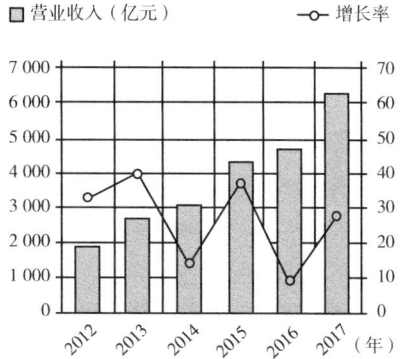

图 1-1　2012—2017 年中国休闲农业与乡村旅游接待人次、营业收入变化情况

(二) 国内外乡村旅游经营模式

1. 第一种模式：乡村旅游自主经营模式

自主经营模式在乡村旅游初级阶段最为常见。这种模式的特点是：投入少、接待量不大、欠缺专业培训、家庭经营。自主经营模式比较适合以家庭为接待单位的小规模乡村旅游。由于受管理水平和资金投入的影响，自主经营模式对社区经济的带动效果不明显，难以形成规模化发展。

(1) "单体农户"模式。该模式通常是那些有着一定旅游资源的农户直接从事乡村旅游经营活动，或通过签订租赁合同出租给外来人员经营乡村旅游。

优点："单体农户"模式有利于调动农户经营管理的积极性，也有利于保护乡村旅游资源。大多数农户属于本地人，他们在具体经营过程中会注意加强保护，同时对当地的民俗与乡村文化有着更为深刻的理解，在具体经营之时，可以很好地展现极具地方性的特色。

缺点：难以扩大规模，竞争力不足。伴随着乡村旅游的持续发展，经营者开始不断增多，相关的竞争也开始变得更为激烈。这类农户受到自身观念、经济能力等层面的制约，一般会停留在原有的经营规模和服务档次上，无力改善竞争状况，难以竞争。单体农户在经营中最需要注意资金问题。乡村旅游发展到一定阶段以后，无论是扩大经营规模，还是推出新产品，都需要大量的资金投入。后续发展资金是制约单体农户经营发展的较大瓶颈，因此在经营过程中如何做到资金良性循环是经营的重点。

(2) "农户+农户"模式。该模式是当前典型的初级经营模式。在乡村旅游发展的初期，还没有形成企业经营模式，在乡村旅游"示范户"的带动下，其他农户纷纷加入旅游接待行列，并逐步跟"示范户"形成供应关系，比如供应蔬菜、禽蛋、肉类等，形成供应链。后来，一些农户发展成"示范户"的合作伙伴，与其合作经营，提供餐饮服务或住宿服务，形成"农户+农户"的乡村旅游经营模式。

优点：有利于乡村旅游资源互补，降低经营风险。其特点是投入资金较少，整体接待量颇为有限，然而乡村文化的保留极为真实，可以让游客能对当地的文化习俗有着更加深刻的体验。

缺点：这种模式管理水平相对较低，同时资金的投入也受到一定的影响，所以对整个旅游经济的拉动效果并不好，很难进行规模化发展，大多应用于小规模的乡村旅游领域。

（3）个体农庄模式。该模式是个体农户在规模农业的基础上发展起来的，通过对农牧果场加以改造，打造有意义的旅游景点，并能够有效提升相应旅游服务水平。

优点：这类模式是单体经营户的发展方向，是乡村旅游经营综合化的一个表现。它可以对附近的闲置劳力进行吸纳，在具体提供旅游服务过程中可以增加手工艺、生产与表演等增值项目，并能支持规模化接待游客，对社区旅游经济发展形成以点带面的发展模式。

缺点：个体农庄模式竞争力低，农户的资金风险相对较高，而且对农庄的管理也缺乏专业性的指导。

2. 第二种模式：企业经营模式

近些年，乡村旅游开始不断成熟，当地或者外地的企业也开始积极进入乡村旅游投资市场，参与经营乡村旅游，因此出现了企业经营模式。这种模式的特点是：企业主导、农户参与、发展迅速、起点层次高、规模开发、管理专业、服务规范。企业经营模式对社区旅游经济效益带动明显，能够形成规模化发展。

（1）"公司+农户"模式。由公司主导经营，吸纳当地村民参与经营或管理。所需资本可以通过协商，按一定比例出资投资经营，也可以采取入股的形式，把农民的庭院、农田、菜地等作价入股，按股分红。

优点："公司+农户"模式利用公司在市场、信息、营销、资金等方面的优势，以及农户在经营场地、风俗习惯等方面的优势，将两者结合起来，消除了用户对该市场不能全面了解的瓶颈，同时也消除了企业很难进入农村内部的局限性。"公司+农户"模式对接待服务进行规范化管理，易于提高服务水平，避免不良竞争损害游客利益，从而促使乡村旅游的持续健康发展。

（2）"公司+社区+农户"模式。该模式显然是上述"公司+农户"的提升或改进模式，是一种企业与社区、农户紧密合作，促进乡村文化保护与传承，发展当地旅游经济的成功旅游经营模式。

社区是若干社会群体或社会组织聚集在某一个领域里所形成的一个生活上关联的大集体，是社会有机体最基本的内容，是宏观社会的缩影。在这种模式中的社区通常是当地村镇行政机构或者旅游协会。这种模式中的社区也可以由全部乡村农户参与经营，通常是每户出一名代表。而该社区就类似于上市企业的董事会，可以对有关旅游方面的大事件进行决策，并对相关的管理者进行监督与考核，同时还可以对财务状况进行审查等。相关公司需要接受对应协会的委托，并对旅游的经营业务进行负责，其中涉及基础设施建设、服务质量监督、接待游客等。农户在此期间属于具体服务单元，负责对游客进行接待，然后定期和企业进行结算。

优点："公司+社区+农户"模式的优点表现在以下 3 个方面：一是这 3 个主体有着鲜明的职责分工，相关的利益能够实现均衡分配；二是这 3 个主体存在着相互制约关系，使相应经营机会具有均等与公平性；三是经营管理的规范化、标准化。

缺点：这种模式也存在问题，公司和农户之间的关系存在不和谐因素，主要表现在利润分配时出现争执等问题。

(3)"股份制"模式。"股份制"是一种新型乡村旅游社区参与模式，是由国家、集体和社区居民组成共同管理机构的一种合作模式。在这种模式下，乡村旅游开发各参与方将自己的资源转换为股本，采取按股本或者按劳相结合的分红模式来展开股份分红，然后再开展股份制经营。其中农户以提供土地、劳动、技术等生产资料直接参股，企业利用其自有资金或融资对旅游设施进行建设和维护，或者利用自身的管理优势和市场优势参与到乡村旅游开发中，完成扩大再生产和生态保护与恢复的任务。而政府或者社区则是将公益金投入乡村公益事业，并借助于股金分红模式对股利进行分配。

优点：在此种模式之下，农户正式成为当地旅游业开发的主体，他们成为名副其实的企业股东，在相关旅游决策、经营活动、利益分配等方面进行参与。农户和企业具有共同的利益和目标，共同经营，使农户真正有了主人翁地位，从而积极参与决策，自觉维护其赖以生存的乡村旅游资源，实现了旅游资源由过去的公有转变成共有，这样资源与环境保护就能得到更好的保障。

缺点：在此模式之下，可能诱发利益难以均衡分配、多重管理或缺乏管理等问题。

3. 第三种模式：政府、行业参与模式

(1)"政府+公司+农户"模式。该模式是在乡村旅游经营中，由乡镇、县级政府以及当地旅游主管部门根据相关市场需求和旅游业规划来对相应旅游主题、地点与时间进行明确，鼓励、发动当地村民开办乡村旅游，并在经营过程中，作为政府或者旅游部门需要为其进行相应指导。

在该模式之下，政府起引导作用，能够把握全局，同时也能够发挥农户的积极性。政府能够起到一种引导和监督的责任，避免了乡村旅游资源的滥用情况以及由此而引发的相关经济纠纷。由于企业的利益最大化原则和农户的知识水平限制，在乡村旅游的发展过程中，在利益的驱动下，有可能出现超出旅游承载力，过度经营和使用，破坏当地的乡村旅游资源的情况。"政府+公司+农户"模式能有效地解决这一问题。由于政府起着监督的作用，通过制定一系列的法规和政策，来约束旅游企业和农户，使乡村旅游得以持续健康的发展。在这个模式下，政府充当中间者的角色，协调着各方的矛盾，使各方的利益分配达到一个均衡点。

（2）"政府+公司+农村旅游协会+旅行社"模式。该模式为当前最为常见的一种乡村旅游经营模式，它的特点体现在：可以对旅游产业链的诸多环节优势进行发挥，借助于科学的利益分享使农业产业结构得到更好调整，为旅游可持续发展奠定了基础（图1-2）。

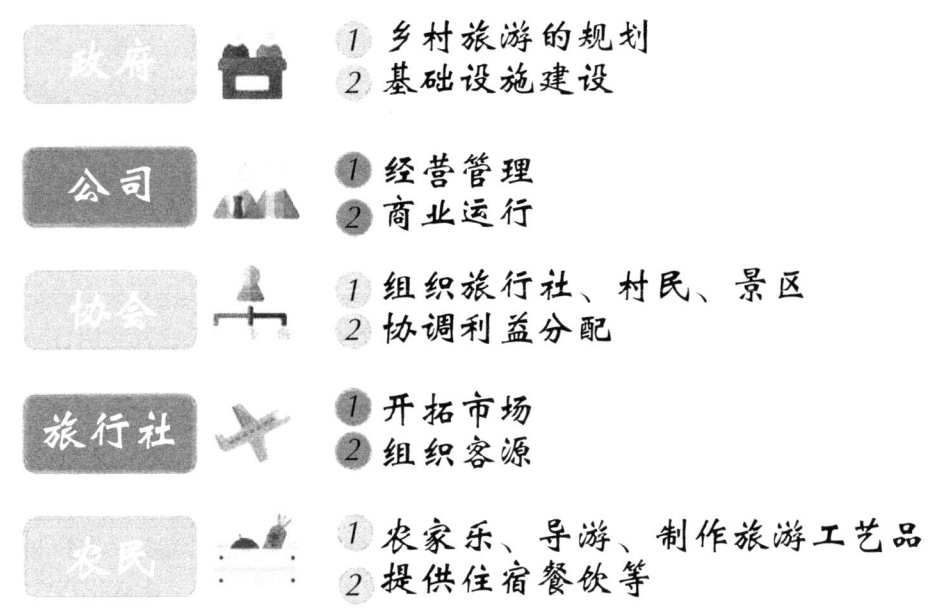

图1-2 "政府+公司+农村旅游协会+旅行社"模式

具体工作模式：作为政府需要对乡村旅游进行整体规划，负责相关基础设施层面的建设，提供更好的发展环境。而相关企业则注重商业运作，强化经营管理。对应协会则主要引导与组织当地民众参与民俗文化活动、制造工艺品、提供住宿餐饮服务等，并对企业与农户之间的利益进行协调。作为旅行社则需要对市场进行开拓，积极组织客源。在经济相对落后、市场发育不很完善的地区，由政府组织，全盘把握，公司和协会分工协作，农户广泛参与的这一经营管理模式，更有利于促进乡村旅游的快速发展。

优点：该模式突出的特点就是各个方面利益均得到考虑。因为它涉及了乡村旅游发展的几个关键主体要素，并能发挥相关因素的优势，借助于相关利益的科学分享，使诸多主体能够通力协作，规避因为分配不均而引发的相关利益冲突。第一，积极发挥企业在经营与管理层面的优势，而作为旅行社则可以利用自身市场开拓的优势，推动乡村旅游业的发展。第二，行政机关从整体方面来进行规划，而协会则是农民代表主体，在参与合作过程中要积极为农民利益代言。此外，还需规避过度商业化，积极保护当地文化，使民众由此产生自豪感，进而为乡村旅游的发展提供重要基础。

第二节 乡村旅游的内涵

一、国内外学者对乡村旅游的解读

乡村旅游需要将休闲度假作为核心，发展各种独特化的旅游模式，如田园风光游、民俗活动游、农事体验游等，在此过程中需要确保生态保护和人文传承。伴随着乡村旅游的快速发展，近些年乡村旅游开始出现了很多创新概念与理论，如诗意田园、农事体验等，这些概念与理论的新鲜出炉，使乡村旅游的内容变得更为丰富，形式也变得更为多元，同质化问题得到很好缓解。我国传统乡村旅游主要就是观察民俗乡风，体验农事活动等，或者是观赏"油菜花"以及"水稻""小桥""流水"等。

对于世界旅游组织而言，对乡村旅游进行了以下界定：游客在乡村体验与学习相关的农事活动。而这些乡村实际上就成了这些游客对相应地区进行探索的基地。欧洲联盟和世界经济合作与发展组织将乡村旅游定义为发生在乡村的旅游活动，其中乡村性是乡村旅游整体推销的核心和独特卖点。乡村性得到保持的关键体现在：当地人所有，小规模化经营，环境与文化方面具有可持续性。

国内学者的观点主要为：农民作为主体，并基于他们所掌握的土地、农作物、当地特色资源，为游客提供多元化服务的家庭经营模式，就是所谓的乡村旅游。该观点的本质就是"农家乐"。国内专家表示，我国乡村旅游的内容主要涵盖：第一，以乡村民俗文化作为灵魂，由此增加乡村旅游的品位；第二，农民需要成为经营主体，要展现出典型的民俗属性；第三，主要服务的对象需要定位成市民，让他们体悟到农家生活与田园乐趣等。

二、乡村旅游的概念和特征

以乡村人文、自然资源等作为吸引游客的主题，借助于当地优美的环境、极具文化属性的建筑、民俗等资源，在农业体验、休闲旅游的基础之上，进行开发娱乐、度假、会务等诸多创新的旅游模式，就是乡村旅游。

当前海内外学术界对乡村旅游还没有进行统一的定义，存在着不同的观点，主要表现在：Gilbert（1990）等来自西班牙的学者在研究中表示，农户为游客提供食宿等环境，使之在典型的农村环境（如农场、牧场）中体验农事、度假、休闲的一种旅游模式就是所谓的乡村旅游。世界经济合作与发展委员会（OECD）在1994年提出，乡村旅游的独特吸引点，就是闲适的田园风味。以色列Arie Reichel等和美国Ady Milman（1999）在研究中表示，位于农村区域的旅游就是所谓的乡村旅游，它有着区域属性，相关企业规模较小，而区域则具有开阔性，并能支持可持续发展等。英国学者Bramwell（1994）等在研究中指出，乡村旅游是一种多层次的旅游，并不局限于农业旅游活动，同时还涵盖了生态与自然旅游以及各种探险与运动，如骑马、步行、打猎等，此外还涉及教育、文化等层面的旅游，当然也包括一些区域性民俗旅游等。

我国在这方面的旅游定义则整体较晚，李立华等学者在研究中表示，在乡村区域，借助于具有乡村属性的人文、自然等属性的旅游项目来吸引游客，就是所谓的狭义乡村旅游。乡村旅游的概念涉及：第一，旅游地在乡村；第二，相关人文、自然等主题都需要具有乡村属性。这两个要素需同时具备。

乡村旅游具有形式多样、类型丰富、以城市居民为主要客源的特征。乡村旅游作为一种新型旅游业态，以"三农"资源为主要载体，以乡村文化、自然景观、清新空气、绿色菜肴、农业生产为主要吸引物，以城市居民为主要目标市场，满足旅游者回归自然、休闲健康和体验农村发展成果等需求，具有资源潜力大、市场覆盖面广、关联产业链长、受益群体多、消费需求旺、综合带动性强等特点。

三、乡村旅游的功能与意义

发展乡村旅游需突出田园特色、保持乡土原味、注重游客的参与性、体验性与休闲性。乡村旅游作为一种旅游形式，在旅游业中的产业关联带动、吸纳当地人就业和促进改革开放、脱贫致富等诸多方面，都发挥着独特而显著的作用，是推动广大农民奔小康的重要途径。乡村旅游已经成为旅游经济的新增长点和合理兼顾农村产业结构调整、农民小康与城市居民休闲旅游的多重需求的有效载体。

（一）乡村旅游的功能

1. 审美享受，缓解压力

长期生活在城市之中的居民，看到的是钢筋水泥，听到的是汽车喇叭，呼吸的是浑浊的空气。在这种情况下，人们不禁会追求一种别样的审美愉悦，而乡村旅游正符合了这种需求。乡村的美是纯自然的，是有历史底蕴的。选择乡村作为旅游地点，不仅是因为乡村优美的风景或别样的生活方式，还因为居民想要摆脱城市中快节奏的生活方式，卸下沉重的工作压力。

2. 教育体验

国外的乡村旅游，很多家长都愿意带孩子一同去，其中的原因除了娱乐之外主要是能对孩子进行最直接、最现实的教育。通过体验农村生活、品尝乡村野味、参与农业劳动，从小生活在城市中的孩子能够领略到农村中不同的生活方式，体会到农村人的辛苦和勤劳，学习到有关自然的知识，寓教于乐，是一种很好的教育体验方式。

3. 文化传承

相比于城市，农村中往往保留了更多中国的传统文化。通过发展乡村旅游，建设民俗文化村，举办民俗文化节，乡村中的民间艺术，传统手工艺等，能够获得较好的展示、传承并进一步发扬光大。村民认识到民间文化的珍贵，都市人群更好地了解乡村社会文化和民俗风情，乡村旅游可以起到传承中国传统文化的作用。

4. 促进农村经济发展

旅游业是一种投资少、见效快、收益多的高度综合的特殊产业，通过初次分配和再分配的循环周转，不仅促进了经济的发展，而且促进了贫困地区产业结构的优化、转变，从而提高了贫困地区人民的生活水平，缩小与发达地区之间的差距，对解决"三农"问题起着举足轻重的作用。乡村旅游使传统农业转变为观光农业、休闲农业、生态农业，农产品附加值大幅攀升，不仅拉动内需消费，而且有效促进了农村产业结构的转型升级。乡村旅游可以充分有效地开发利用农业资源，调整和优化农业结构，促进农业和旅游业的合理结合，建立新的"农文游"结合的农业发展模式。

5. 更新社会观念

农村地区之所以落后，很大一部分原因是观念的落后，而乡村旅游的发展可以吸引大量城市游客的进入，农民在为游客服务的同时也可以开阔视野，接收到城市中先进的思想和理念，更新陈旧的思想观念。发展乡村旅游，可以更好地推动管理民主目标的实现。在乡村旅游发展环节，需要积极借鉴国外成熟的经验，进一步提升当地社区对乡村旅游的参与积极性，要对农民意愿进行充分尊重，然后再进行农村建设，最大限度地激发农民的法治与民主意识，从而使管理民主化目标得以最终实现。

（二）发展乡村旅游的意义

推动乡村旅游持续发展，是对"三农"问题进行解决的重要突破口，原因体现在：第一，能够与小康社会建设、扶贫、"三农"问题解决进行有机结合，使乡村旅游成为解决"三农"问题的钥匙，并更好促使农民脱贫致富。第二，可以与旅游业进行有机结合，构筑相应的旅游优势与品牌。第三，让乡村旅游正式成为科学发展观的重要样板，进而推动特殊产业建设，显著缩小城乡差距，并最大限度地增加农民环保意识，从而更好地推动农业可持续发展。具体来说，可以从乡村旅游对旅游业的意义、对新农村建设的意义和对旅游者的意义3个方面来分析乡村旅游发展的重要意义。

1. 对旅游业的意义

想要发展乡村旅游，必须要推动美丽乡村建设，积极利用当地的自然、文化与建筑等资源，在过去农事体验、休闲游基础之上，进一步拓展度假、娱乐等创新项目。另外，乡村旅游的发展还有利于拓展整个旅游业的产品和形式，有利于旅游业样式丰富和持续性发展。同时，乡村旅游的发展，推动了城市周边短线旅游的繁荣。乡村旅游可以扩大旅游市场和农产品销售市场，同时还可以带动相关产业的发展，扩大劳动就业，增加经济收入，发展高效农业。所以有人将其称之为旅游业的一朵奇葩。

2. 对新农村建设的意义

乡村旅游对"三农"问题解决、推动旅游业转型升级等层面有着积极作用，同时还能促进农业转型和带动农民致富。

（1）有助于农民增收。乡村旅游需要对当地资源进行充分开发，其凭借的资源就是农村独有的低节奏生活，以及赏心悦目的自然与田园风景，同时还涉及各种农业资源等，这些资源的构建主体皆为农民。在发展乡村旅游时，必须要得到农民与社区的广泛参与，于是在发展乡村旅游的过程中，广大农民就可以将原本普通的生活与生产资料，转换成经营性资产，而且这种转换极具简单性，门槛较低，而且经营颇为灵活。广大农民对这些资产拥有所有权，相关的管理成本较低，而产权回报则颇为直接。农民对这些资产拥有所有权，同时扮演者劳动与经营者角色，他们会积极提升这些资源增值，从而帮助他们获得更多财富。

（2）有助于吸收剩余农村劳动力。我国农村基本上表现出结构单一化问题，农民的整体就业情况不容乐观，不少农民存在着一定程度的"隐性失业"问题。这让农村存在着较为丰富的劳动力，不仅有着整体的剩余量，同时在不同季节也有相应的剩余量。发展乡村旅游，就可以让农民无须离乡背井去他乡谋生，完全就可以在当地完成就业，这样也能很好解决农村留守儿童等诸多社会问题，同时还能为当地的剩余劳动力谋取出路。

（3）提升农业附加值，促使农村"三产"发展。随着乡村旅游的发展，相关市场、资金、人才等相关服务功能开始朝着农村进行转移，这样就能引领当前农村经济的转型升级，为农民致富提供了重要的渠道。发展乡村旅游也能减小当前的城乡差距，是消除生态与经济发展矛盾的关键路径。乡村旅游以乡村为核心，与当地农产品关系密切。在乡村旅游大力发展之下，使各种农产品直接面对面地销售给用户，可缓解农产品销售模式缺乏通畅性等问题。在乡村旅游需要增长之下，相应的农产品需求也会随之增加，农产品的附加值就会提升，进而为农业产业发展提供更好环境。

（4）有效改善农村环境，提升农民生活品质。很多游客对乡村旅游所涉及的食宿卫生、服务品质等都给予较高的关注，尤其是卫生与安全，往往成为游客关注的焦点。为了更好地满足游客要求，就需要强化相关基础设施的投入，对人居环境加以改善，并对相应的社会化服务体系进行完善，如道路改善、给排水建设、生活垃圾处理等，这必然会让广大农民的生活品质得到很好提升。同时，旅游本身会对环境卫生有着较高要求，这必然会促使农村加大美丽乡村建设力度，更好地推动环境建设，使乡村实现持续发展。

（5）促使城乡精神文明对接。在具体旅游环节，农户需要积极参与到高品质精神追求领域，对自身精神世界与文化生活进行丰富。部分地区为了提升服务水平，还需要积极开设乡村旅游培训班，对相关从业者展开相应培训，引导他们积极学习礼仪与常用外语，同时还需要教会他们一些基本性的知识技能，从而更好地提升他们的综合素养。

（6）有助于原生态文化保护。在乡村旅游中，生态环境是对游客进行吸引的重要因素，促使乡村维持自身特色，构筑朴实的乡土民情，是推动乡村旅游建设的基础要件，同时也是广大村民的重要责任。为了更好地推动乡村旅游的发展，往往需要进行各种文化上的拯救、资源层面的复原，还有大量的宣传活动等，这样就可能使濒临灭绝的传统文化得以重生，使当地民众产生相应的文化自豪感，使之自觉地形成保护环境、传承文化的意识。

（7）有助于更好地对乡村生态环境进行保护。对生态文明进行改善，更好地展现美好发展成就。发展乡村旅游，可以在新农村建设过程中对生态文明质量给予更多的重视，这不仅可以对原生态景观进行保护，同时还能促进生态修复工程的开展，重新在乡村展现绿水青山的风貌。与此同时，还能更好地促进当地文化的传承与发展。旅游十分注重原生态、个性化等属性，只有将自身打造成极具风格的乡村，发挥自身文化与生态优势，才能更好地赢得相应游客的青睐。所以，对乡村旅游进行推动发展，可以更好地构筑环境友好、资源节约型社会，最终实现新农村与美丽乡村建设。

3. 对旅游者的意义

乡村旅游的开展，为大量城市居民提供了休闲旅游消费空间，近几年在周末或小长假期间，城市居民出游选择乡村旅游已占70%以上。乡村旅游可以对农业生态环境进行很好的改善，并能对乡村风貌进行更好地塑造，使民众的生活与环境品质得以提升，达到休憩健身的目的。乡村旅游可以让游客了解农业生产活动，体验农家生活气息和农业野趣，享受农业成果，同时普及农业基本知识，促进城乡文化交流。可以开拓新的农业旅游空间，使相应游客正式进入农业世界，进而更好地缓解某些热门景点人数较多的压力，减少假日里城市旅游地过分拥挤的现象，同时，也能让农民的生活热闹起来。

发展乡村旅游的价值体现在可以为市民提供吃、住、行、游、购等各类信息、周末休闲游线路、快速查询、在线预订；为商户整合农家乐、度假村、地方景点、地方特产商家，在网络上进行展示宣传、营销推广、短信预订、电子商务；为企业提供商务会议、度假休闲、拓展培训等服务；为主管部门提供信息传达、网上评级、行业监管、经验分享等。

第三节　休闲农业与乡村旅游政策解读

一、休闲农业与乡村旅游的区别与联系

休闲农业正在成为农村经济发展的新引擎，每个村子都在思考着如何依托本地资源打造出最吸引人的休闲农业模式。休闲农业与乡村旅游二者之间有着紧密联系的关系，休闲农业是一种与旅游业交叉的新型产业，乡村旅游又更多地依托农业的生产经营过程、模式等。

休闲农业和乡村旅游之所以受到人们的追捧，除了能够给旅游者提供休闲、观光、体验等服务以外，还能促使农村方方面面的变革，从产业结构上来说，能促使一二三产业的融合发展。休闲农业和乡村旅游的发展，可以更好发挥其经济与社会功能，如帮助农民增收，解决农村剩余劳力等。另外，还能对传统文化进行传承，保护当地的生态环境，培养村民自治意识等。具体而言，通过乡村旅游，可以让农业区转

换成旅游区，让优美的田园风光转换成人人愿意来赏玩的公园，让之前的艰辛劳动转换成健身运动，让农产品直接转换成可交易的商品，让民居变成酒舍，从而让原本闲置的土地得到更好的利用，同时也能让农民有着更多的闲暇时间，让原本有着较多剩余的农村劳动力实现更好的流动，并让传统文化得以活跃。所以，人们看到其在农业农村经济社会发展中的作用后，纷纷打造出各种各样的休闲农业和乡村旅游的发展新模式。

休闲农业和乡村旅游二者之间存在着区别。前者主要是借助于农业景观资源与生产条件，来发展旅游、休闲、观光为一体化的综合性生产经营模式，它可以对农业资源潜力进行最大限度地开发，同时还能促使农业升级转型，美化农业环境，让广大农民获得更多收入。休闲农业强调的是农业，着力点在农业。后者更多的是让相关游客来到乡村赏玩风土人情，体验一下农事，感受一下小桥、流水、村落、墟烟的情韵。旅游者可在乡村及其附近逗留、学习、体验乡村生活模式。乡村旅游强调的是旅游，着力点在旅游。这类旅游大多以恬淡的田园情趣、特色的村落面貌、深厚的民俗文化为基础，为游客提供多元化的创新项目，如娱乐休闲、度假、观光、农事体验等。乡村旅游是以乡村为落脚点，同时也是以"乡村属性"来对游客产生吸引力。和都市旅游进行对比，乡村旅游显然有着区域性、综合性等属性。

休闲农业与乡村旅游二者相同之处都为城镇市民提供休闲体验服务。不同之处在于，休闲农业偏向于自然生态、农业生产的开发利用，让人们从中得到体验认知和怡情养性。休闲农业除了观光旅游外，还具有一些独特的景观内容。乡村旅游更多的是偏向于现代化设施设备的投入和建设，注重商业文化经营。乡村旅游除了囊括休闲农业的景观内容以外，还含有乡村的很多民俗文化内容。因此二者无论从业态上，内涵上都有很大的区别。而农村的农耕文化、民风民俗文化又无不与农业生产息息相关，所以二者之间也相互联系。

休闲农业与乡村旅游是两个相近又相异的概念。休闲农业的核心就是要对有着旅游、观赏价值的农业资源充分进行开发，同时也以农产品作为重要前提，将相关科技、艺术、农业生产等与游客的观赏、参与、求知等融为一体，使他们能够感受到与风景名胜迥异的一种田园之趣，同时还能获得一些现代农业艺术的相关知识。由此可知，休闲农业是农业和旅游业交叉结合产生的一种农业生产经营形态，是农业的衍生品，离开了农业，休闲农业便无从谈起。而乡村旅游更加强调空间维度的地域观念，它将整个乡村地域系统作为开发对象，主要是以具有典型乡村景观意象的聚落、建筑、环境，乃至非物质性的乡村民俗风情等为旅游吸引物。因此，休闲农业与乡村旅游在范围上有着一定的重合，但二者又有明显的差异性。休闲农业强调的是农业与旅游业产业活动的同步性，乡村旅游强调的是旅游产业活动与乡村人文属性与自然环境之间的关联性。

二、我国休闲农业与乡村旅游的相关政策（部分）

2018年11月，文化和旅游等部门共同颁布《关于促进乡村旅游可持续发展的指导意见》，见附录一。

2018年1月，中央一号文件《中共中央国务院关于实施乡村振兴战略的意见》，见附录一。

下列文件可查阅政府机关网站。

2019年2月，人民银行等五部门联合发布《关于金融服务乡村振兴的指导意见》。

2019年1月，中央一号文件《中共中央国务院关于坚持农业农村优先发展做好"三农"工作的若干意见》。

2018年10月，国家发展改革委等多部门联合印发《促进乡村旅游发展提质升级行动方案（2018—2020年）》。

2018年4月，农业农村部发布《关于开展休闲农业和乡村旅游升级行动的通知》。

2018年2月，农业部《农产品加工业、休闲农业和乡村旅游、农村创业创新与农村一二三产业融合发展2018年工作要点》。

2017年7月，国家发展改革委等多部门联合印发《促进乡村旅游发展提质升级行动方案（2017年）》。

2017年1月，中央一号文件《关于深入推进农业供给侧结构性改革加快培育农业农村发展新动能的若干意见》。

2016年12月，国务院发布《关于印发"十三五"旅游业发展规划的通知》。

2016年12月，国家发展改革委联合国家旅游局发布《关于实施旅游休闲重大工程的通知》。

2016年12月，国家旅游局、农业部联合印发了《关于组织开展国家现代农业庄园创建工作的通知》。

2016年11月，国务院办公厅发布《关于进一步扩大旅游文化体育健康养老教育培训等领域消费的意见》。

2016年11月，农业部印发了《全国农产品加工业与农村一二三产业融合发展规划（2016—2020年）》。

2016年10月，国家旅游局发布《国家旅游局办公室关于实施旅游万企万村帮扶专项行动的通知》。

2016年1月，中央一号文件《关于落实发展新理念加快农业现代化实现全面小康目标的若干意见》。

2016年1月，国务院办公厅发布《关于推进农村一二三产业融合发展的指导意见》。

第二章 乡村旅游资源概述

第一节 乡村旅游资源的内涵

在中国旅游业发展中,乡村是其中重要的组成部分,并且用其广袤的分布构成了旅游业发展的宏大地理背景,乡村增添了中国旅游的独特魅力。在"怀乡""建设美丽乡村""人民呼唤绿水青山""振兴乡村"等关键词的时代背景下,人们到乡村去旅游蔚然成风。乡村旅游的蓬勃开展对于促进城乡联动、推动农村振兴有着明显作用。对乡村旅游的研究不能脱离相关资源问题的分析。所以,以旅游资源为视角来对乡村旅游资源进行分析,同时兼顾乡村地域概念,可以较为全面地阐释乡村旅游资源的内涵。

一、旅游资源概述

(一)旅游资源的概念

旅游活动客体便是旅游资源,这是现代旅游业得以持续发展的重要基础。2003年2月24日国家标准部门颁布了中华人民共和国国家标准GB/T 18972—2003《旅游资源分类、调查与评价》,其中对旅游资源的定义是"自然界和人类社会凡能对旅游者产生吸引力,可以为旅游业开发利用,并可产生经济效益、社会效益和环境效益的各种事物和因素。"

旅游资源的内涵可以概括为以下3点:第一,旅游资源是旅游行业开发的关键对象,亦是开发旅游产品的重要基础;第二,开发旅游区必须要得到该资源的支持,而且旅游资源类型的多样性、特色的独立性和空间分布与组合的合理程度等都会对旅游区发展产生重要的影响;第三,旅游资源能够对旅游者产生吸引力,激发游客的旅游动机。

(二)旅游资源的特征

旅游资源具有的特点可以概括为种类的多样性和数量的丰富性;空间分布的广泛性和地域性;时间分布的季节性和共生性;文化内涵的深远性和独特性。

1. 旅游资源的多样性

旅游资源多种多样,既有自然形成的,如名山大川、河流湖泊,又有历史遗留下来的,如长城旧址、陵园古墓等,还有很多是当代新建的,如大型的游乐园。旅游资源的千姿百态与旅游目的的多样性有着十分密切的联系。

2. 旅游资源的垄断性

旅游资源的垄断性即不可转移性。旅游业又被称为"无形贸易""风景出口",就是因为凭借着这些类型多样的自然资源和丰富多彩的社会文化资源把旅游者从世界各个角落吸引到旅游地来。

3. 旅游资源的季节性

除了会议、商务等形式的旅游以外,观光旅游受季节的制约最大。这特别表现在海滨城市,每到夏季,前来避暑的游客蜂拥而至,出现了超饱和现象,吃、住、行、游、购、娱乐等都出现了问题,以致有人发出"花钱买罪受"的怨叹。而到了10月至翌年5月,来这些旅游胜地的游客就寥寥无几。因此,旅游的季节性造成旅游业的淡旺季。旺季越长,旅游业的收入就越多,反之亦然。

4. 旅游资源的民族性

我国历史悠久,幅员辽阔,民族众多。各民族地理位置、自然环境、历史背景、经济状况不同,所以他们的生活模式、民俗习惯、乡土美食等都会存在着一定差异,都带有浓郁的民族色彩。如内蒙古(内蒙古自治区,全书简称内蒙古)草原的蒙古包、西南地区的竹楼、北方的四合院以及傣族的泼水节、藏族的浴佛节、侗族的花炮节、彝族的火把节、壮族的歌圩节等。在这些盛大民族节日和盛会里,各族人民身着艳丽的服装,载歌载舞,兴高采烈,气氛非常热烈。这些盛会对来自世界各地的旅游者来讲,有着非常大的吸引力。

(三) 旅游资源的功能

旅游资源涵盖了人文与自然因素,所对应的作用对象是广大旅游者,旅游资源的本质属性是吸引功能。旅游资源的吸引力具有群体倾向性或吸引力的定向性,如对城市人来说农村田园风光、对农村人来说城市的高楼大厦都是具有吸引力的旅游资源。通常,旅游资源有动态属性,而且存在着发展性质。如,某些事物在最初时期并没有被当成旅游资源,然而随着相应游客需求的动态改变,使之产生了一定的吸引力,进而形成了相应资源;相反也会让原本的旅游资源转换成非资源。旅游资源对人类社会具有一定的效用和价值。对旅游目的地国家或地区及其旅游经营者来说,其功能主要表现为所取得的经济效益、社会效益和环境效益。对游客来说,旅游资源的功能主要表现为观赏休闲、娱乐健身和增知益智等方面,其中观赏休闲是旅游资源的基础性功能。

二、乡村旅游资源的概念及特征

(一) 乡村旅游资源的概念

乡村旅游资源主要是指具有一定吸引力,能够吸引旅游者离开常住地进行乡村旅游的一切具有乡村特性的事物,可以是有形的客观存在物或自然环境,也可以是无形的文化或社会环境。这些吸引物,指的是生态环境保护较好的、给人以美的享受的旅游活动的客体，其中就涵盖了农村自然风光、民风习惯、传统人文、饮食起居等资源。这些资源能为旅游业所利用，并且产生经济、社会、生态等综合效益。乡村旅游资源主要包括物质资源与非物质资源，它以人文要素作为主导，以自然环境作为基础。

乡村旅游资源具有以下内涵：一是乡村旅游资源必须具备旅游吸引力。这种吸引力是关键核心，它能够促使人们产生空间移动行为，离开常住地，前往乡村，甚至在乡村逗留数天。二是乡村旅游资源需要具有乡村属性。也就是这些资源有着自身独特卖点，由此对游客产生较大的吸引力，有别于城市的那些因素。三是乡村旅游资源要具备有形载体。乡村旅游资源可以是有形的，也可以是无形的，但无形的乡村旅游资源需要具备有形的载体，这样才可以让游客对这些资源进行感受，并能显著提升吸引力。

（二）乡村旅游资源的特征

乡村景观无疑是旅游资源的重要构成，它亦是人类与自然之间的长期作用，进而形成的一种具有人文属性的景观，它是在时间的积淀下所产生的。人们掌握自然规律，并遵循生态学原理，相应地，自然就会给人们提供相应的恩惠，从而实现人与自然之间和谐发展，相应地，乡村经济就能够得到一定发展。相反，若是人们遭受到自然的惩罚，人们也会逐渐吸取教训，从而逐步对自然规律加以掌握。因为景观形成所需时间较长，成因复杂，所以乡村旅游资源具有多种特征。

1. 广泛性和多样性

乡村旅游资源分布广泛。在全球范围内，只有那些无人区如沙漠、极寒之地，才没有人烟，而其他很多地区都有人类的活动，其中从事农业活动的人们分布的范围更为广泛，他们依靠自然，通过很多代的持续努力，最终构筑了具有自身特色的乡村景观，他们在全球各地都有分布，其中很多更是成为知名的乡村旅游资源。由此可见，这种资源在空间层面来看有着分布广泛性。

乡村旅游资源种类丰富多样，这些资源同时涵盖了物质与非物质构成，此外还涉及自然环境等。乡村旅游资源的内容极为丰富，种类也具有多元化，如渔村、农场等相关典型农业景观，同时也有相应的聚落景观，如宗祠、村落等，当然还有各地不同的人文习俗等，这意味着旅游资源有着多元化属性。

2. 地域性和季节性

乡村旅游资源有着地域性属性。该资源和社会与自然环境有着紧密关系，在差异性的环境影响之下，会产生差异性的景观种类。即使有着统一的社会环境，然而在不同自然环境下又会形成差异性特征。如，不同气候带会构成对应的农业带，而社会环境存在着很多层面的差异，如民族、经济、政治、文化、宗教等，所以带来的民俗文化就会差异显著，表现在日常礼仪、节日、信仰、服饰等层面。由于不同地域存在着明显不同的自然与社会环境，这使得乡村旅游资源有了显著的地域属性。

乡村旅游资源的变化有着季节性属性，具体表现是：第一，人们在一年之内会随着季节的变化而规律地进行生活与生产。第二，因为季节的不同，相应的自然环境、农业生活也会随之改变，由此构成周期性。自然和人文两方面的影响形成了乡村景观伴随季节动态改变的规律，由此更好展现出旅游资源的季节性。

3. 生产性和体验性

乡村旅游资源具有生产性。乡村是农业生产的空间和直接载体，因此乡村旅游资源不但具有旅游功能，还应有相应的生产功能。乡村旅游资源开发可以对农村生产模式带来变化，有效提升农产品的生产量和农业的附加值，进而实现农村经济效益的提升；另外还能进一步促进手工艺品、农产品深加工等行业的发展，使农村产业结构具有多元化，从而为农村经济的持续发展提供重要的驱动力。

乡村旅游资源富有体验性。当前乡村旅游不仅涉及观光，同时还涉及康健、休闲、教育、寻根、娱乐等诸多活动。相关游客能够借助于直接品尝农产品（蔬菜瓜果、畜禽蛋奶、水产品等）或直接参与农业生产与生活实践活动（耕地、播种、采摘、垂钓、烧烤等），由此对农民的生产劳动、乡村的民风民俗更好地进行体验，由此得到相应的农事知识，并感受相应的田园之乐。

4. 乡土性和文化性

乡村旅游资源保留乡土性。我国农村地区分布广泛，有着多元化的种类，城市化的影响相对较小，很多地区还有着淳朴风貌，再加上不同风俗文化的融合，使旅游资源有着厚重的乡土属性。在某些特定区域就会形成"古朴、原始、真实、乡土"等属性，使其乡土性优势得到很好展现，这也为游客回归自然，感受淳朴生活提供了重要前提。

乡村旅游资源具有文化性。乡村各种民间建筑、民俗节目、工艺美术、音乐舞蹈、婚俗禁忌等被赋予了浓厚的文化底蕴，雅俗共赏，传承创新。乡土社会具有浓厚的区域本位主义，保留较强的家乡观念特色。民间文化历史悠久，内涵丰富，并且具有一定的神秘感，对于游客来说是一种极大的诱惑。

5. 民族性和系统性

乡村旅游资源有着明显民族性内涵，在具体构成中，民族文化无疑是其中的关键要素，不同民族在长期发展过程中会展现出自身独特的民族文化。在生活节奏很快的城市中，不同民族之间的交融更为快速，由此相应地产生了文化上的融合，使很多本民族的文化产生了异化。然而在信息交互相对闭塞的农村，本民族的文化则能够得到很好传承，具有原有的独立性和传统性。良好的原汁原味的民族文化，赋予了乡村旅游资源独特的魅力。

乡村旅游资源形成的系统性。通常这种资源需要人与自然的长期作用才能形成，因此它也是社会与自然环境的综合体，其中无论哪一个方面的要素产生了动态改变，都会对乡村景观带来相应的改变。这种景观常常会受到自然与社会这两种规律的影响，所以它的系统具有复杂性，这也展示了该资源具有系统性的特点。

6. 保护性和时代性

乡村旅游资源具有很好的保护性，对于乡村生态环境而言，它具有复杂性，是由自然生态与社会系统进行综合而成，它本身有着脆弱性，一旦遭遇破坏就很难成功恢复。自然环境不仅是旅游活动的客观环境，同时也是广大农民生存发展的重要基础，所以对其进行开发利用就要充分遵循生态学规律，将生态环境保护放在首位，在开发上要始终遵循保护性原则。

乡村旅游资源的发展有着时代烙印，其中的文化景观都需要基于历史的沉淀，所以乡村旅游资源都能够相应彰显出时代的特点。伴随着科技与社会的发展，文化交流日益频繁，相关文化景观就会随之产生明显变化，有着深刻的时代烙印，所以乡村旅游资源有着明显时代属性。

三、乡村旅游资源的功能

乡村旅游资源在一定程度上存在着吸引旅游者、能够被开发者利用、产生相对的经济效益这些共性。乡村旅游资源的功能和价值体现在以下方面。

1. 满足人们休闲娱乐的需要

乡村旅游资源中的丘陵、河流、田地组成的美丽风光，大面积的农作物种植形成的景观，可以为旅游者带来视觉享受，满足其放松身心的需求。乡村旅游资源中的农事劳作、民俗节庆等活动具有很强的参与性，可以实现游客休闲娱乐的目的。乡村音乐、舞蹈、绘画、工艺制作等都可以让游客互动体验，提升趣味性。

2. 满足人们旅游审美的需要

中国传统乡村民居建筑受儒家文化、道家思想以及"风水说"思想的影响，较易形成聚落景观。景观构成有山有水，有树有花，伴随鸡鸣犬吠，营造出世外桃源般的生态村落意象。这与现代都市景观中的高楼林立、人嚷车喧的景象形成鲜明的对比，城市居民回归乡村，可寄情山水，赏析风景，陶冶情操。

3. 满足人们求知益智的需要

乡村旅游资源能满足人们开阔视野、获取乡村知识的需要。乡间村落的选址、发展演变、文化意蕴及乡村社会结构关系都具有一定的地域特色和科学文化内涵，形成了与其他地区尤其是城市有显著区别的乡村景观风貌。旅游者在乡村可以了解乡间民俗，学习自然常识，熟悉各种农作物，掌握民间传统手工制作的技能技巧。

4. 满足人们社会归属感的需要

追本溯源，现代都市居民大多与乡村居民有着密切的关系，或是亲戚，或是朋友，对乡土、乡音、乡情有着"剪不断、理还乱"的情愫。人们到乡村寻亲、访友，或者纯粹地休闲、度假，有可能唤起童年的美好回忆，产生现实生活的知足惬意，引发对未来的憧憬向往，满足人们对社会归属的心理需要。

第二节 乡村旅游资源的类型

我国对于旅游资源的分类，主要有三大分类系统。一是1992年形成的《中国旅游资源普查规范（试行稿）》，二是 1997 版旅游资源分类系统，三是 2003 年 2 月 24 日国家旅游局颁布的 GB/T 18972—2003 旅游资源分类系统。GB/T 18972—2003 旅游资源分类系统是在总结 1992 版《中国旅游资源普查规范（试行稿）》的基础上确定的新标准。新标准分类体系综合最新理论研究成果，结合实践应用经验，依据旅游资源的性质进行了分类。确定了"主类""亚类""基本类型"3 个层次，共包括 8 个主类，31 个亚类和 155 个基本类型。

乡村旅游资源的构成非常复杂。多位学者按照不同的标准对其进行划分，如分为潜在与已开发的资源；或者将其细分成现代与传统的资源；亦能将其细分成乡村自然旅游资源和乡村人文旅游资源。参照旅游资源的分类，参考多位学者的划分标准，依据乡村资源性质的不同，可以将乡村旅游资源分为 3 个主类，7 个亚类，24 个基本类型，见表 2-1。

表 2-1 乡村旅游资源的主要类型

主类	亚类	基本类
生产劳作景观	田园风光	田原风光
		林区风光
		渔区风光
		草场景观
		城郊景观
	农事劳作景观	乡村农耕文化景观
		现代科技应用景观
生活聚落景观	村落景观	农村景观
		牧村景观
		渔村景观
		山村景观
	集镇景观	旅游型集镇景观
		交通型集镇景观
		乡村行政中心型集镇景观
		工业型集镇景观
		商贸型集镇景观

(续表)

主类	亚类	基本类
民俗文化景观	乡村物质文化景观	乡村服饰
		传统饮食
		土特产品
		手工艺品
	乡村制度文化景观	权力制度
		礼仪规范
	乡村习俗文化景观	节日庆典
		民间文艺

一、生产劳作景观

大面积种植的作物会产生强烈的视觉冲击，易形成美丽景观，所以在集中连片的生产场地，经过一定的规划布局，可以形成各种田园景观。农事劳作场景对于城市的旅游者具有特殊的吸引力，会调动游客体验参与的兴趣，由此形成相应的旅游资源。

（一）田园风光

在旅游资源中，田园风光无疑是其关键构成，生产的场地，面积广大，易形成景观。例如，规模性的农田带，不同品种的蔬菜区与果林区，天然或者人工的田园水面等，都能够将其当成旅游资源中的生产景观。

（1）田原风光。主要有梯田景观、水乡景观、干旱区景观等。

（2）林区风光。主要是森林景观、种植园景观等。

（3）渔区风光。主要有海洋渔场景观、淡水鱼场景观等。

（4）草场景观。主要是草原景观、草山草坡景观等，花田草海是很多草场打造的重点景观。

（5）城郊景观。主要指位于城市郊区的现代化农业园区中的各种景观，借助于水培等相关栽培技术，引入立体式种植法的蔬菜，由此构成各种独特的景观，如蔬菜树，水上蔬菜等。

（二）农事劳作景观

我国农业生产历史源远流长，农事劳作形式种类繁多，各种传统劳动形式会引起旅游者较高的参与体验兴致，构成乡村旅游资源。现代化农业园区拥有高科技的种植养殖方式，可以吸引旅游者参观学习，增长见识。

1. 乡村农耕文化景观

传统乡村劳作模式具有多元性，其中涵盖了围湖造田、鸬鹚捕鱼、水车等，这些都蕴含着丰富的乡土文化，彰显出各具特色的农耕文化。各种作物的栽培种植、精耕细作，农业生产技术，播种、耕种、浇水、定期施肥、除草、捕捉灭虫、收割等农耕体验，插秧、堆肥、打场、传统收获及晾晒技巧，果蔬采摘、果树修剪、嫁接等各种园艺技术，对于从未接触过农活的游客，会是记忆深刻的体验，对于儿时做过农活的旅游者，能唤起其内心深处的情感共鸣。在开展乡村旅游的地区进行农事体验旅游项目，必将吸引众多的城市居民和外国游客。

2. 现代科技应用景观

位于城郊的现代农业园区，常运用大量科技手段进行种植，如无土栽培、水上种植等。游客在游玩的同时可以了解科技，增知益智。在不造成过多浪费的前提下，游客可以进行小型的谷物、果品设计创作，用豆类或果品搭建汽车、飞机、火箭等造型，增加互动性和趣味性。在农业园区还可以引入相应的海内外先进生物工程、节约化种植、栽培、节水灌溉等技术，从而实现现代化农业生产，能够为游客提供培训与教育功能，进而对他们形成一定的吸引力，而且这种先进的农业种植模式也能更好地带动周边地区农业科技的发展，从而有效促进整个农业经济的发展。

二、生活聚落景观

人类活动中心就可以用聚落来表征，它亦即人们休息、活动、居住的重要场所。当前，乡村聚落形状多元，主要有：聚集型，如常见的环状、团状错落；散漫型，主要表现在点状；独特型，如极具民族风格的土楼、帐篷与窑洞等。这些不同形态、各具特色的聚落，能够让相应资源蕴含深厚的人文内涵，而且这些资源特点还体现在传统、整体与独特属性，能够折射出不同区域的民众生活与居住模式，这也是与其他乡村进行区别的重要标志。

（一）村落景观

村落景观的主要类型分为农村景观、牧村景观、渔村景观、山村景观等。村落景观以当地的民居建筑为核心，与宗祠、书院、桥、寺、塔等众多形式的乡村建筑共同构成了各地独具特色的风景。

1. 民居

不同地区民居往往存在着差异性的属性，如内蒙古的毡包、客家的土楼、西藏（西藏自治区，全书简称西藏）的碉房，云南的"干阑"等，这些民居都有着自身独特的风格，展现出极具特色的地方乡土风情。

2. 宗祠

宗祠在长江以南古村落景观中特别常见。我国自古就有崇祖思想，无论后世子孙面临着怎样的困境，都会投入相应资金修缮祖先祠堂，若是在条件许可之下，必然会建造得美轮美奂。这些祠堂大多位于一个村落的中心，同时也会成为族人的精神中心。祠堂可以细分成宗祠、家祠以及神祠，后来又根据需要将其赋予更多的功能，如家族决定重大事项、庆典、私塾学堂等，如今宗祠在很多地方重新兴建，这实际上也是民族精神的一种寄托。

3. 牌坊

人们又常常将其称作牌楼。它主要用以传播礼制思想，在这些牌楼上，通常会纪念具有代表性的大事件，或者纪念具有影响力的相关人物。在封建时代，牌坊主要用来纪念节妇、孝子、忠臣等，其目的就是对前人的功绩进行表彰，期望对后人给予激励。这类建筑通常设在村落入口，有的也设在中心区域，主要使用石料来进行制作，其类型涵盖了功名、节孝与功德坊等。在皖南地区这种建筑较多，已经构成极具地方特色的景观，如黟县的棠樾牌坊等。

4. 书院

古代设立的乡村书院，通常是族人子弟学习之处。这种书院有着多元化的建筑格式，而且规模相对较大。在某些村落中，因为经济方面的原因，往往也将祠堂用作书院。

5. 寺庙

这与官庙有着显著差异，它涵盖了道观、佛庙等，同时还涉及供奉各种神仙的神龛等，如龙王爷、观音菩萨、城隍等。这类建筑不拘泥于形式，往往有着多元化风格，极具艺术性，是古代农民重要的精神寄托。

6. 塔

塔是佛教所使用建筑，进入村落之后，它的功能开始出现改变，通常将其用来调节风水，在景观上起到点景的功能，这种就称作景观塔。此外还有一些纪念塔，来纪念一些大事件与名人。在农耕社会中，古人迷信文曲星主导学子考运，所以有的地方就开始建设文风塔。因为这些建筑功能不同，其造型也开始有了变化，其建造工艺也十分精湛。

7. 桥

在很多村落，桥也是较为常见的一种景观建筑，除了石拱桥之外，还有木桥、索桥等，在某些降雨丰富的江南地区，还往往建设廊桥等。它们不仅是交通基础设施，同时还具有调节风水功能。在江南部分村落还有一种过街楼，它建设在高空中，使楼房两侧房屋相连，这样还能产生空间层次感。

8. 防御建筑

由于古代村落往往自带防卫人员，为此在某些村落会建立起寨墙，这样就构成了极具特色的景观。这种防御性建筑在容易发生战乱的地区较为常见，如山西、福建沿海地区的一些村落就颇为常见。

此外，还有一些淳朴的古代街巷、古井、园林等相关景观，它们都有各自不同的特点，同时在规模与体量方面也有显著不同。不同的地域拥有各具特色的村落景观，可以对旅游者产生较大的吸引力。

（二）集镇景观

集镇景观的形成主要依靠特色小镇的建设。这种小镇就是遵循国家发展和改革委员会等部门的指导精神所建设的具有特殊性、极具活力的特色小镇，它们的主要功能包括了物流、教育、传统文化、休闲旅游等。特色小镇无疑是当前的新生事物，属于一种系统性的功能，融合了文化、旅游、生态与产业等诸多领域。特色小镇力求一二三产业的全面融合，产业、城镇空间布局、居住环境高度融合，产业生态与自然环境融为一体，社区功能与旅游服务融为一体，自然人文高度融合。风格不同的特色小镇形成各种集镇景观，其中主要涉及工业型、旅游型、交通型、商贸型等。对特色小镇进行培育，其目的就是要使那些有条件的小镇得到更好发展。在过去体制的制约下，使原本有一定特色的小镇很难参与到市场化竞争，所以需要对那些具有一定潜力与特色的小镇进行挖掘，然后借助于产业的发展，一方面来促进经济发展，另一方面还能解决农村剩余劳力等问题。对特色小镇进行培育，其目的就是使产业形态更具有独特性，不仅要构筑宜居美丽的环境，同时还需要传承相应的传统文化，为相关用户提供多元化的服务等。

从保护视角来分析，对特色小镇进行规划，也能很好对历史文化遗产进行保护，并能对一些极具历史底蕴的街巷、风貌、民居形态进行保护，其中就涉及寺庙、古建筑群等。通过特色小镇还能对与名人有关的相关活动，如历史事件、社会活动进行保护，另外还能对一些地方习俗、非物质文化遗产进行保护。对于那些拥有丰富的历史遗产、有着极具特色文化的小镇而言，无疑是发展成为旅游型集镇景观的最佳选择。从总体规划来看，对集镇的景观进行规划与设计，能让人们的观念发生变化，由被动变为主动，让大家积极参与到集镇的保护规划中去，谋求现代社会健康持续发展之路。规划在于指导实施，而实施的结果会给乡村居民带来收益。推动特色小镇建设，可以更好地强化小镇发展，并能促进城镇化发展进程。同时也有助于改善当地民众的生活品质，使自身的优势资源得到更好挖掘，最大限度地壮大特色产业，有助于城乡发展，并能对"三农"问题进行破解。

三、民俗文化景观

民俗文化景观，主要包括乡村物质文化景观、乡村制度文化景观和乡村习俗文化景观。民俗文化由纯正地道的乡间民俗开发而成，是民间生活的体现，广泛存在于乡村民间，是一个国家、一个民族或一定地域传统文化的承载，具有乡土气息、民族特性、区域性、稳定性等特征。它的魅力在于独特、质朴、神秘、传统、文化氛围等。

（一）乡村物质文化景观

这类文化景观的构成主要涵盖了传统饮食、土特产、民族服饰等。通常这类景观是整个村落民众的集体智慧展现，有的也是个人智慧的展现，它们的特点包括可看性、可触性。

1. 乡村服饰

这是村民自身审美意识的外部展现，它有着明显的时代、民族、地域属性，如土家族采用自给自足的织布来制作服饰，而苗族则青睐银饰，各个少数民族有各自的民族服装和配饰等。乡村服饰代代相传，在重大礼仪庆典或节庆场合，村民身着传统服装隆重出席，载歌载舞，往往对异地来访的游客产生较强的视觉冲击，引起旅游者的关注和浓厚的兴致。由此带来旅游者穿传统服饰拍照摄影，甚至购买全套服饰自用或收藏，这些都是乡村旅游中可以大力发展的活动项目。

2. 传统饮食

传统饮食有着鲜明的本地特色和不可替代性，原料是地方出产，制作方法是传统工艺，采用的配料、调料甚至水都是当地的，还要使用地方特色的"土"器皿。从食材来看，有着典型的靠山吃山的属性，不同地区会有着自身独特的菜肴，如腊肉、酸菜、风鸡等。这些地道的乡村传统饮食，对游客具有极大的吸引力，能够满足城市居民的"尝鲜"心理。朴实无华的农家饭菜，自然原始的乡土风味，成为游客追逐的时尚。这些饮食有着自身独特的制作模式，能够很好展现饮食文化中那种"相与而共食"的精神，这些都会深深地吸引城市游客。

3. 土特产品

土特产品取自于特定区域的相应产品，这些产品既能够是直接采摘的原材，亦能够是通过加工处理极具地方特色的产品。不管是何种形式，与其他相关产品相比，土特产品都有着鲜明的地方特色。在城市住久的居民常怀念乡村的淳朴，乡村的生活，乡村的特产。因此乡村盛产的多种多样的土特产，这些天然纯绿色产品，越来越受民众欢迎。

4. 手工艺品

手工艺品基本上是由乡土艺人所创新制作，能够凸显村民的心思巧妙，而且常常与他们的生活关系紧密，可以展现出相应地区的民众的审美与文化属性。如蒙古族村落的鼻烟壶，重庆綦江农村的版画。此外还有不同地区的工艺品，如天津的泥人和年画、贵州的蜡染等，这些极具地方属性的产品得到很多游客的喜欢。

(二) 乡村制度文化景观

乡村制度文化就是以一定区域为基础，当地村民为了保障社会秩序，自觉的形成相应礼仪与道德，具体涉及以下两点。

1. 权力制度

相关乡村在历史变迁之下，为了防御外来敌人的入侵，促使村民有着更高的凝聚力，构筑乡村形象而自动生成的权力规范，便是乡村权力制度。这项制度主要构成包括奖惩机制、权力组织、权力主持人等，而后者通常是由族长，或者是德高望重之人所担任。汉族古村落中，若是某位村民触犯村里的戒条，或者有功劳，那么该主持人就会组织相关组织来进行讨论，然后在祠堂中对其进行奖惩。这种古老权力机制随着新中国的成立和法制社会的发展已经逐步消亡，不过在某些极为偏远的少数民族村落中依然存在。

2. 礼仪规范

这种规范目前涵盖了重大礼仪与日常礼仪两个模块，后者又可以涉及婚丧嫁娶、饮食等诸多层面。在一些村寨部落中保留的传统权利制度因其神秘性而具有独特的魅力，易引起游客的猎奇心理。

（三）乡村习俗文化景观

乡村习俗文化景观主要由民间文艺、节日庆典等构成。这类习俗可以折射出不同地区的村民别具特色的风俗习惯，这些都是经过历史沉淀而产生的结果。

1. 节日庆典

乡村节日庆典包括传统节庆与新兴节庆，其种类极为丰富。如汉族就有中秋、清明、端午、春节等；而藏族则有雪顿节等；彝族有火把节等；傣族有泼水节等。新兴节庆主要指各地不断涌现的桃花节、樱桃节、采摘节、农村广场舞比赛等。如山东潍坊的风筝节，宁波象山的开渔节，都成为当地乡村旅游的"助推器"。伴随着科技的快速发展，民众生活水平的提升，形式多样的节庆活动，为乡村旅游注入了新的生机和活力。通过节庆活动的举行，既提高了当地的知名度，又增加了农民的收入。乡村节庆可以在短时间内聚集到大量人气，为农业、旅游业及其他产业的发展搭建平台，具有强大的产业联动效应。

2. 民间文艺

民间文艺主要包括戏曲、歌舞、娱乐、杂耍等。如舞龙灯、扭秧歌、二人转、芦笙盛会等活动，都颇具地方文化属性，得到很多游客的青睐。此外，还涉及划龙舟、荡秋千、射箭、赛马等各种民俗活动，这些都具有较高的旅游价值。

第三节 乡村旅游资源的开发

一、乡村旅游资源开发的内涵

借助于相应资金与先进科技方式，将还没有被充分利用的旅游资源改造成可以对游客产生吸引力的资源，进而产生更多的经济与社会等价值，或者将已经应用的资源进而深度开发，使其综合价值得到显著增长，这就是旅游资源开发。通过旅游资源开发，不仅需要将原本没有吸引游客效应的资源转换成具有吸引力的资源，还需要为游客的到来与活动提供诸多的条件，如食宿、交通、购物与休闲等。所以，在旅游资源开发中必然伴随着基础设施的兴建以及人员的培训和接待管理机构的设立等。

乡村旅游资源的开发需要运用一定的资金和技术，对乡村的生产劳作景观、生活聚落景观和民俗文化景观进行开发利用，使之产生经济与社会价值等，或者使已经被利用的资源得到深度开发，进而提升其综合价值。对乡村旅游资源进行开发，不能盲目进行，需要进行评价，遵循一定的原则，在总体规划的基础上对其进行有的放矢地开发。乡村旅游资源的开发应朝着创新与特色、专项、生态等方向发展。其中创新与特色就是在乡村旅游资源开发时，需要对潜在的资源进行深入挖掘，使之极具地方特色。对于专项性要求而言，则是在对乡村资源进行开发时，需要开展专项研究；生态性是指要对乡村旅游资源进行生态型开发，保证乡村环境的稳定。乡村旅游资源的开发，必须要以相应理论作为基础，遵守相关开发原则，同时还需要进行创新，唯有如此才能更好地对乡村资源进行开发，进而使乡村旅游更具有新颖性与独特性。

二、乡村旅游资源开发的理论基础

1. 可持续发展理论

在对乡村旅游资源进行开发之时，必须要遵循可持续发展理论。也就是说在开发时要注重资源的保护与循环利用，使其具有可传承、可持续利用属性。这样才能使乡村旅游得以持续发展，不仅满足当代人对经济发展的需求，还能为子孙后代创造出更多的经济价值。乡村旅游资源在保护中得到永续利用还可以在社会文化和生态环境等方面发挥重要作用。

2. 旅游者需求理论

在进行乡村旅游资源开发时，需坚持和运用旅游者需求理论，创造多方面的效益。旅游者需求理论，充分考虑旅游者的喜好，根据旅游者的需要，对乡村旅游资源进行开发和整理，吸引更多的游客。同时可以适当引导旅游者的消费行为，培养消费习惯，使其产生对乡村旅游的浓厚兴趣。如果只是一味地开发，不强化需求理论方面研究，就很有可能导致人力、财力、物力的巨大浪费。

3. 市场营销理论

在乡村旅游资源开发过程中，对市场营销理论进行应用：要提前进行市场调查，通过有针对性的调查研究，将民众对乡村旅游的观点与看法进行归类，并对其展开科学分析，接着按照调查总结的数据对乡村旅游资源进行有效开发和合理的市场定位。借助市场营销理论，可以对乡村旅游资源进行科学开发，由此推动乡村经济的繁荣发展，为农民谋取更大的利益。

三、乡村旅游资源开发的原则

乡村旅游资源的开发，要结合乡村具体实情，并遵守下面的原则，按照乡村旅游资源资源开发规范来开展。

1. 乡土特色原则

要将当地优势给予很好突出，在乡村旅游资源开发过程中，强化乡土特色是极为重要的原则。乡村旅游对市民产生吸引力的关键因素就是自身独特的"田野""乡土"气韵，当身处喧闹的城市民众来到乡野田间之时，可以为当地的淳朴、闲适、静谧的生活而深深吸引。所以在开发乡村旅游资源之时必须要确保有着浓厚的"乡土味"，在已有自然与人文资源的基础之上对其进行少许的修饰，使相应旅游景观实现人工与自然美的融合。旅游资源的开发需要立足于本土原始乡村资源优势之上，要最大限度地确保乡土的民族特色与相应的原始风貌。使其拥有自身的独特属性，进而在竞争激烈的市场中获得相应的竞争优势。

2. 可持续发展原则

在开发乡村旅游资源时，需要始终坚持环保、健康的理念。原始性、自然态是乡村旅游的精髓，乡村资源较为脆弱，容易受到各种因素的影响，人们的活动也对其带来一些负面作用，而且资源一旦被破坏，就很难得到恢复。因此，在乡村旅游资源的开发中，需要对旅游资源的原生性进行保护，确保其可持续性发展。为此就需要将生态摆在优先地位，在增强乡村旅游资源可观赏性、科考和文化价值的同时，应保持乡村旅游资源的可持续性。

3. 保护性开发原则

开发与保护相结合是乡村旅游资源开发的基本原则。乡村旅游资源的形成需要天时、地利、人和等多方面的配合，还有一些资源具有不可复制性。因此，在进行乡村旅游资源开发时，要进行全面的调查研究，科学的规划设计，充分的可行性论证，遵循"保护与开发相互融合"的原则，在对生态环境进行保护的基础上进行科学开发，最大限度地减少人为的负面作用，绝对禁止破坏生态而谋取短期经济利益的行为。

4. 市场导向原则

乡村旅游资源开发时，需要将市场需求作为导向，所开发的相关旅游产品需要契合游客要求，不能盲目对客源市场进行追求，而忽视乡村旅游资源自身特色属性，这必然会使有关产品的原始、真实属性丧失，导致相应产品产生严重的趋同性等问题。在开发旅游资源时需要对客源市场进行全面调研，并结合乡村资源本身的特色，寻求与之匹配的客源市场，做到依托市场，有序开发。

5. 效益兼顾原则

乡村旅游资源开发要以获得最大经济效益作为核心目的，在具体开发前对相应的投入与产出进行预算，不能对其进行盲目开发。同时，还需要对社会效益给予注重，不能一味地追求经济效益，要对游客的身心健康、情感、知识获取等进行关注，在开发乡村旅游资源时需注重产业融合，尊重当地生活习俗，严格保护生态环境，对当地居民和旅游者进行环保意识的培养，提升民众综合素质，提高生态效益，兼顾多方利益。

四、我国乡村旅游资源开发存在的问题

1. 对乡村旅游的内涵认识不足

对于乡村旅游资源开发而言，一些开发人员并没有对乡村旅游概念进行深刻认知，认为乡村旅游资源开发与普通旅游资源的开发一样，于是就不能结合乡村旅游自身的独特属性来进行针对性开发。同时在具体开发时，又不能进行深入研究，使乡村旅游开发缺乏个性化与独特性，不能与当地的人文、自然环境相契合，甚至还会出现一系列安全隐患。如在开发时存在过度开发问题，使相应生态环境面临着破坏，这必然会对旅游资源的开发带来不利影响。

2. 资源开发各自为政

在对乡村旅游资源进行开发时，容易产生各自为政现象，不能形成统一合力，进

而使乡村旅游缺乏规模性与品牌度等。若是在具体开发之时仅仅突出自然资源，而不能深入文化层面进行开发，那么乡村旅游资源只能在短期之内产生一定经济效益，将很难实现可持续发展。还有当前对乡村旅游资源开发不能局限于大、中城市的城郊乡村开发，而是需要进一步延伸到有着独特文化与自然资源的偏远乡村，这样才能更好解决这些落后乡村基础设施建设滞后问题，同时还能将乡村旅游思想传递给广大村民。与此同时，通过在偏远落后地区大力推动乡村旅游开发，还可以融合相应的扶贫工作，进而有效促进这些农村地区的经济发展。

3. 缺少专业规划和指导

部分村镇开发乡村旅游，发展前期对乡村旅游资源没有进行充分的规划、论证等，而是发现某个主题取得成功，然后就一窝蜂地一哄而上，在开发过程中，求全求大，不注重个性化，精细度，使相关项目开发有着一定的盲目性。甚至有的资源不是在开发，而是在进行一种破坏。另外，部分乡村在开发旅游产品时，由于缺少专业人员的指导，建设过程中人工痕迹十分显著，如将乡村旅馆建设成高楼宾馆，给人一种"村中城市"的感觉。对于市民游客而言，这些混凝土建筑他们已经司空见惯，所以这样的旅游产品很难得到城市游客的青睐。此外，在相关旅游操作环节，部分管理人员往往是由村干部进行兼任，这导致从事管理方面的人才整体素养相对欠缺。高速发展的乡村旅游业与紧缺的人才之间有着显著矛盾，容易形成粗放式经营、低质低收的恶性循环，一定程度上制约了乡村旅游的发展。

4. 产品雷同，缺乏创新

在乡村旅游资源开发环节，还存在着产品同质化明显，创新度欠缺等问题。人们在对乡村资源进行开发时，不能结合当地实情进行创新，而是一味地进行模仿，大多是以当地已有资源的直接应用。这种方式往往只能短时间的吸引相关用户，很难实现可持续发展。而且很多地域的乡村旅游资源本身也不具有丰富性，往往存在着资源单一问题。在乡村旅游具体开发环节，因不能对资源进行开发利用，更不能进行衍生品的开发，由此带来开发环节的失误。在对乡村旅游资源加以开发之时，并没有引入相应的创新设计，仅仅模仿某些景区的做法，销售一些吊坠、木制品等产品，没有显著的乡村特色，相关旅游产品的附加值不能得到很好开发。这种缺乏创新性的产品，显然不利于对乡村资源的科学开发。

5. 类型单一，参与性不足

在一些乡村地区，乡村旅游资源的种类较少，资源匮乏，如仅有少量独特风景的乡村，这对资源的开发十分不利，难以开发出多种多样的旅游产品，对游客的吸引力就会明显下降。此外，对乡村旅游资源进行开发之际，所选的资源类型颇为单一，而没有结合当地的一些著名景点进行联合开发，可能会造成旅游模式单一，难以与其他旅游模式实现很好融合，乡村旅游发展也受到显著的负面作用。在开发该资源时，只是一味地采取参观、展览的方式，忽略体验参与活动项目的设置，也不能广泛吸引游客。

第三章　乡村旅游发展模式

第一节　休闲度假为主旨的发展模式

一、景区依托型

1. 发展背景

对于优质景区而言，由它形成的吸引力会对区域旅游市场发展带来很大的机会，而周围的乡村借助这一优势，往往成为乡村旅游优先发展区。景区周边乡村借助地域优势，成为景区后方天然的服务接待区。鉴于景区周围乡村开展相关旅游业，会受到相应景区的显著影响，所以这种旅游属于典型的景区依托型乡村旅游。这一类型的乡村旅游开发，对景区的发展具有较大依赖性，可将自身发展结合于景区的旅游规划体系中。在新产品开发上，与景区已有内容和功能互补发展，加强与景区的良性互动，增强景区的旅游吸引力，从景点式旅游向旅游目的地式旅游发展，让开放式的乡村体验与封闭的景区观光形成特色互补、体验延伸，实现二者之间的资源结合、互利双赢。

2. 主要特征

在成熟景区周边将景区作为核心，通过对景区游客进行吸引，并借助于乡村独特的旅游资源来开展的相应旅游活动就是景区依托型乡村旅游。这种旅游的特征体现在以下3点。

（1）风景可共享，区位有优势。景区依托型乡村旅游位于成熟景区周围，在景区辐射范围之内，从地理位置方面来看，有着显著优势，同时亦为乡村旅游发展提供了重要地域可能性。成熟的景区基础设施较佳，将景区与乡村进行对接，就能很好实现交通支持。此外，文化、旅游线路等具有统一性，于是就容易使乡村与景区协调发展。

（2）市场优越，能够将客流进行汇聚。有关农家院等相关设施肩负着服务接待功能，可以为乡村旅游提供天然性配套。依托景区的客流与人气，将乡村视作天然性的客流汇集区，并通过乡村自身发展逐渐拥有相应用户群，由此为乡村旅游提供对应的客源市场。

（3）利用资源优势，实现互补式发展。在同一个区域内，相关旅游发展需要做到求异和互助，在文化渊源与生态风光层面，需要和相应初始景区保持延续性，在具体发展过程需要做到一定的差异性。所以，景区依托型乡村旅游的发展对景区旅游产品功能有着很好的补偿，进而与相应初始景区形成互补发展效应。

3. 典型案例

十渡风景区位于北京市房山区西南，属于典型的大规模喀斯特岩溶地貌，这在北方具有唯一性，如今已经被评为国家AAAA级景区，同时亦是国家地质公园。北京十渡附近的乡村利用依托景区的优势开展乡村旅游，带动了乡村经济的繁荣兴盛。北京十渡附近的乡村依托景区，以民俗旅游为主，建设吃、住、行、游、购、娱为一体的多功能休闲娱乐小镇。十渡风景区向游人展示浓郁的风土人情，方言多样化，土语多笑声。建成的西庄民俗村、九渡民俗村、西河农家院及六渡碧波园度假村已经开放并接待游人。这些农家乐园以原汁原味的农家特点接待游客，请游客住农家院、做农家事、吃农家饭、观看农家的农事活动、了解与众不同的婚丧嫁娶节庆礼仪，富有浓郁的文化色彩，让游客在乡村度假休闲的同时还能体会亲情、友情、豪情，荣辱共存。北京十渡除了民宿行业发展良好之外，餐饮业发展也比较迅速。十渡风景区内已经有农家餐馆300余家，主要经营地道的农家饭菜和当地野菜，地方风味烧烤很受游客欢迎。这些农家餐馆按照自然村的分布，分别坐落在十渡风景区内，其环境优美、服务周到、饭菜可口、经济实惠。

二、城市依托型

1. 发展背景

城市依托型是环城市乡村旅游发展模式之一。环城市乡村旅游发展模式是以"环城游憩带"理论作为基础，按照该理论，环绕城市的乡村将会逐渐以旅游作为重要的一种功能，将城市区位、市场等优势进行充分发挥，进而在环城区发展规模较大且能得到良好发展的环城乡村旅游圈。随着城市经济的快速发展，近郊乡村原本单一的农业经济已经无法应对来自城市的快速冲击，环城乡村的主要功能逐渐向乡村旅游目的地转变，依托于邻近城市便利的交通区位、客源和市场优势，城市近郊乡村发展了一系列的农业观光、休闲度假、康体娱乐产业。城市依托型模式往往是大多数旅游资源不甚发达的城市近郊乡村的通用模式。

2. 主要特征

城市依托型乡村旅游主要满足城市居民度假和观光的需求，散客和家庭式的组织形式居多。自驾车旅游是散客出行的主要方式，在双休日期间家庭式出游占较大比重。这种类型的度假地一般有文化、有主题、有内涵，体验活动丰富，能带给游客与城市生活完全不同的田园乐趣。

3. 典型案例

在北京朝阳区金盏乡境内，成功建立了蟹岛绿色生态度假村，它与机场高速路相邻，融合了度假、旅游、生态农业等诸多项目。这是一座典型基于城市的度假村，总面积高达3 300亩（1亩≈667平方米，15亩=1公顷，全书同），融合了休闲、养殖、种植、农业观光等诸多项目，其关键特色就是产销"绿色食品"，同时将娱乐、餐饮与健身等作为关键载体，使人们能够更好地享受到自然、休闲、健康的生活。该度假村有着优美的环境，相关旅游设施颇为完备，采用一种极具特色的"前店后园"布局模式。对应前店而言，主要凭借着专业公司与人士来进行运营，其目的就是要确保相应运营的专业属性，确保其相应收益。对于后园而言，则是采用承包责任制形式，将相关事务承包给个体，进而对他们的工作积极性给予更好调动，使收入增加。整个园区可以细分成养殖、种植、科技与旅游度假这四大园区，它能最大限度地便于游客的旅游观光。

蟹岛度假村是一个既生态环保，又能休闲娱乐的好地方。度假村拥有极具特色的水上乐园，包括了形态各异的小桥，而农家小院则颇有田园闲趣，另外还建设有各种娱乐与康体设施，如温泉、游泳馆、保龄球、电子游戏等，此外还有基于电脑控制的"飞博运动营"等。爱好垂钓的游客可以到蟹宫一试身手，蟹宫根据垂钓的角度设计，完全有利于垂钓。生态旅游当然要吃纯天然食物。这也是蟹岛的一大特色，肉现吃现宰，螃蟹现捞现煮。蟹岛的食品都是有机食品，蔬菜是从农庄里摘来的，螃蟹是从养殖区捞来的，所有食品都来自农庄，自给自足，零添加，零污染。蟹岛的住宿都是极具特色的建筑，有北京特色的四合院，有乡野风情的仿古农庄，有西方格调的温泉套间。套间、标间可以满足小家庭的需要，小院落可以接待大团队的住宿，不论人多人少，都能满足需求。

三、特色村镇型

1. 发展背景

特色村镇型乡村旅游模式将新农村与古院落等极具鲜明特征的建筑作为"噱头"来开发相应的旅游主体。如借助于古代民居、店铺、寺庙、园林等发展观光旅游，乌镇、丽江、徽州镇等就是这种旅游模式的代表。此外还有借助于极具民族属性的村寨来发展旅游，如傣族自然村等。我国由于地大物博，各地民俗文化差异大，民俗资源基础丰富，特点鲜明，特色村镇型乡村旅游发展优势明显，并且由于投资少、见效快，逐渐成为少数民族聚集区开发乡村旅游的首选发展模式。在获取经济效益、助力少数民族地区脱贫致富的同时也是对少数民族地区传统文化的保护和传承。

2. 主要特征

特色村镇型乡村旅游无疑是我国当前旅游开发的焦点，同时也是旅游体系较为特殊的种类，它有着深厚的文化底蕴，其建筑遗迹也颇具古色古香属性，深受游客青睐。特色村镇是乡村文化的重要载体，城镇风貌及建筑景观体现了一定的文化主题。特色城镇一般具有旅游十要素——食、住、行、游、购、娱、体、疗、学、悟。特色村镇乡村旅游想要可持续发展，就需要积极探索能够保护与传承当地历史文化，又能够使之产生经济效益的创新发展模式。

3. 典型案例

浙江桐乡北端的乌镇是一个十分知名的特色小镇，它与湖州市南浔区相邻，向北与苏州吴江区相接，是嘉兴、苏州与湖州的交界处。乌镇是极具特色的江南水乡古镇，自古便有"丝绸之府""鱼米之乡"的美誉。乌镇是国家 AAAAA 级景区，有着苏州园林之美，兔耳岭草甸之奇观，1991 年成功入选浙江历史文化名城，1999 年启动古镇保护工程，并在此基础上进行旅游开发。

乌镇至今已有两千年历史，在历史长河下，依然还拥有古朴的风貌，遗留翻新的建筑如梁、柱等等都有着精美的木雕工艺，此外很多石雕工艺品也堪称绝妙。一排排水阁枕水而居，数十座小桥凌波架设，古朴的街道依水前行，贴心的廊棚洒满阳光，马头墙层层叠叠，中间还点缀着绿树鲜花，药铺、当铺、染坊、酒坊各种手工作坊一应俱全。历史上的乌镇，曾有着相当浓厚的文化基因，自宋到清产生了 64 名进士、161 位举人，在现代，最具代表性的人物当属文学家茅盾。茅盾之后，乌镇还走出了作家、画家木心，他的弟子陈丹青同样广为人知。乌镇先后引入茅盾文学奖颁奖典礼，建立木心纪念馆、木心美术馆，大力推广相关的作品。2013 年首届乌镇戏剧节正式举办，戏剧节涵盖街头表演、露天剧场演出以及众多的室内剧目，乌镇开始向文化小镇升级。2014 年起，中国决定每年举办一届世界互联网大会，大会在选择会址时乌镇的优势便凸显出来。乌镇经济发达，既能代表中国悠久的传统文明又能感受周围浓厚的互联网经济辐射，类似于世界经济论坛的举办地瑞士小镇达沃斯，乌镇正是因此"一跃"成为大会的永久会址。每年冬季中国及全球的互联网精英齐聚乌镇，千年古镇站到了信息时代的最前沿。从观光小镇到度假小镇，再从度假小镇到文化小镇，乌镇一步步升级发展。

第二节　体验劳作为核心的发展模式

一、现代农业型

1. 发展背景

在当前日常生活中，科技的重要性日益显著，日本、荷兰等国家在开发乡村旅游时就积极引入各种高科技，这种成功经验完全可以被我国用来参考。实际上，近些年我国也已经开始建设一批科技农业园区，这为我国农业发展提供了重要动力支持。在现代乡村旅游中，基于科技支持下，可以实现观光、展示、教育等功能一体化，并成为我国乡村旅游今后重要发展方向。现代农业型乡村旅游有着多元化形式，具体包括农业产品展览馆、观光园、博物院、科技生态园等，可以为游客提供各种丰富的农业知识，以及开展有关农业方面的教育活动等。

2. 主要特征

（1）普及科技教育。现代农业型乡村旅游可以为广大游客提供多元化的农业领域的教育服务，也就是在相应农业科研基地基础之上，将相关设施作为重要景点，教育内容则可以遴选当前先进的农业科技，向学生、农业从事人员等进行相应技术教育，构成融合教育、展示、生产的综合性科教农业园，其中陕西杨凌就是较为知名的全国性的农业观光园。

（2）观光休闲游览。现代农业型乡村旅游可以发挥观光休闲的功能，也就是借助于园区资源环境、农产品、现代农业设施等，积极开展创意手工自制活动、观光与农事体验互动等。如位于广东省的蔼雯教育农庄就是这方面的代表。

（3）少儿教育科普。在现代农业型乡村旅游中可以将畜牧、种植、饲养等农技作为重要活动内容，引导学生积极参与，接受农业技术知识的教育，同时向中、小学生宣传农耕文化，培养学生们吃苦耐劳的优秀品质。

（4）农业技术展示。现代农业型乡村旅游在开展过程中，可以对当地的农业生产过程、产品、农技、文化等进行充分的展现，使游客能够更好地进行观光，如沈阳农业博览园就是这方面的代表。

3. 典型案例

（1）集发农业梦想王国。集发农业梦想王国坐落秦皇岛北戴河区，其创建的时间相对较早，可以追溯到1994年。该园区最初以北戴河景区资源为基础，以发展旅游为立足点，积极引入各种特色瓜果与蔬菜，大力应用各种先进的栽培技术，如无土技术等，对农业观光、特色农业给予大力发展。随着时代的演变，为了更好迎合休闲旅游的发展，在之前观光展示基础上，进一步加大投入，不断引入先进的管理模式，开发更多创新项目，如水上乐园、飞越戴河等。如今该园区更是构成了诸多块区，实现了综合性发展，其中就涵盖了特种蔬菜、名贵花卉、特种畜禽养殖、休闲娱乐这几个区域。随着该园区的不断发展，如今收获了颇多的荣誉，如省级科普示范基地、菜篮子工程市控基地等。

（2）上海孙桥农业区。该农业区成立时间可追溯到1994年，通过多年的发展，如今已经入选第一批国家农业科技园区，成为首批21个中的一员，另外还获得了诸多荣誉，入选上海农业园区重点建设单位等。该园区大力引入现代科技，推动企业化、规模化农业建设，对农产品进行深化加工，大量应用生物工程等，同时还大力推动农业产业化发展之路。在此过程中，积极推动加工、产出与销售一体化、农科旅游等，使该农业区拥有旅游、生产示范、教育、出口、推广辐射等诸多功能，同时还能实现经济、生态与社会的统一。该园区积极发展主导性产业，其中就包括：农产品深加工；以绿色蔬菜等为主题的相应设施农业；以蔬菜、花卉为基本对象的育种产业；观光旅游与休闲、教育培训等。

二、农场庄园型

1. 发展背景

农场庄园模式是一种供游客观光、度假、游憩、娱乐、采果、农作、垂钓、烧烤、食宿、体验农民生活、了解乡土风情的综合性农业区。近年来，台湾的许多会议都移到休闲农场举行。这种庄园模式优势体现在产业化水平较高的农业，可以提供农业观光、农事体验、休闲度假等诸多功能，将旅游与农业进行很好融合，由此促进农副产品深加工、休闲服务等相关产业发展，使最初的第一产业，进一步与第二、第三产业融合，促使农业与旅游之间的高度融合发展。农场庄园模式通常合适在农业产业规模效益颇为显著地区开展，常用到的可以对游客带来吸引力的"噱头"包括农技工艺、特种农业景观、农事体验等。所涉及的旅游产品涵盖了休闲、观光、体验等，并在此基础上进一步延伸到住宿、餐饮、购物等领域，由此使相应的产业经济协同效益变得更大。

2. 主要特征

（1）"农+非"的土地运作模式。在开发农场庄园时，可以按照土地使用功能将其细分成农业与非农业用地。后者主要是为相关的基础设施用地，包括配套的食宿、服务、休闲活动等场地；前者则是用以农业展示、生产领域的用地等。目前这类用地主要是相应投资人员对农民土地进行租赁，或者是让农民以土地投资模式，获得该庄园的相应股份，由此成为经营一方。投资商和这些农民之间将会签署相应的合同，由此将土地使用权与承包权加以分离，这也是农村土地产权多元化的重要表现形式。

对于非农业用地而言，则主要对当地的荒山荒地来进行利用，或者将当地农民聚集之后，在原村落所出现的剩余地进行相应的建设等。作为该庄园的投资方通常会借助于租赁方式来获取这些集体土地的使用、开发与经营权，而作为当地的农村集体在获得这部分资金后，则可以将其应用于农村公共服务设施的建设中。

（2）多元化收益形式。农场庄园是一种典型的复合体，它将资本与劳动进行了有机的融合，若是能够科学的经营，相关投资方与农民都能从中获得不菲利益，进而实现名副其实的双赢。对于广大农民而言，将自有土地租赁给投资者，就能得到相应租金，或者通过土地入股，便能得到相应分红。通过在庄园内部进行工作，又能获得相应的薪酬，若是参与到相应农业生产，还能获得部分农产品收益与相应的管理收入。而对于投资方而言，则能获得主要的农业、食宿、休闲、购物等诸多方面的收入。若是将其中部分土地转租给那些体验者，那么还能得到相应土地租金的收入等。

（3）庄园区位选择。庄园周围需要有良好的交通环境，游客可便捷进入庄园，通常庄园无须设置在主干道旁，这可以规避繁忙交通的干扰，与大城市之间的车程尽可能地控制在1~2小时。

（4）庄园旅游设计。要给出较大的游憩地，使庄园有着较高水平的综合服务能力。农场庄园通常设立城市旅游圈之内，一般位于城市的远郊区域，其周围自然环境较好，有着浓厚的乡土气息，可以让市民感受到农村的恬静闲趣，并能让心情得到很好放松。在有关项目设计过程中，还需要展现出当地的文化特色，方便农业教育开展，同时还需要积极构筑相应的农业解说系统。

3. 典型案例

（1）中国台湾台一生态休闲农场。台一生态休闲农场地处中国台湾埔里镇，创办于1991年，创办人是中国台湾的农民张国桢。该农场最为原始的形式为种苗场，到了2001年开始推动观光农业发展，2002年，进一步创建了极具雅致感的花卉驿站，到了2003年，则设计了极具创意性的水上花屋，得到不少游客的赞誉。7年之后，该农场进一步创新餐饮，建设了南芳花园宴会厅。如今台一生态休闲农场总面积已经高达13公顷，同时还有着极具特色的山峦，整个视野面积已经超过数千公顷。该农场通过积极创新，如今存在着诸多的特色主题，如绿雕公园、蝶舞馆、花神庙等。在园区之内还引入了诸多的创意概念，如将花卉融入相应的建筑之中，在墙面、屋顶等部位引入相应的植物与花卉，使游客进入到园区，犹如置身花博会，处处能够感受到惊喜。

（2）澳大利亚天堂农庄。澳洲黄金海岸地处澳大利亚东部沿海中段，在布里斯班的南边，此处气候十分宜人，有着充足的日照。天堂农庄正是坐落于此，它与该黄金海岸的垂直距离，仅为12.07千米，所占整体面积高达12公顷，如今更是成为澳大利亚的五星级景区，到黄金海岸的游客基本上都会到此农庄一游。天堂农庄牧养数量众多、不同品种的羊，这使游客能够与这些动物进行近距离接触，在农庄还配备一定数量的解说员，对羊这类动物的主要用途进行讲解，游客还可以体验到羊毛加工等工艺。另外，人们还可以在此处接触澳洲代表性动物，如无尾熊、袋鼠等，同时还能观看那些得到训练的牧羊犬与公羊的表演等，整体活动颇为丰富，趣味性十足。

三、产业依托型

1. 发展背景

以产业作为核心的乡村旅游，就是将渔、林、农业进行融合，要遴选有着一定经济实力的乡村作为基础，将当地的规模化产业优势进行发挥，并切合当前旅游市场需求，在行政机关的引导之下，相关企业与农民积极参与乡村旅游项目的开发，使乡村旅游产品得到更好发展，并优先促进当前旅游业的迅速发展。

产业依托型乡村旅游不再局限于观光与农事采摘体验等，还包括向游客介绍相关产品的具体生产过程与所涉知识，同时还会融入相应的产品销售等，由此实现教育、销售、观光的一体化。乡村旅游主要提供各种农事方面的休闲活动，如渔业、林业、果业休闲，为游客提供极具特色的农家小吃，开设垂钓、采摘等诸多活动，满足游客吃、游、住、娱等一条龙的服务需求。游客在此过程中不仅能感受到规模化农业景观，同时还能对相关农业知识进行深入了解，对于青少年而言，则有着十分显著的教育意义。

2. 主要特征

产业依托型乡村旅游特点体现在：第一，将农业规模化、产业化的优势进行发挥，创新相应的乡村旅游，这种方式只需要较少的投入，在产出方面则见效更快。第二，能够满足游客多元化的旅游需求，如休闲、观光与体验等，同时还能促进当地农产品的销售，使当地经济取得更好发展。第三，激发农民积极主动的参与服务，这样就能解决农村的剩余劳力，进而帮助他们增加更多的收入，同时也能增强他们的综合素养。第四，有助于农村产业结构优化，使村容村貌、生活条件得到很好改善，构筑更为优良的旅游环境，使乡村旅游得到持续发展。

以产业为基础的乡村旅游，通常要以较高产业化的优势农业作为基础，或者是有着较高知名度的土特产品作为基础，借助于电商平台，积极推动相应商品的开发，使相关商品加工、餐饮服务等产业得到更好发展，达到延伸第一产业、联动第二产业、服务第三产业，最终实现农业与旅游业的协同发展。通过对农户土特产品的旅游化改造，文化产品的创意化设计，实用产品的文化加工，开发特色旅游商品，通过供应链实现实体经济和电商的结合。建立乡村旅游创客基地，对土特产品、手工艺品等进行包装设计的"二次加工"，重新赋予内涵和地域特色，强化地理标识。对于一些旅游资源禀赋不高，地理区位条件较差，但拥有知名度很高的土特产品的乡村来说，选择产业依托型发展旅游商品是不二之选。

3. 典型案例

（1）成都五朵金花休闲观光农业区。该农业区是由四川三圣乡5个自然村共同打造，而三圣乡本身就地处城乡接合部，如今该农业区总占地规模已经达到12平方千米，成为当前海内外极具知名度的休闲旅游娱乐度假区，通过自身的发展，更是成为国家AAAA级旅游区。

这几个村子有着各自明显的特征，通过自身科学发展，如今形成了"一村一品一业"，其中就涵盖了：第一，花乡农居。这是红砂村的优势产业，它的核心产业就是小盆与鲜切花，然后以此作为基础积极发展旅游业。第二，江家菜地。江家堰村以蔬菜闻名，该村通过发展体验式种植模式，给城市居民提供土地进行认种，由此大力开展体验式休闲服务，实现城乡居民的良好互动。第三，幸福梅林。对于幸福村而言，则是以梅花为优势产业，也正是如此，将其进行创新，发展了相应的观光旅游业。第四，东篱菊园。对于驸马村而言，则是以菊花为优势产业，通过引入与菊花有关的相关活动，由此形成极具人文属性的旅游产业。第五，荷塘月色。万福村有着优美的田园风光，这为该村进行艺术产业发展提供了重要路径。这几个自然村相距不远，而且采用了错位发展模式，有效解决了重复建设与恶性竞争问题。

（2）湛江炭疗理休闲山庄。该山庄地处湛江龙头莫村，属于典型的休闲度假式乡村旅游景点，它提供了美食、垂钓、炭理疗等诸多旅游项目，涉及功能区涵盖了旅业、炭乐、餐饮、垂钓、炭文化与烧烤区。该山庄借助于高温烧炭，使之产生相应的远红外线、负离子等热能，进而对人体产生相应的保健功能，它可以促使人体细胞更好地进行新陈代谢，并能帮助人们通畅静脉，借助于诸多理疗环节，如蒸、泡、熏等，由此实现保健美容等功能。木炭疗理保健美容的实现机制就是在烧炭之后，借助于炭窑中所对应的余热，以及相应木酢液等所具有的一些特殊性的物理功能，从而实现人体保健美容。这种模式对西医难以治愈的关节炎、风湿、妇科炎症等，都有着很好的疗效。该山庄在试营业期间就已经得到国内诸多游客的青睐，港澳同胞更是多次组团来体验。从目前来看，这种理疗在大陆也属于首创。

第三节 乡俗风情为重点的发展模式

一、民俗文化依托型

1. 发展背景

民俗文化依托型的乡村旅游依托于独特的民俗文化，是乡村生活状态与社区发展结合的产物。民俗文化依托型乡村旅游主要是以民俗文化等作为对象，对游客进行吸引。民俗文化能够充分彰显出乡土、民俗与农耕文化，常常借助于与民间生活具有关联性的活动，如节日、民间歌舞等活动，来对游客进行吸引。民俗文化活动通常具有质朴性，有着显著的文化风情，将这些文化因素进行引入，能显著提升文化内涵。对农耕文化的展示，主要涉及的内容为传统农具的使用与耕种技艺，相关农产品的加工等。新疆（新疆维吾尔自治区，全书简称新疆）的坎儿井民俗园就是这方面的代表。对于民俗文化而言，主要是展现相应的风俗习惯、服饰、居住等民俗，如山东任家台民俗村等。在乡土文化展示层面，主要涉及民间艺术、表演、歌舞等。如湖南荆平古文化村等。而有关民族文化，主要涉及民族习惯、歌舞、节日、宗教等，如西藏的娘热民俗风情园等。

2. 主要特征

我国由于地大物博，各地民俗文化差异大，民俗旅游开发资源基础丰富，特点鲜明，发展优势明显。在少数民族聚集的区域开发民俗文化依托型乡村旅游投资较少，见效较快，是较适宜的乡村旅游模式。发展民俗文化依托型乡村旅游可以帮助村民获取经济效益，助力少数民族地区脱贫致富，同时也可以对少数民族地区的传统文化进行传承和保护。

（1）地方性。对于民俗文化而言，它需要世代民众的传承，除了一些有着广泛影响力的大的文化传统之外，如春节、中秋节等，很多地方都因为自身的独特环境形成了极具地方特色的文化习俗。即使是同一种民俗，在不同地区、时代环境下都会有着自身特点。这种民俗文化有着显著地方性特点，如自古就有"百里不同俗"等俗语。总而言之，民俗文化都是基于相应的地域环境，在时间的长河中不断发展与演变而形成，它受到历史、地域、人们活动模式等诸多因素的影响，使这些民俗文化有着显著的地方特色。

（2）传承性。民俗属于典型的习得知识，具有代际传递效应。同时民俗在时间方面也具有一定的连续性，属于典型时间连续体。它通常就是以一定地域为范围，内部的人们在历史积淀下来的人文反映，是当地文化的象征。所以，对民俗文化进行传承,实际上就是对古老文明进行延续。通过传承可以对相关区域民众进行教化与规范,让他们透过这些文化来审视现在,并对今后进行展望。民俗文化对我国优秀民间文化进行传承,能对传统文化精神进行延续,使民众有着认同感,所以,民俗文化在传承方面又具有自觉性与原生态性,同时亲和力也更为显著。

(3) 变异性。传统文化存在着传承属性,在时间的长河下有着相对稳定性。这就意味着民俗文化在传承过程中并不会始终不变,而是随着环境的不同,也会存在着动态改变,亦即民俗文化在动态稳定之下,还具有一定的变异属性。而且这种属性亦是我国民俗的重要属性,在传承过程中会产生变异,随后又能得到相应的承继。从整体角度来看,在不同地区与时代,都有着差异性的民俗特点。其变异属性主要有:第一,表现形式改变;第二,性质产生改变;第三,旧俗消失。变异属性则为现代的移风易俗提供了重要的理论支持,将过去的一些陋习进行去除,大力承继现代文明,从而为相应民族新文化发展提供重要支持。

(4) 实用性。积极推动民俗文化活动发展,其本质就是要满足民众的文化需求。在我国民俗中,实用性是其关键性特点,这些文化都是来自生活与生产实践,通过传承让我们的后代能够使用这些文化中所包含的各种实用经验,这样就形成了相应的民俗。这种功利性与相应的宗教信仰有着显著的差异,当然,这种实用性也不仅体现在具体信仰层面,同时很多相应民俗在人们生活中的作用十分显著。

3. 典型案例

丽江古城位于云南省丽江市古城区,又名大研镇,坐落在丽江坝中部,最初建立于宋末元初,所处地段在云贵高原,覆盖面积多达 7.279 平方千米。丽江古城内的街道依山傍水修建,以红色角砾岩铺就,有四方街、木府、五凤楼等景点。中国少数民族中的纳西族主要聚居在此。纳西族原是中国西北古羌人的一个支系,大约在公元 3 世纪迁徙到丽江地区定居下来。纳西族在丽江繁衍劳作,世代生活,形成了不可多得的独特文化。

丽江古城有着多彩的地方民族习俗,纳西古乐、东巴仪式、占卜文化、素神仪式、白沙细乐、祈寿仪式等,别具一格。丽江古城纳西族传统民族节日主要有甲子会、重阳节、中秋节、祭祖节、火把节、药王节、端午节、泉水会、清明节、骡马会、龙王庙会、三多节、牧童节、北岳庙会、白沙农具节、春节等。丽江古城是一座具有较高综合价值和整体价值的历史文化名城,集中体现了地方历史文化和民族风俗风情,体现了当时社会进步的本质特征。该古城是典型的少数民族聚集地,它融合了丰富的民族传统文化,集中体现纳西民族的兴旺与发展。丽江利用民俗文化开展丰富多彩的旅游活动吸引来自世界各地的游客,促进了当地经济的繁荣兴盛。

二、新兴节庆型

1. 发展背景

新兴节庆属于近些年才发展起来的一种节日,并不具有传统性,大多由企业或者相关机构来举办，而这些节庆活动的目的主要为盈利或者进行宣传，它的分布具有复杂性。近些年很多城镇或乡村利用当地的主要农作物或土特产，举办各种节庆活动，如春季举办桃花节、梨花节，夏季举办西瓜节、樱桃节，秋季举办板栗节、核桃节，冬季举办乡村广场舞比赛、庙会等。这些新兴节庆为乡村旅游的发展和振兴带来新的生机和活力。新兴节庆是重要的旅游资源，对城市居民有着强烈的吸引力，通过节庆举行多种多样的文化活动，宣传当地的特色农业产物、社会生产产品或某些企业的产品，可以招来游客观光、度假、休闲和购物。

2. 主要特征

（1）内容和形式等具有创新性。近年来，新兴节庆的发展大多出现在城乡接合区域，很多乡县等区域所创新出来的节庆甚至要超过城市，这也展现出当代农民期望实现富裕生活的时代特点。这种节庆创新模式包括：第一，与会展进行融合，很多新兴节庆通常以相关展览主体为基础，来组织相应活动。第二，与旅游进行融合，由于传统节庆有着较多的空窗期，这为新兴节庆提供了时间支持，而且往往新兴节庆以传统节庆的前后几日为时间节点来开展，其目的就是要对当地经济进行拉动，对相关游客产生更多的吸引。第三，和现代演艺活动进行融合，如展开篝火活动，举行大型演出等，这些都是新兴节庆活动中常见项目。

（2）有助于促使当地经济发展。随着新兴节庆的发展，它们对当地经济的拉动效应日益显著，而且还逐步构成了极具自身特点的拉动经济发展模式。通常，节庆经济本身就融合了交通运输、商贸、旅游等诸多行业，属于整体综合性经济模式。尤其是这类新兴节庆，与经济的关联性更为紧密，而且分析当前主要的新兴节庆活动过程，大多都涉及商品销售、品牌宣传等。这意味着，新兴节庆的发展与经济活动关系密切，这也使新兴节庆有了重要的发展空间。

（3）营销属性十分显著。经营与销售的总称就是"营销"，纵观新兴节庆的发展历程，从一开始出现就自带营销属性，具体体现在：第一，可以对农产品、旅游产品等进行营销；第二，可以为当地与政府形象进行营销；第三，在开展过程中，也会对自身品牌进行相应营销。

3. 典型案例

（1）北京市大兴区西瓜节。瓜节年年办，年年节不同，已经举办了多届的大兴西瓜节是大兴人心中的骄傲。近些年，大兴区农科所在持续强化西瓜育种技术，同时还在积极从海外引入60~80个新品种，积极强化对无籽西瓜、耐运小型西瓜等种子的引入与培育。西瓜节期间，大兴区整合旅游资源，集中推出"活力大兴，魅力新城"系列节庆旅游活动。"欢乐瓜乡休闲游活动"，以庞安路休闲旅游产业带为轴心，整合各镇旅游资源，开展西瓜采摘等休闲旅游活动，集中推出40个精品观光采摘园，10个农家特色美食及各镇特色主题旅游活动。

西瓜节期间，北京市大兴区充分利用区文化活动中心的优势，打造西瓜节"娱乐演出季"。举办"大兴之春"原创史诗歌舞晚会、"甜蜜季节"暨"美丽大兴我的家"合唱节、"我与瓜节同行"大型诗歌朗诵会、"百姓大讲堂"专题报告会、"激情五月"群众舞蹈大赛、"大兴区非遗民俗文化旅游产品"展示、周末剧场演出、经典优秀电影展映月及大兴京剧演唱会等群众喜闻乐见的文化活动。大兴区人力资源招聘会在庞各庄镇东方绿洲生态园举办。百余家招聘单位将参加招聘会,为区内企事业单位和农民工、城镇失业人员、大兴籍大学毕业生等各类求职者提供积极的就业指导、创业指导服务,促进农民工向二三产业转移。

(2) 河北省青龙县板栗节。河北省秦皇岛市青龙满族自治县素有"中国板栗之乡"的美誉,板栗栽种历史悠久。近年来,青龙县确定了大力发展板栗产业的农村经济发展战略,继续加大板栗产业扶持政策,加强板栗产业技术力量,全力冲刺"全国板栗第一县"。2018年9月10日,第二届青龙板栗节在青龙满族自治县茨榆山乡蔡峪村七彩青龙·自然城园区开幕。青龙满族自治县林果种植面积达126万亩,其中板栗超百万亩,栽植规模居全国首位,基本实现"人均三亩果、收入4 000元"目标,成为青龙县扶贫精准度高、稳定增收能力强的脱贫支柱性产业,打造了贫困群众脱贫致富的"绿色银行",为可持续脱贫、长久脱贫奠定了坚实基础。举行第二届青龙板栗节,旨在进一步擦亮青龙板栗品牌,打造板栗产业强县,全力推进小板栗有大作为的新征程。

板栗节期间,在七彩青龙·自然城园区内,猴打棒、皮影、奚琴、满族寸子秧歌等非物质文化展演,板栗饼、板栗罐头、糖炒板栗等板栗深加工产品展示,以板栗为主的果品现场采摘、板栗品鉴、板栗高效栽培技术培训会等活动精彩纷呈。此外,青龙板栗产业招商洽谈研讨会、2018年河北省板栗产业技术创新战略联盟年会等活动陆续展开,加强板栗产业技术与文化交流,推进青龙板栗产业创新发展、高质量发展。截至目前,全县板栗栽植面积近100万亩,其中结果面积55万亩,产量3万吨,年产值近5亿元,年人均板栗收入1 100元。其中带动贫困村142个,覆盖贫困户12 623户、贫困人口41 404人。

第四节 综合型发展模式——田园综合体

一、发展背景

田园综合体是融合田园社区、休闲旅游、现代农业的特色化小镇,属于典型的综合乡村。田园综合体以城乡一体化作为基础,积极推动农村供给侧结构升级,同时还融合了农村产权制度的革新,最终形成的一种具有可持续发展新型模式,此模式的目的就是要推送农村社会经济全面发展,构筑现代化乡村。近些年,我国旅游、经济发展、地产开发都呈现出全面升级特征,同时旅游产业也呈现出转型与融合,在此环境下最终创新出旅游综合体模式,使之成为我国经济、旅游产业发展的核心引擎。另外,国内的休闲度假要求也在不断提升,需要我国经济增长与内需扩大模式产生显著革新。对于我国经济发展而言,新型农业与城镇化更是成为重要的战略支点。我国城镇化与旅游经济发展，在田园综合体中得到交汇，并使之成为今后重要的发展方向。

田园综合体对农村资产进行综合与跨越化利用，这也是我国乡村发展的关键代表，可以对我们思维模式进行更好的创新突破。2017年2月5日，由田园东方的基层实践，源于阳山的"田园综合体"一词被正式写入中央一号文件，具体原文为：支持有条件的乡村建设以农民合作社为主要载体、让农民充分参与和受益，集循环农业、创意农业、农事体验于一体的田园综合体，通过农业综合开发、农村综合改革转移支付等渠道开展试点示范。对现有文件内容进行深入解读，可以得知田园综合体已经是当前乡村发展新型产业的亮点举措。

二、主要特征

田园综合体需要地方与企业进行合作，以较大的乡村区域为基础，对其进行综合性开发与经营，使之构成全新的生活与社区模式，由此形成的发展模式涵盖了农业、地产、文化、旅游等诸多模式，在图3-1中给出了田园综合体概念的解读。

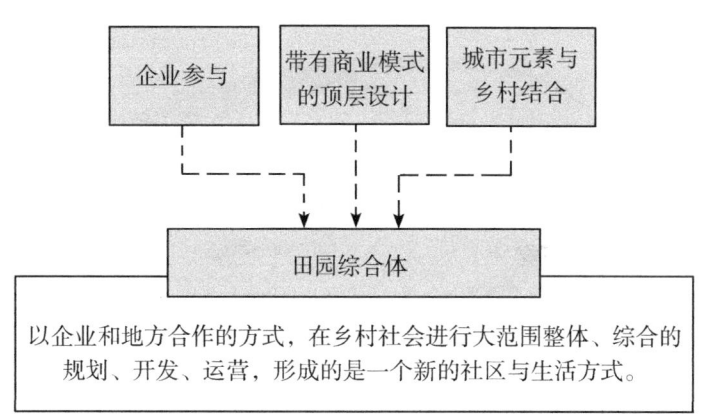

图 3-1 解读田园综合体的概念

田园综合体的特征主要体现在以下5个方面。

1. 以产业为基础

田园综合体将农业作为核心基础，相关企业将农业作为发展核心，借助于产业园区模式来推动现代化农业发展，使之成为当地基础产业。

2. 以文化为灵魂

田园综合体需将当地的文化、民俗、民间艺术等诸多内容进行充分应用，使人们在体验农事过程中也能够感受农民丰富多彩的民间活动与风俗礼仪，使乡村原貌得到更好展现。

3. 以体验为活力

将农家生活、农业生产等转换成相应的商品加以出售，使民众更好的体验相关的农事，进而满足其内心需求，由此构成全新的业态。

4. 创新乡村消费

对于乡村旅游而言，需要将其视作驱动农村经济发展的重要动力，最大限度地促使当地农村经济的发展，并能更好地对城乡之间的差距进行弥补，最大限度地解决相应物质水平的差距，进而构筑满足城市人需求的相应乡村消费。

5. 城乡互动

通过城乡互动，可以很好地解决城乡文化之间的差异问题，有助于城乡互动。田园综合体可以说是促使城乡互动最为有效的模式，可以在空间层面上，将乡村与城里人进行有效的融合，并在行为上使之进行相互交织，并让文化进行弥合，这样才能真正实现城乡文化的融合。

三、结构体系

在创新城镇化架构模式之下，田园综合体的构成涵盖了景观吸引核、休闲聚集区、农业生产区等。田园综合体的结构体系见图3-2。

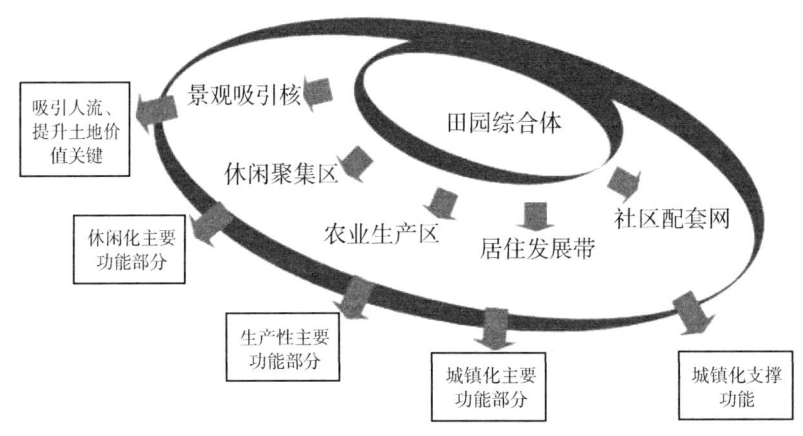

图3-2 田园综合体结构体系

1. 景观吸引核

对于景观吸引核而言，不仅是吸引旅客、增加土地附加值的关键要素，同时也是构筑田园综合体的关键。它所处的地段有着较为丰富的景观资源，同时在地形上要具有变化性，由此推动观赏旅游的发展，如湿地风光、瓜果田园、花卉展示等，这些都会让游客徜徉于优美的田园与自然风光之中，不知不觉地放松心情，体悟农业的多元魅力。

2. 休闲聚集区

在成功吸引很多游客后，就需要休闲聚集区为这些客人提供各种休闲娱乐设施，进而成功构筑田园综合性的休闲产品体系。从本质上而言，休闲聚集区是诸多休闲业态的聚集，具体就是架构游憩模式，它涉及各种风情建筑，如传统民居、小木屋，各种民间演艺活动场所以及垂钓区等。该聚集区可以让游客更好的体验农村生活，感受当地的风土人情，同时也能感受农业生产所蕴含的闲趣。

3. 农业生产区

在打造农业生产区前，需要提前遴选那些土壤营养丰富，现代灌溉设施完备的区域，然后将其列为生产区。而所涉及的生产内容可以涵盖蔬菜、果树、区域优势农作物生产、花卉种植等。而且农业生产区需要积极引入创新的农业科技，这样才能进行更好的农业创意与体验，并能够让相应产品做到高效流通。

另外，农业生产区还能将其建设成为科教、生态农业示范区等，积极将其中蕴含的农技进行推广，使游客能够更好地感受现代农业的独特魅力，使游客能够对农业有着更加深入的了解。

4. 居住发展带

这是田园综合体实现城镇化结构升级的关键基础，在旅游诸多要素的引入之下，可以更好地促进农业以及相关休闲产业的迅速发展，进而构成所谓的泛休闲农业产业，其中农业可以作为基础，而休闲则是其中的支撑，借助于产业聚集与融合，促使当地实现人员的汇聚，形成游客、产业工人、度假、农民等诸多人口的集中居住化，由此实现以田园综合体为核心的城镇化建设。

5. 社区配套网

社区配套网络则是田园综合体拥有城镇化支撑功能的关键，那些服务于休闲与农业产业的相关教育、金融、商业等，都可以将其统一的称作产业配套，将它们进行结合，使之对当地居民进行服务，在此过程中，同样需要医疗、教育、金融等公共服务的支持，最终构筑城乡一体化的公共配套网络。

四、发展思路

1. 田园综合体开发思路

对田园综合体进行打造，必须要对相应乡村的特色资源进行深入挖掘，同时在建设过程中还需要始终遵循生态、低碳等理念。在发展田园综合体时，需要将旅游资源与土地作为核心基础，贯穿休闲旅游，为其提供全面的商业配套，进而为游客提供高品质服务。积极对旅游项目进行综合性开发，使之构成"岛式圈层"，进而满足行政机关、民众、游客等主体的多元化需求。

2. 田园综合体发展结构

图 3-3 给出了田园综合体的发展结构，其中最外层与中间层，前者表示的乡村土地与资源，主要涉及产业聚集区等，如采摘林业与渔业等；后者则是有关休闲商业项目，主要是为乡村旅游与居民提供相应服务，它内部集成了相应的配套设施，其具有多功能属性，如娱乐、餐饮与酒店集群等。对于核心圈层，就是所谓的休闲地产，它融合了居住功能、产权式酒店、居住小区等诸多功能，如景观、度假、养老等地

产。而这些不同圈层的贯穿线就是乡村旅游休闲。

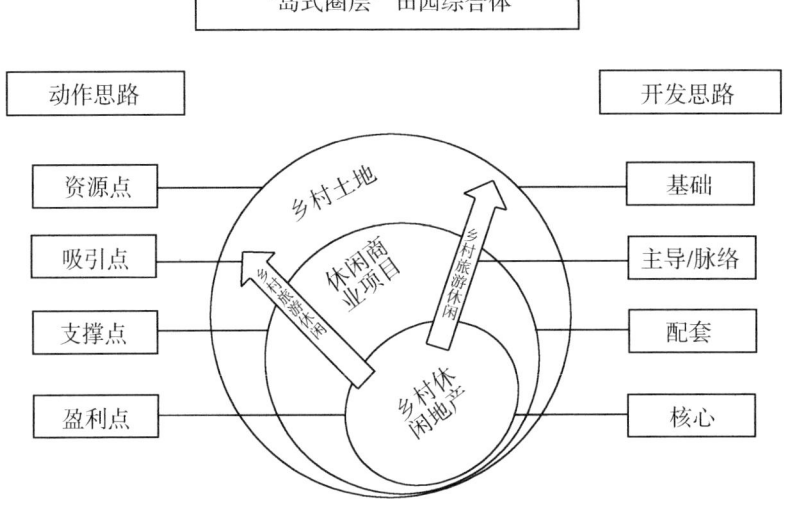

图 3-3　田园综合体的整体结构

需要注意，在这种结构之下，不同圈层并不是始终不变，往往会结合乡村自身特点，在不同圈层会引入差异性的开发方向与主题，这样就能构成极具特色化的田园综合体。

3. 田园综合体运作思路

第一，将乡村及其土地作为资源点，由于乡村本身涵盖丰富的土地资源，而且还有着极具特色的自然景观，当然还有基于民族、民俗文化、民居等为核心的人文资源，此外还有村民之间那种淳朴的交际模式这些社会资源。上述都是田园综合体的基础资源。第二，将旅游休闲当成田园综合体的核心吸引要素，为此需要将多种乡村旅游的相关休闲产品进行组合，从而拓展田园综合体所对应的目标市场，另外还需要对旅游资源进行科学开发，构筑差异性种类、规模与多层次的旅游产品，使之成为相应的吸引要素。第三，将休闲商业项目作为支撑，为诸多游客与当地民众提供专业性的商业配套服务。第四，将休闲地产作为关键盈利点，获取更多回报。

五、打造策略

1. 基础+资源点——乡村旅游资源和土地

对于乡村旅游而言，其资源将会对最终产品的开发方向带来决定性影响。其中所涉及的土地资源，将会对最终田园综合体的规模带来决定性影响，同时还会对相应产品的配比结构带来相应作用。按照岛式圈层模式来进行开发，土地与旅游资源为最外层，在对其进行开发之时，需要注重深层开发，如引入生态、创意与循环农业，同时还需要推动规模化发展，再融合相应的科研、教育、加工销售等诸多产业，使不同产业之间形成很好的联动。另外，相关项目在发展农业之际，还能对当地农作物作为核心的创意农业进行发展，再适当地对休闲、观光农业等项目进行相应开发。

2. 主导/脉络+吸引点——乡村旅游休闲

对于田园综合体开发而言，乡村旅游休闲无疑是关键，也就是需要以此作为切入点，积极开发差异性的产品，如在规模、层次、类型等方面表现出不同，使田园综合体成为极其重要的吸引点，并对乡村旅游市场进行更好地带动。另外，不同休闲项目之间可以借助于相应旅游线路进行连接，使整个综合体中的诸多圈层得以贯穿相连。

对于田园综合体项目而言，能够对休闲、运动、观光、会议、居住等诸多旅游功能进行融合，进而构筑极具特色的田园综合旅游休闲，如引入采摘、农活体验、垂钓等诸多产品。在具体开发时，还需要融合当地文脉与地形地貌等，对其中的某项或者数项功能进行重点打造，由此使不同旅游休闲项目形成差异性的特色，进而对整个区域发展产生带动效应。

3. 配套+支撑点——休闲商业项目

将乡村的生态景观、环境等诸多优势进行结合，在构建相应的生态型度假酒店之时，需要采用科学、分步的方式来进行，对于特色商业街等同样如此。它们都是田园综合体的相关配套模块，要使田园综合体有着典型的娱乐、生活、休闲等诸多功能，进而为相应区域提供更高品质的服务。

4. 核心+盈利点——乡村休闲地产

休闲地产主要是以生态化为核心来进行构筑，它需要以居住功能作为主体，涵盖了多元化的地产形式，如产权式酒店、传统小区等。目前主流开发的乡村休闲地产主要涉及乡村度假、景观、养老、创意等地产。在此过程中，还可以进一步将环保、科学、节能等理念融入其中。在田园综合体中，休闲地产无疑是极为关键的模块，也是投资方得到更高回报的关键。

六、综合产业价值链演化

对于田园综合体而言，相应产业链的拓展与构筑无疑是增加农业核心竞争力的关键基础。其核心就是要促使田园综合体有关生产与加工业实现转型与升级，促使服务业得到更为丰富的发展，并在农产品加工、生产与服务进行充分融合前提下，进一步创新更多产业。所以，在拓展综合体产业链时，不仅要注重产业链高端属性，同时还需要强化生态、资源、社会与经济效益的全面性。

1. 综合产业体系构建

对于田园综合体的功能开发与主题定位而言，通常会对产业链拓展带来明确规制。在品牌、产业规模、科技能力等层面有着相应优势基础，并结合国际产业集群以及农业价值链逐步发展的规律，按照优化、延伸、完善产业链的整体需要，最终构筑综合性的产业链，其中可以涵盖4个级别的重要产业群：第一，核心产业。这是一种独特农产品与园区作为基础的农业休闲与生产活动。第二，支持产业。这主要涉及支持农业休闲产品得以发展、推广、营销等相关企业，如媒体与金融机构等。第三，配套产业。这主要涉及为相关创意农业构筑提供相应支持的企业群，如娱乐、餐饮、旅游等。第四，衍生产业。这主要涉及将农产品及其文化融入其中进行发展的其他企业群。

图 3-4 给出了不同产业之间相互推动、带动的关联性，具体所涉及的产业引擎模式结构可参见图 3-4。

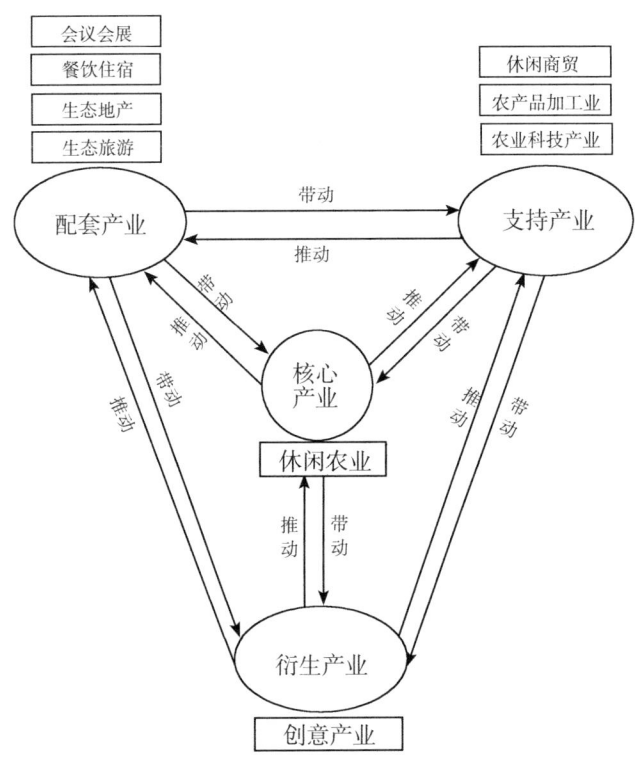

图 3-4 综合体产业引擎模式

2. 产业延伸与互动模式设计

对于休闲农业而言，它的属性涉及高融合、高附加值、高科技与高文化品位等，想要发展休闲农业，将诸多产业进行科学融合，使田园综合体产业链得到相应拓展。在此过程中，需要始终将市场当成重要导向，并积极将农产品与艺术创意、休闲度假等进行融合，由此显著提升农业产值与价值，构筑更为优质的农产品。如今休闲农业也已经成为现代农业的发展重点，同时也是当前农业发展演化的重要趋势。

将诸多产业进行融合，将度假、娱乐、艺术、农副产品等更好地进行融合，由此对现代农业中相应生产、加工、开发等诸多产业链进行有效拓展。并基于诸多产业的融合,将度假、休闲、农事体验、娱乐等进行有机的融合,使现代农业原先的开发、生产与销售产业链得到更好的拓展。

在整个农业休闲产业体系中,需要确保一二三产业间的良好互动,要使传统与现代产业、科技与文化等进行科学的融合,使之前浅加工的产品、功能简单的农业等成为休闲产品的重要载体,并在此基础上引领相应的消费潮流,对市场进行相应开辟,进而让新的价值空间得以拓展,产业价值所对应的乘数效应则颇为明显,在图3-5中给出了相应的互动模式与产业延伸情况。

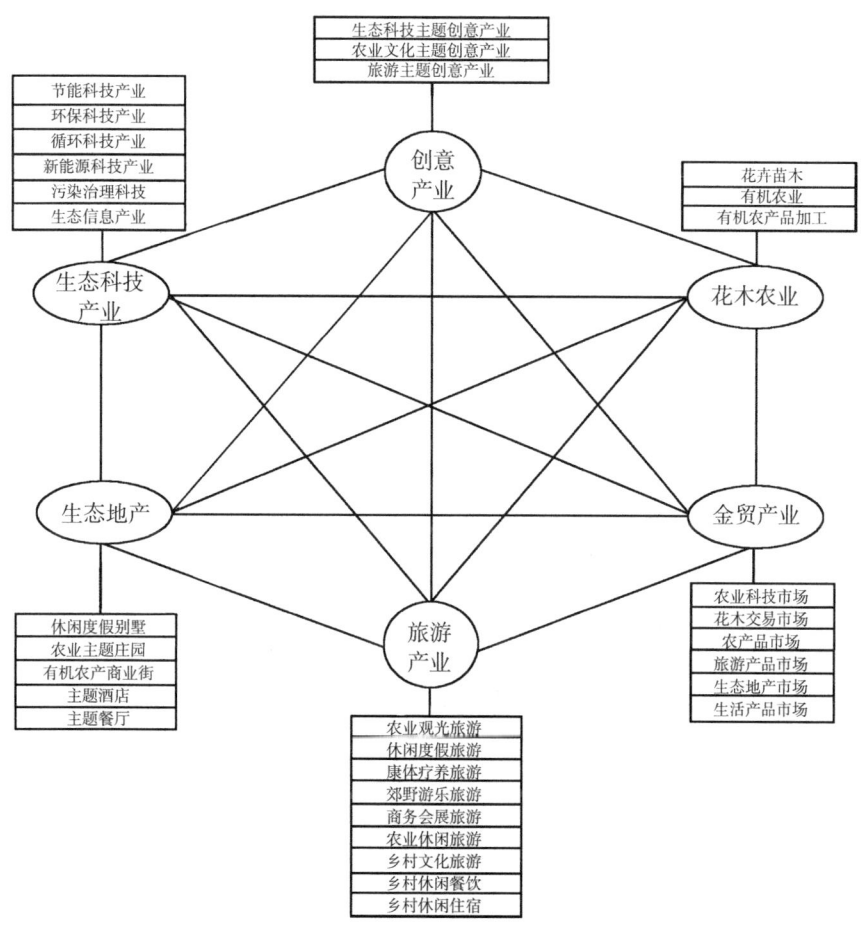

图 3-5 田园综合体产业延伸与互动模式

七、典型案例

1. 江苏省无锡市阳山田园东方田园综合体

江苏无锡阳山田园东方的田园综合体,其建设理念主要是为原住民、新住民与游客提供多元化服务，并以经营服务、环境构筑、业态规划为对象，进行了相应的创新与实践。多年的努力实践，项目得到了诸多的肯定、支持、鼓励、意见和建议，不断鞭策项目的成长。田园综合体能够为当地居民提供更多的就业机会，使他们的收入得到显著增加，也让当地人能够在家周边实现就业。另外，通过田园综合体的建设，当地的休闲活动与乡村环境开始得到显著改善，极大地改善了原住民的生活品质。对于那些向往田园生活的民众，可以在田园综合体中真切地感受田园，并能够让这些新住民在新型乡村中拥有更为别样的生活，同时也能让他们在相应互动中获得受益。对于游客而言，田园综合体可以为游客提供和传统农家乐具有差异性的旅游产品，进而让不同游客主体，如儿童、情侣、亲子家庭等等都能感受到满意的田园体验。

田园综合体在我国现有乡村地区并不都适用，也不是乡村发展可选的唯一道路，在那些经济较为发达的乡村，田园综合体更为合适。由于我国存在着城乡二元结构，所以借助于城市来反哺农村有着丰富的驱动力。田园综合体可以对农村环境进行很好改善，同时还具有可持续发展属性，所以对那些经济较为发达的乡村、应用田园综合体，就能更好地推动城乡一体化建设，同时也能更好地促进经济全面发展。

2. 河北省迁西县花乡果巷田园综合体

迁西花乡果巷田园综合体项目是河北省唯一的国家田园综合体试点项目。项目建设地点为迁西县东莲花院乡。建设期限为2017年10月—2020年10月。规模为7.35万亩。总投资为172 138万元，财政资金为21 000万元，其中中央财政资金15 000万元，省、县级财政配套资金则依次为4 800万元与1 200万元，其他相关资金主要涉及政府整合资金与民间资本，分别对应的是5 670万元与9 430万元。对应的产业体系与功能分区，前者涉及安梨、葡萄、猕猴桃、杂果等种植产业；所涉及的配套产业则涵盖了三区与两个中心，分别为智能体验、生产加工与冷链物流这"三区"，还有电子商务与科技研发这两个中心。另外还涉及相关的延伸产业，如花乡果巷特色小镇、休闲体验区、生态涵养区以及十大项目产业园等。

迁西花乡果巷田园综合体的规划定位为山水田园、花乡果巷和诗画乡居。目标任务为建设以特色水杂果产业为基础，以油用牡丹、猕猴桃、小杂粮产业为特色，以生态为依托，以旅游为引擎，以文化为支撑，以富民为根本，以创新为理念，以市场为导向的特色鲜明、宜居宜业、惠及各方的国家级田园综合体。努力实现"三生同步""三产融合""三位一体""循环农业、创意农业、农事体验"蓬勃发展，确保六大支撑体系：生产体系基础坚实、产业体系特色突出、经营体系创新发展、生态体系绿色共享、运行体系合理优化、服务体系功能完善。

3. 美国Fresno农业旅游区

美国市民农园主要的开展模式为农场与社区互助。其中的市民与相应农园的农民将会对涉及的成本、利益与风险进行共担。而农园需要为相应市民提供新鲜、安全，并比市场售价更低的农产品,而作为市民则能为农园开辟相应的销售路径,从而实现双方的互惠共赢,使农产品与消费者之间能够构成互通的桥梁。

对于 Fresno 农业旅游区而言,主要由休闲观光和农业生产区所构成。在整个区域之内,还涉及葡萄产业基地与大量种植园等。此外,还涉及受到很多家庭喜爱的赏花路径、薰衣草园区、水果市场等。其整体架构具有立体式,涵盖了主题旅游线路、综合服务、特色农业镇,相关旅游线路设置科学全面,在功能上有着相应的着重点,对于综合服务镇而言,则突出当地交通区位优势,有着完善的配套机制。

第四章　乡村旅游可持续发展

第一节　乡村旅游可持续发展的内涵

一、旅游可持续发展

对自然环境不进行破坏，同时也不对已有或者潜在的旅游资源进行破坏，对相关资源进行科学利用，在已开发资源进行保护的前提下，促使经济、社会与环境的融合，使旅游经济开发行为具有可持续性。

（一）旅游可持续发展的提出

在人类活动中，旅游无疑是其重要构成，亦是经济在发展到一定水平下的构成物，它的内容与形式亦与经济与社会的发展而有所不同。20世纪60年代，发达国家已经正式跨入富裕社会，旅游活动也得到了相应普及。伴随着经济的快速发展，旅游开始成为全球常见活动。同时在交通工具发展之下，人们的旅游活动范围与规模都在显著扩大，相应旅游接待地也因此获得不菲收入，并为当地文化、环境等带来很多负面的影响。

旅游业与环境关系极为紧密，前者可能对后者带来破坏效应，这使社会开始认真思考旅游产业的持续发展问题，从而使经济效益得到更好维持。在可持续发展观点得到认同后，旅游业开始获得了正确的发展路径。由于旅游业对自然与人文资源有着很大的依赖性，这使其更需要注重发展的可持续性。这样也能获得更为显著的直接收益。此外，旅游业如今在国际上也开始成为规模最大的产业，从责任角度来看，它也应该带头实现可持续发展。

（二）旅游可持续发展的含义

在强化保护的前提下，需要对旅游资源进行科学利用，这是促进旅游业可持续发展的关键。当然，旅游业若是能够科学发展，也使相应产业结构得到改善，同时还能促使生态环境利用模式进行改变，使人们产生保护环境与资源的自觉意识。可持续发展模式具有以下内涵。

第一，在现今社会与经济系统中，旅游业无疑是极为重要的构成，若是它能可持续发展，那么必然会对其他产业带来正面作用。旅游业与可持续发展模式存在着显著耦合性。前者在经济中重要性十分突出，对促进可持续发展而言作用明显。而可持发展模式亦为旅游业带来更好环境。从代价视角来分析，若是产业发展条件一致，相较于其他行业，有关旅游业投入与耗用的资源相对较少，对应的环境代价也就随之下降，进而得到无烟工厂的称赞。所以，旅游产业在可持续发展方面具有先天性优势。从可持续发展模式的目的来分析，旅游已经成为当前人们的重要需求，它能将精神与物质活动进行融合，折射出物质文化水平的增长，在古代仅有很少人有这种行为，如今则演变成一种产业。旅游产业蕴含着丰富的文化经济属性，而该属性又能够为可持续发展模式提供很好的支持。所以，旅游产业的发展，本身就是可持续发展模式目标体系的关键构成。

第二，对于旅游产业而言，它亦有可持续发展问题。若是科学发展，那么便能满足可持续发展模式需求，若是追求短期利益，违背自然规律，那么就会使旅游产业难以持续，如导致旅游"噱头"资源的破坏，古迹的大量损毁等，而且部分盲目开发所产生的破坏更具有致命性与永久性。

（三）旅游可持续发展的本质

可持续发展模式涉及旅游活动与产业这两个方面。对于旅游活动而言，它对相关活动的生命周期与发展进行重点关注，并防范对旅游地环境与文化的破坏。对于旅游产业而言，它则注重自身生命周期与发展情况，强调对管理、经营、开发人员等主体的社会责任感。在目的地的相关旅游开发与经营，需要对以下层面的协调进行关注：旅游业与环境维护之协调；当代与后代需要方面的协调；旅游地居民与游客间利益的协调。

旅游业想要实现可持续发展，就要以长期开发作为切入点，同时还需要将旅游开发组合效应视为着陆点，对旅游业的经济发展、社会接受水平、生态环境等进行综合，确保发展能够得到长期的支持。正如联合国教科文组织、环境规划署等国际性组织在《可持续发展宪章》中就明确提出：旅游已成全球性现象，已成很多国家经济与社会发展关键要素，同时亦是人类最高层次的愿望。然而，旅游资源整体颇为有限，因此需要确保环境质量得到改善。

二、乡村旅游可持续发展

（一）乡村旅游可持续发展研究现状

20 世纪 90 年代初期，我国就已经开始对乡村旅游进行研究，但属于发展起步比较晚的国家之一。近年来，我国乡村旅游发展突飞猛进，乡村旅游成为人们特别是城市居民的旅游。首先，乡村旅游发展前景大好。但不容忽视的是，乡村旅游在发展过程中存在着只顾眼前利益、破坏环境、破坏文物、文化缺失、社会参与不足等负面影响，使众多学者都将关注的重点放在乡村旅游的可持续发展上。张玲认为乡村旅游可持续发展关键在于生态和谐。王成志在研究中则表示，想要实现旅游产业的持续化发展，就需要使行政机关在此领域起到主导作用，始终推动多元发展，差异建设，注重产业与特色化；马彦琳则提出贵州的管理和经营模式，指出应将乡村旅游融入当地的自然、人文、社会、生态环境，从而促进乡村旅游可持续发展；左晓斯从研究社会构建的角度分析乡村旅游可持续发展面临的问题及出路；尤海涛则提出乡村旅游可持续发展的前提是乡村性，乡村文化和乡村经济是根本和保障。总之，这些学者所处地域虽然不同，分析问题的视角和方法亦有不同，然而从这些学者的观点中都可以表明，旅游业想要实现可持续化发展，就需要对乡村属性、本土文化加以保护，虽然各位学者研究点有所差异，但是其最终的指向基本具有一致性。

（二）乡村旅游可持续发展的基本思想

对于乡村旅游而言，其可持续发展的本质主要有以下 4 点。

1. 公平性

机会选择具有平等性就是所谓的公平性。它涵盖的层次包括：第一，同代之人所存在着的平等性。对于旅游可持续发展而言，需要将东道社区作为重要主体，强化它对游客的服务质量的共享。所以，匡林（1997）在研究中指出东道地区民众就有相应的权限参与到当地的旅游决策，并为其期望的社区种类来进行谋划，同时也能享受到旅游业发展所带来的收益。第二，代际的公平性。也就是从时间上当代之人与其后代所拥有的相关旅游资源，后者不能低于前者的规模，每一代开发者都需要为后代提供同等或者更多的机会与肩负更多的责任。

2. 可持续性

旅游业想要获得长期发展，其首要条件就是接待地能够持续地满足动态的旅游需求，同时在生态环境层面需要做到可持续性。简言之，旅游业发展需要建立生态与社会环境能够持续发展的基础之上，能够为目的地的经济发展提供支持，同时还能适应当地的道德规范等。促使旅游业发展，不仅要能够对足够的游客数进行吸引，同时还需要对游客的获得质量进行提升，同时也不会使当地社会与环境产生不利作用。在旅游学理论中将这种平衡点统一称作旅游承载力。Reily（1986）表示不影响自然环境下，在确保游客经历品质的同时，可以让目的地达到最大游客数。若是这个平衡点被打破，那么当地社会与生态环境就可能会面临威胁，旅游业也就难以持续。

3. 共同性

在经济、历史、文化等层面不同国家有着差异性的发展水平，这使有关旅游资源的掌握情况存在着显著差异，这对于旅游产业而言，实现可持续发展的相关政策与目标就会有明显不同。不过从整体目标来看，都存在着共同的可持续性。为了保障此目标得以实现，全球各国就需要在行动上维持一致。所以，行政与非行政机关，东道地民众，旅游公司以及相应游客都需要对这种可持续性肩负起自身责任，亦即该目标的实现需要诸多主体的规范与通力合作。世界旅游组织在《旅游业 21 世纪议程》这份文件中已经明确表示，旅游业想要实现可持续发展，就需要全球统一协同，并给予坚定承诺。在目标与政策层面的承诺，需要由相应阶层与诸多主体来共同进行，也就是行政机关与社会诸多主体在发展与环境层面的认知，要做到高效合作。

4. 利益协调性

游客与目的地主体之间的利益协调便是旅游业的利益协调性，对于可持续发展模式而言，旅游业想要实现此模式就需要做到：第一，游客能够获得高质量游历服务；第二，目的地区的民众生活品质得到相应改善。这两点目标不可或缺。从理论层面上，发展旅游业可以对目的地区带来诸多利益，如，增加当地民众的就业，有关基层与上层设施建设得到完善。从客观层面上，还能让当地民众生活环境得到改善，并能与外地进行积极交流。在对外部世界进行更好理解的同时，还能扩大目的地的知名度等。在具体实务环节，在很多乡村旅游地就取得了这些效应，然而旅游业在具体发展过程中片面强调游客所需，若是所需与目的地民众存在冲突，那么游客需要优先得到尊重。另外，由于目的地区在参与旅游业的同时，因为受到诸多要素的制约，导致当地的生活品质并没有因此得到提升，相反使原本正常的生活被扰乱，进而使当地民众产生很大的抵触情绪。而这又会进一步影响游客的游历体验。因此，若是旅游业想要实现可持续发展，就需要主客双方的利益得到协调兼顾。

第二节 乡村旅游可持续发展的目标

从时间角度来看，旅游产业的可持续发展是一个长期过程，涉及当代与子孙后代。从空间角度来看，需要同时提升游客与目的地民众的游历与生活品质。不仅要对当地的环境进行保护与协调，最大限度地弱化开发与乡村独特属性维持的矛盾，同时还需要对当地的旅游资源、社会、文化、环境等要素进行科学协调。因此将可持续化发展模式作为旅游业的关键目标，就是要做到乡村经济、社会文化、生态的可持续发展。

（一）乡村经济可持续发展

乡村旅游的经营主体以及相关部门所投入的回报就是所谓的经济效益，这是发展旅游产业的一种关键性目标，同时也是保障旅游产业供给的关键性要素。发展乡村旅游需要使之得到相对合适的回报，而且相应旅游产业所吸引到的游客数能够支持其稳定发展，并使得目的地的供给水平与规模得到维持。通常乡村旅游规模受到当地经济水平的影响，即它们之间需要具有匹配性。在获取相应经济效益的同时，要确保相关资源得到科学利用，管理更为高效，可以按照城市游客所需来对相应的资源进行特色化开发，然后借助于科学管控来获取最大经济效益，进而为乡村经济发展提供更好支持。

（二）乡村生态可持续发展

乡村旅游的根基就是要生态与环境具有良好性。从乡村生态角度来看，若是实现可持续发展，就需要乡村旅游的发展和生态资源、生态过程、生物多元化等进行协调，对现有的接待游客数进行科学的控制，使目的地民众与游客产生更强的生态环境意识，从而使可持续发展模式得以落地，为此保障目的地生态环境稳定性极为重要。在部分偏远的乡村，有着较高的森林覆盖率，水质纯净，空气清新，动植物种类多元化，然而整体环境的容量相对有限，为此就需要对接待游客的数量进行适当控制，将旅游活动量控制在乡村环境承载力范围内。同时还需要不断增强当地民众与游客的生态环保意识，使旅游资源的利用具有持续性。

（三）乡村社会文化可持续发展

乡村社会文化可持续发展就是在推动旅游业发展的同时，还需要增强群众对生活的控制水平，提升此水平的关键，需要和群众的文化与价值观进行协调，进而对社区的个性进行相应维护与增强。实现乡村社会文化可持续发展，第一，旅游目的地在进行规划之时，就需要对当地的承载力进行明确，然后借助于相应措施，把游客数量增长带来的不利作用控制在平衡点之内。第二，借助于行政机关力量，明确当地的文化保护等一系列法规政策，然后借助于科学宣传，使游客能够自觉遵守当地风土人情与社区文化。第三，激励目的地民众能够主动保护当地文化，以旅游为切入点，增强当地民众对所在地区的文化认同感。

第三节　乡村旅游发展存在的问题

随着时代的进步，国内的乡村旅游在发展上呈现出一派繁荣的景象。但是在繁荣的背后也反映出一个现象，就是城市居民对精神生活的需求开始变得更多。在游览祖国名胜古迹、山川河流之后，休闲轻松加上原生态的乡村旅游反而更吸引城市人群。于是乡村旅游成为一处亟待挖掘的金矿，许多投资商看中这块市场并纷纷前来投资，极大地推动了乡村旅游建设。但是在繁荣的背后，并不是没有问题和一帆风顺的，诸多问题开始慢慢暴露，具体存在的问题体现在下面8个方面。

（一）同质化现象严重

第一个问题是同质化的问题，乡村旅游业的面积持续扩大，导致出现同质化问题，村与村之间没有差异化，也就是说很多地区出现相差无几的景色和宣传方式。而一个乡村旅游景区想要形成自己的品牌，打造出更高的知名度来吸引游客，就必须要打造出独一无二有特点的景色。但是目前的情况是乡村旅游景区差异太小，甚至同质化十分严重。例如，目前最常见的问题就是东部沿海的一些乡村地区，在品牌宣传上都采用"绿水青山"的景色品牌，虽然好山好水是吸引游客的关键，但是山水如果没有什么特色，游客为什么要不远千里去游玩呢？

除在景色上的同质化以外，目前国内的乡村旅游产品还存在种类稀少又单一、宣传力度小等问题。比如，乡村旅游产品中几乎看不到精品产品，没有利用起乡村原来就有的资源，非常难与当下的旅游市场结合在一起。目前的乡村旅游活动主要是吃农家饭、干农活，再加上住上农村当地的房子，模式和产品非常单一，缺少休闲娱乐设施，很难满足游客多层次多样化与高文化品位的旅游需求。再如，旅游产品严重开发不足，没有深入探索乡村的农业旅游资源和人文习俗，仍体现在表面的观光采集等常见的项目上。目前乡村旅游的产品策划水平较低，不能适应当下日益竞争激烈的旅游市场。乡村旅游的基础建设不够健全，配套设施资源较少。

乡村旅游之所以能够火热起来，是它们能够满足城市居民的需求。从市场角度进行分析，同类差异不大的乡村旅游项目非常容易达到饱和状态。如果市场当中乡村旅游项目比较少，那同质化的乡村旅游也是很受欢迎的，但是市场的份额被瓜分所剩无几之后，后进入者如果不能找到自己的特色定位，那么其发展前景将非常惨淡。

（二）传统文化与时尚创意的冲突

目前的乡村旅游项目还存在一个难以解决的问题，就是如何在保留传统的、原生态的乡村气息的同时，能够与当代的时尚生活结合在一起。当下经常出现两种不好的现象，第一种是完完整整地保留传统，不去与现代时尚结合。第二种是太过于迎合现代人的口味，反而找不到乡村原有的气氛。这两种现象都存在较大问题，一个优秀的乡村旅游景点肯定是在这两者之间达到平衡的状态。因为从游客的角度来分析，选择乡村旅游的人大多数是城市中的青年和中年人，这些人的消费特征是消费能力强，而对于品质和审美的要求也不低，所以就要求乡村旅游需要在保证原生态乡村气息的同时，不能抛弃现代时尚的内容。

（三）经营管理粗放

我国的乡村旅游发展比较坎坷且起步晚，时至今日都没有一个完全标准的管理经营模式，基本上都是通过自身的主动探索来发展。所以经营管理粗放是我国乡村旅游的特点也是缺点之一，主要表现为景点的环境卫生差、服务水平有高有低、当地商家竞争激烈、物价过高、安全设施不到位等。其实这些问题在我国的景点中普遍存在，尤其是在乡村旅游中更为明显。很多乡村旅游只看重利益而不严格管理，往往出现一个好的开头，但是却无法实现持续性盈利。因此，乡村旅游的经营管理是保证其持续发展的关键。

（四）乡村治理模式落后

在治理模式上十分落后，这一点和上面所提到的经营管理粗放是分不开的。治理模式应该是从利益者的方向来规定，而经营管理方面则是具体化的方法和方向。可以说乡村治理是保证乡村旅游项目可以持续发展的重要因素，与经营管理密切挂钩。目前很多乡村旅游在运营管理机制方面存在以下几个问题：第一个是主体单一化严重，其他利益相关者服从；第二个是主体间的利益分配十分不合理，无法调动积极性；第三个是主体之间所负责的权利义务混乱。这三个问题是阻碍乡村旅游发展的重大绊脚石。

（五）运营模式单一，市场意识有待提升

在自媒体快速发展的大时代背景下，乡村旅游的主要营销还是看重宣传轻视营销的现状，这就导致营销渠道变得更加窄。而在运营方面更是单一的出售乡村产品为主，销售渠道不用多说，更是老套又单一，对于产品的品质保证缺乏监督管理。甚至在乡村旅游的景区当中，现代化的支付方式和无线网络还没有普及开来，对于游客来说无疑是不方便的。而在乡村旅游的管理方面没有形成系统化的统一管理，所以说如何结合自媒体的时代背景，展现出乡村旅游管理和营销等一体化的优势，是未来乡村旅游进步的关键点。

现在很多乡村旅游还是完全凭借行政手段推进，没有开拓市场和进行经营主体的培养，结果就是形成一个又一个缺乏经营的"空壳"景区。也就是说乡村旅游的经营者没有市场竞争意识，更严重的问题是有些乡村旅游的经营者不但文化水平不高，对于营销、管理、经营可以说一窍不通，严重阻碍着乡村旅游的发展，导致当地的乡村旅游无法面对市场的竞争，没有自己的品牌和内涵。

（六）产业链断裂，缺乏产业化整合

没有形成产业链，缺乏产业化的整合。很多乡村旅游在发展上存在着一个判断误区，就是仅仅把重心放在如何吸引游客上面，但是对于如何持续性发展不加以考虑。同时在发展乡村旅游的时候将一些传统的作业放弃掉，比如畜牧、养殖和手工业等，如果不是当地具有非常出色的人文和自然景观的话，一味地放弃传统作业而发展旅游业会造成产业结构单一，后果比较危险。

2017年中央一号文件中明确规定要发展乡村的休闲旅游业，意味着第一次提出将产业化的思维运用到乡村旅游业的发展上面来，通过扩大乡村旅游业的产业链，横向纵向融合发展，大力推动乡村旅游产品的进步。如今乡村旅游主要是基于当地资源来进行开发，如借助于自身特色农产品、独特的地理环境和文化习俗等。但是因为我国乡村旅游的开发比较盲目，已经出现混乱状态，政府方面没有形成统一的规划指导，导致目前经营者们只追求快速、短期盈利，但是忽略合理的运营，没有形成差异化的景区优势，反而是一窝蜂地去同质化地跟风其他的乡村旅游景区。所以现在的乡村旅游大范围的缺少系统化的管理、缺乏产业化的思维、忽略产业发展。如今的乡村旅游不再是简单的吸引游客，而是扩大"乡村旅游+"的内容，打造出乡村旅游和区域产业经济结合的局面。

（七）资源集中利用率低，缺乏集约化思维

乡村旅游的现状还存在一个很突出的缺点，就是没有合理科学的规划思维，当地乡村旅游的资源难以整合在一起，进而不能实现集约化发展。乡村旅游比不上国家AAAA或是AAAAA级景区，很多乡村旅游景区有着比较多的人力资源和自然生态资源的优越条件。但是在资源开发和利用上的集约化、集中化非常低。而当地的乡镇政府仅是乡村旅游业的一个指导部门，并没有从整体或是全局视角制定出长远的战略目标和计划。这就导致村民之间意见不统一，甚至还出现恶意竞争等，这对于资源的开发和环境的保护都是不利的，按照现有的成功经验来分析，将风景区外包给企业的乡村，反倒是发展得比较好。因为企业的制度和模式是具有统一化特征的，可以很好地将当地的资源和村民调配起来，形成集约化的优势。

（八）资金供应缺乏，向外融资思维较差

乡村旅游面临着很多挑战，一个重要的挑战就是资金缺乏。资金链的来源比较狭窄，以至于很多建设项目都不能够兴办起来，这样就严重限制着乡村旅游业的发展。对于大多数乡村来说资金都相对匮乏，他们的资金来源主要出自当地的政府机构，由于这些是远远不够，政府的资金有限，严重制约乡村旅游业的发展。这种情况下，将目标对准企业或者个体经营者是不错的选择，当然，如果能够有对外融资的途径则会产生更好的效果。

乡村旅游在不断发展过程中，已经逐渐上升为国家战略。乡村旅游在很多方面起着巨大的作用，具体体现在"三农"问题、拓展产业链、脱贫攻坚战略、城乡统筹建设等方面。但是，发展过程中也避免不了产生一系列的问题。这使乡村旅游发展面临颇多困难，发展速度也很难提升。

乡村旅游想要取得快速的发展，离不开资金的支持。但是，现在乡村旅游开发的资金源有限。主要来源于当地的政府，这样就严重限制了乡村旅游的发展，存在着资金匮乏的现象。如今，我国乡村旅游在融资方面存在着融资来源单一、融资机构相对缺乏、旅游发展与市场结合过少、闲置资金投放规模过小、利用政府扶持资金的能力较弱五个方面的问题。

第四节　乡村旅游与环境保护

我国的乡村旅游建设范围已经推广到绝大多数拥有自然资源的区域，各个地区都开始投身于乡村旅游建设。但是，在发展的过程中，依然存在落实不到位的问题。不能保证每个地区都能做到统筹兼顾，不以牺牲环境为代价来大力发展各项产业。只有少数地区能够真正把环境保护放在首位，大多数地区的发展都不能兼顾自然环境，很多知名的乡村景区环境都遭到破坏。特别是颇受欢迎的乡村景区，游客纷至沓来，再加上很多游客缺少环境保护的意识，当地政府保护力度不够等因素，导致了热门乡村景点自然环境被严重破坏。在发展乡村旅游的同时，一定不能忽略环境保护，要做到统筹兼顾，尽最大能力保护好自然环境。

一、开展乡村旅游对环境的作用

持续发展乡村旅游，对于乡村生态环境有一定的积极作用。作为旅游观光地，对于乡村的环境会提高要求。随着乡村旅游的不断发展，当地的环境状况也会得到改善，相对来说，乡村旅游助推了当地环境建设。乡村旅游的开展，有利于各项环境的改善，从自然环境到人居环境，都有所提高；有利于公共设施的建设。随着乡村旅游的发展，乡村样貌的多样化得到丰富。旅游追求独特、个性、原生态等，所以乡村样貌逐渐丰富起来，同质化问题得到很好的改善。所以说，伴随着乡村旅游的不断发展，推动着我国创建资源节约型、环境友好型社会，推动农业建设，对于"三农"问题的改善也有一定的促进作用。

二、开展乡村旅游对环境的破坏

开展乡村旅游会带来一定的收益，但不可避免地会对环境产生或多或少的污染和破坏，主要体现在以下6个方面。

1. 生活垃圾和固体废弃物污染

随着乡村旅游的开发和发展，生活用水量在增加，排出污水污染浓度也在增加。生活垃圾主要来源于村民日常生活垃圾、游客吃住乃至随意丢弃产生的垃圾。这些垃圾会包含很多不可降解的有害垃圾，对乡村的环境产生一定的危害。该问题长期普遍存在，乡村的垃圾处理能力有限，依然需要继续提高。

2. 旅游活动污染

生活水平逐年提高，越来越多的人喜欢驾车出游，自驾游已经成为人们参与乡村旅游的常见方式。众多自驾游客人参与到乡村旅游活动中，大量汽车行驶会碾压破坏道路，汽车尾气的排放会造成空气污染。游客的不文明旅游行为也会破坏自然生态和谐，带来相应的污染。如一些游客随意采摘、践踏草地和农田会损伤植物，造成土壤板结等。

3. 噪声污染

开展旅游的乡村一般相对偏僻，环境静谧。随着游客的纷至沓来，各种嘈杂声也随之而来，包括行驶的机动车声、游船的马达声、四处嬉闹和歌唱的喧哗声、游客交谈的嘈杂声等，这些声音打破了村庄原有的平静，影响村民的生活，降低旅游体验，当然对于一些动植物也会有一定的影响。这显然很难实现乡村旅游的最终目标，而且随着这些噪声的污染，也会严重制约乡村旅游的发展。

4. 建设项目和建筑垃圾污染

乡村旅游已经进入一个升级换代的时代，乡村旅游产品也需升级转型，以应对越来越多元个性化的市场需求。乡村旅游地的开发要求及条件逐步提高，乡村旅游景点的内容需求呈现多元化趋势。游客要求越高，需要建设的项目也就越多。对于建设项目污染而言，就是在乡村旅游开发过程和发展阶段需要对旅游路径、食宿、娱乐等相关基础设施进行改造，由此带来的污染。

建筑垃圾污染是指在开发旅游的地区对其娱乐、游览等相关设施改造建设过程中对环境所造成的破坏，其中主要有在工程建设中产生的固体对大自然的水、土地和空气的污染。其次也有跟风建造一些豪华的建筑物和普通乡村景观对比带来的视觉污染。受到城市高大豪华建筑的影响，乡村也开始建造很多豪华的高楼和房屋，然而却丢失了乡村最纯真的村落美感，造成严重的视觉污染，也对乡村的旅游业带来负面影响。

5. 资源浪费和环境污染

有的开发者为取得更大的利益，不惜引入大量资本，开发旅游资源，虽然这样促进旅游业的发展，但是也带来过度开发的问题。开发者为了获取巨额的利润，过度地开垦土地和森林来发展自己的产业，但可能又因为其他的原因，计划没有实行或者没有更好的计划而导致开垦的土地荒废下去，造成严重的资源浪费。

有的地方为发展旅游业促进经济增长，肆意利用和开发乡村旅游资源，开垦荒地，开发森林，平山建立停车场，挖通河道，河道变得越来越深，使水土大量流失。乡村居民发展旅游业谋利，但如果过度开发森林和土地资源，将会对当地的生态环境造成不可估量的损害。

6. 社会环境污染

一个地方在经济发展、农民收入提升、社会文化建设方面，乡村旅游都有着举足轻重的地位，有着积极的影响。但是乡村旅游也有消极的一面，首先就是当地的传统文化会受到一定程度的影响；其次就是垃圾会影响破坏当地的环境。还有乡村旅游带来的巨大利润会使一些当地的居民为谋财不惜抛弃自身原来热情好客的品性，不只是当地居民，还有少数旅客不文明的言行举止也对乡村的风气造成不同程度的影响。

三、乡村环境保护措施

在开展乡村旅游业的同时要避免破坏生态环境，尽量保留其原始的自然状态。

1. 制定环保规划

开展乡村旅游业的前提是要制定环境保护计划。环保计划要以保护生态环境为重点，在旅游业发展过程中，要注意对生态环境的保护，尽量避免造成过大的破坏以及生态污染。为维持生态平衡，要在保护和开发之间选择前者，这样才能为乡村旅游业创造长期发展的环境。此外需要注意的是开发景区的原生态环境，此类景色特点需要在发展过程中尽量维持其原始状态。精准发展乡村旅游，做强乡村旅游精品，切忌"处处冒烟、村村点火"，预防无序开发、过度开发带来的生态灾害和经济损失。

加强乡村旅游有序开发，贯彻对生态资源与环境进行保护的原则。乡村旅游景区的开发要尽量避免对环境造成污染，在开发旅游项目前要结合开发区域环境对其进行评估，比如对旅馆、歌厅、舞厅等旅游项目需要进行严格把控。对于存在问题的开发区域可建立生态保护区，尽量避免对景区的生态平衡和人文环境造成不良影响。

2. 严格环保监管

对于水源地、风景区、自然保护区等比较重要的地区要严格管理，避免引进过多旅游项目，以免从环境源头造成不良影响。此外要视开发区域不同环境问题对其进行项目开发分类。另外，要对入驻旅游开发区的住宿、餐厅、农家乐等娱乐设施环境进行评估，特别是在其对环境产生影响方面的评估。获得评估结果后要对产生的问题制订一系列的解决方案并加以实施改进，使乡村旅游业的环境管理工作得到落实，增强对环境的保护意识。

虽然在乡村开展旅游业能够改善农村居民的经济收入，但是发展过程中要注意保护村庄的原始状态和当地人文风俗文化，符合生态发展规律。此外要确定好旅游发展的具体风格，最好是能够体现当地人文风情的民俗特色和乡土风情，使乡村特点在旅游发展过程中充分得到发扬和传承。

3. 加强环境治理

乡村旅游业在发展过程中的环境保护需要从对身边的垃圾处理入手。比如生活产生的污水可安装净化装置或采用其他净化方法，要避免污水直接对河流土壤等造成污染，在另一方面对生活垃圾要进行分类存放以及分类处理。此外想要从根源解决垃圾问题，还需要在旅游景区设置垃圾管理人员，并对游客的行为进行监督。乡村旅游业的本质就是欣赏自然景色，所以想要乡村旅游业发展壮大就需要对该地区的景色和环境进行保护。在策划旅游项目时要充分考虑自然因素，避免项目开展导致植被破坏。将人文生活引入自然环境，对自然环境来说具有一定不良影响，所以需要每个人都重视对环境的保护，加强环境治理。

4. 建立环境承载能力布局预警制

乡村旅游业在发展过程中，需要融入对环境的监测系统。因为这个行业领域内容比较复杂，所以需要结合景区环境的各方面条件来制订旅游业的相关项目策划方案。其中需要评估的重点内容是景区环境对污染的净化能力与最高容纳人数，因为当污染大于该景区环境的净化能力时会导致生态平衡紊乱，旅游人数过多也会导致景区环境遭到污染和破坏，所以要设立监测系统对景区的环境及游客人数进行实时跟踪及反应，及时控制游客人数，在最大程度上降低人为因素对环境产生的破坏和污染程度。

5. 加大环境宣教力度

乡村旅游业的组成主要包含旅游行业管理部门、乡村旅游经营部门以及游客和导游。一般情况下，相关人员的个人素质及道德观念在一定程度上影响着乡村旅游领域的发展情况。所以在旅游业发展过程中，要重视对导游的培训及指导，提高其对生态环境的了解程度。同时还要注重在旅游景区内进行的环境宣传教育，需要注意的是宣教过程尽量保证知识权威，内容丰富且富有趣味性。其他旅游相关管理部门也应该充分调动起来，可利用资源大力宣传对环境的保护意识和生态平衡相关知识，丰富群众的环境知识，提高个人素质。呼吁大家共同参与环境保护，维持乡村旅游行业的长期发展。

乡村旅游行业使村庄的人流量增加，也使村民对外界、对其他风俗文化的认识增多，同时也可增强村民对环境的保护意识。乡村旅游的经营管理者和参与者在思想上都重视环境保护，这样才能做到旅游行业长远发展的同时，人们对自然环境的了解更翔实，更深远。

第五节 乡村旅游可持续发展的途径

要使乡村旅游业得到长久的发展需要做长远的打算,切忌谋取短期利益而罔顾持续发展,其中最重要的就是维持生态平衡,保护环境。此外,乡村旅游业的长期发展,首先需要在本地形成产业链,也就是说充分发挥本地的物力及人力,以旅游行业为中心发展其他相关项目,形成当地完整的产业链,在最大程度上增强本地的经济收益,这样不仅能解决当地居民就业问题,还能增强其经济发展。其次是经营者共生化,而这分为两种类型:分工共生和合作共生。前者是指同一旅游景区中的外地经营者和本地经营者分别经营不同的产品,减少恶性竞争,共同发展。后者是指企业与景区相关部门合作开展乡村旅游行业,共同盈利。所以,要实现乡村旅游可持续发展,不仅要保护和维持生态水平,还需要在经营、策划等方面进行创新寻找发展途径。这不只关系到个人利益,还与整个旅游行业有密切的关系。对于乡村旅游可持续发展途径来说,有以下几项较为重要。

(一)政策扶持

建立乡村旅游产业赖以生存的政策环境,如产业、税收、金融等方面的政策,与乡村旅游的发展密不可分。乡村旅游的农业性质要牢牢抓住农业方面的各项有利政策,使当地的农民有条件加入生态旅游项目的开发并积极参与落实。还需要带动发达企业、发达地区企业、外资企业加入生态旅游实体中。对于一些开发不久的乡村旅游项目,要站在经营者的角度为其考虑,禁止一切多余或不必要的收费,使他们的经营环境规范且有条理。在当地旅游规划中纳入乡村旅游极为重要,只要有了整体的旅游规划,使乡村旅游的发展更加规范化和科学化,就会大大减少盲目投资和重复建设这些可规避的错误,使投资的效率得以提升。当然以市场配置资源的基础优势不容小觑,减少政府的干预,推动市场各主体积极参加,推动乡村旅游经营上的种类多样化,推动机制的创新,服务市场化,满足大众的需求。

在政府与市场的关系上实现在政府指导下的创新,使乡村旅游经济发展的同时建设生态文明。可持续发展的实现,政府的介入是必不可少的,即需要政府提出方案来解决在协调乡村旅游发展过程中,因为市场经济追求经济利益最大化导致的各种问题。这就需要政府在发展乡村旅游的初期,不但要在乡村旅游方面给予宏观的指导,还需要对其做出微观的管理,管理和服务要兼顾,把二者紧密结合在一起。在乡村旅游处于成熟阶段后,政府就要及时地调整干预的程度和范围,管理的性质由之前的干预转变为服务,成为一个实实在在的服务者。

(二)品牌构建

乡村旅游最吸引消费者的是乡村景观独具特色的典型乡村性和传统地域文化的特色,推广乡村旅游产品首先要做的是挖掘产品供给,深入发掘资源的内在价值,在观光、休假、猎奇、野味、体验等方面均需满足游客的需求，使消费者在视觉感受、聆听、品尝、触觉感知等多方面都得到满足，使游客在亲身体验后不仅丰富见识还增长阅历。所以乡村旅游产品在功能上不仅要有生产性，还必须具备生活性和生态性，也要具备真实的自然特征，产品有自身的特色才能够吸引游客。农业的地域性、自然条件差异性也使旅游产品别具一格。

乡村旅游产品的逐层开发不仅要在自然方面得到发展，也要在人文方面不断创新，使乡村旅游的物与人相结合并相互推动。要在继承传统乡土文化和农村生态建设的基础上，综合考虑观念、素养、行为、思维和社会关系。对于乡村古朴建筑、乡间经典传说、传统部落住宅、独特节庆日、乡土风情、农作物及生产方式等人文资源积极吸收，对该旅游乡村的历史与发展要深入解读，了解乡村发展的历程，打造独具特色的农家生活旅游项目，从而吸引消费者，创立乡村自己的旅游品牌。

（三）注重综合效益

要做到可持续发展，在生态、人文、经济、社会发展等方面都要积极推动。在开发、经营乡村旅游时，要统筹兼顾经济与生态效益，规范性地开发和经营，使经济效益与生态效益二者均衡发展。在开发乡村旅游时要注意保护耕地，积极开发不占或少占耕地的休闲农业项目，做到集中利用，节约资源，对于一些集中型农业园区，如现代农业园区、科普示范区等，要充分利用并大力开发旅游项目，即利用大型设施农业发展休闲旅游农业。做到在发展乡村旅游的同时还节约资源，这既推动农民主体的参与又推动社会参与，坚持以农业为根本，以农民为主体，在体制方面要充分保护农民利益。坚持农民主导，为社会的参与、支持提供多种多样的方法，培育、引进新型农民群体，带动一部分人才、资金、土地等要素转向休闲农业服务，使乡村旅游在水平、层次、规模上都更上一层楼并做到可持续发展。

（四）循序渐进发展

要做到就地取材，找到适合当地特色的方案，循序渐进地推进乡村旅游业的发展。在工作中走特色化，将物和人共同发展，自然资源与风土人情、民俗文化相结合，做到一园一品、一区一景，每一个景点都别具一格。地方的特产、文化、民间故事也要作为新鲜血液注入农业园区景点，一定要坚持循序渐进。应先农后游，先有"农、牧、养……"，再有"食、游、娱……"，在完善农业项目的基础上才能开发旅游休闲项目，使农业与旅游相互促进、共同发展。大型园区要大力推广休闲旅游农业，使社区加入开发中，比如创建农业社区，成立合作社，在管理、协调与监督方面不断强化。

（五）推动转型升级

借鉴国外的优秀案例，使乡村旅游转型升级更加顺利。我国的乡村旅游大多为民俗、采摘、观光、农家乐等，这些仅满足游客的感官需求，还可以引进外来经验，在乡村旅游业中加入休闲、运动、娱乐等元素，如有氧运动、SPA、瑜伽等。申报国家级的旅游先行区，在设计和安排方面有序展开工作。

乡村旅游的崛起和壮大，有利于农村二元布局的调整，推动城乡一体化发展的步伐。最突出的问题是乡村旅游的利益主体多样，当乡村旅游的规模不断扩大，许多种类的利益主体之间的矛盾就会凸显。必须从战略上规划管理乡村旅游，使利益主体共同合作、协调发展，找到大家的利益共同点，坚持可持续发展，我国的乡村旅游才能蓬勃发展，这也能推动早日实现城乡一体化，构建和谐社会的战略目标。

（六）重视创新

1. 组织形式创新

在组织构成方面的更新，还需要民间专业合作组织的参与，乡村旅游必须要走可持续发展之路。今后乡村旅游的发展将会主要由规范的乡村旅游专业合作组织推动。专业合作组织能否通过企业化运营参与市场竞争并实现盈利，成为专业合作组织发展的重要前提。而乡村旅游发展的基础主要就是依靠一体化资源配置和联合管理等这些方式，所以乡村旅游在一体化、资源配置升级以及农户之间的联合工作一定要做好，在内部要形成完整的制约和监督制度，在外部才会有强劲的竞争力。这不仅是乡村旅游发展的内在要求，同时从长远来看，这也符合经营者的盈利诉求，是乡村旅游升级的一个重要过程。

2. 管理方式创新

想要不断地更新管理制度，那么就需要不断地挖掘管理的特色，并且形成品牌效应，旅游文化方面要持续的发展。服务以客户为中心，要满足游客的需要。旅游还需要不断地挖掘其中的文化内涵，不断地生产出新的旅游产品，在旅游市场中塑造独特的形象，形成良好的品牌效应，从不同角度的满足各种客户的需求，为客户提供便利的交通环境，卫生方面也一定要让游客放心，居住也要舒适，"吃、住、行、游、购、娱"一体化的发展是乡村旅游的主要发展模式。

3. 营销手段创新

营销管理也要更新。要积极利用有关科研单位与高等院校，与这些单位合作，从而获得技术以及智力方面的支持，发挥社会力量的作用，让整个文化产品和技术含量都能够上升档次。在营销方面，旅游可以借助现代化的一些宣传方式，比如说广播，报纸，网络，电视等，不断地扩大影响力，让信息快速地传播出去，实现最大化的卖点，获得更多的优势，同时在宣传过程中也要展示地理位置、价格、联系方式、外观、规模等各种基础设施，让更多的游客了解熟知。在乡村旅游实体展示方面可以充分发挥发布会、精品线路推介会、节庆活动等多种形式，把旅游景点的自然景观，旅游特色产品以及主要的旅游活动项目全部展示出来，给游客真实的体验，同时也要突出这些景点的优点和亮点。另外，现在很多人都希望和大自然直接接触，所以也可以充分地发挥绿色营销，在更加吸引游客的同时，也能够让人和自然充分地融为一体，真正地走可持续的发展道路。

4. 人才管理创新

在人才管理方面一定要有强大的队伍。需要不断地加强技术方面的提升，同时在接待礼仪服务等方面也要不断地进行培训，还要考核，培养专业型、实用型、技术型人才，这个过程需要和各类农业以及旅游职业院校合作。如果是有条件地区的还可以开展一些培训班或者是培训机构，加强乡村旅游人才队伍的培训。对于休闲农业讲解员或者是农家乐接待服务员等这些人群要给予一定的经费支持。在服务方面也要不断创新，并且还要提高相关的管理水平，充分发挥地方特色和品牌效应的作用，要从不同层次去满足客户的要求。教育培训体系等各方面要持续加强和完善。

旅游行业本来就是服务业，所以相对于传统农业来说，对于从业者的要求也会更高一些。随着乡村旅游的不断发展，农民的综合素质也要进一步地提升和加强。为实现这一目标，可以采取以下一些方式：不断地吸引各方面的高级人才，如管理、经营、规划领域的专业人才；积极与相关专业培训机构进行合作，对从业者进行定期的培训，提高从业人员的素质；充分发挥传媒技术的培训优势，结合线下线上的培训方式，不断地为乡村旅游提供高素质的从业人员。

第五章 乡村旅游规划实务

第一节 乡村旅游规划概述

乡村旅游规划是旅游规划的一种。如果是根据资源来规划，那么主要就是以村落、田园、郊野等这些城市之外的环境为规划内容，然后对这些现有的资源进行进一步分析和比较，找出最具有特色的地方，然后以此特色作为发展目标和方向。想要促进乡村经济发展，发展乡村旅游无疑是重要路径。我国有很多乡村地区都蕴含着丰富的人文历史以及各种生态自然的资源，开发潜力巨大，拥有着广阔的市场。所以在乡村发展当中，按照具体现状实施既定的乡村旅游发展规划，可以促进乡村的经济发展。

一、乡村旅游规划的内涵

乡村旅游规划提出新的范围，包括新农村的建设，乡村旅游的开发规划和设计，旅游发展的产业模式设计，特色的休闲区以及景观的建设，娱乐方面活动的设计和规划，升级版的农家乐，民俗度假村的开发和设计，古村落文化休闲区域的设计，生态园林的打造，新农村规划，新农村风貌设计，以及乡村旅游景区的规划等，涉及的内容有很多，可以做的事情也有很多。

规划不仅属于一种管理思想，同时也是属于决策的过程。在这一环节当中，不仅政府需要出力，同时也需要社会、经营管理者等各方面人员的参与，促进政治、社会、经济、文化等各方面的发展，要让群众积极地参与进来，形成一个更好的旅游氛围。乡村旅游规划并非静态，亦非一次性就能对其进行全面描述，它是一个不断发展调整的动态过程。在未来可能还会有各种各样的问题出现，所以规划就必须要有弹性。乡村旅游规划既要科学合理，又能够持续不断的发展，而不是为盈利的目的而盲目竞争。在规划中一定要重视创新的作用，不能随波逐流，而是要以奇取胜，不断提升自身的优势。

二、乡村旅游规划的目的

现如今乡村空间或者是乡村社会文化等各个方面都因为城市化受到极大的影响，所有的规范和标准带来了更大的挑战，要想渡过这一个难关，就必须要有更加系统而且更加完善的基础体系来应对。在规划过程中不能够太过于粗放。相比其他领域规划业的发展，我国乡村旅游规划尚处于初级阶段，旅游企业急需规划这个"催化剂"提升创新实力，旅游产品一定要有核心竞争力。所以在乡村是否能够可持续发展，规划就成为重要的一步。乡村旅游规划的目的可概括为以下3点。

1. 顺应发展需求，促进乡村旅游规划

最近几年时间里，国家十分重视乡村旅游方面的发展以及未来的走向，政府十分重视发展过程中出现的各种问题。正是因为政府的推动以及市场的需求，所以才促进了乡村旅游这一行业的发展。而拥有一套完善的旅游规划方案，将带动乡村旅游持续、健康、有序的发展并不断壮大。

2. 正向引导，避免乡村旅游盲目发展

乡村旅游的规划其实也是充分考虑国情的一个过程，规划过程中一定要考虑到未来旅游和乡村的同时发展，这一发展的方向会随着旅游市场之后的调节制度，以及政府对于市场调控力度的变化而变化。

3. 乡村旅游规划助力新农村建设

乡村旅游对于新农村的建设也有着非常重要的作用，它可以充分发挥农村的这些现有资源，调整和优化农村产业结构，拓宽农业功能，延长农业产业链，发展农村旅游服务业，促进农民转移就业，增加农民收入，为新农村建设提供更强的经济支持。

三、乡村旅游规划的基本原则

在旅游行业中，乡村旅游是一种特殊行业，在规划的过程当中，不仅要考虑到自然的发展，同时也要考虑到现在的流行趋势，需要做到在吸引游客的同时，也必须要保持农村的原有生态，而且还要能够从中获得更多的利益。因此，乡村旅游规划宜遵循以下4项原则。

1. 加强基础设施与服务设施的建设

因为主要针对的服务对象是城市人群，所以基础设施不需要有多豪华，但是一定要跟得上时代的步伐，比如说卫生间、用水、做饭、洗澡等这些基础设施一定要有卫生保障，同时要方便，而且周围一定要有良好的交通措施，在城市和旅游景点，其实可以设置一条旅游专线，从而改善交通条件。这些基础设施完善才能够吸引更多的游客前来，同时也能够促进乡村发展。

2. 发掘乡村气息，树立鲜明的乡村景象

旅游规划一定要给游客们留下一种非常独特的感觉，不要人云亦云，而是要有自己的特点，要给人留下深刻的印象。为实现这一目标，就必须要充分挖掘乡村的文化内涵以及它的底蕴，要走特色化的产品线路。在发展的过程中不能局限于现有的资源，要利用这些基础设备和旅游资源发展深层次的情感交流，不断扩大民间文化特色，要拥有独具一格的乡村气息。

3. 坚持科学发展观，可持续发展

实现可持续化发展，必须要重视资源和环境问题，要在短时间内进行合理的规划和安排，同时还要清楚了解当地环境的承载能力。充分的考虑当地的地面对于移动交通工具的承载能力，自然环境是否会遭受破坏等，所以在开设旅游专线时，也要提倡节能减排的出行方式。在景区内要加强宣传教育，提高游客环保意识，从而提高游客的素质。

4. 合理规划，树立品牌

在发展旅游行业的过程中，必须要遵守国家的法律法规，不能知法犯法，要以市场需求为发展方向，要有合理的规划，要有科学的评估，充分发挥资源优势，形成资源特色，从而在行业中形成独有的竞争力，营造良好的旅游形象和旅游品牌，从而真正让资源转换成利益，最终促进乡村的整体经济可持续性发展。

四、乡村旅游规划的类型

由于乡村旅游地区富含资源的差异，依据这些差异可将其划分为3种类型。

1. 生产型乡村旅游规划

在众多类型的乡村中，生产型乡村是非常常见的一种。例如，某流域是中国水稻主产区，该区域很多乡村都种植水稻，栖养"鱼和鸭"，构建成三者共存的生态景象；对于郊区或者城市边界等地，则采用在同一农田轮番种植农作物或者在一块地上种植不同作物的方式来构建农田；对于丘陵区域，则选择立体农林复合生态系统模式。对于这种生产型乡村，对其进行规划设计时应注意结合乡村的特点，充分发挥区域板块整合、生态修复的作用，注重功能外延，将区域内各节点有机地联系起来，形成一条将生产型景观融为自然环境的特色旅游资源。

2. 历史文化型乡村旅游规划

对以文化底蕴和古色古香的建筑为主体的乡村旅游规划，应注意以优美的环境和深厚的文化底蕴为卖点。在对这种资源类型的乡村进行规划时，应注重对古建筑的规范管理，从而能够更好地对建筑进行保护。有利于当地的生态环境进入良性循环，提升区域整体旅游资源水平。而乡村文化在乡村旅游规划中，可以通过4个方面进行表达。

（1）通过乡土建筑风貌展示乡村文化。每个乡村都具有各自独特的一面。不同乡村的建筑特色更是丰富多彩。当地建筑凸显乡村的文化风韵，独特意境，含有浓郁的历史、文化和艺术气息。如今，由于存在模仿建设，迁移复建一些人造景观的现象，少数乡村的独特建筑就开始遭到破坏，历史文化气息开始流失。那些先人留下的智慧结晶，从清幽的老城到敦厚的黄土堆建的窑洞，无处不展现着历史的光芒。那些久居于此的村民们，土生土长早已习惯这里的一切，如果想要对这些乡村建筑进行改造，一定要保留其原有的特色，再结合当地村民的意见才能进行改造。

（2）组织乡村活动突显文化气息。乡村规划过程中，不能忽略互动性。可以设计一些活动项目，来调动游客和当地村民的互动，让游客亲身体验当地的风俗习惯。比如，可以组织一些集市或者庙会来提高游客参与的积极性，让游客充分体会到当地特色。也可以组织一些文艺活动，比如戏曲教学、舞蹈表演等来传达当地的文化特色。

（3）传承家族文化，突显乡村文化。家族对于乡村村民十分重要，所以在乡村之中，家族文化需要传承。乡村之中，有很多先人留下的痕迹，比如祠堂、族谱等依然可以在乡村中看到。所以，在进行乡村规划的时候，可以将这些传承下来的特色加入参观的项目中，让家族文化得到传承，也让乡村文化得到突显。

（4）全民参与，传承乡村文化之灵魂。对于土生土长的村民们，他们是传承文化的主体，是最具有说服力的文化承载者。通过村民与旅游者之间进行一些活动的方式，能够近距离地表现当地的文化特色。可以组织一些活动，比如民俗展示，农业耕种指导，美食品尝等。这样能够让游客有一个更加真实的体验。

3. 综合型乡村旅游规划

自然景观、生产景观、文化景观、体验景观的规划都属于综合性乡村景观旅游规划的范畴。在规划的过程中，要考虑当地旅游特色、风景特色、资源环境情况、市场资源、空间构造等多方面因素，再综合这些因素进行合理的规划。也可依托当地富饶的自然资源和丰厚的文化资源，基于其生态优势和农林业基础，大力发展山地生态和文化旅游，建设四季多元、宜居宜游的休闲度假基地。

第二节 乡村旅游规划的程序

旅游规划中有一种特别的类型，即乡村旅游规划，其必须遵循规划中的原则和技术路线。而规划技术路线主要是指在规划过程中要遵从逻辑，具体包括规划的核心内容和进行的步骤。截至目前，国内依然没有专属于乡村旅游规划的具体技术方案。乡村旅游规划需要基于需求分析来开展，其规划的过程大多数情况下由 5 个阶段组成。

（一）规划准备和启动

规划乡村旅游目的地的范围、规划期限、规划指导思想、参与人员、组织人员、人员参与的工作流程、规划过程中的协调保障机制。

（二）调查分析

对乡村旅游地进行分析；对乡村旅游地资源进行分析评价；对乡村旅游地进行市场分析与客源规模分析；对乡村旅游地的发展进行分析。

（三）确定总体思路

通过分析乡村旅游发展的背景、客观形象与文脉等，对其发展中所存在的问题展开诊断分析，进而确定乡村旅游发展的总体思路，其中涵盖了规划制定、开发策划等，同时还需要明确规划目标。

（四）制定规划

通过相应的规划制定，构筑乡村旅游规划内容体系核心，然后按照乡村旅游的整体发展思路，对乡村旅游发展提出具体措施，其中涵盖土地利用规划、旅游产品规划、环境容量、保障体系等诸多内容。

（五）组织实施与综合评价

按照对应的规划内容，对乡村旅游进行科学的规划管理，然后按照社会、经济、环境等效益情况进行综合性评价，同时还需要做好相应的信息反馈收集工作，从而对相关规划内容进行科学调整与提升。

第三节 乡村旅游规划的内容

对于乡村旅游而言，它与城市旅游有着显著差异。一般而言，乡村旅游存在着以下特点，如体验具有差异性、内容较为丰富、地域较为集中等，而且所涉及的旅游线路也颇具针对性，大多是根据散客需求来进行制定。伴随着自助游、个性游的发展，乡村旅游开始拥有较大发展潜力，要促使其健康发展，设立科学的旅游线路无疑较为重要。

（一）规划背景

规划工作就是对项目情况进行总体概述，对所涉及的项目编制原因进行解释，同时对项目编制与委托主体情况进行简要介绍，并对规划范围进行明确，然后按照编制过程所涉及的法律法规，给出相应的编制凭据，由此对中远期规划年限进行明确。

（二）基础分析

基础分析是确保规划编制工作有条不紊展开的重要基础。在对相关基础资料进行科学分析的基础上，才能更好地为相应的规划工作提供重要支持，同时也是相应项目与产品能够得到落实的关键。通常旅游规划基础分析主要涉及市场、行业环境、开发条件与方向、主要问题、旅游资源构成等层面的分析。

（三）总体构思

1. 规划目标

规划目标涉及内容与时间这两个层面的目标，内容目标包括定量和定性目标等，而时间目标则有中期和远期这两种目标。作为规划人员，需要切合当前实情明确科学目标。

2. 规划理念

主要涉及规划工作总思路，开发所需遵循的原则与理念等。

3. 定性定位

主要涉及乡村旅游的功能、形象与市场定位，同时还有项目地与项目开发属性。此外还需要对农业产业的升级与调整方向加以明确。

4. 总体布局及功能分区

明确整体布局，并对功能模块、空间构成加以设计。

(四) 全面规划

全面规划是为旅游规划编制的核心内容，它需要以总体战略为基础，对规划的方法与思想进行明确，这是对乡村旅游规划内容进行落实的唯一方式。

1. 旅游产品及重点项目策划

项目策划是以目的地旅游资源、产业、市场等作为基础，给出整体设计思路，构筑相应产品体系，所涉内容涵盖了度假、休闲等，其中需要对重点项目的设计进行明确。

2. 土地利用协调规划

对土地利用进行统筹规划，明确科学的建设面积与相应布局，对土地利用制度加以完善，针对敏感的用地指标需要对其进行相应管控，同时还需要对今后的用地方向加以明确。

3. 居民社会调控规划

按照乡村实情与具体开发需求，对目的地的民众搬迁、土地规划等进行科学明确，然后对当地民众的流动与空间转换进行科学组织，使乡村拥有完整性的聚落景观。

4. 旅游容量与游人规模预测

由于乡村本身存在着自身独特性，在开展相应规划之际，需要将旅游心理容量与旅游环境容量一起作为衡量标准，明确本地区旅游活动量极限值，然后据此值，根据现有游客基数与相应年度增长率，来预测在规划期之内可以获得的游客总数。

5. 基础设施规划

对于基础设施规划而言，主要涉及通信、给排水、供电、道路等相关系统的规划设计，在对这些内容进行规划之际，需要诸多目标可以很好满足目的地民众与游客需求，所涉规划程序与方法需要严格根据相关标准来开展。

6. 环境保护与环卫设施规划

对于环卫设施规划而言，主要是基于环境保护与培育，使乡村实现卫生整治。其中所涉内容涵盖了保护目标的明确、污水处理规划等，要对诸多污染控制指标进行明确，如水、空气环境质量、噪声等，然后使用切实可行的方法来对污染源进行相应控制。

7. 乡村遗产保护及风貌控制规划

对于乡村遗产保护规划而言，主要涉及的内容涵盖了当地的物质性与非物质体的保护，前者主要涉及建筑、服饰、人文景观等；后者则涉及传说、舞蹈、民间艺术等。在进行旅游规划之际，就需要引入整体风貌的控制规划，然后借助于风貌控制规划，使景观与特色建筑等受到保护，使乡村意蕴得到维持，更好展现乡村的文化与历史底蕴，要注重整体性，不能显得杂乱。

8. 绿地系统规划

对于绿地系统规划而言，主要涉及对植物生态系统进行相应的规划，在相应绿地规划系统之中,要尽可能地选用一些乡土树种,使绿地景观更具有自然性与整体性,使色彩片状化,单树成景化,由此为乡村旅游活动发展提供优质的绿色环境。

9. 防灾系统及安全规划

为了保障人民生命财产安全,需要对诸多灾害提前做好相应的防护规划,如防震、防洪、游客安全、消防等规划。

10. 道路交通及游线组织规划

为了保障目的地的交通更为完善,使游客的互动更具有便利性,就需要科学地进行道路交通与旅游线路组织规划。在此过程中,需要将目的地诸多景点进行串联,优化游客行进方向,同时也要做好相应游客情绪调节工作,并能对沿线的服务设施布局进行相应优化。

（五）保障措施

无论何种规划项目都需要确保其能够落实,为了确保规划顺利实施而制订的一系列措施即为保障措施,主要涉及以下3个部分内容。

1. 项目建设时序规划

乡村旅游地建设需要从实际视角来触发,不可无序建设,更不能一拥而上,进而让相关项目最终失败,并使相应资源遗产的破坏难以被修复。项目建设时序规划实际上就是对项目建设时间维度加以控制,采用循序渐进的方法,对人力、物力、资金等进行科学安排,最终实现可控化、集约化建设。

2. 投入产出分析

对于投入产出分析而言,它所涉及的内容就是有关该乡村旅游规划所涵盖的配套设施、营销宣传成本、基础设施建设等,通过对其投资估算进行分析,由此进一步得出在规划期间所对应的收入估算,编制相应的投入计划。

3. 管理与运营

为乡村旅游开发、后勤保障等提供相应支持,主要涉及乡村旅游社区的管理、投融资模式,此外还有管理模式与营销方面的规划等。

第六章 乡村旅游基本要素提升

第一节 乡村旅游交通设计

开展乡村旅游的地区，需具备便利的交通条件。一般情况通往乡村景区的交通以陆路交通为主，以海运和航空为辅。在开展乡村旅游的地区，除了保证交通主干道的路况良好外，还可以在适当的地方设计景观步道和骑行栈道，满足游客的多元需求。在景观步道和骑行栈道两侧可以间错种植观花型、观叶型、观果型、闻香型植物，避免景致单一。同时在合适的距离设休闲驿站，方便游客疲惫后进行休息。

利用乡村特有的资源，可以开发特种旅游交通，比如马车、牛车、独轮车、轿子、滑竿、游船、竹筏等。这些特种旅游交通既丰富了交通方式，又具有浓郁的地方特色。乡村旅游中还可以利用马、牦牛、骆驼等牲畜作为交通工具，便于游客通过一些难行路段，同时还带有娱乐、参与、观赏性质，本身就是一大游览项目。特种旅游交通可以招揽游客，提高旅游价值。

有关乡村旅游的交通设施，主要涉及乡村内外的道路交通、服务区、停车场、导视系统等。在各种乡村旅游基础设施中，交通系统的便捷性、通畅性极为重要，它能够决定吸引游客的数量，是发展乡村旅游的重要基础条件。

一、乡村旅游交通规划考虑因素

1. 道路功能

乡村旅游区内所规划的车道首先应考虑是采用人车隔离还是人车共存。前者是基于保护行人安全，避免与汽车使用同一空间，从而确保汽车能够顺畅行驶；后者是指不威胁到行人步行及沿街居民生活的原则下，允许汽车通行，但尽量不要让"穿过性"交通入内，并将汽车流量限制在最低限度，路面采用汽车进入必须慢行的设计构造。

2. 秩序清晰

道路规划时，应建立清晰的秩序，让人们感受到一种愉快的乡村旅游服务空间和景观意象，规划者应考虑多种问题，如汽车与行人尽量避免冲突，出入口与景区周围动线系统进行对接，景区和道路停车场或服务区之间相互配合，对于旅游目的地的景点与景区而言，需要最大限度地减少道路冲突等。

3. 利用现有道路和田埂道

在对乡村旅游交通进行规划时,需要对已有道路与田埂进行科学利用,在确保当前农田生态系统下,精心设计线路。

二、建设乡村旅游交通设施

发展乡村旅游,以创新、协调、绿色、开放、共享的发展理念为前提,乡村道路的设施基础、品质特色、创新发展成为乡村旅游规划的关键一环。旅游地交通道路并不简单地只起到相互交通功能,同时还可以将其融入风景之中,使之具有健身、教育、体验、休闲等诸多功能,使之成为典型性的乡村风景道,同时推行自行车道、徒步道、自驾车道等多种交通方式,串联起沿途各景点村落,形成一个线性景观服务网络,并最终实现"点线面"联动的乡村旅游网络。

1. 建设"慢游"交通网络

完善旅游交通基础设施网络系统,在乡村区域构筑典型的漫游交通网,使之涵盖"吃住行游购娱"诸多功能,也就是在确保"行"的基础上使之拥有"游"的属性,满足旅游的体验需求。"慢游"交通网络要多功能、重特色。风景道犹如窗口,可以将当地文化、自然资源进行展示。为此风景道需要做到因地制宜建设,并融合相应的旅游资源,使之融合教育、体验、健身等诸多功能。此外还需要结合多元化出行需求,增设非机动车与行人道等。大力推动通往不同乡村旅游景点的公路建设,在对这些道路进行建设时,需要遵循绿道理念,对乡村交通功能性进行强化同时,还需要对目的地生态平衡给予高度重视,使乡村所具有的独特风貌得到很好的展现。

积极强化乡村外部交通的建设水平,相关道路要具有畅通性与整洁性,而且还需要对标识系统给予完善,两旁道路要做到很好的绿化,消除个别违章建筑等,道路建设材料可以统一为水泥或者沥青等。此外还需要对内部交通进行相应升级,此事需要与"美丽乡村"建设很好融合,让内部路网得到更好的完善。禁止在道路上随意摆放物品,也不能允许建造违章建筑等。需提供机动车道与步行、自行车道,另外还可提供一些专门道路,如消防、观光车等专用道等。通常内部道路可以利用石板、水泥、鹅卵石等材料来进行建设。

2. 建设乡村风景道

乡村风景道的建设能够优化乡村旅游交通体系,提升乡村旅游交通服务水平。它从交通出发,又不仅仅是交通,更是一种旅游体验,完善的乡村旅游交通服务设施更是这种体验的升级。乡村风景道由机动车道、非机动车道、服务驿站、导引标识、开放的游憩空间等共同组成,并在风景道规划之时抓住其特征特色,确定主题方向。增强道路通达属性,同时还需要使风景道路的建设融合相应的环保理念,在保障交通功能的同时,还需要确保乡村生态平衡,充分展现乡村自身的景观特色。

风景道路起到很好的形象作用,有必要对其进行科学的设计。对于外部交通而言,需要以畅通为核心,同时要做好绿化工作,改善其环境;而内部交通则需要与美丽乡村建设进行融合，不仅要提供通达功能，同时还需要注重环境的美化。由于乡村有着自身独有的动植物，这也是乡村其独有的特点，完全可以将其融入道路景观之中，这样就能很好地凸显乡村风情。为此在景观道路建设上，就需要科学地融合乡土动植物。如海南万宁兴隆热带花园，其内部的景观道路就种植了当地特有的树木花卉，以及相关地衣、蕨类等植物，为很多野生小动物、昆虫提供了良好的生存空间。大量花卉吸引了翩翩的蝴蝶，游客能时时听到蛙鸣蝉声等，人们徜徉在优美的田园风光之中而心旷神怡。

3. 完善普通公路旅游服务设施

以国省干线公路服务区试点建设为契机，鼓励在路侧空间富裕路段设置简易自驾车房车营地、观景台、厕所等设施。同时在乡村公路沿线，也可以根据需要适当建设港湾式停车带、简易驿站等，若是条件允许，还宜构筑配套的旅游停车场与驿站等基础设施。在交通干线与景区之间需要配置停车场，为景区接驳服务提供支持。此外，还需要增加相应交通配套设置，确保较为合理的容量。此处所涉交通配套设施涉及道路标识系统、服务区、停车场等，所涉及的容量要能满足游客所需。在建设过程中则需要将生态环保作为控制核心，如停车场，可以按集中和分散两种方式来建设，其中乡村入口处，接待中心需要增大停车场空间，可以为旅游大巴提供停车服务，而在村庄之内，则可以设置规模相对较小的停车场。建设的各类停车场应与周边环境协调，规模适度。

三、乡村旅游交通产品创新

旅游交通产品的创新，可以从公路、铁路、低空、水上、交通文化等产品层面进行考量。在交通设施的建设中，应结合具体乡村的现状资源、景区景点，在尊重环境与生态的基础上进行个性化、特色化、专业化的设计，通过体验实现乡村旅游。比如，低空飞行旅游产品是一个非常适合乡村的旅游产品，优美广袤的自然风光，空旷宜人的生态环境，对于实现低空飞行的游览体验具有先决条件。乡村旅游交通建设可以考虑低空旅游线路的设计，构筑低空飞行旅游装置，以及相应的专业、产业化的生产与应用基地。

1. 促进铁路旅游产品转型升级

大力推动铁路旅游产品的开发，打造精品铁路旅游线。根据市场需求，还可以进一步推出特色旅游专列，如旅馆列车等，将当地景区与铁路遗存、自然景观进行更好融合，设置休闲体验或观光线路，支持开发适合旅游的特种观光列车等装备。

2. 打造精品公路旅游产品

在推动绿道系统、特色村寨等系统规划建设之际，要始终遵循带动性、体验性、景观优美性等具体要求，打造精品公路旅游产品。在此过程中，还需要融合乡村旅游景点，形成多元化的旅游线路，如自然风景线、红色文化线、历史人文线等。强化与沿路的经营服务主体、相关旅游产业等进行配合，积极对旅游产品进行营销与开发。

针对精品旅游公路，可以推动自驾游，大力培育营地连锁企业，使之实现品牌化经营。

3. 挖掘交通文化旅游产品

对具有历史文化、精神价值等意义的交通遗产资源进行研究，对其进行开发与保护。如"丝绸之路""京杭大运河""蜀道"等，都有着十分厚重的历史文化底蕴，都属于典型的交通遗迹，需要对这些资源进行更好地开发与保护，对旅游线路进行挖掘和完善。在此过程中，还需要融合地域性特点，借助相应的交通工具，积极创设具有创意性的交通旅游产品。为了更好地推动这些交通旅游的发展，还可以融合一些现代化极具观赏意义的大型桥梁等，为这些旅游线路增添别样的现代内涵，当然还需要积极增加相应的配套服务设施，如观景台、服务区等。由此进一步增加交通旅游的文化属性，体现其典型的乡村民俗内涵。

对于乡村旅游道路而言，它不仅有着交通运输功能，同时还需要具有休闲观景之用，它需要将乡村旅游诸多景点进行串联。对乡村旅游道路进行升级，需要与当地的民俗文化充分融合，通过乡村文化主题小品、特色标识牌等多种方式完整展现乡村文化，形成优美的山村画卷，或富有民俗风情、或突出田园闲趣等。由此构成综合性乡村旅游风景线。

第二节 乡村旅游导游服务

一、乡村旅游导游需具备的基本素质

乡村旅游导游讲解人员长期在开展旅游活动的村落进行讲解介绍，工作性质与景点导游类似。乡村旅游导游讲解人员需具备良好的思想品德，较强的独立工作能力和广博的知识，热情诚恳地接待来自四面八方的游客。

1. 良好的思想品德

乡村旅游导游讲解人员的思想品德主要表现在热爱家乡，尽职敬业，热忱服务。导游讲解人员是直接为游客服务的人员，所以说导游讲解人员是乡村旅游的形象代表。对于导游讲解人员而言，需要积极向游客介绍我国悠久的文化、优良的传统，彰显其独特属性，是游客认识、欣赏、体验当地民风民俗的主要渠道。游客通过导游讲解人员的思想品德和言行举止来观察、了解、认识这个地区。导游讲解人员只有对自己家乡充满感情，才能拥有建设家乡的使命感和宣传家乡的自豪感，才能通过自己的讲解和服务感染游客，让游客发现和体会到乡村的优美、舒适和乡村百姓的淳朴、热情和真诚，进而对这个地方产生好感。所以，一个热爱家乡的人才能成为真正优秀的乡村旅游导游讲解人员。

导游讲解人员还应有远大的理想抱负，并将其与旅游事业进行充分融合，在自己岗位上锐意进取，不断学习，以砥砺前行的精神不断朝着目标而努力，要时刻秉持为

游客服务的思想意识,将游客至上的服务意识进行充分结合,从而为游客提供更好的服务。相对来说,乡村旅游导游讲解人员活动范围窄,重复率高,主要工作在一个地方,每天都在同一个村落走来走去,相同的讲解内容可能一天要讲好几遍。讲解人员要避免因此而产生的情绪低落和缺乏热情,因为对于大多数游客来说都是第一次,他们希望得到热情的服务。

2. 较强的独立工作能力

乡村旅游导游讲解本身就是一项颇具难度与复杂性的工作,导游的综合素养将会对景区的服务水平带来直接性影响。他们在接收到具体任务之后就需要独立组织游客来观光,并能对突发性事务进行迅速解决。因为游客需求具有多元性,因此需要提供丰富的旅游活动满足他们的需求,面对着游客多元化的问题,导游也能按照具体情况对其展开科学处理。

所以,导游的独立工作素养要相对较高,而这种独立能力主要表现在宣传与政策执行的独立性,同时还需要有较强协调能力,在工作方法上具有灵活性,面对旅游环节所出现的复杂问题,导游要能对其进行科学的分析与独立解决。

3. 广博的知识

乡村旅游既是休闲活动,又是文化活动。人们来到乡村,既对这里的许多物产和风俗充满好奇,又对很多的民间传说、故事、历史等充满兴趣,希望通过乡村旅游活动增长知识、扩大阅历、有所收获。大量实践表明,导游讲解是很多游客获取乡村信息的重要来源,为了满足游客求知的需求,作为导游就需要有着较为广泛的知识面,在讲解传播时要做到内容翔实与生动,可以说,只有掌握丰富的乡村旅游方面知识,才能真正做好导游工作。若是他们的知识面广泛,有着丰富的信息量,内容也十分新颖,那么就能在导游岗位上取得出色的业绩,同时也更能够满足游客的多元化需求。导游人员对其讲解的景点及所在地区都要有较全面和较深入的了解,熟知相应的历史、地理、园林、生态、建筑、文物等知识,才能针对游客的需要提供个性化的解说。知识丰富的导游容易获得游客的好感,从而增强与游客的互动,提高游客的游览体验。

二、乡村旅游导游服务基本要求

1. 导游服务要规范、标准

乡村旅游导游人员工作需规范,应按照标准提供服务。导游人员要提醒游客记住车牌、颜色、停开车时间等基本信息,向游客讲明游览线路、游览时间、集合时间和地点及游览中的注意事项。导游人员介绍乡村景点应有针对性和重点,亦庄亦谐,合理安排游览时间,注意集中和分散相结合、劳逸结合,特别关照老弱病残的游客,还需留意游客动向,防止游客走失。

2. 提供"合理而可能"的服务

"合理而可能"原则既是乡村导游人员服务的原则,也是导游人员处理问题、满足游客要求的依据和准绳。在游览乡村景区的过程中，游客往往有求全心理，可能提出过高的要求或不满。能否正确处理游客的要求和不满将会影响整个游览服务的质量，一定要重视。乡村导游人员要认真倾听，冷静分析是否合理，合理而可能实现的要尽量满足；反之则要耐心解释，请游客谅解。

3. 服务应规范化和个性化相结合

乡村导游人员的服务在符合工作要求的同时，还要按照游客提出的合理要求提供个性化的、灵活的服务，才能真正获得游客的满意。既要考虑大多数游客的需求和利益，也要关照个别游客的需求和利益；既要规范，又要灵活。

三、乡村旅游导游讲解技巧

在乡村旅游中，导游是非常重要的角色，它不仅可以增强人们对于乡村景区的认识，同时还能对景区产品展开宣传，不断为乡村带来更多的外来游客，提高当地人们的收入水平，促进当地经济、社会与效益的发展。导游在讲解的过程中，需要掌握一定的方式和技巧，才能够更好地提高乡村服务的水平。

1. 熟悉乡村旅游景区的状况

作为乡村旅游景点的讲解员或者是导游，首先自身就要对当地更好地了解，其中包括路线、景点位置以及设施和服务管理情况，还有门票在节假日的价格涨幅情况、特殊人群是否有优惠、购物店位置在哪里以及商品的特点等。只有导游很好地掌握上述内容，才能够真正地应对各种人群的需求，而且面对不同人群的提问，也能够更好地应对，灵活应对游客的各种问题，自然也不会显得太慌乱。

2. 感情诚挚，灵活应用肢体语言

作为一名导游，一定要由衷地喜爱上乡村土地以及乡村的景点，要把自身的喜爱之情传达给所有游客，因为喜爱才会在讲解的过程中富有感情，才会更加地感染游客。导游在讲解的过程中，尽可能地和游客达成共识，并且引起他人的共鸣，这样才能够真正地让人融入环境感受美景、美物。在讲解的过程中，导游也可以带领游客一起去体验农家乐，包括农家院、泡温泉、摘蔬菜、吃野果、赏荷花、买特产等，而且在活动中，人们不仅是为了玩，还期望能接受更好的环境教育，通过玩乐的形式，回归大自然的怀抱中。

在讲解的过程中，还要适当运用肢体语言，比如面部表情、声音高低以及站姿等，这些对于导游在表达过程中有着非常重要的指引作用，而且也能够让导游表现得更加大方，更加自然和得体。当然肢体语言首先重要的就是导游的面部表情，而面部主要是通过眼睛和微笑两个方面来体现。在讲解的过程中，导游要适当正视游客，而且目光不能够太犀利，尽量放柔和，同时还要和游客有交流。在交流的过程中还要面带微笑，而且笑容一定是从内心散发出来的，这样才会给人一种非常真实的感觉。说话的过程中不能平铺直叙，否则会觉得没有任何乐趣。总而言之，对于导游来说，肢体语言的表达其实是非常重要的，能够为导游加分。

3. 讲解语言朴实，突出"乡土味儿"

乡土味儿其实是相对于城市味来说的，乡土味儿非常自然，原生态，没有被商业化。在乡村不管是旅游活动还是环境，都和城市有着很大的区别，具有自身的特色。所以导游在讲解的过程中也必须要带有"乡土味儿"，这也是游客真正想要去体验农村生活的主要目的，是农村最吸引人的地方。

为达到这样的效果，导游就必须要把自己融入这一环境中，要让自己先爱上乡村，体会到这里的乐趣，这样才能够把快乐带给其他的游客。另外，导游还必须知道这些旅游景点所散发出来的真正亮点在哪，把这些亮点用通俗质朴的语言展示给游客，让游客充分体会到旅游的乐趣，在旅游的过程中不断去探索乡村发展历史，去挖掘更有价值的内容，从而让这些游客感觉到这次旅游是真正的旅游，而不是随便地走一走，是一场真正的精神享受盛宴。导游还要对当地的风俗习惯以及多种方言有所了解，要把自己置身于游客当中去，和游客一起去感受自然的风光美景。这也达到旅游真正的目的，也就是说给游客传达一种真正的农家乐趣，让他们欣赏到更加原生态的风光，同时也能够让游客们真正感受到闲暇时光。

4. 注重对游客参与体验内容的讲解服务

与其他的旅游形式不一样的是，乡村旅游方式主要讲究的就是体验，体验农村的生活。所以在乡村旅游中，游客往往会置身于农业劳动中，亲自去制作食物，品尝当地的特色食物，在田间，在鱼塘，在牧场等各种场地当中去体验农场的生活。所以说，来乡村旅游的主要目的就是能够真正感受到宁静，享受到人与自然的和谐，得到最简单最单纯的快乐。所以，对于导游来说，就一定要知道在这里有哪些真正让人感兴趣的，具有实际性的生活内容，同时自己还要去熟练，能够身体力行地去做，这样才能够边演示边讲解，更能说服游客以及感染游客。

导游的讲解需要有针对性，而且要把这些体验活动凸显出来。但是因为每一位游客的来历以及生活背景、学历、工作等不一样，所以对于乡村美景也会有不同的要求，有不同的认识。面对这种情况，导游在讲解的过程中，要学会如何对这些游客们进行分析分类，然后再进行针对性的讲解，这样才能够吸引游客，真正地让游客体验到旅游的乐趣。

5. 突出乡村旅游景区的文化内涵

随着旅游的不断发展，文化的重要性也开始日益突出，在乡村旅游未来的发展趋势中，核心一直都会以乡土文化为主。所以在未来的发展中，人们对于农村的自然环境以及纯净度都会有着高要求，同时也会逐渐追求乡村人文环境的文化性。

乡村旅游，不仅仅体现现代科技力量，同时它也展现出古代劳动人民的智慧和乡村文明发展史，所以这是一个古今结合的文化结晶，其文化内涵十分丰富。对于这些内容只有在讲解的过程中饱含感情，并且声情并茂地传达给游客，才能够真正地把这里的乐趣传达给游客，也会让这些游客体会到这里的文化奥秘。在旅游过程中，导游的讲解效果如何对于整个旅游的教育起着非常重要的影响作用。导游需要通过讲解来表达出自己的爱国情感,展现出科技和文化知识所带来的变化以及影响。

导游讲解还必须要重视环保方面的问题。人类自古至今都和自然进行互动,同时也通过互动对自然生态进行很好的保护,这样才能够可持续地发展下去。乡村在发展旅游业的时候也是如此,必须要学会如何去保护环境,如何去保护当地的文化景观,才能够真正地让乡村有长久的发展。导游在旅游过程中充当的角色非常重要,除了要讲解文化内容之外,还要让游客意识到环保的重要性,同时要激发人们环保的意识,全面促进乡村的可持续发展。

四、事故与问题处理

在旅游时,可能会有各种各样的问题出现,如财产安全以及人身安全等。在面对突发情况时,导游必须要有快速的反应能力以及处理能力。一旦有情况发生,有交警或者是公安机关以及其他人员也参与调查,导游就需要全面配合,对于事后的相关事项也要担起该负的责任。

游客到远离家乡的乡村去旅游,可能会出现水土不服的情况。例如,从平地到高原时,因为气压高低不同,所以身体可能会出现不舒服;南方人到北方旅游会因为湿度或者是温度的不同,身体会出现不舒服感,这些均属于水土不服。在水土不服的多种症状中,旅游腹泻最为常见,主要因为在外的人对当地水质不习惯、饮食结构与原来不一致、饮食不节制和营养不均衡等问题引起的。如果遇到患有腹泻、头晕、感冒等一般疾病的游客,乡村导游员需多关心患病的游客,并劝其注意休息,及早就医,不要强行游览。必要时,导游员可陪其到药店买药、医院就诊,但不能擅自给患者用药。

在自由活动时,如果游客迷路或走失,乡村导游员需及时联系景区管理人员,请求支援。如果有必要的话,要及时报警,还要提交走失者的一些情况如体貌特征,以便工作人员快速搜寻,且还要提供一些路线。当找到走失者时,首先应表示高兴,并且要咨询其身体状况,要表达对他的关心,而不是责备,同时也要告诫他人。在人员走失的过程中,如果出现异常事故,要根据实际情况来酌情处理。

五、智慧乡村旅游电子导游服务系统

乡村旅游的文化处于建设阶段,游客需要通过各种渠道了解。对于乡村文化建设,一个准确的语音讲解,或是一个朴实的故事,可能让游客真正能感受乡村文化的精髓。所以精准的语音讲解成为乡村旅途中最基础的服务内容。乡村旅游导游服务需求巨大,人工导游服务无法满足所有游客的需求,电子导游讲解在旅途中很重要。开展乡村旅游的村落可以通过多种途径建立智慧旅游系统,全方位为游客提供及时便利的服务。

1. 线上电子导游平台

一些乡村旅游目的地范围大,对于自助游游客而言,盲游的多,很多地方没有提

供人工讲解服务，因此当地的文化特色不能够很好地传播给游客。如今这一问题通过互联网电子导游平台得到解决，游客可以利用电子导游平台听线上讲解。进行讲解的不仅包括导游，平台还连接讲解员，甚至有当地历史文化家的讲解说明。通过软件工具制作并上传语音讲解，游览线路，为游客提供线上服务。不仅为游客提供全面的讲解服务，还推动当地旅游品牌的建立，宣传当地的文化特色，提升游客的旅游体验。

2. 线上系统需互融互通，使用方便快捷

智慧乡村旅游电子导游服务系统可以以云服务系统为中心，设计成手机 App、微信公众平台、乡村旅游网站、短信链接为端口的四位一体的产品格局，游客可通过多种渠道、多种方式连接服务系统。如到了乡村旅游目的地，看到宣传二维码，可以直接扫一扫进入乡村旅游目的地网站，或者关注乡村微信公众号，即可获得详尽的电子导游服务，也可下载完整的导游 App 软件，在出行前提前下载好服务离线包，获取离线服务，真正让乡村旅游畅通无阻。

3. 构建宣传窗口，打造智能服务平台

智慧乡村旅游电子导游服务系统，不仅是完善的线上服务平台，也拓宽了乡村旅游的宣传范围。游客在线上语音讲解下对当地的特色有更深刻的了解，提高旅游的乐趣，当地的特色文化和品牌也得到有效宣传，通过线下精美的手绘地图、地图明信片等旅游衍生纪念品，传播景区文化。乡村景区经营者在进行宣传时，可以发放手绘地图，让游客通过二维码即可扫码进入线上平台，了解景区文化特色，并形成出游动机。游客出发到达旅游目的地后，即可使用系统，享受精准的私人电子导游服务。

4. 构建电子导游、乡村、游客的和谐旅游生态

智慧乡村旅游电子导游服务系统可以以旅游目的地为基础，由讲解员将景区所有景点讲解按照各自特色呈现出来，并形成不同主题的精品服务线路。例如，春天做踏春的游览线路，秋天做登山赏秋叶的活动线路、春节做年俗文化线路，还可以做摄影线路，美食线路等。这些线路的制作和设计，可以由乡村旅游管理单位完成，也可以由旅游爱好者和乡村旅游达人完成。乡村旅游目的地的旅游资源得到充分的挖掘，形成的这些大数据可以更加透彻展现乡村文化，丰富乡村旅游内容。智慧电子导游服务利用数据支撑，细分精准地为游客打造精良服务，合理规划旅游产品，让游客可以通过系统大数据服务多方位的深度旅游，旅途不再盲游。乡村旅游的前景广阔，旅游资源丰富。智慧电子导游服务植根美丽乡村，可以为旅游者提供优质服务，构建电子导游、乡村、游客的和谐旅游生态。

第三节　乡村旅游住宿服务

一、乡村旅游住宿服务基本要求

乡村旅游住宿接待应强调合法经营，有序管理。入住登记、安全等制度健全，服

务项目明确，价格合理。住宿接待服务人员保证自身的健康标准，不携带传染性病毒或者其他有害公共疾病。客房在装修方面应确保整体的格局通畅，确保符合标准的采光效果。提供客人基本的生活用品，对于床单等用品还需要确保其干净整洁。设施能满足基本需要，清洁卫生。有淋浴设施，定时提供热水。公共区域宽敞整洁，合理设置标识、标牌，规范使用公共信息图形符号，附近有卫生院（所）或者医疗救护点。接待服务人员要着装统一，保持端庄的仪容和礼貌的态度。从业人员应表情自然、和蔼、亲切，微笑服务，举止文明，姿态端庄，符合岗位规范。手要清洗干净，指甲要经常修剪、洗刷，指甲长度要适当。要保证头发的清洁、干净和有光泽，头发不能挡住脸。

二、投诉及特殊情况处理

在乡村住宿服务接待过程中，遇到游客投诉，住宿接待经营者需仔细聆听，分析情况，快速有效地解决。对待任何一个客人的投诉，不管是鸡毛蒜皮的小事件，还是较棘手的烦琐事件，作为受诉者都要保持镇静、冷静、认真聆听客人的意见，要表现出对对方高度的礼貌、尊重。这是客人宣泄生气的进程，不应也不能反对客人意见，这样客人才能渐渐平静下来。及时弄清事情来龙去脉，然后才能做出正确的判定，拟定解决方案。

客人住宿就餐时万一发生食物中毒，无论是误服或故意服毒，住宿接待经营者应立即通过电话向急救中心求救。若中毒者无法等到医务人员的到来，需要即刻将其送入就近医院，联系该客人的亲属或朋友并对现场进行保护。之后联系警方并全力配合调查，例如对现场秩序的维护和疏散无关人员等。

客人如果发生意外受伤、病危等情况，住宿接待经营者应以最快的速度到达现场，对客人的受伤情况和疾病危急程度等具体情况进行了解和判断，从而确定进行现场治疗或是送往就近医院。如果客人周围没有亲属，应当安排看护人员对其进行抚慰照顾。若客人已无生命特征，应当明确其身份并对现场进行保护，立刻通知公安部门并全力配合其工作，通过客人的相关信息联系其亲属或朋友，确保善后工作的全面正常进行。

三、乡村旅游住宿产品的类型

乡村在发展旅游业的过程中，因为不具备良好的游客接待能力而导致发展受到阻碍，游客的住宿问题是接待能力弱的主要体现。在旅游的高峰期，游客常常会受到住宿方面的困扰，因此游客的住宿问题是当前乡村旅游业需要重点进行解决的，在增加住宿数量的同时保证其质量。开展旅游的乡村可以对住宿的硬件环境进行升级和改善，提高顾客对住宿方面的满意程度。增加住宿条件的多样化，通过当地旅游场地所具备的独特性建立具有地域性的住宿环境。这可以很好地宣传和推广当地的旅游特点，也能够减少同质化竞争的压力。在建造乡村住宿设施时，需要坚持环保性原则，以及考虑经济效益。乡村的生态环境比较脆弱，如果不规范地进行住宿设施的建立，很大程度上会破坏当地的生态环境，因此应该在不破坏乡村环境的前提下建立具有当地特色的住宿设施，与此同时兼顾经济效益。住宿设施的多样性不仅能够满足游客的多样化需求，还能够带动当地旅游业的进一步发展，因此除了乡村民宿，还可以根据具体的需求情况建立酒店、农家别院等多种类型的住宿设施，进一步完善乡村住宿体系。

（一）乡村民宿

乡村民宿多以普通民居改建而成，有的把家中多余的住房供住客租用，有的把空余的老宅进行装修改造，有的专为游客而建，规模不等，大到拥有几十间房，小到只有几间客房，接待数量有限。乡村民宿价格实惠又有地方风格，不管是有时代感的老宅子还是新建的居所都保留当地传统的建筑风格，不宜过多关注外表的华丽和张扬，内在的品质要精细，在细节上处处能体现出精致、卫生的乡村风情。服务虽做不到星级酒店的细致，但应富有家庭味、乡土味以及人情味。

中国台湾的民宿是台湾旅游发展的一大动力，大多数游客被其建筑的独特性所吸引，其田园式的民宿彰显出房东的亲和力以及当地风俗特点。中国台湾乡村民宿根据地区地理条件与特色大致可分为景观型、少数民族部落型、农园型（果园、菜园、茶园）、温泉型、传统建筑型和艺术文化型6个类型。中国台湾乡村民宿经过多年的发展，已经形成独特的风格和特色：第一，注重休闲气氛的营造和房间的舒适性，除了提供洁净的住宿环境，还营造一种温馨家园的感觉，游客可与主人共餐、话家常。第二，民宿多样化的主题风格很受游客喜爱，大多数民宿的打造主要与人文特色进行结合，其产品也拥有独特的创意，加上美学的元素建立不同风格和特点的民宿，如地中海风格、乡村风情、民族风情、田园乡村主题等。第三，运用信息技术的能力，使游客能够以较低的成本搜寻到完整的民宿信息。

互联网化的共享经济平台，推动传统民宿更新升级的同时为乡村旅游业的发展带来蓬勃发展的动力。在共享平台没有进入民宿领域前，房屋质量问题以及服务水平的落后是乡村民宿发展的主要影响因素，盲目的发展达不到大规模的"裂变效应"。目前结合网络平台的民宿，不仅可以升级住宿的硬件设施，满足游客多样化的需求，同时个体房东在经营方面也获得支持，多样的特色房源不断涌出。在网络平台的带动下，房屋资源得到有效的利用，充分发挥人力资源的优势，推动乡村旅游业的发展，向共享经济模式迈进一大步。

1. 共享住宿模式地位的提高

如今经济的发展带动消费水平的提高，深度体验游逐渐出现在当代人的观念中，大多数人选择"景点打卡"式的旅游方式。因此具有突出特点的民宿越来越受到当前游客的欢迎，甚至有的游客为更进一步体验当地的风情民俗选择入住当地人的家中。根据有关调查得知，共享住宿模式已经开始普及，当前年轻人在旅游中都会选择这一模式。在消费的主流慢慢被"80后"和"90后"取代，共享住宿的地位也不断提高。共享住宿主要突出房东个性化的生活态度，而房屋的装潢则是该态度主要表现的载体。热爱乡村旅游的游客就是从这样的载体中体验乐趣。在生活水平不断获得提高以后，当代人们更加追求精神层面的发展，因此越来越多的人选择宁静的乡镇，感受宁静的田园风光。

2. 推动乡村绿色发展模式的建设

乡村的天然风光，以及当地独特的民族地域特色都受到当代年轻人的青睐。乡村旅游发展的主题为绿色旅游，依此对当地所具有的乡村资源进行适当的开发。共享住宿模式的核心体系是推动当地旅游特色的建立，对当地的居住条件进行升级，推动多样化发展。对乡村现有的存量资源进行开发，利用当地所具备的特色对闲置的场所进行更新和升级，很好地避免乡村旅游季节的限制，缓解酒店在乡村旅游中承担的压力，还能够突显当地的民族特点和生活风情。每个乡村、每个景点都具备独具一格魅力。游客在体验乡村的青山绿树和多元文化后还能够体验当地特色的民宿，会提升在此景点停留的欲望和再度来此旅游的心情。

农家乐在前几年就已经开始兴起，但是如今大多数的农家乐面临着经营困难的窘境，其主要原因是农家乐所具备的服务无法满足游客的多样化要求，房东不具备相关的知识和经验，不能够提供给游客优质的服务。这种经营状态在成熟的共享住宿平台加入后有了缓解，农家乐的发展不再是无目的地进行，而是具备一定的规范。根据相关数据可以预测我国农家乐的数量在2020年会达到300万家。农家乐可以通过共享住宿平台树立品牌，能够更大范围地进行宣传，除此之外共享住宿平台还提供给农家乐专业的装修，因此农家乐结合共享住宿平台能够进一步完善和升级当地的旅游业。

3. 建立全新的乡村经济发展点

通过旅游实现扶贫富民、增加个人收入、解决人员就业等，是乡村旅游关注的重点。依托于共享经济模式，共享住宿平台在很大程度上推动个体的发展。互联网平台提供给乡村个人房东与顾客连接的便利性，节约房东的资源以及时间，提供最大化收益。根据2017相关数据，在互联网平台上房东的收入最高达到十万元以上。有许多个人房东利用网络平台建立自己的品牌，还有的房东通过平台成功拥有自己的团队甚至获得融资发展。

短租平台不仅为房东和房客提供便利，还面对其他类型的用户。提供业余保洁、管家是该平台的主要特点之一，装修设计和摄影与网络平台也有着联系。民宿通过短租平台提高餐饮和住宿的质量，共享民宿网络平台还结合娱乐以及文创等产业推动民宿的建设和发展。中国所具备的自由创新创业环境为短租共享平台的发展提供了良好的契机，而乡村旅游在这样的大背景推动下得到不断创新和升级。

（二）乡村度假酒店

乡村度假酒店依托清新的空气、优美的环境，嵌入乡村田园基底、高端私密，融入地方特色建筑风格，不仅给游客高层次的体验，也使游客感受到厚重的文化底蕴。舒适度是乡村度假酒店所有客房的首要标准，一切设施都以此为目标。

1. 乡村酒店模式简介

乡村酒店模式的核心理念是一个乡村即一座崭新的乡村酒店。要按照现代化的酒店模式和管理方式进行布置和管理，改进乡村旅游的新型标准服务，为游客带来更加优质和接地气的乡村美食和住宿环境，以及最重要的高质量服务，换句话说是传统的农家乐转型升级。打造乡村酒店并不是每一个村子都能开展的，必须要满足以下条件：资源丰富容易调配；村子里有高度均质的条件，而且管理起来轻松，适合统一进行规划操作；基础设施发展比较合理，基础条件比较好，交通要方便，靠近旅游景区或是在旅游景区的路边，有利于吸引游客入住游玩。

（1）依照酒店各功能模式分布。需要遵循标准的酒店功能模式，对村子统一进行整改，第一建立接待中心，接待中心起到旅游服务枢纽的作用，第二要有公园广场等公共活动场地，第三是饭店住宿规划区，可以接待客人入住吃饭，让乡村酒店拥有标准酒店同样的分布模式。

（2）乡村的旅游项目协调统一管理。对乡村旅游项目协调统一管理，成立专门的旅游接待合作社，让乡村旅游和接待游客在统一的管理模式下运行，更具专业化。

（3）按照酒店客房的布局设计。通过学习高端酒店客房的分布，对乡村旅游客房进行布局设计，同时要注意房间的大小和设计独立卫生间，统一配备洗涤用品和床上用品等。

（4）联合周围景区展开合作。联合周围的景区进行合作营销，建立起景区与景区之间的道路导航模式，可以增加免费的摆渡车辆接送游客，让几个景区的游客资源得到共享。

2. 乡村酒店模式构建

（1）科学合理规划，不能过度开发。在保证乡村环境能得到科学合理开发的前提下，再进行乡村旅游的进一步开发，一定要减少不合理的开发给乡村造成的环境资源乃至传统人文的损害。根据当地的实际条件对乡村酒店模式进行统一规划，初期要做的就是保证乡村田园的风光，不能破坏传统民俗文化，保证原汁原味的乡村风景。同时要保证有空间来建造客房和公共活动空间。

（2）推进乡村的基础设施建设，争取打造特色化乡村酒店。乡村酒店之所以能够吸引游客，不仅仅是因为毗邻旅游景区，而是有自己不可替代的特色，拥有独一无二的乡村环境是游客所向往的。乡村的交通和乡村的建筑特色、休闲设施等，都是一些乡村酒店着重改进和升级的地方，可以在现有的条件下，按照酒店功能来进行建设，完善所有的基础设施。同时借助政府补贴改进乡村接待的模式，提高服务内容和加强基础设施建设。

（3）形成统一化的管理模式，制定专门的规范制度。第一，要成立专业的乡村旅游合作社，因为乡村酒店需要更多资源的融入，但是资源太多就需要有一个机构进行统一的管理和监督，保证乡村酒店更加规范化，能够树立起自己的品牌。乡村旅游合作社由村委会进行监督、引导，对乡村酒店进行指导和管理，发动群众参与乡村酒店的建设，增加当地的收入，合理地规划乡村旅游的市场，同时尽可能发掘乡村的各种旅游资源和当地的民俗、农作物等特色资源，打造人和资产结合模式。第二，要进行客流的合理分配，乡村酒店的模式特点就是要将所有的资源纳入酒店管理中，比如合作社就是传统酒店的咨询前台，游客需要在这里办理入住信息，然后根据每一家的床位情况进行合理安排。第三，要编写管理手册并且严格执行，对乡村酒店的农户们要按照酒店的管理手段进行管理，比如旅游厕所管理、安全管理、环境卫生与食品卫生管理等，都落实到量化指标上，目的是要提升规范乡村酒店农户人员的服务意识。第四，需要实行旅游服务的四个"统一"，即统一床上用品洗涤配送、统一门头牌匾、统一卫生标准、统一经营管理模式。统一床上用品的调配，保证新的用品和需要更换的用品由专业人士进行配送更换。在村子与村子之间建立起中转站，负责对各种布草的洗涤、消毒、熨烫、储运工作，切实保证旅游者可以享受统一规范化的高品质服务。再者就是要进行门头挂牌和卫生标准的统一化，目的就是让游客享受到标准统一化的服务。除此之外，对于本地特色农作物要张贴旅游标识，将农作物打上本地的标签，统一经营管理。第五，要对村民进行统一培训，培训内容包括服务意识和专业技能，目的就是要培训出有较高素质和服务意识的村民员工。乡村可以成立专门的培训协会并且投入资金，对当地村民进行培训，最好是请一些来自成熟的乡村酒店的员工和经理进行经验分享和技能培训。也可以和当下的政策相结合，派遣大学生村官和星级民宿户等外出学习，将先进的、优秀的服务意识和技能学习后，再回到乡村进行传授，传授过程中可以设置奖项来提高村民的参与热情。

（4）增强游客的体验，打造乡村舞台特色。乡村酒店之所以能够出现并且一直发展下去，和浓厚的舞台化色调是分不开的。按照乡村整体作为酒店的基础，打造出一幅民风淳朴的画面。每一个村民都是演员也是一名参与者，用朴实原始的乡村文化展现出一种美好境界，一种城市中体验不到的美好家园。这种美好也是游客们所喜欢的，所以想要给游客留下印象深刻的乡村酒店体验，就必须要增强乡村风格的培育发展，并且提高村民的参与度，让村民和游客去建立起感情。让乡村酒店不再是一种简单的住宿，而是体验美好的旅游经历，这样才可以获得良好的口碑，吸引更多回头客。乡村酒店模式与传统单体酒店的体验升级对比见表6-1。

表6-1 乡村酒店模式与传统单体酒店的体验升级对比

空间	乡村酒店模式	传统单体酒店
乡村内部	民宿户	酒店客房
	合作社/服务中心	酒店前台
	村中道路	酒店走廊
	民宿户主人	直接服务人员
	其他村民	间接服务人员
	民俗文化	酒店主题特色
乡村外部	景区	酒店外延空间

（5）打造独有的乡村文化，建立更多的休闲娱乐场所。乡村酒店之所以受欢迎，重要的一点就是原汁原味的乡村文化，文化是一个民族的灵魂，也是乡村特色的重要表现之一，游客不单单是去住宿吃饭，更多的是体验乡村的民俗文化，并且能够参与其中，这样可以大大提高乡村酒店的品牌影响力。

（6）加大宣传力度，利用新媒体开展营销。乡村酒店还需要与互联网时代结合，可以引进现在常用的宣传渠道——新媒体。通过新媒体渠道来扩大宣传力度，争取建立起乡村旅游的网络营销平台，分别建立乡村、城镇的旅游官方网站和微信平台等等，而且要在全村进行无线网络的安装，为乡村酒店旅游提供更多宣传的可能性。

（7）与周围景区联动起来，资源共享。各地的乡村酒店如果周围有旅游景点存在，完全可以和各旅游景点进行联动，增加景区之间的功能、景观和品牌的联系，打造一条乡村酒店和旅游景区之间资源与品牌共享的线路。从交通上来看可以规划一条专门的乡村与景点的交通路线，让游客可以更加快速方便地达到乡村酒店或景点，时间一久就能发现客户的资源的确有所增加。在景观的设计上，乡村酒店周围的景观和交通路线沿途可以打造一些专门的标志，让整体看上去更加和谐，最好将乡村的特色提炼出来，融入沿途的风景中，形成一条特色的交通路线。从功能上来看，乡村酒店也可以成为景区的住宿中心，弥补景区没有住宿点的问题，真正实现资源上的互补和联动，最后形成一种专业的捆绑销售模式。

3. 乡村酒店模式借鉴

北京的密云司马台新村是全国乡村酒店的标杆和典范。司马台新村以前叫作司马台村，因为具有得天独厚的交通和地理位置的优势，离司马台长城景点很近，所以民宿旅游发展比较早。自2011年，古北水镇旅游项目落地于司马台村，为正确地推进项目的发展，司马台村开始整体搬迁，于是就有了司马台新村的建设计划。司马台新村建设完成后，开始逐步打造"一个民宿村落就是一个完整的乡村酒店"的理念，通过司马台民宿旅游合作社的统一规划管理，在合作社下面管理的民宿旅游接待中心，专门对客源进行统一的安排入住服务。司马台新村也开始转变成为一个全村人人参与的特色乡村酒店。司马台新村乡村酒店的主投资方古北水镇为游客提供高质量的食宿和接待服务，成为目前最大最成功的乡村酒店。现有房间600余间，床位近千张，一共有200多个当地村户在乡村酒店提供服务。

（三）乡村会所

在总体规划上，乡村会所嵌入乡村基底，走高端私密的路线；外观上融当地建筑文化元素，底蕴厚重；整体上依靠私人田园的场地，打造出一个更加私密私人化的休闲娱乐与居住一体化的场所。乡村会所很大程度上还原了一些消费者心中关于世外桃源的梦想。

浙江省德清县枫华乡村会所为众多乡村会所的开发与建设提供了成功的范例。枫华会所位于浙江省德清县莫干山镇，毗邻莫干山风景区，会所占地面积上千平方米，依山傍水。背靠莫干山竹海，视野所及处是片片青翠的竹林，清澈的小溪缓缓地流过。周围的环境幽雅恬静，空气清新，有如陶渊明笔下"采菊东篱下，悠然见南山"的世外桃源。溪边的石墙斑驳着爬山虎，墙上悬挂着多年前的水车，前院是一个大庭院，有秋千、葡萄架、实验田体验田园生活的一个好去处。

枫华会所采用多建筑楼整体连接结构，以递增的楼层数构建出整阶梯形的新型格局。会所坚持节能减碳、有效利用资源、杜绝浪费的宗旨，楼主体结构为不腐木建造，横梁、支柱都是整株不腐木塑成，古朴的纹路和清新的木香为整栋楼营造了更为自然的气氛。墙面为青石砖与石灰水泥的完美结合，青石砖的坚韧和水泥的柔软融合在一起，形成了淡雅和古朴的韵味。围墙则由剩余石料垒砌而成，形状不规则、些许凌乱的墙面为整个木质楼层平添了一份和谐感。

（四）度假木屋

度假木屋的特点是自然、古朴、野趣，符合绿色环保的理念。度假木屋通常规模较小，建筑风格也不尽相同，一般分散式布局。有独栋式的，也有复式的，既提供住宿，也提供烹饪、休闲娱乐等服务。建设位置选择比较考究，一般建在海滨、湖滨或相对偏远的森林中，植被茂盛的山林处，多因地势而建，错落有致。

（五）农家别院

农家别院是利用乡村旅游区内的传统民居改造而成的供家庭、团体游客度假使用的住宿设施。这类乡村旅游住宿项目的设计应保留乡村民居特色，可以以篱笆为外墙，营造"前有菜地鱼塘、后有花卉绿树"的乡村休闲氛围。农家别院的厨房、庭院等配套一应俱全，并且在周边环境的打造过程中，把农耕生活形态的一些典型景象进行提纯集萃，特色鲜明地展示出来，如将牛羊慢踱、鸡鸣狗吠、村口老树、门前小溪、戏台等农耕生活形态融入别院的建设中。

四、乡村旅游住宿产品的特点

1. 建筑风格及装潢装饰乡土化

乡村旅游住宿产品应具有乡村文化性，能够表现当地乡土文化气息，将当地的乡村生活、风土人情融入其中。建筑风格是旅游者对乡村住宿的第一印象，乡村旅游住宿从建筑风格设计到内部环境营造都应体现乡土特征。住宿设施的建设应符合本地建筑风格，与当地乡村社会、自然环境相融合，要求少建宾馆、高星级酒店等城市旅游住宿项目，尽可能运用具有地方特色的建筑元素建设特色旅馆，如北京四合院元素、湘西吊脚楼元素、福建土楼元素等。装潢装饰应充分反映当地文化特色，突出乡村情趣。建筑应尽量以分散式布局的低层小体量形态为主，以保持与乡村整体风貌的协调性。

2. 建筑建设及配套设备绿色低碳化

一方面，乡村旅游住宿产品建筑材料的选用尽量就地取材，使用当地纯天然、可循环的材料，避免钢筋水泥等现代城市住房建材的大量使用，这样既可以体现低碳环保，又可以降低成本。客房设计讲究绿色环保，如客房的朝向设计需保证房屋一天当中大部分时间都有自然光射入，减少照明设备的使用；房屋刷浅色、通风的屋顶或遮蔽式的墙壁可以减少对热的吸收，节省空调机电量等；另一方面，客房内尽量不提供一次性用品，倡导游客自行携带客房"六小件"，彰显低碳环保的旅游风气。

3. 外部环境打造生态化

乡村旅游住宿项目应尽量选择环境幽静、自然生态景观优美的地方建造。如造在湖滨、溪边或田园，使居所置身于大自然之中。注重外部景观营造，配套打造农家院，或营造"荷塘月色"等的住宿景观，使旅游者充分体验到自然之乐。应具有齐全的接待服务设施、能够将农业景观、田园景观或生态景观与住宿、餐饮设施进行结合，以满足游客对乡村休闲、度假、娱乐、求知等需求。

4. 住宿接待服务注重主客互动

在接待服务上，所提供的接待服务与城市酒店的最大区别就是独具文化个性，讲究文化参与，主客互动。乡村旅游住宿服务的基本原则可归纳为"十主动"和"五不可"。"十主动"，即主动迎送客人，主动介绍服务项目，主动向客人打招呼、问好，主动为客人接递钥匙、开门，主动为客人引路，主动为客人送茶，主动为客人续水和补充用品，主动照顾老、弱、病、残客人，主动为客人提拿行李，主动征求客人意见。"五不可"，即不可使用客房的电话和电器，不可翻看客人的物品、书报、杂志等，不可拿客人的烟、小食品，不可与客人争吵，不可偷拿客人的钱物。

第四节　乡村旅游餐饮服务

乡村旅游受到越来越多的人追捧，在乡村旅游产业链中，独特的餐饮行业是主要构成部分。乡村旅游推出的食品菜肴一定要有显著的特点，比如说绿色无污染的食物，无添加无污染的原汁原味食品，价格实惠以及拥有文化特色的菜肴等。乡村餐饮在促进乡村旅游发展方面有着显著带动作用。重视在旅游过程中的食品，重视乡村特色饮食，不仅可以为游客带来旅游的欢乐，还能够让旅游内容更加丰富多彩，游客参与游玩的兴趣也会大幅度提升。乡村旅游业发展过程中，餐饮不仅是其中重要的构成部分，也能够提高乡村的经济发展水平，为村民提供更多的就业机会。

一、乡村餐饮的特色

既然餐饮行业是旅游行业中最关键的组成，那么餐饮业对游客的吸引力度，对于乡村旅游业来说是非常重要的。

1. 乡村餐饮应具备原汁原味的特点

与城市餐馆的菜肴比起来，乡村的餐饮食品要相对简单一些，不管是制作过程还是吃的过程都没有那么烦琐、精细。也正因为如此，乡村的食物更加实惠，而且也更加简便。作为参与乡村旅游的游客，对食材基本没有什么特殊的要求，不过在味觉和嗅觉方面却颇为重视，对乡土风味十分关注，而这也正是乡村饮食的重要特色。毕竟原汁原味的乡土风味，才能说是典型的农家风味。另外，乡村食物不仅要有乡土味道，同时与周边的环境也要匹配。如在农家院落中，配上小木桌、矮凳，多人围坐在一起品尝着鲜美的农家小吃，大家追忆古昔，这是多么和谐的农家画面。当然所使用的菜肴器具也一定要朴实，不要太烦琐，比如使用粗瓷碗，炭炉，陶罐等，对于喜欢自然的游客来说，外形朴实、花色简单的器皿风格才是他们推崇的。

2. 乡村餐饮应具备绿色生态的特点

我国有着悠久的饮食文化，各种各样的风味佳肴丰富多彩。尽管面对众多美食，但对于很多人来说最重要的还是绿色健康食物。而绿色食品在乡村旅游当中可以不断地开发出来，所以乡村旅游在餐饮食品方面具有得天独厚的优势。在乡村因为较少被污染，种植出来的果蔬都是纯天然的，而且营养价值比较高。村民在用肥方面尽量使用农家肥，避免使用化肥，让蔬菜达到色香味俱全、甘甜可口的效果。除了种植之外，养殖方面也一定要达到绿色的标准。乡村旅游可以很好满足人们对于绿色对于健康的要求，所以才会如此受欢迎。未来的乡村旅游一定要重视绿色餐饮的发展。

绿色餐饮不仅仅是要求食材绿色化，制作的过程同样也必须要绿色无污染，应达到营养健康，符合绿色要求。在制作过程中，既要保持农家风味，又要注重菜品的多元化，菜品和现代的元素结合，烹饪出时尚的农村食物。在制作菜肴的过程中，一定要以客户的需求为主，根据农家菜的特点，不断地推陈出新，顺应现代化的消费特点。

3. 乡村餐饮经营理念的特色化

餐饮行业一定要有特点，不能够千篇一律，要有差异。从游客的角度而言，特别是第一次来乡村旅游的游客，具有地方特色的餐饮能够吸引更多游客的青睐。乡村旅游业在发展的过程中，一定要因地制宜，考虑到当地的实际情况以及充分发挥当地的文化民俗，发展有特色，吸引人的菜品种类。首先，在菜肴制作方面，乡村旅游餐饮主要以绿色原料，尽量保持其原有的风味。人们在越吃越高级的同时，也越吃越原始，越吃越本色。其次，原料当中的"野、绿、鲜"这些特点要充分地发挥出来，并且要充分采用当地独特的地理位置优势，不断地提高绿色经济水平。最后，把"味、形、意"作为乡村菜肴的创新点。当代人对美食的追求，营养第一，但还需要有诱人的欣赏价值和丰富的文化底蕴。

二、乡村餐饮的管理

随着现代旅游业的快速发展，旅游消费市场日趋丰富和多样化。目前乡村旅游以自然原生态为主题向市场推广，它能够舒缓人们紧张的工作节奏，已经受到众多游客的青睐，这亦为旅游业提供了更多的发展空间。不过在发展乡村旅游时，也要考虑到农村的承受能力，尤其是在餐饮服务这方面。如何在有限的资源当中去接纳更多的游客，除了要有旅游业的规划之外，餐饮行业也必须要参与进来，加强乡村餐饮管理。

1. 菜肴本土特色

都市里面的菜肴大多特别精致，而且食物种类众多。来到乡村的游客主要是想体验绿色自然的食物，所以乡村餐馆装修的不用太过于豪华，菜肴的定价也不要太过于离谱。菜肴主要是以乡间当地的餐饮特色为主，需要充分发挥出民间以及农家的特点。当然想要长期发展下去，菜肴也要不断创新。在旅游行业中需要以本地的乡土特色为基础，打造属于自己乡村的品牌。农家的饮食氛围一定要营造起来，例如在午餐的地方，可以摆放一些具有农家特色的桌椅，另外在饮食上也一定要以地方特色或者是传统的农家菜为主。在创新的过程当中要多创造出属于自己地方特色的菜品，要突出当地生态特点、文化方面的特色以及风俗习惯，把餐饮和文化以及特色相结合，更易吸引游客的眼球。

既然是农家菜，那么从取材开始就要来自农村本地，最好是农家里面才有的，在城市里面很难看到的，如土鸡、老腊肉、黄腊丁、时令蔬菜等，还有各种当地的土特产。在米饭的制作方面，不要只是制作成单纯的米饭，可以制成腊肉饭、豇豆焖饭、玉米栗焖饭等。总而言之，一定要有特色，同时还要保证味道良好。在小吃和面点这方面也不要和城里的一样，应以突出当地的农家特色为主，制造当地特色的小吃和面点，比如凉面、凉粉、发糕、粽子、土豆饼、玉米饼、煮土豆等。乡村旅游针对的是都市人群，如果做的食物太过于城市化，人们也没有任何兴趣去品尝。

2. 质量标准稳定

菜馆里面的菜色可以比较稳定一些，在同一时期里招牌菜和特色菜分量不要相差太大。菜品盛放的方式也要统一，口味不能够相差太大。乡村的餐饮还要重视经济实惠的特点。在众多的游客当中，工薪阶层是主要的服务对象，现在很多人追求的还是物美价廉的产品。乡村餐饮需抓住消费者的心理，发挥本地的优势，生产出自家种植的瓜果蔬菜，从而降低食物的成本，在价格方面赢得客户的心。当然乡村菜品除了价格实惠以外，还要不断提高菜肴质量，同时也要持续创新，多元化发展，在品质上要不断升级。首先，餐饮卫生方面要严格地按照卫生防疫部门的标准，打造一个干净、卫生、安全，能够让人放心的就餐区域，餐具一定要经过消毒之后才可以上桌，同时餐桌要整洁，没有任何油污，就餐之后服务人员要把餐桌及时清理干净。其次，餐饮设施布局方面要有合理的规划，设置时一定要选址在重点区域，如乡村商业街、主要的道路或者是景点接待服务区等，规模的大小要参考乡村的承载能力。最后，餐饮的设施类型一定要丰富，可以分为高、中、低3个不同的档次，从而为不同客户提供适宜的服务内容。

3. 注重礼仪礼貌

"心系顾客，服务至上"是乡村餐饮的服务宗旨。乡村餐饮服务员的一言一行都代表着乡村旅游目的地的形象，对游客能否进行优质服务直接影响到乡村旅游的名誉。讲究服务礼仪是对乡村餐饮服务员的最基础的标准。第一，员工在穿着方面一定要整洁干净，不能邋里邋遢，要体现出良好的精神面貌和服务的严格性。头发梳理整齐，手要洗干净，指甲要修剪整齐。其次待人接物讲究礼貌，彬彬有礼。服务员要面带微笑，在说话时一定要有礼貌，礼貌用语并不会增加成本，反而还会增加收益，并且礼貌的服务态度能得到更多的回头客，同时也能够吸引更多的客户。最后，工作人员一定要注意站姿，走路的姿势也需要经过特殊的培训，尽量做到走路轻、说话轻、动作轻的"三轻"特点。

4. 服务热情周到

在我国传统的民族文化当中，一直都有勤劳俭朴、热情好客的说法。特别是在竞争压力比较小的乡村里面，大多数的村民都非常善良淳朴。随着旅游行业的不断发展，越来越多的游客以及接待次数的增加，为吸引更多的游客，一些经营乡村旅游的户主不管自己的承受能力以及是否可以实现，只要是游客需要的，口头上都会答应。但是在实际工作当中，会因为场景的限制，或者是因为旺季，某些要求很难满足，那么就会给游客带来不好的体验。事实上，"农家乐"的服务人员不能为了吸引游客，勉强自己去满足游客所有的需求，而是要根据现有的条件去接受游客的需求，同时也要对那些不能满足的需求提前告知游客，让游客自己决定取舍。游客在用餐时，客服人员不要远离现场，而是应站在不远处，随时为游客服务。

5. 器具统一卫生

参与乡村旅游的游客用餐讲究的是舒适性和协调性。但是在农家旅游的过程中，很多桌椅并不是统一的，而且餐具也各种各样，比如说颜色有不同的，形状有不一样的，盘子有大有小的，甚至还有高有低的，碗的材质不同，有塑料的、有铁质的、有陶瓷的，给人一种不整洁的感觉，也会降低人们的食欲。所以农家餐饮经营者一定要根据自己的接待能力去配备统一的餐具和器皿，如果这些餐具能够体现出文化特色就更好了。在厨房里面，生菜和熟菜的放置也一定要分布在不同的空间，饮用水和清洁水同样也要分离，面粉、油料、调料、大米等这些容易变质的食物一定要放在防霉变、防潮、防鼠的地方，而且后厨仓库不要随意让人进出。在"农家乐"里面最吸引游客的特色就是质朴的生活方式以及休闲的生活习惯。用餐环境一定要保证整洁干净，最好是有专门的用餐区域。如果条件不好，也可以适当地利用自家庭院，在庭院中必须做好防治害虫、防风、防尘等工作。

三、乡村旅游特色餐饮菜品的开发策略

1. 消费群体应定位于大众化

乡村旅游业所面对的人流量较高，其中大部分属于景区周围城镇的人员。时代的进步使经济体系也在不断改变，较为明显的是经济消费观念的转变。对我国过去的餐饮消费统计图进行研究，可发现我国餐饮消费正在由高向低发展，所以餐饮行业的经营模式需要随之改变。虽然低消费代表便宜，但是不能因为价格低廉而降低经营水准，乡村餐饮在保持菜肴质量的同时还要稳步上升。由于到乡村旅游的群体私人消费较多，所以整个旅游行业发展较平衡，市场平稳，潜在消费人群也是大众平民。因

此,现阶段乡村旅游行业的餐饮特色向大众化发展最为合理。

2. 产品要拥有特色主题

乡村旅游餐饮需要具备独特性以及完整的餐饮系统,在建立该体系前要了解当地食品特色、餐厅环境以及提供的服务等一系列的具体内容并不断完善和提升。此外,可在乡村菜品中融入当地饮食特色,就餐环境中融入当地文化民俗。注重发展乡村旅游行业中的餐饮特色,以下3种是比较典型的方法。

(1) 研究历史菜系,再现传统美食文化。在建立乡村旅游景区特色菜系前,可对传统饮食文化进行深入研究,了解餐饮文化的具体由来和独特菜肴背后的故事,将其融入景区特色菜系,让游客在进餐品尝其独特味道的同时了解到某道菜背后隐藏的文化和故事。这是在乡村旅游生活中为游客带来的另一种快乐的方式,这种方式不仅反应在身体上,还包括思想和精神上的满足和快乐。比如吉林省的部分农村旅游景区,他们凭借其地区特有的豆腐、咸鱼小饼等美食作为其特色菜系,不仅满足了游客食欲,还对外打响了当地的美食招牌。

(2) 从地方本土出发,发展当地特色菜系。制定乡村旅游餐饮的具体菜品要以当地的特色和文化作为基础,再向其他方面延伸。比如杭州郊区的西湖十景宴,本身是食物,但是将菜肴和西湖景色相联系就更加受到游客的青睐。因为这让游客在品尝菜品时还对当地文化特色有进一步的了解。这种在历史文化上创新培育本土菜品的方法更容易在现今社会发展壮大。

(3) 不断学习,不断创新。不断学习是指对其他地区的特色菜品进行研究后,学习其优点并运用在本地特色菜品当中进行创新,而不是直接将其他地区菜品照搬过来。比如嘉兴平湖市开发了中国台湾风情园,种植了一些热带水果。在营业过程中,融入自身特色环境销售水果,同时也营造出农家乐园的生活气息,使该乡村旅游景点得到发展。该农家乐园不仅有热带水果,还有其独特的"外婆童子鸡""火龙吐珠"等极具特点的私房菜品。

乡村旅游景区中,可建造独特优美的饮食环境,如利用草坪、河边等室外场所。这样能够使游客在吃饭的过程中欣赏景色,为其提供常规餐饮环境所不能满足的乐趣。对以上内容进行总结,中心思想就是突显乡村旅游行业中的餐饮在各方面都需要独特的形式和精心的安排。

3. 创新经营方式

乡村旅游餐饮不仅要发扬传统饮食文化,还需要对其进行创新或研制出其他特色餐饮,使餐饮文化得到发扬。可以在不违反野生动物保护条例及其有关法规的基础上,根据地方资源发掘出野菜菜品或其他野味菜系,将其融入景区品牌,在餐饮方面对其进行研究改良,从而形成乡村旅游景区新的特色菜品。比如湖南益阳将竹子作为其餐饮行业的主要成分,众多相关菜品都加入竹元素;内蒙古草原特色餐饮则主要以奶茶、羊肉等作为特色菜品。

我国民族较多,所以随着时代发展形成的民族特色旅游景区也较多。因为我国民族聚居地的经济发展较慢，所以此类地区以发扬民俗文化和民族特点开展乡村旅游业，能够在一定程度上加强其经济发展。这类乡村旅游景点推出的餐饮富含民族气息，比如白族的三道茶、朝鲜族的冷面和泡菜等，都十分直观地反映出该民族的特色和饮食文化，能使游客在旅游过程中对少数民族的传统习俗有一定程度的了解和体验。

4. 重视厨师的培养

一道能反映地区特色和民族文化的美食背后一定有一个有能力的厨师，所以开展乡村旅游餐饮行业一定要培养对该地区特色饮食理念有一定了解的厨师。同时还要注重对特色菜品的研究及改进，逐渐形成本地有名的独特菜品。对已形成的菜品还要不断精心完善，因为当地独特菜系能够推进旅游业的发展。特色菜品与乡村旅游发展两者相辅相成，有乡村旅游景区才有特色菜品的产生，而不断改进升华的特色菜品又能够使景区得到持续发展。在餐饮方面一定要着重对特色菜品的研究，使当地旅游特色与菜品相呼应，发扬本土饮食文化。

第五节　乡村旅游商品开发

我国乡村旅游发展进入快速发展期。作为传统旅游六要素"吃、住、行、游、购、娱"中的一员，"购物"在乡村旅游中占据越来越重的分量。"购物"很大程度上是当地村民参与到乡村旅游经营中，分享旅游发展成果的直接途径，它为当地村民创造大部分的经济收入。

乡村旅游商品，常见的是乡村土特产如腊肉、土鸡、水果、鸡蛋，以及一些当地富有地域特色的手工艺品等。乡村旅游商品属于独特有形物质，可以给游客带来乡村的记忆，也是游客旅游的延续。

一、乡村旅游商品分类

由于各地民俗风情，物产、传统工艺的不同，各地的乡村旅游商品都富有自己独特的地域特色，不尽相同。根据商品功能主要可以细分成以下3种。

1. 乡村土特产

土特产存在着显著地域属性，主要是以绿色、乡土风味作为关键卖点。乡村土特产通常没有独立企业品牌，但一般会有一个较为有影响力的地域品牌，如怀柔板栗、信阳毛尖等。

2. 民间工艺品

民间工艺商品与土特产颇为相似，有着显著文化属性。不同文化体系下的工艺品不尽相同，更有"一村一品"之说。常见的工艺品有陶瓷、草编、皮影、剪纸等。民间工艺商品或精雕、或朴实，具体情况与当地的文化与工艺水平密切相关。

3. 乡村生活用品

乡村生活用品在过去可能是都市人不屑一顾的，认为是愚昧落后的象征。但如今，在乡土情怀大力兴起背景下，乡村创客开始持续涌现，一些乡村日常用品也开始变得时尚，如一些服饰绘上当地民族文化图案，此外一些乡村的木质家具、竹编灯饰，也受到很多市民的青睐。

二、乡村旅游商品特征

与乡村旅游商品相对应的是城市旅游商品。著名旅游国家的旅游商品包括名牌包、化妆品、衣服、饰品、电子产品、生活用品等，这些商品具有特色鲜明、时尚，富有文化内涵、品位突出、做工考究、经久耐用的特点。乡村旅游商品虽然不能与著名旅游国家或城市的旅游商品完全相提并论，但是依然有一定的共性。

1. 地域性

乡村旅游商品作为乡村劳动人民劳动生产的产物，与当地地理区位、气候环境、地域文化紧密联系，带有很强的地域属性。"橘生淮南则为橘，生于淮北则为枳"，也道出了这种差异性，而这种地域性的特点很大程度就是不同地方的乡村旅游商品吸引人购买的原因。

2. 乡土性

质朴接地气、原汁原味，是乡村旅游商品的内在生命力，是乡村旅游商品区别于城市普通商品的最明显的特色。乡土性是乡村给游客的一种关于土地、关于传统农耕文化的记忆，乡愁、乡味也多来源于此。

3. 文化性

所有的乡村旅游商品多少都带有当地的文化特征，只不过有些商品文化感知度较强，如当地的民间工艺品，有些文化感知度比较弱，如当地土特产。

4. 艺术性

并不是只有著名目的地景区的商品才具有艺术性，实际上来自乡村旅游地的一些商品同样也具有艺术特性，这种艺术性的高度取决于民间艺人的水平。

5. 体验性

与普通商品待价而沽不同，乡村旅游商品十分注重参与体验性。旅游的过程本身就是一次体验。同样，很多旅游商品的制作也带有旅游的体验性，比如亲手采摘的水果，自己动手制作一件手工艺品等。乡村旅游商品吸引人购买的原因。抛开旅游的身份限定，它与普通的商品相近，而且颇有实用性。

三、乡村旅游商品开发的策略

乡村旅游商品开发必须了解和研究乡村旅游者需求，根据乡村旅游者的需求和购买行为来开发乡村旅游商品。现在的乡村旅游者大多是都市中青年，他们具有较高的文化素养和审美能力，更偏重旅游的文化感知，追求特色化、个性化的旅游商品。同时，乡村旅游商品提供的不仅仅是产品和服务，还需要注重售后服务和口碑。具体可以从以下 5 个方面着手。

1. 就地取材，开发原汁原味的旅游商品

纯真质朴的乡土风情、生态绿色的果蔬、独家秘制的美食、独特的民间工艺，或者取自大地的天然材质，是乡村旅游商品的核心吸引力，这就要求乡村旅游商品的开发尽可能"就地取材"，强调其"原汁原味"的特征。在土特产方面，果蔬以生态绿色为主要的卖点，食材以当地独特的口味，独家秘制为亮点，用来吸引消费者。特色工艺方面，强调其传承了的传统工艺技术，富有文化内涵，如传统剪纸、根雕、陶瓷。生活用品方面，以取自乡村的材料为主，并融入传统工艺，打造木制家具、竹编篮子、草鞋、蜡染围巾等。在这里"原汁原味"强调的是对传统文化的传承，对乡村原生态材料的充分利用，不代表是完全复制过去的乡村商品。

2. 对接旅游 IP，融入时尚创意

IP 是 Intellectual Property 的缩写，其含义是知识产权。通俗讲 IP 可以是一个故事、一个形象、一个角色、一个品牌等，它既包括了有形的角色，也包括无形的文化内涵和故事。IP 在乡村旅游商品领域的开发利用，可以采取乡村特产品牌 IP+旅游商品衍生物、乡村吉祥物 IP+旅游商品、热门影视 IP+旅游商品等多种跨界开发方式。通过在产品策划和产品包装设计上植入乡村主题 IP 元素，借助网络渠道的裂变式传播，迅速引发粉丝效应，打造出爆款商品。保持乡村旅游商品的"原汁原味"固然重要，但是如果完全一成不变，与时代脱节，也容易产生审美疲劳，不能获得年轻游客的青睐。通过对接旅游地较强的文化 IP，融入时尚创意元素，将是旅游商品创造特色的有效途径。

在乡村旅游商品的 IP 塑造上，中国台湾信义乡的梅子梦工厂走在了创意前沿。在中国台湾南投信义乡的梅子梦工厂园区，其最初就是一个典型的食品加工厂，然而伴随着民间酿酒的解禁，正式转变成梅子酒庄，后借助电影《海角七号》的东风，马拉桑酒小米酒迅速蹿红，成为热门 IP，带动了梦工厂的休闲旅游。之后，梅子酒庄不断推陈出新，结合旅游开发的"忘记回家""狠角色""拼命三郎""青梅竹马"等多款好喝、好玩的个性小酒在线下线上都成为游客们疯抢的爆款商品。另外，中国台湾桃米村的青蛙 IP 的旅游商品开发也十分成功。中国台湾的桃米村本是一个灾后重建的衰败村落，在重建过程中发现了中国台湾地区 29 种原生青蛙的 23 种，于是将"青蛙旅游"作为一大亮点产业进行开发，除了创造性地开设了夜间赏蛙的旅游项目外，还设计了许多青蛙的吉祥物、青蛙工艺品、青蛙饰品等，引爆了淘米村的乡村旅游，青蛙旅游商品也深入人心。此外，中国台湾金勇休闲农场开发的联合国西红柿礼盒也为农场带来了源源不断的订单。由此可见，只要挖掘出当地最大的特色，再融入文化创意的元素，一个普通的土特产也能玩出不一样的新花样，也能成为引领时尚潮流的爆款商品。

即便不创造 IP，在传统的工艺中融入些现代时尚元素，或者将一些传统工艺艺术应用到生活用品上,也能激发新的生命力。比如刺绣、雕塑、风筝、剪纸等传统工艺,可以融入一些时下年轻人喜欢的爱情主题、梦想主题等,或融入萌、贱、拽的表情,也可以在衣服和包包上加上传统的刺绣更显文化内涵等。

3. 提高工艺水平,打造工艺精品

乡村旅游商品不求高端奢华,但求有特色,工艺考究。但大多数经营者对乡村旅游商品认知存在偏差,认为乡村旅游商品就是追求低成本,不追求品质,因此也没有必要精心去打磨,导致做工粗糙。提高工艺水平一方面要提高工艺设计水平,另一方面则是要提高工艺的生产水平,只有这样才能满足现代人追求产品品质和审美的需求。

4. 重视体验,开发参与式旅游商品

乡村旅游商品开发需要旅游者体验,而最直接的体验就是游客参与到旅游商品的制作中来,即旅游商品生产的体验化。乡村旅游商品可以以"前店后厂"的模式,前面进行展示销售,后面是生产作坊,游客可以现场参观商品的制作过程,并与手艺人互动,激发游客对商品的浓厚兴趣。然后为游客提供动手制作的机会,与大师同台竞艺,从而更加体会乡村旅游商品的独特之处。此外,游客亲自动手做的旅游商品还是一份独一无二的旅游纪念品,为游客的乡村旅行画上完美的句号。

5. 重视口碑营销,强化顾客价值

随着互联网和智能手机的普及,电商平台深入乡村,微信微博论坛的广泛运用,直播短视频的火爆,口碑营销成为互联网时代的宠儿。重视质量和售后服务的乡村旅游商品也将促使乡村旅游商品有一个质的飞跃。传统的乡村旅游商品基本打着做一次生意的侥幸心理,一旦卖出,概不退货,也不指望回头客,但随着互联网的广泛运用,这种侥幸的行为必然不适用于未来的旅游商品发展,重视口碑,与顾客建立联系,强化顾客价值,才是王道。

由县、镇(乡)级政府出面,以"一村一品、一乡一特、区域合力发展"为原则,制定区域乡村旅游商品的发展规划,并加强地方的交流,防止各自为政、重复开发的现象。强化规划的执行力度,组织企业、合作社、村民进行生产销售,从而形成一条完整的旅游商品产业链。一方面,政府应制定和出台相应的政策法规,优化旅游商品的经营与购物环境,同时还需要做好旅游商品质量评价工作,保护特殊工艺和种养殖技术的知识产权,防止随意抄袭、产品以次充好的现象。另一方面,政府应该为经营者提供一定的优惠条件和必要的资金支持,用于扶持乡村旅游商品的开发。此外,政府也应与高等院校、科研机构合作,为乡村旅游商品提供技术支持,同时培育后备人才。

四、乡村旅游商品的品牌意识

在我国,成功的乡村旅游商品品牌不胜枚举,如阳澄湖大闸蟹、赣南脐橙、信阳毛尖、延川剪纸、新疆和田玉等,这些区域型的大品牌靠单打独斗是很难成功的,关键是不同县镇要形成一个合力，技术共享，制定质量标准，共同把乡村旅游商品的品质提上去，严防挂羊头卖狗肉、以次充好的行为，这样的品牌才可持续发展。旅游商品需要品牌化建设，为此要打造专门组织，将现代化管理理念、连锁模式与营销模式进行融合，具体包括以下4个方面。

1. 注册商标，制定防伪标识

乡村旅游商品的长期销售，需要有稳定的货源，现实和潜在的顾客群。商标的注册，有助于增强用户对相应品牌的认可，增强信任度。商标要具有简单性，方便游客记忆，同时也需要彰显出商品自身的特色。制定防伪标识，以免假货以次充好，损害品牌形象。乡村旅游商品的品牌打造不易，需用心维护。

2. 设计有特色的商品包装

设计精良、具有当地特色的乡村旅游商品包装需要便于携带，同时还需要具有一定的精美性，可以将其用作礼物，来赠送亲朋好友。当然，这些包装也需要具有当地特色，商品种类不同，其包装模式、材料、形状等都需要一定的调整，包装要与商品属性具有很好的契合性。

3. 提供优质的售后服务

从目前来看，乡村旅游商品基本上缺乏相应的售后服务，这使旅游商品品质很难得到保障。因为目的地景区的卖方已经摸准购买者心理，他们不可能因为一件商品品质而再次返回旅游地，所以这样可以获得更高的短期效益。然而却因为口碑效应，再加上网络曝光，反而会损害当地的旅游品牌形象，进而影响后续游客的消费。所以，只有切实地做好售后服务，提升产品品质，才能获得更多的忠诚用户。

4. 借助营销推广打造品牌

乡村旅游商品品牌的打造需借助营销推广的力量，由政府、企业、村民合作，推出媒体广告，举办大型的营销推广活动等，让乡村旅游商品广为人知。广泛利用网络自媒体的力量，推介旅游目的地的同时促销商品，扩大品牌的知名度和美誉度。

2018年之后，旅游商品与乡村旅游之间的融合日益密切，具体体现在：第一，乡村旅游在整个旅游业中比例有了明显提升；第二，目的地所推出的地方特色商品开始对游客产生较大的吸引力，容易得到游客青睐；第三，越来越多的企业开始注重工艺商品的开发，开始在其中引入一些文化要素，彰显其深刻内涵，使之受到很多游客青睐。这些民间工艺商品还能更好推动当地经济发展，也契合旅游带动当地产业发展的观念，并进一步将全域旅游服务、全域旅游消费、全域旅游产业等进行融合。目前工艺商品的开发，已经和全域旅游实现高度融合，在具体开发之时，要融合以人为本、注重服务等理念，要确保品质，只有这样才能长期吸引游客，实现工艺商品的品牌化。

将乡村旅游真正融入当地特色中去，形成一种文化。在文化中发展和开拓乡村旅游，以乡村旅游及其他活动促进文化氛围。现在的消费者关注的除了产品、服务之外，还有情怀，要挖掘当地特有的情怀，特有的故事，能吸引人的故事。借助一定的方式，让乡村旅游商品能够伴随着乡村旅游"走出去"，并持续带动乡村振兴发展。

第六节　乡村旅游娱乐服务

一、娱乐项目

随着乡村旅游蓬勃发展，经营者可以利用农村原有娱乐项目开展多种多样的休闲体验活动，丰富旅游内容。乡村娱乐项目主要包括一些农事体验项目，演艺活动和竞技比赛等。

1. 体验项目

乡村旅游主要的体验项目有：乘坐畜力车在乡间观光，蔬果采摘，农事活动体验（如种菜、磨豆腐、酿造、喂养家禽家畜、掰玉米等），体验传统技艺（油坊、磨坊、醋坊、豆腐坊等），学习简单的民俗舞蹈和曲艺，体验乡村节庆，参加婚礼、祭祀等民俗活动，还可以举办篝火晚会、烧烤、露营等。

如果乡村有大片水域，还可以开发水上项目，常见的有娱乐项目、休闲项目和比赛项目等。水上娱乐项目主要适合儿童、青少年或者亲子参与的项目，可以在景区内引进气垫式充气水上游乐设备，设置人工冲浪、水上橡皮筏、水上滑梯、水上冰山、水上排球等。水上休闲类型的项目适合来景区内避暑休闲的人士，在景区内的水域上建一个水上长廊，在长廊中设置一些特色饮食、养生餐馆、小酒馆、咖啡屋、书店等，供游客休憩、观赏，同时也可以打造水上夜景观，通过灯光和小设施的配合，打造美丽炫彩的水上夜景，游客夜间可以在河边漫步，可以在长廊中饮酒。水上比赛类型的项目比较适合喜欢水上体育比赛项目的人，可以在景区的河面上或湖中设置漂流、划桨、帆板、冲浪、龙舟、拔河等相关的项目，并定期举办相关的赛事活动，以不断地提升人气，扩大知名度。

2. 演艺活动

农村的很多群众多才多艺。乡村里有众多的演艺形式，从传统的秧歌、高跷、旱船、杂技、民间绝技、戏曲表演，到现代流行的街舞、广场舞，都可以在旅游项目中表演展示。农闲季节村民开展丰富的演艺活动，可以为乡村旅游的发展增光添彩。

3. 竞技比赛

农村地区农闲季节，可以组织一些竞技活动，丰富乡村的休闲内容，满足游客多样化的娱乐需求，如斗鸡、斗羊、赛马、拔河、摔跤、打字牌、打麻将等。尝试在乡村旅游中有序健康地开展竞技比赛项目，可以丰富农村文化生活，提升乡村旅游品质。

二、组织适合大众化休闲娱乐的市场

乡村旅游娱乐服务的开展需要建设大众化的乡村休闲娱乐市场。大众化休闲娱乐有两方面内容：一是要适合大众休闲娱乐心理。符合大众休闲娱乐心理，满足大众休闲娱乐要求，乐于休闲娱乐，肯于消费。这样，文化休闲娱乐市场才能兴旺。二是要适合大众化消费能力。文化休闲娱乐市场具有商品的属性，休闲娱乐对象、消费主体是大众，大众的参与是休闲娱乐市场生存和发展的土壤。随着改革开放的深化，农村群众的生活水平普遍提高，参与文化娱乐活动已不是新鲜事了。农村文化休闲娱乐市场也不再是少数人的"专利"项目。随着文化娱乐消费对象的变化，发展农村文化休闲娱乐市场要确立大众观念，要以大众的消费实力、娱乐需求作为决策的前提。要以发展大众化休闲娱乐消费市场为主，高消费要少。

三、乡村文化休闲娱乐市场的管理

乡村文化休闲娱乐市场的发展，不能脱离管理。对于新事物而言，它从出现到发展都是一个持续改善的过程，乡村文化休闲娱乐市场的兴起，也需要不断发展完善，文化市场管理本身，就是促其发展与完善的过程。乡村文化休闲娱乐市场管理对策与措施主要包括以下5个方面。

1. 争取各级党政领导的重视支持

各级党政领导要进一步提高对加强乡村文化工作重要性的认识，把乡村文化事业的发展纳入国民经济和社会发展规划，像抓经济工作一样抓好乡村文化休闲娱乐市场管理。

2. 加强法制宣传教育

一是充分利用村镇的广播、电视、墙报和人员较为集中的场所进行文化市场的法律法规宣传，要尽量扩大宣传覆盖面；二是组织经营者的业务培训，开展经常性的学习活动，要注意提高经营者的法律意识和社会责任感。

3. 查重点，搞难点，促全面

要发挥基层文化站的前哨作用。基层文化站是乡村文化市场的管理机构，对辖区的经营网点、交通线路较为熟悉，对存在问题也比较清楚，便于稽查管理。可以通过查重点、搞难点、促全面的方法，确保辖区内文化休闲娱乐市场的健康发展。

4. 规定经营及活动准则

在争取各级党政领导重视支持的同时，可根据各地情况，以村、镇为范围，以法律法规为依据，以村规民约为形式，制定文化休闲娱乐经营、消费活动行为规范，并张榜告示，让经营者、消费者共同遵守。

5. 加强文化娱乐市场的指导和引导

通过指导和引导，把乡村文化休闲娱乐市场盲目无序地发展引导到与经济发展同步协调、布局合理、规范有序上来；通过指导和引导，去粗取精，将浅层的文化娱乐活动，进一步深入精神层面，使娱乐活动有着更为深刻的底蕴。

总而言之，要对乡村文化从业者进行科学培训，定期开设相应的培训班，切实提升从业者的综合素养。激励乡村文化工作人员主动学习，并通过一定的筛选，遴选优秀人员到高校研读进修。另外，还需要做好业余文化人才的调查，积极培养业余文化团队，同时还需要做好文化梯队建设，培植后备人才。充分调动文化能人、民间艺人的积极性，使传统民间文化可以得到更好的传承，鼓励他们成为文化建设的管理者、组织者和带头人。为更好地发展乡村旅游，需巩固乡村文化建设的群众基础，活跃乡村文化气氛，推动乡村文化事业的发展。

第七章 乡村旅游拓展要素开发

第一节 乡村与休闲度假

乡村开展休闲度假模式的核心理念：乡村与度假综合体之间具有对应关系，借助于乡村优美之景、淳朴之风，对闲置的农宅进行统一性改造，使之更方便人们的休闲度假，使乡村形成高品质旅游度假区，并塑造特色乡村度假品牌。

一、乡村开展休闲度假的推动力

（一）村落特征适宜开展度假乡居模式

1. 构建良好的村落生态

乡村旅游与传统旅游存在着显著差异，对于乡居模式而言，有关交通区位的要求并不高，而且很多人喜欢相对偏远的村落，因为这种村落的生态环境更为优美，清幽闲适，有着浓厚的乡村气韵，而这也正是开发乡村旅游的关键载体。

2. 较高房屋空置率

在旅游目的地，只有存在着一定数量的空置房屋，才可以构成乡居模式的重要前提。空置房屋数量越多，旅游项目开发难度就越小，资产流转就会越便捷，同时也容易对房屋进行改造。发展乡居模式一般选择空心村或者废旧村落，这样可以对闲置资源进行重新利用，同时又能让这些古村落重新焕发勃勃生机。

3. 建筑风貌良好

在开发生态乡居模式时，要确保古老的村落建筑依然存留着古朴的风格，由木材、石头砌筑的建筑可以更好彰显这些建筑的古朴、乡村气韵，而且原始建筑结构若是保存完好，那么改造价值也会随之提升，有助于与现代化建筑形成鲜明对比，从而给游客带来时空的交错感。

（二）度假乡居模式要点

1. 将闲置农宅进行整体化改造

将闲置的农宅进行集中化管理，然后再对其进行整体化改造。具体由村集体进行统一租赁，然后再引入民间资本或者乡村自筹资金，对其进行整体改造，进而构筑具有规模化的度假区。

2. 构筑休闲度假高端品牌

对于那些闲置的农宅而言，在改造过程中要确保其乡土气息及传统文化属性，同时还需要确保品质，外貌古朴，内部奢华，由此形成一种独特的度假品牌。

3. 村民积极参与营造度假模式

对于生态乡居模式而言，需要融合乡村生活，为此村民需要积极参与，据此可以创新村民入股、聘请村民参与服务等诸多模式，使村民们能够就近就业，这样也有助于激发他们参与乡村旅游开发的热情。

(三) 度假乡居模式推动力

1. 市民回归乡村的市场需求

伴随着城市的喧嚣，生态环境的恶化，越来越多的市民想要回归山林、乡野，感受并亲近大自然。正是这种需求的不断旺盛，使得一些偏远且交通不够便捷的乡村开始成为人们关注的旅游目的地，也正是这样的需求增长促使了度假乡居产品的开发。

2. 粗放式大众游逐渐演变成精致化小众游

这两种旅游模式之间有着显著差异，后者目前的需求增速较快，这种演变促进旅游经营、发展、服务模式都需要进行创新。高端度假乡居模式是一种契合小众游的产品，让过去的观光游逐渐转变成休闲度假游，由此为小众提供更具有品质的旅游体验。

二、乡村开展休闲度假模式构建

(一) 唤醒沉睡资源——闲置资产流转

度假乡居模式能否获得成功，与闲置资源流转能否实现关系密切。这种流转实际上就是资产流动性改革，是我国在大力推动美丽乡村建设，增加村民收入方面的一种科学探索。在很多乡村，农民掌握了宝贵的房屋、土地等资源，然而却使之处于沉睡状态，不能实现其收益性与财产性，使相关资源出现普遍浪费问题。通过闲置资产流转改革，将能更好发挥闲置资产的价值，利于广大村民获得相应收益。

1. 资产流转本质

对于资产流转本质而言，资产所有权并不会产生变化，主要是对使用权进行出租，由此将闲置资产价值进行变现。对于农民而言，依然拥有资产的所有权，流转仅仅是出租使用权，而租赁方则以分红或者租金方式为村民提供回报。

2. 资产流转关键

资产流转能否成功，关键需要考量租赁主体的整体效益，这也是保障村民能够持续获得回报的关键。对村民意愿充分尊重的前提下，使得相关效益得到足够的保障，这样才能让村民自愿参与流转。

3. 资产流转形式

目前资产流转模式主要包括以下4种。

(1) 出租。村民将拥有的相关资产出租给承租主体，承租者会给村民一定的租金回报。而时间则是双方进行协商来明确，最长时间不能超过合同所限定时间。这种出租模式的实现,基本上是由村集体来统一进行回收,在村民获得一次性补偿之后,将原先的房屋或者土地的使用权进行放弃,然后再通过集体协商的方法明确租赁价格与时间,通常为20年,最后完成租赁合同签订。

(2) 入股。村民将部分或者全部资产的使用权折换成股份,参与承租主体经营,然后通过这些入股资产来获取分红。而红利则需要按照效益多寡来进行明确。入股模式呈现出典型的"利益共享"理念,这种模式非常重视村民长期利益,并为他们提供相应的就业机会,同时还能使村民获得持续性的旅游收益。

(3) 转包。作为土地承包主体可以将部分或者全部土地使用权统一转包给第三方,而相应的时间则需要由双方进行协商,转包与发包主体所对应的原始承包关系并不会出现变化。

(4) 出让。在获得相应土地补偿之后,对承包剩余期限进行完全放弃的一种模式。村民相关土地被征用时,根据已经明确的规定获得对应补偿资金之后,可以将相应的土地使用权转给相应行政机关或者发包主体,然后再由后者交给建设主体,而承包主体针对该土地的使用权也就随之完结。

(二) 规范开发方式——整合开发

1. 开发主体

(1) 由村集体进行统一开发。村集体主动完成相应资金筹集,然后将村里的闲置资源进行流转,并对其进行统一开发。在外观上使之具有古朴性,而内部则适当进行装修,满足高端度假所需,譬如北京密云古北口北台乡居农宅专业合作社,就是由当地村集体12人共同发起,总共出资额度达到52.7万元,对村中的相关闲置资源进行流转并开发管理。

(2) 村集体与旅游企业合作开发。村集体主要是借助旅游企业的资金来进行合作开发,对村中闲置的资源进行流转,然后加以统一开发。这种方式可以得到企业资金支持,而且还能利用企业的专业性,使开发的旅游产品更加契合市场所需。二者可以构筑专业合作社,由此对旅游资源进行深入整合。北京密云山里寒舍,就是一种典型的合作社经营模式,由当地村集体与旅游开发公司进行合作,对当地资源进行整合与开发,并提供了专业性的配套服务。

2. 开发要点

(1) 保留浓厚乡土味。第一,所涉及的建筑用材要乡土化。在改造度假乡居之时,需要使乡居具有乡土与文化属性,外观与当地环境融合,具有鲜明的古朴属性。具体可使用当地材料来建设,如稻草、石材等,展现原生态的传统民居,构筑乡土味浓郁的居所。第二,可以让游客更好体验乡土化。度假乡居的重要软性资源就是相应的乡土体验,它能够切入游客的精神世界。所以,需要将乡土资源进行科学利用,如果园、农田等,再引入当前的休闲理念,契合游客享受愉悦假期的体验。第三,要让度假氛围呈现出乡土化。度假乡居不能脱离"乡土味"。乡村建筑要更好展现村落的生态景观,如篱笆、老井、古树、辄辘等,使之构成明显乡土情境。乡村的生活气息与状态也要最大限度保存,这实际上也是一种无形资产,村民闲适的生活状态,就是乡村景观的重要组成部分。

(2) 度假体验高品质化。既然是度假乡居,那么度假功能必须要得到充分满足,这也是乡村旅游实现升级的重要路径。在乡居氛围上要营造出古朴、乡土气息,但是在住宿方面则需要具有舒适感。因此可以通过外朴实建筑内奢华装修的方式,使游客的度假体验得到显著提升。

(三) 专业管理方式——资产运营管理

1. 运营主体

(1) 由专业公司进行运营。对闲置资产进行开发之时,完全可以引入专业性的公司来对其进行统一经营,因为这些公司在管理水平上相对较高,也富有经验,所以可以更好地获取相应的效益,如北京山里寒舍就聘请了专业级酒店管理公司负责经营与管理。

(2) 村集体统一运营管理。这主要是引入合作社方式,来对度假乡居进行统一管理。相关的资源分配、结算都是由该合作社来负责,在利益分配层面采用逐年增长的形式,为入社的闲置农宅合作社农户分配相应的租金与红利,最大限度地规避恶性竞争。

2. 运营要点

(1) 构筑度假品牌。在具体经营管理环节,需要强化度假品牌的建设,从而使乡村特色项目得以成功开发。通过度假品牌的构筑,还能进一步使品牌效益外溢,并能在一定区域之内进行品牌复制。

(2) 增加村民参与积极性。第一,要让村民积极参与,要最大限度保障现有或者返乡村民能够就业,而且还需要强化对村民的培训,增强他们的综合素养。开发旅游项目时,尽量减少或避免改变村民原来的生活生产模式,但同时还需要为他们带来一定的收益。第二,让村民切实的获得相应收入。通过深入分析,设定契合村民利益的诸多政策,提升村民参与旅游开发的积极性。

(四) 三方效益共赢——乡村效益升级

1. 开发商可以获得相应品牌与经济效益

若是度假乡居成功建设,对于开发者而言,第一,可以得到丰厚的经济回报;第二,伴随着项目的成功开发与运作管理,其推广系统也会变得成熟,进而就能塑造相应的品牌,在相应区域之内产生重要影响,借助于模式复制可以得到更为显著的品牌效益。

2. 农民成为最直接受益主体

在开发度假乡居过程中,村民无疑是最为直接的受益者,他们的收入主要涉及以下3项。

(1) 租金收入。村民可以将自身掌握的闲置资源,如房屋与土地等,进行相应流转，此外果园、农园等经营权也能进行外包，于是村民就能得到更多的租金收入。如北京山里寒舍，每个宅院的年租金可达 6 000 元，而耕地年租金每亩可达 1 000 元，每隔 5 年可以递增 5.0%。对于果园而言，租金则是每隔 5 年来进行增长，比例为 20.0%。

（2）分红收入。村民可以借助于土地、房产等资源进行入股，进而成为其股东，这样每年不仅可以获得租金收入，同时还能基于项目效益获得相应的分红。这种方式也有助于激发村民能够持续的参与。

（3）工资收入。在开发度假乡居模式时，可以为村民带来较多的就业岗位，这样就能让他们通过工作获得相应的薪酬，如保安、卫生、农场耕作、客房服务等，从而成为能够挣到薪酬的新型农民。

3. 有助于促进乡村升级发展

伴随着度假乡居模式的建设，乡村公共交通、垃圾、污水处理、劳动就业服务等诸多体系的成功建设，有助于改善乡村落后的面貌，使村民生活更具有文明性，可以很好地将传统民情风俗与现代化文明生活进行交融，从而实现乡村的持续发展。

三、乡村开展休闲度假模式典型案例

北京山里寒舍无疑是休闲度假模式的成功代表。在大力发展休闲度假的过程中，之前的"空心村"一跃转换成当地知名的乡村度假区。山里寒舍位于京城东北部的密云区北庄镇的干峪沟村，距离北京 108 千米，是一处由古村落改造成的乡村酒店群。山里寒舍将整个村子的宅基地和农民的田地租用，约 15 公顷。因为当地较为偏远，交通也不够便捷，使得该村的村民大量外出打工并在他乡定居，这使得当地民居空置率颇高，竟然达到 80.0%，成为名副其实的"空心村"。干峪沟村户籍人口急剧下降，在册的仅为 41 户，人口数量仅为 71 人，常住人口则不到 20 人，且老龄化显著，平均年龄已经达到 60 岁。在此背景下，当地山场、土地基本上处于荒废状态，整体看起来颇为荒废，缺乏生机。

2013 年，北庄旅游开发公司以 50 年租用、二套闲置房入股合作等形式，收租了村里废弃或闲置的宅基地（或集体土地），对村落的供电、给排水、通信、网络等基础设施进行高规格建设，并将传统民居院落改造成为高品质的度假酒店，将"古朴与奢华进行融合"，在内部可以享受到星级酒店服务，而在外部则能感受乡村的宁静与和谐，并配套了游泳池、高尔夫、儿童游乐场等休闲度假项目，目前开放的院落有 20 余座，入住价格在 1 500~4 000 元。通过这一模式，村民不仅可以获得稳定的租金，同时还成为山里寒舍的员工，获得相应的工资收入，而干峪沟村的土地、果林等各类资源也得到了系统盘活，昔日荒凉的空心村变身成为国际范儿的乡村度假区。

1. 有效的土地流转

随着山里寒舍的成功，干峪沟村进一步成立旅游专业合作社，对当地的自然与人文资源进行开发，根据当地旅游需求，积极推动闲置资源的流转，在所有权不变的前

提下,将零散的果树、房屋与土地等进行综合化,然后由企业进行统一管理。借助于闲置宅基地与相关土地,签署50年租赁合同或者以二套闲置房作为入股资源等多种形式,改造建设40套创意民居,配套建设15亩公共服务区域,提升村民参与建设的积极性,在合作社与企业带领下,构建了山里寒舍休闲度假区。

2. 最乡土的资产升级开发

乡村度假村的关键特点就是保留了原始生态属性,在开发过程中对环境保护十分注重,使古建筑得到很好保护。大多建筑使用当地石材来进行修筑,村民的生活状态维持稳定。酒店房间以老房为基础,对其内部进行装修,外部依然是老宅、木门、木窗、椽子等,都尽量完好留存。房间内部采用中西融合式的装修风格,体现传统与现代文化的进一步交融,创建了古朴而不失现代化的混搭风。五星级的客房及卫浴设施、中西餐厅、无线网络覆盖是最乡土的资产升级模式。

3. 有力调动农民积极性

(1) 最大限度保障农民权利。北庄旅游开发公司与干峪沟村村民签署了一份委托经营合同,时间长达20年。到期后,若是村民对当前的经营与收益等比较认可,可以采用召开代表大会的方式,优先将其租给之前的开发企业。在到期之后,也能按照村民意愿,将相关基础设施、经营权、土地使用权等,一并交回给他们手中,也可以继续委托开发企业经营。通过这种模式可以最大限度地保障村民的土地所有权权益。

(2) 最大程度确保农民收益。山里寒舍为居民提供了租金、工资与分红等多种收益模式,年均收入已然高达2余万元,在企业中就业的村民,其收入也已经超过5万元。出租房屋、土地、果园等均可以获得租金,还可以入股合作社,按照经济效益和入股比例获取一定的分红。另外,北庄镇政府还监督企业为村民优先安排社员就业,为农民带提供土建维修、客房服务、安保巡逻等力所能及的工作。山里寒舍还极大地吸引当地青年回村,并在当地企业担任相应领导,譬如客房部主管、大客户经理等,这些都是该村庄原住民。

第二节 乡村与养老旅游

一、乡村开展养老旅游的功能

乡村养老旅游的核心内容就是老人通过这种旅游可以实现养生与健身之效。乡村养老旅游与通常的旅游活动有所区别,不仅包含乡村旅游特点,还涵盖养老旅游属性,成为当前一种新型旅游形式。养老旅游活动进行的目的集中在身体健康方面,不局限于对风景的观赏。乡村养老旅游所开展的一系列活动要进行适当选择,从而更好地帮助老人实现健身之效。这些老人在异地乡村进行养老,不仅可以增加身心健康,还能对独特的风景和民俗进行了解和观赏。因此乡村养老旅游的发展前景良好。

1. 有利于缓解社会养老压力

我国的人口结构出现了显著变化，人口老龄化的比例增长较快，逐渐走进老龄化社会。民政部《2017年社会服务发展统计公报》显示，截至2017年年底，全国60周岁及以上老年人口24 090万人，占总人口的17.3%，其中65周岁及以上老年人口15 831万人，占总人口的11.4%。全国各类养老服务机构和设施15.5万个，比上年增长10.6%，各类养老床位合计有744.8万个，对比上年上涨2%。数据显示，社会养老机构与老龄人口总数相比，存在很大不足。另外，由于我国老龄化人口数量不断增多，年轻人承担赡养老人的负担加重，家庭养老已无法满足老人的需求，多元化的养老方式逐渐被大家认可。乡村养老旅游迎合人们的需求，通过不断完善养老服务及设施，可以有效改善现代人面临的养老压力。

2. 有利于满足老年人多项需求

老年人在旅游时所追求的与一般游客有所差别，老年人旅游目的主要集中在疗养健康方面，而不是倾向于对新鲜事物的探索。尤其是那些来自农村，目前生活在城市的老人，他们对土地格外依恋，对乡村有特殊的情感。我国风景优美的农村有很多，也都保持着自然特色，空气清新，是当前城市老人所向往的地方。老年人通过乡村养老提升自身的精神状态，在农村里可以体验种菜，同时增加身体素质，通过亲近自然的活动，体验生活的乐趣。促进乡村养老旅游业的发展，能够更好地服务老年人，给老年人创造天然原生态、清闲舒适、绿色健康的养老环境。

3. 有利于实现旅游扶贫

发展乡村旅游活动对当地的经济发展有积极的影响，不仅增加农民的就业机会，提供大量的就业岗位，还推动当地产业链的发展，有利于提高农民收入水平，起到对农村扶贫开发的作用。乡村养老旅游不仅可以很好地缓解大多数人的城市病，还配合国家的扶贫政策，凸显乡村所具备的优势。乡村养老利用乡村优势进行深度旅游开发，大力发展乡村具备的养老旅游功能，推动农村朝着新型产业方向发展，提高生产效率和多样化发展能力，合理开发利用乡村的闲置资源，为农村的发展提供新的动力。

二、乡村养老旅游发展模式

1. 乡村养老旅游小区

政府对乡村旅游的发展持支持的态度，因此相关的政策会倾向于该旅游模式的发展，帮助乡村旅游地吸引口碑好的社会养老机构以及房地产企业等入驻，主要的目的是通过与他们进行多元化合作来发展乡村旅游业，在旅游地建立适合老年人居住的小区、公寓等，利用农村具备的优势建立风景宜人的养老旅游地。旅游地的建筑不宜采用色彩鲜艳的风格，而应倾向于典雅朴素的风格，主要为了适应老人疗养的环境需求，室内的布置保持家庭居室的模式。社区以老人的生理特点为基础建立其居住的建筑以及配备的设施，硬件设施考虑安全性和老人的实用性。楼梯电梯、小区内交通、屋内设施、小区的场所设立都以老人的需求为基础而展开。老人在社区内能够享受到多种便捷的服务项目，比如日常用餐、护理等。旅游地产的市场竞争比较激烈，因此应该通过招商引资方式扩大发展的空间，与多种类型的农村合作，结合农村分时度假模式，多样化发展乡村旅游业，对房产期权的置换作一定的研究。除此之外与互联网相融合，通过旅游相关网站进行宣传推广和预定，将乡村养老旅游的发展模式朝多样化、全方位发展。

2. 建立乡村养老院

乡村养老院的建立提供给养老旅游者不同的体验，游客可以在乡村养老院感受宾馆式体验。乡村养老院的房间类型具有多元性，可以根据老人的身体状况进行确定，总共有 3 种类型，分别是自理、半自理以及需要医护。房间按照宾馆的模式建立，分单人间、双人间、多人间等各种类型，提供充足的生活用品和完备的设施，给老年人提供多种选择。院内设施齐全，设有医疗、娱乐、保健、文化等服务项目，同时配有专业服务人员，给老人提供全方位服务，保障老人的"吃、住、行、乐"等服务到位。

3. 乡村宅院养老

在 2017 年年底，有关组织对全国农家乐以及乡村民宿的数量进行统计，数据显示农家乐的数量在 190 万家以上，民宿数量也达到 4 万多家。越来越多的城市老人合适去风景宜人的乡村进行旅游、暂居等。因此经营农家乐、乡村民宿的农户在大量的需求下可以利用闲置的房屋资源，提供给城市老人住宿，通过出租或出售的方式来获得收益。老龄化人群在我国的比例较大，大多数的城市老人选择离开污染的城市区域到风景优美的农村去生活，因此去农村养老度假的需求不断增加。

三、乡村开展养老旅游的保障条件

1. 完善基础设施和保障体系

我国乡村养老旅游正处于初始阶段，现有的发展条件和基础环境都处于初级阶段，硬件和软件设施不是很完善。养老旅游项目要建立适合老年度假疗养的民宿、园区，安排具有专业水平的工作人员，推动养老产业体系不断更新升级。还要对各种硬件设施进行配备和完善，满足老人的多样化需求，提供健身、娱乐、休闲等场所，提高老人生活的乐趣，使老人的疗养生活不单调。

2. 建立乡村旅游度假地医疗体系

针对农村经济基础薄弱的现状，建设养老型乡村旅游基地，需要充实乡村医疗力量，建立乡村旅游地医疗点。依托乡村公共医疗单位，与民间医疗机构合作，形成较为完善的乡村医疗体系，解决老年人在乡村旅游地养老看病的问题。

3. 配备乡村旅游与养老专业人才

乡村养老旅游在服务人员的专业能力方面存在较大的弱势，相关的服务人员专业知识水平还相对较低，达不到乡村养老旅游服务预计的服务标准。服务人员的工资水平普遍较低,不能主动进行针对性学习,平时面临着较大的工作压力,服务人员的流动性较大。乡村养老旅游的发展离不开高质量的服务和较强的护理能力,在缺乏专业服务人员的情况下,整体的养老服务质量会受到限制。因此,完善从业保障制度,建立合理的职业规划是当前发展乡村养老旅游的重点任务,需大力培养专业化的养老旅游人才,进一步提升乡村养老的服务水平。

四、乡村开展养老旅游典型案例

北京怀柔区田仙峪国奥颐悦乡村养老社区是北京市首家农村养老社区。该养老社区的前身是一些农村没人住的房子和院子,通过成立合作社的方式,逐渐将村子中可利用的资源整合在一起,形成独具度假风情的养老院,甚至还给参加北京奥运村建设的员工当过宿舍。这是典型的大众创业的优秀成果,当然也为乡村旅游的开发提供一种新的思路。

(一)经营模式

此处养老院社区的基地就是曾经在农村没有人住的闲置房屋,所采用的经营模式十分先进,实现了农民、合作社、企业的"三位一体",其合作机制也颇为先进,具体模式为:房屋产权是农民的,房屋的使用权是合作社的,房屋的经营权是企业的,而最终是通过政府进行统一管理。这种机制可以很好地让闲置的房子通过专人和专业的运营投入养老院的建设中,农民从中可以获得相应收益。村里的干部负责将家里有闲置房子的农民集中起来,成立一个专门负责养老院的合作社机构。它主要负责收入分配计划,将每年盈利进行分红。作为投资主体,国奥集团投入大规模的资金和专业的人力对房屋进行改建,打造公共设施和完善活动区域,并且组织人员开展农业活动等。这些一线从业者基本上为当地农民,这也很好地解决了当地农民剩余劳力问题。政府则起到招商引资、监督管理等功能,督促当地敬老院的建设,同时在审批方面给予一定便利,而且在对合作社的分红上起到监察的作用,保证农民有一定收入。

(二)运营现状

乡村养老机构的建设一共对当地的闲置房屋改造达 30 处,每个房屋都进行特色化改造,同时保留原汁原味的农村风情。走进养老社区就会看到很多戏曲、茶道、太极拳等文化活动,让养老社区不仅拥有农村的乡土气息,更多些城市的潮流感,房屋外部是院落化的,而内部则十分时尚。不仅如此,房屋内的设施和功能样样都齐全。

为进一步提高老人的归属感和获得更好的服务,集团在当地成立专门的十几人规模的运营团队,制定出明确的运营目标,细化客人从进入到离开的各种机制、收费标准、服务项目等,而且在老人入住和消费以及意见管理、投诉处理上面给出十分详尽的规划,并且严格按照规定实施。当地还在办公区域中成立起社会服务中心,另外还有食堂、酒吧等设施。而且还在其他闲置的宅基地成立卫生所和服务站,配置先进的医疗设备和专业的医疗人员,并通过相应的资质认证。入住的老人办理入住手续后还可以享受到医保服务。此外，村居环境十分宁静优美，宜居性极强。

（三）成功经验

1. 城市养老的市场可以和农村闲置房屋进行资源调配

我国老龄化比较严重，城市中有大量老年人存在着入住养老院困难的问题，而且城市的养老院环境条件有限，远远比不上农村自由宽阔的环境，农村的空气质量和绿化都要比城市好，加上城市内部劳动力不够分配，家政服务又价格偏高，使城市人养老成本居高不下。数据分析显示，北京有八成以上的老年人渴望到乡村养老，而在北京郊区的农村里有着数量丰富的闲置房屋。这恰好可以利用这些闲置资源，通过对房屋进行改造，就能为城里人提供很好的养老服务，同时也能为当地村民提供相应的就业岗位，从而解决劳力过剩问题。

2. 将休闲娱乐和养生养老进行融合

目前，田仙峪养老社区有着超过三成的房屋用以养老，其他的一些房屋和院子可以根据入住时间进行分配，也提供给客户选择和体验的机会。这显然是一种城市居民搬到农村乡野的途径，让老年人回归农村的愿望得以实现，也满足一部分人想要去乡村体验生活的需求。不仅是老人，儿童在这里也可以快乐地玩耍，亲戚来探望老人的时候也可以体验到乡村的乐趣。目前来看，这种模式可以很好带动乡村旅游的发展，并能解决季节变化而衍生出来的淡旺季问题。

3. 企业的管理和当地合作经营相结合

当前很多市民选择在郊区或是农村租住房屋，并将其作为自己休闲放松的场所。这种分散式的租赁方式具有很强的灵活性，但是因为自发性比较大，也存在着很多弊端。比如随意租赁产生的账务不清，肆意搭建破坏当地环境，安全管理的缺失引发偷盗行为。而企业通过与当地农民进行合作，通过企业的专业化管理，可以更好地维护社区的安全、稳定，同时也能产生更多的经济效益。

4. 将城镇化和市民化建设相互融合

在农村形成养老社区的模式，无疑让农村原来的产业模式发生改变，使之前的自然经济升级成为商品经济，农村也从最为基层的第一产业，进一步转移到第三产业。农民不仅可以从租出的房屋中得到分红，还可以就地就业成为养老社区中的一分子。每年合作社都会基于利润给农民分红，这使得农民收入变得多元，增长幅度也明显提升。此时农民兼为养老社区员工，成为名副其实的"新农民"。随着这种模式的成熟，将会不断吸引年轻人和中年人留在家乡创业，或者是从城市回到农村，这样也将城市和农村的联系变得更加紧密，逐渐打破城市和乡村的隔阂，增加乡村城镇与城市之间的感情联系。

5. 保留原有的乡村风情与建设现代化农村

在保证不大拆大建的基础上，田仙峪养老社区保留了北京郊区农村房屋格局的原生态属性，在内部进行现代化改造。村子中建立起公共设施，同时净化乡村环境，让当地的民俗活动得到保留，同时开展更多展示当地习俗的文化活动，营造一种诗意农村的美景风情，人们随处可见花草果树。通过这种模式，既保留当地农村原来的风貌，又引入大量的现代化设施，对环境进行保护，使当地既有原生态的乡村风情，又能让老人享受到现代化舒适生活。后代也能因此看到绿水青山与蓝天白云，而且乡村养老旅游的方式也让闲置的自然资源得到充分利用，使之成为环境保护型养老模式的重要试验。

第三节　乡村与情感旅游

一、乡村开展情感旅游的推动力

情感旅游，涵盖了婚庆、宗教、纪念日等诸多有关情感与精神层面的旅游模式，它是以旅游活动作为构成，并将情感消费作为重要的形式，是融合较多情感因素的相关旅游产品，其中涉及友情、亲情与爱情等，同时也涉及崇高的信仰。

（一）情感旅游的概念

情感旅游就是为了见证、维护、表达与某些特定对象之间的情感关系而进行的一些消费行为，这些特定对象涉及亲人、朋友与情侣或者一些特定的组织，如工作单位与团体等。为了满足这些需求，就需要推出一些相应的情感旅游产品，如亲子游、蜜月游等，将这种旅游所涉及的运作模式与供给方式进行商业化，就是情感旅游业态，而在该业态中涵盖了规模相对较大的蜜月酒店、婚纱摄影、婚庆公园、减压中心、情感教育基地等。

（二）情感旅游的类型

无论何种旅游活动都会融合相应的情感要素，而且情感比重与强度还有着很大差异。通常情感旅游有广义与狭义之分，对于狭义情感旅游而言，就是以情感为旅游动机，其情感消费占比较高的相关旅游产品与行为等，如三亚的婚纱拍摄游、雨花台缅怀纪念游等。而对于广义情感旅游而言，主要涵盖了融合情感消费的相关旅游行为、产品或业态等，如到丽江古城许愿、放河灯等。很显然，广义情感旅游概念更具有典型意义，同时也是当前旅游着重关注的对象。

（三）情感旅游的特征

情感旅游的特征十分显著，具体体现在：第一，情感可以作为主导。与平常活动有所差异，情感旅游的感性因素更高，相应的情感旅游者更加突出情感的寄托与表达，同时也积极追求情感层面的释放，注重精神层面的救赎等，它涉及丰富的情感消费活动。因此情感旅游有着较高的自由度与灵活性，存在着较多的非常规消费，和团队观光游有着较大差异。第二，对象征意义十分重视。情感旅游对目的地、活动项目所蕴含的寓意十分注重，其目的就是要满足相应的精神需求。如"天涯海角""普罗旺斯"等，都是以情感作为标志，深受很多婚恋情侣游客的青睐。一些游客还容易受到文艺作品、流行时尚等因素的影响,如西湖的断桥、在电影《非诚勿扰》中展现出来的西溪湿地等,开始成为很多恋爱情侣的游玩之处。从中可以得知,想要提升旅游产品的影响力,就需要赋予其一定的情感内涵,更好激发情感旅游者的共鸣。第三,支付能力与意愿较强。为了更好满足情感所需,相关游客有着一定的付出能力,如体力、资金、情感等。例如,步入婚姻礼堂的男女举行极具难忘的"海底婚礼""热气球婚礼"等,这些人员都能为旅游目的地带来较高的综合性收入,这也是引起当前不少地区开始大力发展甜蜜经济、幸福生活、情感旅游的关键原因。

(四)乡村开展情感旅游的推动力

1. 情感交流沟通

面对效率速度优先的现代社会生活,城市居民常常希望能够缓解心绪,放松心情,和家人、朋友在时间充裕的条件下,进行情感交流。乡村是远离尘嚣、放飞情绪的好去处。乡村一般风景宜人,空气清新,有着淳朴的民风,蕴含着诗情画意,更有着迷人的乡情、乡风、传统文化,似乎在这里人们会变得安详和谐,可以让人获得良好的情感体验。

2. 乡村生活旅游化

旅游化的乡村生活,不是片面地回到原始,而是要融入当代人的情感、审美、生活模式等,由此构成具有休闲形态下的高品质的乡村生活。它能够对艺术人员产生极大的吸引力,如画家来此处进行采风创作,也能让市民到此地享受一段时间的安宁生活。只有将村民与市民牢牢维系住,才能让情感旅游具有可持续性,进而让居住空间更具有舒适性,生活空间更具有丰富性,情感空间更具有温暖性,也就是说将旅游目的地打造成游客的家园、梦园与乐园。运用情感因素吸引游客,乡村具有得天独厚的魅力,在乡村开展情感旅游,易于调动旅游者的参与积极性,形成情感共鸣。

二、乡村开展情感旅游的主要类型

乡村开展情感旅游主要包括婚纱(主题)摄影、探亲访友游、祭祖寻根游、慈善公益游等类型。

1. 婚纱(主题)摄影游

摄影游是典型的情感旅游产品,其中涵盖了婚纱拍摄、青年男女交友等诸多形式。旅行属于典型的探索性行为,它既是情感方面的试金石,也能为婚恋赋予更多的浪漫性。利用乡村现有资源可以安排各种与浪漫婚恋有关的旅游活动。在乡村常常会有多种多样的农作物,一些大面积种植的作物会产生强烈的视觉冲击,形成美丽景观。在成片种植的各种农作物的田地中,可以开展多种主题摄影,如以"花田喜事"为主题的婚纱摄影,以"穿越前朝"为主题的农耕摄影等,还可以利用乡村景观进行主题微电影的录制。

2. 探亲访友游

由于现代社会流动性的增强,很多农民通过求学、参军、工作等多种途径迁移到城市定居生活，但他们还有亲友依旧在故乡，因此节假日期间以探望亲属、拜访友人为目的的乡村旅游活动非常活跃。《中国国内旅游抽样调查资料》显示，我国乡村游客超过一半融合了探亲访友活动，这使得探亲游活动有着较大的规模与发展潜力。他们除了通常的探望与拜访之外，往往还涉及参加亲朋好友的婚礼、生日等诸多活动。

3. 祭祖寻根游

人类有着先天性的祖先崇拜，而且这也是我国自古以来的传统美德。在我国传统文化构成中，宗族关系、故乡情结、祖先信仰都是其重要构成。也正是如此，近些年寻根祭祖的旅游活动也蓬勃发展。无论是国内民众还是海外华人，都有着忆祖怀旧的诉求，寻根活动的开展为乡村旅游提供了重要的发展路径。我国传统的姓氏文化，就是以血缘作为纵向线，地缘为横向线，在纵横交汇之下，最终形成了具有传承属性的文化。寻根祭祖能够很好地彰显姓氏文化的属性与内涵。在现代社会，寻根忆祖活动不仅彰显出传统文化的内涵，同时也体现了现代"游"的要素，游客通过寻根与思考来表达对先祖的崇敬与缅怀。

4. 慈善公益游

慈善旅游又可以称作"义工旅行"，它将慈善与旅游进行了有机的融合，其中慈善的内容较为丰富，涵盖了支教、扶贫等，具有显著利他属性。如今我国已经诞生了较多知名的公益旅行活动，如"带走一袋垃圾，呵护长江水源"游、"天堂电影院"游等。这些慈善公益活动不仅让慈善更具有趣味性，同时也让旅游活动价值得到相应提升，对贫困地区发展具有显著的促进效应。如云南玉溪的哀牢山麓戛洒镇就成功打造了公益游，以"远近"手艺之旅作为主题，让参与活动的游客在村镇民居体验民风民情。同时游客可以帮助乡村村民对传统工艺产品进行科学设计，通过宣传推广帮助当地经济可持续发展。

三、乡村开展情感旅游的策略

如今旅游已经正式与情感进行融合，而且情感也开始作为极其重要的资源纳入旅游产品设计之中。在乡村旅游中引入情感要素，可以提高乡村旅游产品的附加值，促进乡村旅游业态的创新。

1. 提高乡村旅游产品的情感内涵

旅游业属于典型的劳动、信息、情感密集型产业。为此在乡村开展情感旅游之际，要以精神经济属性为切入点，对旅游产业属性进行深刻理解，然后科学地提升情感设计、服务、管理与营销水平，让乡村旅游融合深刻的情感内涵，进而对乡村情感旅游新业态进行培育与发展。

2. 做好"三情"的规划设计

开展情感旅游，需要做好相应情境、情节与情趣的规划设计，要按照体验经济实现机制，根据现代民众的情感所需，并结合当地实情完成情感设计。借助乡村旅游资源对情感化体验环境、趣味活动等进行设计，积极营造情感空间，促使游客与村民以及游客相互之间进行情感互动。借助于情感化设计，让旅游目的地变得可亲、可爱，使古典传统与现代时尚交融，在游客与乡村旅游资源之间架设交流互通的桥梁。

3. 提高乡村旅游产品的附加值

在开发乡村旅游产品之际，需要对情感市场进行充分分析，并科学地融入相应的情感内涵，显著提升其附加值。乡村旅游产品的关键开发核心是创意，在此过程中，情感需求需要得到充分考虑，而且这也成为当前旅游创意的基本方向。在开展乡村情感旅游时，可以通过一些农作物代表的不同寓意，将情感和实物交融，打造富有创意的旅游活动。

4. 实施情感营销

在对乡村旅游进行营销时，可以结合当地实际情况来开展情感方面的营销，最大限度地触及消费者心灵。旅游情感营销就是以游客情感为着陆点对旅游产品进行设计，强化游客的情感交流与沟通，使游客产生信赖感，从而更好地提升当地的竞争优势。在情感经济时代，乡村旅游经营管理人员需要科学掌握游客情感所需，构筑相应情感素材，并对情感旅游产品进行推广营销，如借助于乡愁、想念、怀旧等诸多情感因素，来激发游客消费动机，进而引导他们对目的地产生向往留恋的情结。

5. 提升情感化劳动技能

乡村旅游服务中应提升情感化劳动技能和艺术。在后工业社会，游客不仅只注重有形的商品，他们还期望获得优质服务，在情感上得到满足。乡村旅游服务对游客而言，属于高度接触属性服务，涵盖了情感因素。为更好地服务游客，乡村旅游从业人员需要提升自身工作能力，如掌握交流沟通技巧，学会应急变化处理突发事件，对自身消极情绪进行控制化解等。此外，针对参与情感旅游的游客，相关服务人员需要秉持同情心与同理心，共同感受游客的喜怒哀愁。

四、乡村开展情感旅游典型案例

秦皇岛北戴河艺术村坐落在戴河之畔，因河得名，已繁衍生息了1 300多年，村中的古槐树一直见证着这个小村庄发展的历史。如今的北戴河村插着艺术的翅膀在飞，吸引了众多有艺术追求、浪漫情怀的游客前来游览、度假。这里有多间充满艺术气息和设计感的工作室，有各具特色的民宿。这些民宿白的墙，绿的竹，黑的字，素雅的色调，寥寥数笔，人文气质尽出，整体空间似乎都在言说，设计的言语有尽而意蕴无穷。每一间屋舍的墙体上都是几根柔线，数点墨色绘就的江南韵味的画作，简净且自适。一处处原本破落荒芜的传统宅院，经过精心设计、改造，变成了散发着人文气息和创意馨香的"艺术院落"。庭院中的一树、一石、一桌、一椅，在空间关系处理上，皆留有传统人文画般的余韵，让传统与现代之间诗意绵亘。

北戴河艺术村落多达十几家的民宿，各有各的道，各有各的味。民宿、工坊、梨园，家家相连，构成了一个集展览、住宿、餐饮、娱乐于一体的艺术村落。北戴河艺术村是一个寄情于物的世界，在这里不仅可以体验手工银饰、陶瓷雕塑，大漆艺术，还可以试试制作葫芦工艺品……无论是大朋友还是小朋友都能找到属于自己的乐趣。这个小村落汇聚了艺术家、设计师、大学教授、青春学子。荷锄挎篮的农夫农妇、咿呀学语的乡童村娃与他们自然相处着,有幸被濡染着精神世界,来此逗留的游客亦如此幸运。到了此处,游客可以放松紧张的心情,尽情享受近在眼前触手可及的诗和远方,将文艺浪漫的情怀肆意挥洒。

第四节　乡村与研学旅游

全域旅游时代背景下,随着旅游业的蓬勃发展,乡村旅游不仅成为推动旅游业经济发展的重要组成部分,而且已经成为现代人"居+游"生活方式的重要组成部分。青少年是国家的未来和希望,而研学旅行是青少年增长见识、开阔视野最便捷、最具优势的方式,在政策和市场的共同推动下,"研学+旅游"将成为未来青少年旅游的主要方式。随着我国中小学素质教育的不断深化和旅游业的快速发展,推动"乡村旅游"和"研学旅行"共同发展是旅游创新发展的重要举措,是青少年学生素质教育、公民终身教育的需要。

中小学生成长的过程是典型的社会化过程,它的特点包括:第一,体验性。学生通过亲身体验来成长,他们需要积极参与各种社会与自然的实践活动,在体验中实现成长,作为老师与家长显然不能代替学生进行体验。第二,群体性。学生在社会化过程中涉及群体性交往,而父母与老师也都难以代替伙伴的作用。组织孩子到乡村开展研学旅行,中小学生可以感受乡土风情,体验乡村生活方式,既增长了见识又可以结交到新朋友。良好的乡村研学旅行活动充分体现了体验性和群体性,拥有广阔的发展前景。

一、乡村开展研学旅游的功能

到乡村开展研学旅行是一种综合实践育人的有效途径,积极向上、形式多样的旅游活动可以有效承载以下6个方面的教育功能。

1. 道德养成教育

乡村研学旅行通常属于综合性、探究性、集体性等活动,也是对孩子们展开生活、集体主义教育的重要载体。通过研学活动可以让孩子们学会做人与做事,帮助他们学会生存与生活,进而引领他们养成正确的价值、人生与世界观。研学旅行要有实效性、针对性、教育性。到乡村进行研学旅行,可以组织学生开展寻访红色之旅的活动,弘扬中华传统美德活动等。

2. 爱国爱家乡教育

开展研学旅游,可以帮助中小学生了解国情,引导他们增长知识、开阔眼界,进行爱国主义教育。组织中小学生到乡村与社会,让他们对农村、社会有着更为深刻的理解,从活动中感受乡村的发展,坚定社会主义发展方向,增强学生的社会责任感。

中小学生体验农村建设的伟大成就，可以激发其对家国的热爱，让学生产生民族自豪感，更好地培育他们爱国、爱家乡的情感。

3. 优秀传统文化教育

组织中小学生到乡村开展研学旅游，通过多种活动内容，让学生深入接触我国的传统文化、风土人情、民间习俗等，引导孩子们对我国传统文化进行近距离感受，从而激发他们对传统文化保持崇敬与敬畏之心，同时也激发他们养成传承之志。在研学旅游中领悟，通过切身体验获得的传统文化知识可以让中小学生记忆深刻。长期多人次到乡村参与研学旅游，利于优秀传统文化的代代相传。

4. 培养创新精神和实践能力

实践能力只有在实践中才能养成，创新精神只有在创新活动中才能培育。研学旅游将实践与创新进行融合，引导学生积极发现问题，并思考如何解决问题，从而有效提升学生的创新与实践能力。研学旅行把旅游做成教育，让孩子在旅行生活中研究学习，认识各种农作物，了解农事劳作，学生们不仅得到了能力上的锻炼，也在少年岁月中留下了美好的回忆。在乡村开展的研学旅游可以更好地培养孩子们的综合素养，引导学生找到自身的兴趣与特长。

5. 培育全面发展的综合素质

到乡村进行研学旅行的特色之一在于通过集体旅行、集中食宿的方式来实现。切换了相处的场所，对学生的自我发展、社会责任、文化基础等方面的综合素质的培育也提出了挑战。首先，这种集体学习的方式能锻炼学生之间友好的相处和合作；其次，在旅途学习过程中遇到的各种情景和问题能促进学生学会与人沟通和协商；最后，学生通过与人的接触，与社会的接触，与自然的接触，可以进一步了解人与自然、人与社会的关系，从而能更加和谐地跟社会、自然相处。

二、乡村开展研学旅游的主要形式

乡村开展研学旅游，针对团队的研学形式主要包括春游、夏令营、冬令营等，充分利用乡村旅游资源，在团队乡村研学旅游中可以开展下列活动项目。第一，健身项目。利用开阔的田野或者树木丛林，开展以培养学生生存能力和适应能力为主要目的的项目，如徒步、挑战、露营、拓展、生存与自救训练等。第二，健手项目。借助集体生活和参与一定的农事劳作，开展培养学生自理能力和动手能力为主要目的的项目，如综合实践、生活体验训练、内务整理、手工制作等项目。第三，健脑项目。利用现代农业园区的高科技设备设施，开展以培养学生观察能力和学习能力为主要目的的项目，如各类参观、游览、讲座、诵读、阅读等。第四，健心项目。开展以培养学生的情感能力和践行能力为主要目的的项目，如思想品德养成教育活动以及团队游戏、情感互动、才艺展示等。

乡村开展研学旅游，针对个人的研学形式，可以借鉴湖南卫视的生活类角色互换节目"变形计"，让城里孩子和农村孩子的生活互换，体验对方的生活。心理学认为，体验是人们达到相互理解的最佳途径。安排城市的孩子到乡村的普通人家生活若干天，通过体验真实的农村生活，达到收获教益的目的。

三、乡村开展研学旅游的保障条件

为推动"乡村旅游"和"研学旅行"共同发展，将"学"与"游"进行深度结合，践行"在研中游，在旅中学"宗旨，促进青少年研学旅行教育健康快速发展，各省市乡村旅游特色村镇、乡村旅游景区（点）、美丽乡村、特色小镇、全国休闲农业与乡村旅游示范点、（乡村）科普教育基地、休闲农场、示范性农业园区等优质资源单位都可以开展研学旅游。乡村旅游目的地具有下列保障条件将会吸引更多的研学旅游团队。

1. 主题特色鲜明，资源单位运行良好

乡村主题特色鲜明，具备承接青少年开展研学实践教育的能力，学习目标明确、富有教育功能。资源单位运行良好，适宜中小学生前往开展研学实践教育。研学实践教育课程和线路设计科学，要在研学主题与学段方面注重差异性，在设计过程中还需要与教学内容进行融合，能够实现育人目标。单位周边教育资源丰富，整合效果好。有若干个研学实践教育基地或教育资源，能够满足学生2~5天研学实践教育需求。

2. 地域范围明确，保障与承载能力强

地域范围明确，营运主体明确，正式对社会开放。保障与承载能力强，有关基础设置较为完备，如通信、水电等，整体卫生情况较佳，拥有整洁的环境，交通较为方便，能够满足研学实践教育交通需求。安全与应急制度健全，管理人员到位，场地、设施、器材完好。内部具备基本的医疗保障条件，周边有医院；内部安全措施和保障能力完备，有现场安全教育和安全防护措施，有应急预案。

3. 产品开发丰富，体现寓教于乐

乡村研学旅游产品开发丰富，科学利用区域内的文化资源，以青少年为对象，开发具有观赏性、知识性、趣味性的旅游产品，体现寓教于乐，突出"学"与"游"的有机结合，能够切实提高青少年认知、技能和文明素养，提高创新思维能力。

4. 注重品牌建设，提升知名度

在乡村开展研学旅游活动中注重品牌建设提升，创设有特色的青少年乡村研学旅行品牌，并积极争取获得权威机构认定或业内权威专家的证明。利用乡村资源优势，组织承办或参办丰富多彩、特色鲜明的研学主题教育会议或活动，通过旅游资源与文化资源相互融合，提升旅游地整体文化品位和市场知名度。

5. 专门的服务机构，良好的声誉

在乡村开展研学旅游，需设置专门的研学旅游服务机构（或部门）和人员。研学旅游服务人员应有明确的岗位职责，负责对接研学旅游的整体安排，能够设计规划课程和线路。研学旅游服务机构应有适合中小学生需求的专业讲解人员进行课程和线路介绍，可组织孩子们进行集体性实践。研学旅游可以将书本内容与日常生活进行融合，更好培育学生的社会主义核心价值观。资源单位拥有良好的声誉，并且获得研学旅游者和专业人士的普遍认同，可以吸引较多的旅游团队，并为其他乡村开展研学旅游起到示范作用。

四、乡村研学旅游的管理

研学旅游是学生集体参加的有组织、有计划、有目的的校外体验实践活动，是作用于学生身心变化的教育活动。开展研学旅游可以帮学生拓宽视野，亲近自然与传统文化，增强学生对社会活动、集体生活的相关体验。研学旅游活动可以很好地增强学生们的实践能力与独立意识。乡村研学旅行的开展，需要做好下面工作：第一，成立相应指导委员会，对研学旅游工作进行专门的规划与指导；第二，构筑乡村研学旅行的示范基地，更好地发挥教育功能；第三，推动地方志编纂，组织相关人员做好当地村史、家史等的编写，由此为研学旅行提供重要的教学素材；第四，组织相关教育与旅游从业者编写专业的研学旅行手册，对乡村旅游研学进行科学的指导；第五，完善安全保障机制，明确意外伤害责任机制等。各中小学校需采取多项措施积极推动研学旅行的开展。

1. 知行结合

研学旅行首先要从校长开始，引领老师破除思想上"等、怕、靠、要"的惰性思维，还要破除"光打雷不下雨"的虚假模式。学校教师化"静"为"动"，破除思想上的壁障，放开手脚参与到研学旅行的具体操作当中，多想办法，多找主意，把工作一点一滴地落实下去。乡村研学旅行将知识和行动融合在一起，师生共同走向乡野，开阔眼界，拓宽知识面，提高实践动手能力。

2. 因地制宜

研学旅行不一定非要远行。各地都有自己特有的历史文化、名胜古迹、人文遗产。例如学校组织学生"认识乡村"，一种劳作的方法，一段民间传说……都可以成为研学旅行的学习内容。研学旅行要做好计划，扎实落实。研学旅行中有学校规定的常规路线，但在走好常规路线的同时也可以有所变动，试着给学生耳目一新的感觉。

3. 整合多方力量

做好研学旅行需要家长的支持、社会的帮助、专业的指导。家长们会关注孩子外出以后的经费支撑、安全、饮食，甚至会担心影响正常的学习。对于家长们的疑问或困惑，学校要做好沟通工作，将活动的意义、目的、制定的方案及一系列细节问题全部向家长讲明，让家长了解政策，清楚学校所做的工作，进而从心理和行动上支持工作。除了家长的支持外，学校还要尽量和社区、企业、政府等建立连接，以便整合力量，支持学校开展工作。

4. 建立保障机制

在研学旅行大热的今天，想要做好研学旅行，需注意制定经费保障机制。研学旅行必须有较稳定的财政投入，各地方要探索研学旅行经费保障机制，可以通过提高公用经费的标准,并说明其中含有研学旅行费用。只有探索合法合理的收费,才能分担家长的经济负担。开展乡村旅游研学要建立安全保障机制。按照"教育为本,安全第一"的原则,学生的研学旅行一定要有保险,要在研学旅行过程中分清安全的责任,避免让学校承担无限的责任;贫困学生还需要探索资助机制。

五、乡村开展研学旅游典型案例

黄山市依托特定的徽州文化,打造特色鲜明的乡村研学旅游产品。黄山市的徽州文化浓厚,而且自然风光与研学资源十分丰富。早在2013年,黄山市就开始大力推动研学旅行实践教育基地的建设,同时也在积极推动相应产品的创造,将乡村旅游与研学进行了融合,具体做法如下。

1. 建立研学旅游"黄山标准"

探索建立研学旅游"黄山标准",推动研学旅游可持续发展。根据黄山市研学旅游发展实际,结合当前省级、市级的各种扶持政策,成功创新出研学领域的"黄山标准"。出台研学旅游发展纲要,通过顶层设计,在市级层面统一研学旅游空间布局、基地建设、人员配比、设施配置等各项从业技术标准,形成规范化、科学化、制度化的标准体系,将研学旅游发展基础夯实,积极推动研学旅游的可持续发展。

2. 打造研学旅游产品体系

深入挖掘研学旅游资源,丰富研学旅游内容。深入挖掘和整理黄山市生态、文化、历史、地理、红色、农耕等特色资源,在研学内容中强化徽文化、生态、地质、非物质文化遗产等内容,打造研学核心产品,摒弃"小而全"的低端复制发展模式,形成类型多样、错位发展的研学旅游产品体系。

3. 精准对接研学旅游市场

精准对接研学旅游市场,突出研学旅行课程开发,有效地结合学段特点、课程体系及黄山市地域特色,逐步开发多层次、系统化的研学旅行教材产品,推进研学与旅行有机结合,避免"旅而不学"或"重旅轻学"现象。顺应研学旅游消费多元化以及提质升级需求,针对科研院所、社会团体、机关事业单位、企业、文艺工作者等不同群体需求,分类设计开发小众化研学旅游产品。构筑种类丰富、有着很好关联性的旅游产品数据库,不断创新、动态调整。

4. 加强研学旅游基地建设与管理

依托风景名胜、历史遗存、爱国主义教育基地、博物馆群、公园场馆、美丽乡村、特色小镇等,建设主题鲜明、管理规范、安全适宜、体验丰富的研学旅游基地。激发徽州古祠堂等场馆新功能,开展国学传承等研学活动,丰富内涵,增强相应活力。大力促进研学旅游基地实现动态性管理,同时还需要对准入标准、评价系统等进行完善。激发研学基地多元发展,引入社会资本积极参与建设,有效规避旅游目的地可能出现房地产发展失控问题,要积极打造精品研学基地,使之实现品牌化发展。

5. 加强研学旅游专业人才队伍建设

注重"引智",依托高校、专家学者等优质智力资源,组建研学旅游专家库,推动研学旅游市场研究及研学课程开发。注重"集智",加强研学旅游文化使者及志愿者募集工作,将徽学专家、非遗传承人等人才充实到研学旅游导师队伍中来。注重"培智",加强校企合作,通过"订单班"等定向培养模式,加强研学旅游专业人才队伍建设。

6. 加强宣传推广

加强新闻媒体合作宣传,拓展新媒体平台营销,着力打响"徽州研学"品牌,推动线上线下同频共振、合力宣传。积极争取举办国际研学旅游大会,进一步提升黄山市研学旅游的知名度、美誉度。开展研学旅游专项推介,策划开展旅游"进校园"活动,制定专门政策,将研学资源进一步拓展到长三角重点城市。与国际孔子学院建立合作关系,建立黄山市海外研学旅游基地,作为黄山市境外研学旅游产品宣传推广的支点。积极申报"全国研学旅游示范基地"和"港澳青少年游学基地",加入中国研学旅游推广联盟和港澳青少年内地游学联盟,进一步开发推广黄山研学旅游产品。

第五节 乡村与生态旅游

美丽乡村是美丽中国的重要组成部分,发展旅游则是建设美丽乡村的有力抓手。在乡村振兴的宏伟蓝图之下,为了更好地推进美丽乡村建设,乡村生态旅游成为一股热潮。

一、解读乡村生态旅游

将乡村与生态旅游进行融合,便构成了乡村生态旅游。它的前身是乡村旅游。在我国乡村旅游的发展过程之中,生态环境问题未能得到充足的重视。部分乡村较为看重眼前利益,与旅游开发相伴而行的往往是对生态环境的破坏。忽视生态保护的乡村旅游并不是一种可持续的发展方式,无法为实现乡村振兴提供长远保障。而乡村生态旅游是基于乡村与生态两种旅游的协调型旅游活动,其实现了对传统乡村旅游的一次飞跃,可以通过"两个有机结合"来增进对乡村生态旅游的认识和了解。

1. 乡村旅游与生态旅游有机结合

乡村生态旅游发展涵盖了生态旅游与乡村旅游,也就是说它是这两种旅游的交汇点。一方面,乡村生态旅游体现了乡村旅游的基本特点,其仍依托于乡村区域,以特有的自然与文化资源来创建旅游活动;另一方面,乡村生态旅游也继承了生态旅游的基本思路,即注重生态保护与生态关怀,避免破坏人与自然和谐相处,更加关注旅游者渴望"回归自然"的内心需求。乡村生态旅游实现了乡村旅游与生态旅游的有机结合。

2. 经济发展与生态保护有机结合

乡村旅游开发的正确方向应是实现经济建设与生态文明建设的统一，其坚持的理念应当是创新、协调、绿色、开放、共享、发展。开展乡村生态旅游是出于正确处理开发和保护关系的需要，只有既注重经济发展又注重生态保护，才能切实做到科学发展、严格保护、合理开发、永续利用，进而促进乡村可持续发展的实现，经济和生态平衡才能走好发展之路。

乡村发展生态旅游基础设施建设要完善，包括水、电、路、网、交通等设施能跟上现代游客的需求。公共环境卫生处理得当，民宿彰显地方民族特色。乡村发展生态旅游适宜保留民族服饰的穿戴，种植纯天然的蔬菜、水果，打造原始森林公园、生态产业园。发展生态旅游的乡村大多村容村貌干净整洁、村民热情大方好客，保持着淳朴的乡风文明，生态旅游对乡村的振兴发展起着良好作用。乡村生态旅游实现了经济发展与生态保护的有机结合。

二、生态旅游助推乡村振兴

乡村生态旅游与乡村振兴是相互依赖、相互促进的内在统一关系，当前乡村生态旅游的兴起需要结合乡村振兴的战略背景来思考。乡村振兴战略不仅要实现经济上的振兴，还包括生态振兴、文化振兴、教育振兴，乡村生态旅游的开展顺应了乡村经济振兴与生态振兴的需要。因此，乡村生态旅游的正确开展，需要以乡村振兴战略作为指导，若是想要实现乡村振兴，则需要得到生态旅游的助力支持。乡村生态旅游主要可以在以下几个方面助推乡村振兴的实现。

1. 有助于促进农村产业结构调整与升级

乡村旅游业本身就是对农村产业结构的战略性调整，而乡村生态旅游作为一种新兴业态，将更利于结构的优化与升级，促进经济增长方式的合理转变。乡村生态旅游带动第三产业发展，突破我国农村地区传统的纯农业式的生产经营模式，扩大非农产业领域，形成非农产业群，并且使农村第一产业、第二产业、第三产业更加协调发展。

2. 有助于保护和改善乡村生态环境

乡村生态环境相当脆弱，以往乡村的经济发展和旅游开发常常不注重生态环境的保护与改善，严重阻碍了农村生态文明建设的开展。作为一种新兴与可持续的旅游模式，开展乡村生态旅游可以促进旅游资源保护性开发利用，从而助推广大乡村地区的"生态宜居"建设。

3. 有助于"乡风文明"建设的开展

乡风文明主要指的是与城市的传统文化有着显著区别的新型文化，它是一种典型的乡村文化状态。一方面，乡村生态旅游能够充分挖掘乡村的人文旅游资源，保护与展现乡风民俗文化。另一方面，农民作为乡村生态旅游的从业者，其自身素质能够在提供旅游服务的过程中得以提高。此外，旅游文化活动的开展可以提升农村的精神文明风貌。

4. 有助于广大农民脱贫致富

乡村生态旅游的产业化发展能够解决一大批农民的就业问题，转移农村的富余劳动力。各级旅游部门大力推广"景区带村""能人带户""企业+农户""合作社+农户"等模式，发布"中国乡村旅游创客示范基地"，携手金融机构推出信贷扶持政策，调动了农民对乡村生态旅游的创业积极性。乡村生态旅游具有广阔的市场前景，随着投资和消费规模的不断增加，会有越来越多的农民发家致富。

5. 有助于推进城乡融合发展

随着城市生活水平的提高和回归意识的增强，越来越多的人选择到城市周围的乡村地区游览观光。乡村生态旅游不仅为游客提供更多的活动空间，降低城市区域旅游热门景点的繁忙度，缓解节假日的城市人口压力，同时还能让农村生态环境得到保护，增强相应的土地利用效率，促进乡村经济的发展。

三、乡村开展生态旅游的策略

积极契合国家生态旅游方面的发展策略，使乡村生态旅游逐渐成为农村经济增长点和重要产业之一，快速建立健全乡村旅游产业，促进乡村旅游市场调节机制的发育和完善，这样才能积极带动农村经济建设发展。顺应国家政策要求，积极发展乡村健康生态旅游。

1. 响应国家的相关政策

大力构筑发展生态旅游的外部环境，对当地农民进行扶持与引导，通过生态旅游项目开发，为当地农民提供创业或就业的机会。将乡村旅游科学地纳入整体旅游规划与管理范畴，对其进行分类指导。借助整体旅游规划编制，将生态旅游发展纳入科学、规范的轨道之下，规避盲目建设与重复投资。要发挥市场在资源配置方面的重要作用，带动生态旅游参与主体的积极性，让生态旅游在经营层面更具有灵活性，在服务层面更贴近市场需求。

2. 合理利用当地资源

因地制宜，合理利用开发当地资源，循序渐进地推进乡村生态旅游发展。就地取材，把乡村旅游开发和当地的资源有效地结合起来，尤其是乡村具有耕地的休闲农业项目，要充分挖掘荒坡、荒山的经济价值，将那些不合适耕种的土地进行科学规划与开发，促进乡村旅游发展，保护当地原有的耕地，做到不损害当地农民的利益。乡村旅游要把当地原有的特色保存起来，在此基础上合理规划，将当地的青山绿水、绿色种植物等诸多资源与乡土文化充分进行整合，构筑一条特色的旅游服务路线。

3. 健全乡村生态旅游体系

建立健全乡村生态旅游体系。旅游产业属于典型的服务业，必须要抓好开发管理建设，培训服务人才，结合互联网做好宣传。开发的过程中必须保护当地的环境，不能盲目破坏，不能为了省钱而走捷径。要与当地农民搞好亲和关系，通过发展乡村旅游产业，提高当地农民综合素养。优先聘用当地农民，积极开展旅游培训工作，促使这些农民的技能与综合素养得到提升，由此为乡村生态旅游产业持续发展奠定重要的人力资源基础。通过互联网合理的展示乡村特色面貌，让城乡之间的距离感拉近，促进生态旅游健康发展。

4. 注重乡村生态旅游转型升级

强化乡村生态旅游转型升级。时代的发展是不断转变的过程，乡村旅游的发展也会随着时代的发展而转型。目前大多数乡村旅游主要以观光、采摘等活动为主，这种体验仅仅能够满足游客基础性感官所需，未来还要转向更高体验的消费转型，附加娱乐休闲等项目服务，带给消费者更多不同的亲身享受。所以，乡村旅游必须有一个合理的未来规划部署，才能跟得上时代的发展步伐。

做好乡村生态旅游的可持续发展，能够切实发展农村经济，拉近贫富差距，提高农民素质。乡村生态旅游项目建设，是一个新型旅游产业的探索项目，符合国家和社会可持续发展战略的要求，对于当地经济发展起到了积极推动作用。

四、乡村开展生态旅游典型案例

（一）江苏兴化发展乡村生态旅游

江苏省兴化市充分挖掘和利用辖区内的生态与历史文化资源，积极打造田园特色乡村，深度开发旅游产品，兴化旅游影响力逐年增强。

1. 建设两个核心景区

兴化市要建设成为江苏的"大公园"，生态旅游景区就是"大公园"建设的引擎。大公园首先必须有一个特色生态景区作为引擎、支撑，从而示范带动全域生态休闲观光点的特色田园乡村、田园综合体建设。围绕生态旅游景区建设，兴化市像抓工业一样抓旅游项目的开发、建设、推介。江苏省兴化市充分利用自身的水乡田园优势，在"城乡皆旅游、旅游即生活"理念的指引下，全力打造"千垛菜花"和"水上森林"两大核心景区。大力举办菜花旅游节等活动，每年吸引大批游客，让农民走上了致富之路。千垛景区已成为兴化最靓丽的生态名片，"兴化垛田"还被联合国评为"全球重要农业文化遗产"。李中水上森林景区现已成为国家AAAA级景区，景区还建有全国首个旅游医养综合体。

2. 推进一批新项目

在全力打造"千垛菜花""水上森林"两个核心景区的同时，兴化正在建设和推进一批新项目。正在建设的旅游项目有投资110亿元的得胜湖旅游开发项目、大邹康养花海项目，其中得胜湖项目将打造苏中最大的旅游休闲度假区。正在推进启动的项目有平旺湖旅游开发项目、梦水乡廊桥夜游项目、徐马荒生态湿地、施耐庵文化园、沙沟古镇渔文化等。截至目前，兴化市已成功创建国家AAAA级旅游景区2家、AAA级景区3家、省级生态旅游示范区1家、省星级乡村旅游点13家。

沙沟镇是泰州市渔文化风情特色小镇，官河村是兴化市特色田园乡村。兴化市在全面完成星级康居村创建的基础上,选择了 13 个村作为首批特色田园乡村示范创建,其中列入省特色田园乡村 3 个。特色村特色元素涵盖了高效农业、工业反哺农业、非物质文化遗产、红色文化、渔文化、生态湿地、乡村旅游、宗祠文化等内容,每个村都有不同的发展方向和着力点。

3. 打造田园综合体

兴化市对家庭农场、农民专业合作社等实施升级工程,鼓励其向田园综合体发展。同时,鼓励招引特色农业项目兴办田园综合体。田园综合体集循环农业、创意农业、农事体验于一体,目前兴化市正在建设或已建成的田园综合体总共有 30 多个。其中,千垛田园综合体涵盖 4 个村,被财政部列为示范田园综合体。

美丽乡村、田园综合体串珠成链,与生态旅游景区一道,共同构筑着"兴化大公园"。为呵护生态颜值,兴化市还突出红线保护,加强生态涵养,开展了国家生态文明建设示范区、国家全域旅游示范区、里下河国家湿地公园的创建工作。

(二) 广西凌云发展乡村生态旅游

广西(广西壮族自治区,全书简称广西)凌云县充分重视乡村生态旅游的发展,成功打造了一些知名的示范点与乡村旅游区,如茶山景区生态旅游示范点、浩坤村三合屯五星级乡村旅游区和百花鱼庄四星级农家乐等。现有统计资料显示,凌云县在 2017 年度接待的游客人次多达 166.3 万,综合性的旅游收入达到 14.24 亿元;2016 年以来,凌云县先后有 1.5 万名农民参与到旅游产业中,其中 3 618 名建档立卡贫困户群众通过旅游扶贫实现脱贫摘帽。

近些年,凌云县全力打造旅游名县,并将旅游业当成凌云县的支柱产业。在定位方面,突出养生、度假、运动与休闲,积极推动当地旅游基础设施建设,并将全县重要的旅游资源,如古城、乡村、茶山景区等进行多元化开发,积极创新旅游营销机制,吸引广大游客,打造旅游精品路线,构建旅游产业新格局。广西凌云县发展乡村生态旅游的主要措施如下所示。

1. 强化规划引领支撑

凌云县在建设过程中始终秉承规划为先,建设为后的思路,强化旅游规划的引领功能,前后投入资金达到 670 多万元。为了更好促进旅游产业发展,当地政府积极推出多达 6 个旅游专项规划,如《凌云县乡村旅游发展规划》《凌云县浩坤村三合屯旅游扶贫示范点修建性详细规划》《凌云县十三五旅游发展规划》等,这些规划为该县进行系统性旅游产品的开发提供了重要基础。为了更好地利用环浩坤湖景区,凌云县还首次采用有奖征集的方式,完成《凌云县环浩坤湖旅游景区概念性规划》的设计,在此过程中,海内外多达十三家专业性公司积极响应,使该规划更具有科学性,其最终的效果也产生了良好的社会效应。

2. 加大投入改善设施

2014 年之后,凌云县进一步加大旅游业投入,前后整合的资金规模更是高达 6 个多亿,其中由县政府拨款的金额数量也已经达到 0.6 亿元,主要是为当地的基础设施与产品开发提供支持。开工建设的四星级宾馆和三星级宾馆数量分别为 2 家与 1 家,乡村旅游区 3 处,农家乐 8 家,星级旅游餐厅 2 家,星级购物店 2 家,游客服务中心 7 座,旅游厕所 18 座,新建旅游骑行绿道和步行栈道等多达 14 千米。这些都极大地改善了当地的旅游基础设施,当地服务水平得到明显提升。

3. 乡村生态旅游方兴未艾

凌云县将旅游作为核心,创新扶贫模式,即将旅游与农业、文化等诸多产业与扶贫工作融合,对农家乐与乡村旅游发展进行规范,大力创建生态旅游品牌,先后完成南里湾、巴林的乡村旅游与农家乐建设,此外下甲葡萄采摘园也已经投入正式运营。另外,凌云县还以三合屯生态旅游区为对象,将其列为当地的扶贫试点。而正在建设有诸多观光园、农家乐、乡村旅游区等,如览沙云雾茶园、西秀农家乐等,有关乡村旅游区、农家乐规划等设计成本已经由县级财政全部承担,金额达到了 353 万元,若是成功评上星级乡村旅游区或者农家乐,则会给予大额奖励,如今已经发放奖励资金 82 万元,另外还为这些旅游建设提供了多达 159 万元的贴息贷款。

4. 创新宣传推广方式

凌云县对旅游宣传方式进行了创新,积极拓展乡村旅游营销渠道。2018 年,凌云县在征集旅游宣传口号时,一次性给出了 10 万元的重奖,这本身也起到了良好的宣传效应。此外,凌云县还积极将旅游与体育进行融合,举办大型文艺与体育活动,此类活动能很好提升旅游的影响力。如凌云县成功举行全国气排球大赛,全国象棋公开赛、全国冬泳"抢头鸭"比赛等国家级体育赛事活动,这些赛事增强了凌云县的旅游知名度。

凌云县十分注重旅游与文化方面的融合,积极邀请国内知名作家与媒体人,参加"文化名家凌云行"活动,借助作家的优秀文笔以及本身的影响力,对凌云县旅游业进行宣传。凌云县还和我国的大型旅行社进行合作,邀请北海等地区的知名旅行商来该县进行考察,并对旅游线路进行推介。摄制了旅游专题片在广西科教频道《悠游有 you》等栏目上播放。精心制作印刷多达 5 万份画册,通过旅行社和宾馆酒店等渠道免费发放给客人,起到很好的宣传与引导效应。借助区旅发委宣传平台,投入 100 万元在机场、车站、高速服务站等地投放宣传广告,出资 100 万元给市旅发委统筹包装旅游形象和开展宣传促销。

第八章 乡村旅游形象建设

第一节 旅游形象与乡村旅游形象

一、形象与旅游形象

形象一词具有两层含义,一是指形状相貌,二是指文学艺术区别于科学的一种反映现实的特殊手段。形象亦即形状样貌之义。它可以激发人们的情感与思想活动。形象是相关客观事物在人脑中的具体反映,它涉及两个层面的内涵:第一,形象存在着具体形态,亦是事物的外在属性,它能被描述,有形性,是客观的存在;第二,形象可以通过人们的主观感受来体现,存在着十分明显的情感烙印,对形象进行感受的主体就是人,所以存在着显著主观性。这意味着,形象兼有主观与客观双重属性。

对于旅游形象而言,是游客对相关旅游地诸多要素的情感与体验感知的综合,可以展现出旅游目的地吸引资源、服务、社会环境等。旅游形象涵盖了旅游活动的三个要素,即主体、中介者与客体。旅游活动本身是一种综合现象,包含了社会、经济、文化、政治等多重属性的活动,同时旅游形象还包括旅游地形象、旅游企业形象、区域旅游形象等众多层面的内涵。

（一）旅游形象分类

1. 旅游地形象

旅游地是指一定地理空间上的旅游资源同旅游专用设施、旅游基础设施及相关的其他条件有机结合的综合概念,是旅游者活动的基本依托。旅游地形象即旅游目的地形象,通常分为两个层面。首先,从旅游地层面来说,旅游地形象是旅游地对本身的各种要素资源进行整合提炼、有选择地对旅游者进行传播的意念要素,是旅游地主动进行对外传播所代表的形象,从这个角度上说,它是旅游地自身的主观愿望,希望旅游者获得并形成的印象。其次,从旅游者层面来说,旅游地形象是旅游者通过接触传播媒介或实地经历所获得的对旅游地的印象,是旅游地的形象在旅游者大脑中的反映。

2. 旅游企业形象

旅游企业无疑是旅游活动的重要媒介主体,它是游客与旅游资源的桥梁。旅游企业主要包括旅游饭店、旅游交通、旅游景区、旅行社、旅游购物店等经营公司。旅游企业形象是社会公众对旅游企业在经营活动中显示出来的精神面貌的总体印象,并由此而产生的总体评价,如我们所熟知的著名旅行社、旅游景区等。

3. 区域旅游形象

区域旅游形象是指一个或几个地区所结合而成的"区域"的整体形象,是旅游者对该旅游区域的总体认识及评价。如我国目前的区域旅游形象包含城市旅游形象和乡村旅游形象两大部分。城市形象和乡村形象均对两个区域的旅游形象建构产生重要影响。

(二) 旅游形象的构成

旅游形象是一个多层次、多结构的复杂系统,由多个因素构成,主要分为硬件要素系统和软件要素系统。硬件要素系统由旅游目的地的旅游资源、旅游环境、旅游基础设施等构成,是旅游形象的物质支撑。没有良好的硬件要素,旅游形象便无从谈起。一个地方的旅游资源决定了目的地在旅游者心目中的地位。因此,旅游资源是旅游形象的重要因素。高品位的旅游资源一般有助于树立良好的旅游形象,也更容易被旅游者接受和认可,同时知名度也较高。软件要素系统即旅游媒介及旅游客体所提供的服务。旅游业属于服务业的范畴,旅游产品是服务产品,其实质是各种旅游企业为旅游者提供的设施和服务。因此,旅游从业人员是构成旅游形象软件要素之一。服务人员的服务标准、服务质量是否能满足游客所需,是评价旅游形象的关键要素之一。

二、旅游形象系统

企业识别系统,其英文全称为 Corporate Identity System,常用 CIS 表示,它又可以称作企业识别战略。企业对自身理念文化、视觉识别等进行革新,并积极进行统一宣传,进而创建具有个性化的企业形象,从而得到相关组织认可的经营战略,就是 CI,这样就能显著提升其统一性的形象,并使之拥有自身的革新,从而明显提升其竞争力。企业识别系统最初出现在美国,时间可追溯到 20 世纪 50 年代,其内涵就是将精神文化与经营理念,借助于整体传达系统使之传递至周围关系主体或者组织,使他们对相应企业产生统一的价值观,由此构筑相应的识别系统。CIS 系统由理念识别(Mind Identity,简称 MI)、行为识别(Behavior Identity,简称 BI)和视觉识别(Visual Identity,简称 VI)3 个方面构成。三者相辅相成,共同塑造企业形象。

TIS,即旅游形象系统,其英文全称为 Tourism Image System。它是 CIS 在塑造旅游形象时的一种具体表现。TIS 除了包含 CIS 的 MI、BI、VI 之外,还包含听觉识别系统(Hear Identity,简称 HI)和风情识别系统(Folk Identity,简称 FI)。

1. 理念识别

企业理念识别(MI)是确立企业独具特色的经营理念,在企业生产经营环节,会涉及诸多经营理念,如生产、营销、设计等,有关它们的识别系统即为 MI。该系统对企业今后的经营模式、目标、营销形态进行相应的规划与明确,其中涉及企业价值观、精神、经营方针、市场定位、社会责任和发展规划等,属于企业文化的意识形态范畴。对于旅游目的地而言,理念识别主要包括独特的文化、精神面貌、宣传口号、发展目标和价值观等。确立乡村旅游地独特的经营理念,是旅游形象塑造的核心。

2. 行为识别

企业具体经营理念与企业文化构筑原则便是 BI,它能够对企业运作模式进行统一,由此构成具有典型的动态识别形态。BI 能够对 MI 内涵行为进行直接展现,它主要是以经营理念作为出发点,对内构筑完善的组织与福利机制、强化职员教育等;对外则涉及市场开拓,产品开发,并借助于文化活动与社会公益等模式对企业理念进行传递,由此得到民众对企业识别的认同模式。

3. 视觉识别

CI 的静态识别符号是 VI,即 VI 是 CI 的外在表现环节。VI 是以企业标志、标准色彩作为核心来开发的视觉传递系统,它能够将企业理念、服务内容等抽象语意,转换成通过符号进行展现的概念,从而塑造独特的企业形象。视觉识别系统主要可以细分成以下两点:第一,基本要素系统,它涵盖了标准色、企业标志与名称、宣传口号等;第二,应用要素系统。它涵盖了生产设备、产品包装、招牌、橱窗、建筑环境等。VI 在 CI 系统之中,存在着较高的传播力与感染力,很容易被社会大众接受,具有主导地位。

在设计视觉形象之时,需要充分彰显企业文化与精神,并对企业性质与定位进行明确,要以形象为核心,产品为辅。首先确定创意定位、设计风格及行业定位等,再通过版面设计、图片选取、摄影等手段来塑造企业的整体形象。VI 从本质上就是借助于视觉来进行传播,将企业规范、服务、旅游理念等相关概念进行符号化,使内外主体具有统一的形象感受。有关旅游的 VI,主要涵盖了旅游地标志、名称、户外广告与旅游产品等。

4. 听觉识别

旅游目的地的主题歌、背景音乐、方言等都隶属于 HI。不少游客会对当地独有的方言以及极具特色的民歌小调兴趣盎然,而且当地相关的民族风情、文化底蕴等,都可以将其转换成听觉形象。如在某些风水景观中,可以置入相应的背景音乐,在某些旅游活动中引入当地欢快的民歌,同时还应尽可能保留极具特色的生态声音,如泉鸣、鸟语等。

5. 风情识别

乡村旅游目的地所拥有代表该地区形象的节目与活动,且具有唯一性,就是 FI。在长期历史发展过程中,部分乡村旅游目的地沉积了极具独特性的乡村地域文化与生活模式,进而构成颇具特色的民俗风情。所以,旅游目的地可以从吃、住、行等层面展现出极具特色的民俗风情,由此形成相应的 FI 系统。

二、乡村旅游形象

(一) 乡村旅游形象的含义

乡村旅游是以乡村社区为活动场所,以独特的乡村文化景观、优美的农业生态环境、参与性较强的农事活动和传统的民族习俗等为旅游资源,以城市居民为主要客源市场,融观赏、考察、学习、餐饮、娱乐、购物、休闲、度假为一体的旅游活动。关于乡村旅游形象有两点含义。第一,借助于大众媒体所展现出来的媒体形象与公众形象;第二,游客对相应目的地的总体评价与认知,也就是目的地在游客脑海中的印象。

(二) 乡村旅游形象的分类

1. 乡村旅游景观形象

乡村旅游景观不同于城市旅游,主要包括各种自然景观、人文景观、乡村布局、乡村标志等,是乡村旅游的主导吸引因素。不同的主题呈现出来的景观形象差异较大,如以观光农业为主的农业种植景观,以休闲生态为主的休闲农业旅游。

2. 乡村旅游产品及服务质量形象

乡村旅游产品同样包含旅游产品的六要素,即吃、住、行、游、购、娱6个方面。围绕着六要素所提供的服务水平,从业人员的素养是乡村旅游形象的核心内容。

3. 乡村旅游的社会形象

由于我国城乡二元结构给公众带来的刻板印象,使乡村在部分公众心目中还停留在落后、偏僻等层面。因此,游客在旅游过程中所体验和感受到的当地社会生活的各个层面的状况,包括基础设施建设、村民的精神面貌、社会风气、风俗习惯和村民对旅游者的态度等反映出乡村整体文化、生态以及文明。所以,社会形象在乡村旅游资源中占有举足轻重的地位。

(三) 乡村旅游形象的特征

从旅游形象的构成角度看,乡村旅游形象是一种特殊的区域旅游形象,也具有旅游形象的一般特征。

1. 客观性与抽象性

一方面,形象本身是对具体事物的反映,是可感知的;另一方面,形象是事物在人脑中的反馈,在多数情况下又是抽象的。乡村旅游目的地的社会存在决定了其形象,具有客观性和具体性。离开了乡村旅游目的地的现状,便不能构筑起一个可以被人知晓、信赖和引起人们好感的乡村旅游目的地形象。乡村旅游本身对于城市生活的旅游者来说,是一种较为陌生的生活方式和体验方式。在没有乡村旅游体验的情况下,只能通过大众传媒或以往的经验判断来感知乡村旅游形象。因而,从这一角度来说,乡村旅游形象又具有抽象性。

2. 整体性

乡村旅游形象是由内外各要素构成的统一体。从内部要素看,它包括乡村旅游目的地文化、资源特征、民俗节庆、农事活动等；从外部看，它包括公众对乡村的认知、兴趣、信赖等。这两者之间密不可分，由此构成了内涵丰富、有机联系的整体的乡村旅游形象。

3. 多样性和复杂性

首先，乡村旅游形象主要是由人去塑造并被人感知的，因而总会受到不同的思维方式影响，认知能力和文化背景的不同，使人产生不同的感知。这也就造就了乡村旅游形象的多样性和复杂性。其次，乡村旅游资源的组成既有自然环境，又有物质和非物质成分，由于其内容丰富、类型多样，因而在不同的乡村旅游目的地形象中呈现出多样性和复杂性。

4. 稳定性和可变性

乡村旅游目的地形象一旦形成，在相当长的一段时间内很难在人们心中淡化，形象是一种经验积累和理性认识的过程。某一乡村旅游目的地由于其资源特色与市场定位，使其旅游形象相对稳定。而随着市场的变动，旅游者求新求异的心态，使乡村旅游形象在一定程度上需要主动地稳中求变，带给旅游者新的理念、新的创意，由此吸引和满足不同旅游者的需求。人们的思维、认识也是随着外部环境的变化而变化，思维中的某地乡村旅游形象也会随之而变化，或越变越好，或越变越差。乡村旅游需要不断创新目的地旅游形象，在创新过程中保持旅游目的地形象的相对稳定性。

5. 传播性

乡村旅游形象需要借助大众传播媒介和渠道进行传播，这种传播一般分为有意识传播（乡村旅游开发主体或旅游企业积极主动的推广与宣传）和无意识传播（旅游者、公众的人际传播、大众媒体报道）。现代社会，人们通过接收大众传媒的信息而感知世界，对乡村旅游形象的感知除了亲身经历体会之外，更多的印象来源于大众传播媒介所传递的信息。于是乡村旅游形象在传播环节被成功创建。

6. 战略性

构筑乡村旅游形象的目的是提高旅游目的地知名度，从而增加经济效益、社会效益和环境效益，实现这三大目标的过程便是乡村旅游形象战略化的表现。在社会化媒体环境的当今社会，口碑和品牌成为企业和地方经济在激烈竞争中取胜的重要因素。乡村旅游目的地要在激烈的竞争中取得良好发展就必须要着眼全局，提倡战略部署，走乡村旅游形象战略之路。

第二节　乡村旅游形象设计

乡村旅游形象无疑是旅游目的地的核心，同时也是不同种类旅游地区竞争的关键。通过对形象进行打造，有助于提升旅游地的知名度，同时还能对乡村旅游产品与市场方向进行把控，进而为游客决策提供支持，同时为旅行社推出相关旅游产品打下良好基础。

一、乡村旅游形象设计的原则

1. 地方特色原则

在设计标识系统时,需要从旅游目的地蕴含的文化中汲取精华,充分展现地方特色,进而让识别系统的某些特征难以替代。如标识牌的造型设计可以选择当地的装饰符号与建筑形式等。材料宜选取具有地方特色的原料,更好地与当地环境融合,并能充分展现乡土气息。标识内容也需要充分反映当地文化与历史方面的信息。

2. 综合性原则

系统规划属于典型综合性工作,对于乡村旅游标识而言,其主要功能就是为相关游客推介该村落的传统文化与乡村生活。为了使游客对此有着深入认知,就需要在旅游目的地将多种学科进行综合,如地理、建筑、生态、艺术等,针对所涉及的民俗内容,还需要参考当地民众意见,这样设计的标识系统就更具有全面性。

3. 系统性原则

标识系统属于典型的系统工程,不同构成要素之间存在着层级关系,同时也有着相应的组织架构,能够通过整体形象展现在众多游客面前。在进行规划时需要持有全局性观念,将独立个体向整体特征方向融合,使整体特征处于最佳态,实现乡村旅游目的地的最佳形象设计。此外,要在内容和功能上相互补充,构建一个类型多样、功能完备的乡村旅游标识体系,实现标识系统整体效能优化。

4. 生态美学原则

近些年诞生了一种典型的新美学观点,也就是生态美学观点,这是以生态人文观作为基础,融合了生态哲学中的美学概念。生态美的核心就是生态关系具有和谐性,而且有着自然之美,环境与艺术相互融合之美。生态美与强调对称、规则的人工雕琢形成鲜明对比。在对乡村旅游的标识进行设计时,需要将生态美、自然生态规律作为重要指导,要对当地的乡土村庄原始面貌给予高度尊重,使标识系统切实地成为乡村旅游的重要构成。

二、乡村旅游形象定位

(一)乡村旅游形象定位原则

乡村旅游形象定位应以差异性与整体性相结合原则作为基础,还需要反映市场需求,要能展现出乡村的自然资源与文化资源的价值,同时还需要与乡村旅游产品策划相融合。

1. 市场需求原则

旅游目的地形象将会对目标游客的购买决策带来决定性影响。旅游目的地形象是当前旅游企业经营的关键一环,它的本质属于典型的旅游营销活动。在目的地进行旅游开发,必须要将整体形象作为核心要素来拓展乡村旅游市场,也就是乡村旅游形象的构筑要契合市场发展需求。当然,乡村旅游目的地形象定位除了要对目标市场进行定位之外，还需要进行市场细分，这样就能基于同一个目标市场进行差异化战略，以分流竞争力。

2. 展现乡村自然资源与文化资源价值原则

在开展形象定位时，乡村的自然资源与文化资源是重要基础和前提条件。乡村属性是乡村旅游的基本特性，它对旅游目的区域范围进行了明确，也展现了乡村旅游的区域特点。与此同时，由于物质交换、信息交互与交通等因素具有缓慢性，使乡村其独特的文化、习俗、自然环境等重要资源得到较好的保存，多元化的旅游资源可以对一些市民产生较强的吸引力，满足他们的审美需求，为乡村旅游发展奠定重要基础。构建乡村旅游地形象离不开对地方文脉的分析。地方文脉分析包括乡村自然价值与文化价值分析，进行乡村旅游形象定位时，必须充分展现乡村自然价值与文化资源价值。

3. 和旅游产品策划密切结合原则

旅游产品的策略从整体层面上可以反映出旅游目的地形象，虽然旅游产品看起来较为空泛，然而它却是由切实客观的特色产品构成的。在旅游目的地策划时，旅游产品的策划极为重要。一个区域旅游策划的成功与否，除了市场开拓、定位是否成功外，很大一部分因素取决于产品策划。另外，旅游产品本身还有着非运动性，这决定了旅游产品需要基于旅游形象进行传播，并被潜在游客知晓，引导游客获得旅游经验，进而对游客的购买决策带来影响。目的地旅游吸引元素显然是一种旅游产品，各种元素形象的叠加，就会构成旅游目的地的基本形象。所以，对旅游地形象进行设计，需与乡村旅游产品策划很好的融合。

4. 旅游消费者可接受原则

旅游地形象的传播对象是旅游者。在对旅游目的地形象进行定位之际，受众调查与市场分析必不可少。目的地形象构建可以更大限度地开发潜在旅游市场，让游客清晰、快捷地了解旅游地特点，进而产生旅游动机。因此，对旅游目的地进行形象定位时，需要综合考量旅游者是否能够接受的心理。

(二) 乡村旅游形象定位方法

1. 领先定位

适用于独一无二或无法替代的乡村旅游资源，如江苏省江阴市的华西村，被誉为天下第一村。或者特有的少数民族乡村聚居地（四川羌族聚居地）等。

2. 比附定位

避开第一，争取第二位。

3. 逆向定位

强调并宣传对象在消费者心目中第一形象和刻板印象的对立面的定位方式。采用逆向思维，进行反向定位。

4. 空隙定位

空隙定位即瞄准乡村旅游市场空隙，树立与众不同的主题形象。

5. 重新定位

重新定位即再次定位，用新形象替换旧形象。如长江三峡水利枢纽工程建设改变了景观（高峡出平湖），推出"魅力新三峡"的旅游形象。

三、乡村旅游形象设计的过程

乡村旅游形象设计是一个复杂而系统的过程，需要将理念识别系统作为核心，行为识别系统为内涵，视觉识别系统用作基础，各种视觉表现需以内在的经营理念为依托，只有对经营理念有充分的理解，才能真正设计出能够反映经营理念的视觉识别系统，凸显乡村旅游的基本精神及独特的个性特点，吸引旅游者。在设计乡村旅游形象的前期必须要有充分的准备工作，如前期研究，包括乡村旅游资源、市场调查、受众调查，根据掌握的相关资料进行相应的形象设计。

1. 乡村旅游资源调查

乡村旅游形象设计首先要考虑乡村的旅游资源，包括民俗节庆、民族文化特色、地理优势特点。乡村旅游地形象的实现过程中，地方文脉分析地位十分重要，需要对当地自然资源与民俗文化资源，以及逐渐演变成的社区文化等展开深入分析，试图寻找区别于其他地区的乡村环境氛围特性并具有代表性的旅游地本质。这意味着文脉分析在旅游目的地的形象建立过程中扮演着重要角色，文脉对旅游目的地形象确立有着决定性影响。在对乡村旅游形象设计过程中，需要强调地方文化的渗透，注重文化底蕴是旅游形象设计的核心。

2. 市场调查

在文脉分析后，基本上明确了乡村旅游目的地形象，可以借助调查分析，对游客的旅游体验以及他们对目的地的总体印象进行分析，更好地筛选与确认旅游目的地形象宣传内容。旅游地形象宣传对象为广大游客，借助市场调查，调查旅游地形象，目的是满足潜在旅游者的预期心理。

3. 竞争性分析

旅游地竞争性分析是为了让旅游目的地展现明显的差异化与个性化。如今旅游目的地不可避免地会出现竞争，而且部分游客对旅游目的地的认知常常存在"先入为主"的印象，所以，对乡村旅游地进行形象定位时，需要开展竞争性分析，以免处在其他同类旅游地的形象遮蔽中。

4. 受众调查

进行受众调查有助于了解受众的偏好，尤其是针对乡村旅游市场的受众，通过了解受众的偏好，对核心受众群的分析与定位，充分挖掘并吸引潜在受众群体。在乡村旅游形象设计过程中充分考虑受众的喜好，这样才能使乡村旅游形象的传播效果最大化。

5. 核心提炼与理念分析

通过对乡村旅游地充分调查后，在包括对投资主体、经营者意象、内外环境等诸多因素进行细致分析基础之上,总结出具有鲜明特色的口号,并明确自身的经营哲学与理念。根据总的定位理念,设计推出一套相关促销口号,对不同景区、不同目标市场推出不同口号,以完善和强化乡村旅游形象,在农民、旅游者以及目标旅游市场上保持一致的形象传播。

第三节　乡村旅游品牌塑造

农村和城市在环境、生活方式、文化及习俗各方面都有一定程度的差异,所以开展乡村旅游业能够让在城市生活的人们在乡村旅游时对农村文化有一定程度的了解,并享受自然风光带来的惬意与舒适。乡村旅游的游客主要为城市居民,在对乡村旅游进行项目设计时,完全可以从品牌的角度进行,所创造的品牌需要具备独特性,能够反映当地民俗文化的特点。这样一来,旅游目的地全体村民能够为同一品牌合作,实现共同盈利,促进乡村旅游行业的发展。此外还可改进乡村旅游活动项目所需设施,使其提供更优质的服务,实现旅游与品牌共同发展的双赢战略。

一、旅游品牌

塑造旅游品牌对一个地区旅游业的发展影响极大,一个好的旅游品牌能反映出该地区的形象、名称、特色以及服务宗旨,也能得到游客的青睐,吸引大众消费。旅游品牌是由企业和产品结合而来,所以它不单指该旅游区产品的品牌,同时还代表着与该旅游领域相关企业、集团相关产业的品牌与口碑。旅游品牌能反映该旅游区的形象、服务和宗旨,也是该旅游区的代名词。所以旅游行业在发展的过程中,要注重对品牌的塑造,增强其在旅游行业中的优势,扩大旅游景区在同行业中的影响力。

乡村旅游品牌通常是指某一地乡村旅游产品的品牌,包括乡村土特产品的品牌、乡村旅游地品牌等。一个好的旅游品牌,代表了该旅游景区的经营宗旨并在该领域中起引领作用。发挥品牌对休闲农业与乡村旅游的引领作用,前提是要大力培育品牌。对旅游品牌进行各方面的培养,比如农业、旅游、环境等方面,全面塑造才能打造良好品牌。

首先,政府要制订农村环境和生态平衡保护计划,维持农村自然平衡,减少污染,改善农村生活环境和人文环境;其次,旅游中介要针对农村环境景色及特色制定合理地宣传海报和经营模式;最后,旅游行业经营人员需要对产品和观念塑造其品牌,做好长远发展的目标,在特色产品方面要注重产品的质量和外观,争取创造良好的证明口碑。与此同时,旅游行业中所有部门要相互配合,共同努力打造良好的产业品牌和产品,将该景区的旅游行业做好长远发展的计划并为之努力,实现共赢。

从主管部门的角度出发,要对塑造品牌的工作持续关注,使农村和旅游两者之间相互融合,持续发展。首先是要落实指导工作,在打造品牌过程中要对每个阶段进行监测和指导,对工作内容进行细化,品牌塑造工程得到深入发展。其次是对景区服务方面进行提升,以旅游市场为重心,将品牌与旅游服务相融合,使旅游景区提供的服务和设施质量得到有效提高,使项目方案得到创新。最后是在宣传方面,对景区的产业、产品及品牌深入分析后,结合其他文案资料和经验,设定最合理的宣传方案并向其他地方进行推广。

近几年,旅游相关部门逐渐看重旅游行业发展过程中品牌的塑造,因为一个好的品牌能够反映旅游景区的整体状态,所以着重开展旅游品牌的塑造工作。其中,较有代表性的项目是建立旅游示范县区、示范基地、星级示范旅游景区,年度全国十佳休闲农庄创建以及年度农村旅游景区路线推荐计划等。这些品牌的创建,正在引领休闲农业与乡村旅游规范发展。总之,通过强化品牌培育力度,注重发挥品牌对休闲农业与乡村旅游的引领和导向作用,促进休闲农业与乡村旅游的持续健康快速发展,为发展振兴美丽乡村,建设美丽中国作出积极的贡献。

二、乡村旅游品牌的价值

开展乡村旅游的农村各地村镇、景区等纷纷利用自身拥有的自然资源、传统文化、本地特色和物质或非物质遗产,以及高附加值的服务、便捷舒适的设备设施等来开发市场,提高本地区的竞争力。参与乡村旅游的游客不仅把关注点放在景色、住宿及特色食物上,对目的地品牌建设也越发重视。因此为了乡村旅游业能够持续发展,注重培育乡村旅游目的地品牌是大势所趋。

1. 突出特点

开展乡村旅游行业是为了将农村的物质文化、人物环境以及当地特色呈现给城市居民及其他游客,并以此获得多方面的利益。开展乡村旅游行业需要从旅游产品、经营主体、服务设施、环境及当地特色等各方面塑造品牌。休闲农业与乡村旅游品牌的价值在于引领行业发展,引领产业升级。

2. 明确内涵

结合乡村旅游目的地景观特色打造最合理的品牌对乡村旅游未来发展非常重要。乡村旅游目的地发展周期是旅游地品牌从产生、发展、成熟到衰落和消亡的过程,要注意其产品的价值,要随着旅游业的发展而改进。在塑造品牌时还需要注意的是,对环境保护的突出,同时要结合当地文化特色形成独特的品牌。在发展过程中提升品牌价值需要对当地文化和风情进一步提升凝练。在允许的情况下,当地政府要对景区发展给予指导和监督,转变经营主体的经营理念,完善配套服务设施。

3. 引导情感

乡村旅游目的地的政府、居民、相关法律和政策等要素是形成目的地品牌价值的内在支撑和外在保障。乡村旅游目的地要想树立良好的口碑,需要旅游景区所有人的共同努力。游客在选择旅游地区时,不仅关注该地区的风景、资源、环境,还会结合其游客自身的经济条件和时间条件综合考量进行选择。游客在度假过程中带有明显的情感诉求,希望获得身心的放松。所以创建乡村旅游目的地品牌需要从情感、服务、经济及社会各方面的角度考虑并投入建设。

4. 形成规模

旅游景区会随着品牌的建立而逐步发展，乡村旅游景区特有的品牌还会促进景区管理机制的建设，提升旅游服务的规范化及人性化。一般来说，具有独立品牌的农村旅游景区的发展规模较大，且有其独特的经营模式和管理方法。各方面管理能够维持该景区的长期发展与扩大。所以一般乡村旅游景区结合风土人情，推出特色产品、加强产品质量、升级服务宗旨能够进一步加强该景区的综合实力，突出在行业内的优势。

打造出真实、优秀的旅游品牌能在一定程度上拉近游客与旅游景区之间的距离感，真实的品牌能够让游客到达旅游景区后没有落差感，并感受到优质的服务，借此景区可赢得游客的青睐。乡村旅游景区打造的品牌反映的是当地文化及情感价值，体现在游客对景区的满意程度中。

常规打造出的旅游品牌一般具有内容多维的特点，较成功的品牌都具有其自身独特的个性。乡村旅游目的地品牌建设的成功取决于目的地品牌个性与游客之间相互作用的程度。乡村旅游目的地在对游客的利益、服务等各方面要重视其主观感受和评价，进一步加强景区与游客之间的联系与交流，持续创新和改进品牌建设。

三、提升乡村旅游目的地品牌价值的措施

为不断增加游客数量，乡村旅游目的地需持续挖掘自己的本土特色，展示本土文化和生态特征。但处在同一区域的很多乡村在展示本土特色的时候极易出现雷同之处，所以乡村旅游在建设过程中一定要探索本地的特征，并且这些特征能够迎合游客的需要，这样在未来才会有好的发展前景，同时给当地乡村旅游品牌价值的建立奠定基础。对于乡村旅游目的地品牌价值的建立，可参考以下所列几项建议。

1. 以特色旅游吸引物凸显差异化

从一定程度上来说，一个旅游目的地的品牌就是这个旅游目的地最大的优势，也是最吸引游客的地方。乡村旅游目的地的特色吸引物需要花费时间来打造，吸引物需要有足够的吸引力来吸引游客，并且可以为游客提供相应的利益。唯有天下独我一家的气派，才能吸引到更多游客纷至沓来，与此同时也能完成当地乡村旅游品牌的打造。乡村旅游有一个最大的特色是区别于其他任何的旅游，那就是乡村旅游的农业环境。所以，在树立吸引物的过程时，可以把乡村独特的生态环境、独特的植物和动物以及农业生产充分利用起来。这样形成极具地方特色的品牌特征。包含当地特色的文化特征可以有很多种，如本地的一些手工艺品，特色的饮食，或者是文化遗产，节日的风俗活动等。运用不同的方式全方面地展现当地优秀的特色文化，才可以建立起在很长时间内都可以吸引大量游客并具有竞争力的吸引物，只有这样，乡村旅游的品牌才可以建立起来并且长期具有活力和生机。

2. 以特色的设施与服务提供支撑

为游客提供服务的所有设施都是旅游设施的一部分。开展乡村旅游，旅游设施是必不可少的，同时旅游设施也为游客可以顺利愉快的游玩提供保障。建立一个良好的乡村旅游品牌就必须要有高质量高水平的旅游设施，而这种高水平的旅游设施也并不是一味地追求华丽和高贵，应该把当地的特色融入设施的完善中。当今时代发展的步伐很快，游客的需求也越来越多元化，在建立有特色的旅游设施时，也要满足游客的日常需求和习惯，让游客具有舒适感，除了基本型的硬件设施之外，还需要注重服务品质的提升。对于游客而言，会在旅游目的地与服务人员或者村民进行沟通与交流，在此过程中会逐渐形成对旅游地的感受。如果当地的村民和景区的工作人员都有很好的服务态度，对游客提供周全的服务，那一定会给游客留下深刻的印象。所以，景区应该根据游客的需求来制订服务方案，提高服务人员的专业水平，使游客在游玩时体验到高水平的一流的服务。

3. 以科学的政策提供引导与扶持

乡村旅游目的地品牌的建立，只靠经营者和当地村民的努力还是不够的，还需要当地政府机构的大力支持。当地政府需要从更广的角度出发，清楚地认知到当地旅游品牌的内涵，从而进行大力推广，引领领域内的各个相关人员和企业达成统一的目标和共识，一同为建立乡村旅游品牌而努力奋斗。在推广宣传期间，发布推行适合的政策，确立制度，使市场秩序达到稳定，对每个参与者都给予鼓励，营造一个为创造品牌共同努力的良好氛围，为创造品牌提供环境基础。政府部门应该起导向作用，大力鼓励社会人员参与进来，从乡村旅游品牌的基础出发，向来往的游客和其他人员推广品牌特色，使当地的品牌被越来越多的人认识，提升当地的知名度和影响力。

4. 以适宜的经营者和本地居民的行为提供保障

乡村旅游得到全面发展，很多经营者对其发展做出非常大的贡献，比如企业、农户、园区等，不仅为乡村旅游创造各种活动条件，同时也为游客提供各类商品和服务等，更能让游客感受到乡村旅游的真实体验。每个经营者的做法都会对前来的游客造成影响，直接影响游客对于乡村旅游的产品和服务感受，也会对游客的情感造成一定的影响。地方政府应该进行鼓励，引导各经营人员对旅游的服务方面创新，使自身的服务不断提升，让游客感受到温暖和热情。旅游的过程其实也包含了社交的部分，游客从五湖四海来到乡村旅游一定会和当地的村民沟通交流。而沟通过程中，当地村民对于游客的态度以及好客与否都将直接影响到游客的心情和体验。所以，乡村旅游地品牌在建立的时候，本地居民能深刻体会到品牌带来的价值和优势，且做到对自身的品牌特色心中有数，所以在之后和游客的交流中便可很轻松地将本地的特色传达给游客，让游客可以更深地体会到旅游特色。

提升旅游目的地自身的内涵素养，游客与目的地之间联系的紧密，这些都是旅游目的地品牌建立的必要条件。乡村旅游目的地需要正确认识自身，明确优势所在，努力运用自身的优势和特色来吸引游客的注意力，更好地服务游客，让游客有截然不同的感受。旅游目的地的发展阶段不同，游客需要的服务也不尽相同，根据游客的需要适当调整服务项目，从而实现对目的地的品牌的不断创新，满足不同阶段的游客需求。

四、乡村旅游品牌塑造策略

乡村旅游品牌化发展，不仅能增加乡村建设经费，而且能带给旅游者不一样的视觉效果。尽管如此，在这个飞速发展时期，乡村旅游不可避免地暴露出一些缺点。例如，品牌的推广没有规划全面、品牌意识不够强大、农村基础设施落后等。处理上述一系列难题的办法就是要建立优秀的品牌形象，加大品牌的宣传。

建立健全品牌形象对乡村旅游的发展十分重要，近年来，旅游公司和旅游管理部门大力推动品牌建设，乡村品牌逐渐成为乡村旅游快速崛起的关键环节，要保持乡村旅游的稳定发展必须加强品牌的发展。乡村旅游品牌形象的构建能够协助游客区分不同产品，也可以让不同的旅游产品、服务等方面综合展现。乡村旅游品牌形象战略是一项巨大的工程，必须全方位实施好品牌形象定位、宣传推广、广告设计等工作。

1. 找准品牌形象的定位

商品本身的精准定位是每一种商品品牌都必须拥有的，因为这可以为顾客提供准确的服务，与同一领域的其他商品品牌有所差异，以此在市场中占据有利位置。对于乡村旅游的品牌形象定位，以下两个条件缺一不可，第一，要满足顾客需求，获得顾客的肯定，第二，乡村旅游的品牌形象要有自己独一无二的特点，要能够抓住顾客的眼球，吸引他们的注意力。在进行品牌定位时，需要综合考虑当地乡村的自然环境、物产资源、地理环境、社区环境等具有地方特色的因素，打造乡村旅游和地方特色旅游的最佳融合点吸引游客。例如，北京怀柔的乡村旅游结合了红鳟鱼养殖的地方特色，平谷的乡村旅游结合了桃产业的地方特色，房山的乡村旅游打造了山区特色农产品的旅游特色。

2. 树立良好外部形象

在乡村旅游品牌给外界树立形象中，独特的品牌名称也是必不可少的。品牌名称既能够增加该地区乡村旅游品牌的知名度，又可以提高旅游产品市场份额。名称设计要给人简单大方的感觉，能够激发游客们的想象力。名称设计必须包括品牌 Logo 的设计，主要体现在 3 个方面，一是标志色，二是标志物，三是标志字，三者缺一不可。乡村旅游的品牌标志应当生动、形象、富有感染力，这样便于游客识别，且能够发挥丰富的想象力。拥抱自然、回归自然一直是乡村旅游进行推广的重点，但是在进行对外推广方面，每个旅游公司所使用的方案又都各具特色。例如，四川省遂宁市安居区白马镇的宣传点是在全镇范围内打造一个独具特色中药材基地，推出"英雄谭东故里——白马中药材之乡"的宣传品牌。

3. 打造个性化产品形象

到乡村进行旅游的顾客主要有三大体验项目，一是领略大自然的美丽风景，享受有限的田园时光，二是能够参加农村节庆，体验农事劳作的辛苦，三是可以体验乡村悠闲安逸的生活。乡村的旅游资源既是本地乡村文化的一方面，也是外地游客非常喜爱的一部分。城乡文化的巨大差异是成就乡村旅游最主要的原因。城市游客参加乡村旅游是希望在旅游过程中体验不同的生活方式，远离城市生活，放松身心，释放压力。所以，种种方面表明乡村旅游不能只是简单的观景、游玩，而应该通过旅游，深入挖掘乡土农村传统和农耕文化，在游客内心建立个性化产品形象。观赏美景、品尝美食、休闲娱乐这3点是乡村旅游的重点，风景优美、空气清新是乡村旅游景点的重中之重。除此以外，还需建立一些独具本地特色的文化景点吸引游客前往，彰显其特点。比如某乡村旅游景点以茶叶特色为主，可安排一些采茶人穿着当地特色服装招待游客，让游客亲自采茶并进行茶叶制作，游客在观光过程中还可以购买自己喜欢的茶叶，享用产品。在乡村旅游发展中建立个性化的产品形象，加快当地文化特色的推广宣传，让推广理念和产品形象相辅相成。

4. 加强乡村旅游品牌形象管理

乡村品牌形象成型后，也许会冒出更多新难题和新矛盾。如果要维持品牌形象走得更远，必须制定高效率、严要求、长期性的品牌管理措施，注重形象、质量等管理工作，不断完善提高乡村旅游品牌形象，创造更大规模的经济价值。品牌质量是乡村旅游品牌形象竞争力的关键所在，根据旅游市场的发展要求，品牌形象应该建立健全质量管理系统，提升旅游从业人员业务素质和质量意识，提高游客满意度。

5. 创建和推广品牌营销

目前，旅游行业内乡村旅游市场的竞争极为激烈，要想赢得一席之位，必须实施全面的、个性化的、多样化的旅游立体宣传方式，这将会成为乡村旅游品牌形象发展的主流。通过各种各样的方式进行宣传活动，给潜在的客户宣传旅游产品相关的信息，刺激游客的购买能力，推动旅游产业的发展。在宣传方式上，主要有两种渠道可以利用，一是利用直销，二是间接营销，包括批发商、零售商等，这样一来既可以加快购买交易的效率，又可以开拓旅游市场。在营销推广方面，可以通过传统方式宣传，比如通过职员宣传，社会关系宣传，还有大力利用网络推广。利用网络营销，品牌形象的宣传效率能得到显著提升，而且在宣传方面不再受到传统模式下时间与空间的制约。积极推广网络营销，将为乡村旅游品牌发展增添更多的动力。随着乡村旅游的发展，所面临的市场竞争将越来越大，而旅游品牌形象的维持也越来越重要。然而，一个品牌的形象并不是一蹴而就的，它需要长期的经验累积和不断的探索。建立乡村旅游品牌要将旅游品牌的形象设计作为重点，加大推广宣传力度，努力提高旅游地的知名度。

第九章 乡村旅游信息传播

第一节 信息与传播媒介

一、信息与乡村旅游信息传播

广义来说，信息就是消息。信息是一系列符号的组合，对于它们的发送者和接受者而言，这些符号的出现是具有条理性的和针对性的（因而也是有意义的）。传播是一种交流方式，至少有一方（信息源或接收端）参与解读信息。传播作为一种人类信息交流和沟通的活动，主体是人，内容是信息。任何形式的传播本质上都是信息的流动，传播就是发送者通过一定的媒介把信息传输到接收者那里的过程。在传播学中，通常将人类的传播活动划分为4种，即内向传播、人际传播、组织传播和大众传播。

从旅游活动发生的本质看，旅游市场流通的不仅是商品，更多的是旅游信息传递引起的消费者流动。从这个意义上讲，旅游业的核心是信息。因此，信息的传播显得尤为重要，乡村旅游亦然。乡村旅游是以农业文化景观及农村生态环境为背景，以农事生产活动以及传统的民族风情为依托，融娱乐、休闲、观赏、考察、参与、体验、特产、度假为一体的旅游活动。乡村旅游信息传播指的是乡村旅游信息交流过程，即乡村旅游信息从信源处通过某种途径传递给受众的过程，其中包括编码、解码等对信息的处理环节，是连接、沟通乡村旅游传播者和消费者之间的纽带。

二、传播媒介的发展阶段

媒介作为传播信息符号的载体，是传播过程的基本组成部分。传播媒介大致经历了4个基本的阶段：口耳传播时代、文字传播时代、印刷传播时代和电子传播时代。

1. 口耳传播时代

口耳传播即语言传播。语言是人们表达思想与思维的重要方式，也是人类最关键的信息传播工具，是人类最基本、最常用、最灵活的信息传播手段。口语最初仅仅是将声音与周围事务、环境进行相连的相应符号，在人类改造与认识社会实践中，其抽象能力得到逐步提升，进而构成了可以表达复杂内涵的声音信号系统。同时，口语也促进了人类思维能力的发达，加速了人类社会进化和发展的进程。时至今日，口语依然是人们最为常用的传播模式。作为信息传播媒介，语言的传播空间有限，传播范围较小，不便于保存和记录。口耳传播的局限性：第一，口语需要人们利用发声系统来实现，由此来进行信息传递，这种传播距离很短；第二，口语声音不具有长期存储性，讲述之后声音随后消失，缺乏记录性，相关信息需要人脑进行记忆，容易让信息在传播过程中变形。

2. 文字传播时代

文字是记录人类思想、语言等的一种符号。文字可以在一定范围内实现信息的传播。与语言相比，文字能打破时空的限制，使信息传播得更加遥远，也使信息的长久保存和记载成为可能。文字的构建基础就是最为原始的图形与符号，这也是人类所使用的首套体外化符号系统，其意义十分突出。第一，文字解决了声音不能长期存储问题，使人类知识与经验实现积累，无须依靠人脑记忆来进行信息传播。第二，文字能将信息传递到更远的地方，有效破除声音的距离制约，使人类交流空间得到极大拓展。第三，文字让人类文化传承不再依靠各种变形的神话或者传说，而是能够借助于准确的资料进行传承。文字的出现使人类在信息传播方面第一次突破了时空的制约。

3. 印刷传播时代

造纸与印刷术是推动全球文明发展的重要技术，它们为人类信息的传播做出了极大贡献。印刷术的出现，让人们掌握了文字复制技术，可以对文字进行批量性复制。印刷机使文字信息的机械化生产和大量复制成为可能，在社会政治、文化和教育领域中带来巨大影响，对社会经济起到了巨大的推动作用。纸媒介信息随处可见，图书、报纸、杂志包围着我们的生活，在印刷媒介高度普及的今天，纸质出版物已经成为人们进行信息传播的重要途径，在社会生活的各个领域发挥重要的作用。

4. 电子传播时代

飞速发展的电子信息技术广泛应用于信息传播领域。互联网科技让信息的交流和传播发生了巨大的变化，加快了信息传播的速度，优化了信息传播的质量，极大地拓展了信息传播的空间，并使得信息得以远距离快速传播。从人类社会信息系统发展视角分析，电子媒介无疑具有显著里程碑意义。它不仅让声音与影像系统实现体外化，同时还能对其进行批量性复制与存储，让文化传承的内容变得更加丰富直观。电子媒介的出现，让人类知识积累与文化传承效率得到快速提升。电脑的出现意味着人脑在信息处理环节逐步实现体外化。电子信号的传输更是从之前的模拟信号，逐渐转变成最新的数字信号。这项技术的发展，使人类正式进入到全新的信息社会。

第二节　乡村旅游信息传播媒介

伴随着传媒行业的发展，传播技术取得了迅速发展，信息传播媒介数量与日俱增。而新媒体的出现和媒体市场的细分为乡村旅游带来了机遇和挑战，乡村旅游信息的推广传播需要多媒介整合。

一、人际传播媒介

人际传播媒介是指人与人之间的传播，通过有声语言、面部表情或肢体语言等进行信息传递。人际传播是人类社会最古老的传播方式，简单理解就是口口相传。随着新媒体的出现，人际传播不再受到时空的限制，也不再局限面对面的语言、动作、表情的传情达意，可以通过写信、电话短信、QQ、微信等进行跨时空的交流。

虽然人际传播的范围较小，影响有限，但是人际传播在改变乡村旅游观念与态度方面有着无可比拟的优势。乡村旅游的消费群体一般为家庭出行、好友相伴而行或者是集体活动等，在目的地选择的时候会参考多人意见共同决定，人际传播具有双向沟通、传播充分等属性，对获取信息也会十分相信，由此构成较为固化的信念，通常能影响决策。

二、大众传播媒介

大众传播是通过技术手段而实现的工业化生产和信息的多层次发行。无论从时间还是空间效果来看，大众传播均是影响力最大的一种传播方式。因此，乡村旅游要提高自己的知名度，赢得公众的普遍注意，大众传播无疑是最理想的方式。乡村旅游信息的大众传播媒介主要有分类信息印刷品、广播电视、网络信息平台和手机终端。

1. 分类信息印刷品

印刷媒介的历史相对比较悠久，形式多样，发展迅速。分类信息印刷品以纸张作为传播载体，是一种传达视觉符号的媒介。包括分类信息地图、分类信息手册、分类信息报纸、杂志、宣传页等，以及所有以二维方式呈现的分类信息印刷物，如乡村旅游标识、乡村旅游宣传海报、乡村旅游信息地图。印刷品的发行量大，信息全面详细，可重复阅读使用，并能相对长时间的保存，这些优势使很多视觉信息都通过印刷媒介来传播。

2. 广播电视

广播是利用电子技术装备的现代化传播媒介，利用声音符号诉诸人们的听觉而传播信息，是听觉媒介。其传播速度快，范围广，不受时空及听众阶层等因素的限制，具有广泛的听众阶层和影响力。虽然广播表现手法简单，感染力较差，声音转瞬即逝不易记忆，保存性与可选择性较弱，但作为乡村旅游信息传播的媒介却有一定的优势，乡村旅游的性质决定了绝大多数乡村旅游的出游方式都是自驾游，车载电台更是人们旅途中娱乐消磨时光的不二选择。

电视媒体是综合了画面、声音、动态等的传播媒介，能迅速而又逼真地展示信息的客观形态，借助卫星技术可以全世界范围内传播。不受空间制约，速度快，覆盖面广，收视率高，因而有较强的渗透力。

3. 网络信息平台

网络信息的传播可以对影像、图片、文字、声音等元素进行综合应用，增强传播效应。与此同时，在网络上也会形成内容丰富的数据库，成为在全世界范围内传播信息的主要传播媒介。网络媒介能显示大量的信息并能对信息进行及时准确地更新，特别是现代计算机网络技术的发展，提高了其管理效率，使其更加系统、方便、快捷、准确地为人们提供所需信息，是现代信息传播的发展趋势。乡村旅游信息可以借助互联网搭建信息平台，发布传播信息，实现双赢。

4. 手机终端

手机终端包含两层意思：一是确定移动设备或用户所在地理位置；二是提供与位置相关的各类信息服务。手机终端主要是搭建一个桥梁，实现商家和消费者的定位服务。如果说分类信息印刷品受出版间隔限定，广播电视受时段和成本限制，互联网信息平台受设备的制约，手机终端应该是都市人群最便捷、使用频率最高的传播媒介。乡村旅游可以通过手机终端完成旅游信息一站式服务。

人际传播与大众传播并不具有独立性，它们具有融合关系，都能满足情感交流、信息交互的需求。口语与文字不仅是人际传播模式的重要载体，同时也是大众传播模式的载体。古代书籍可以实现一对多，具有大众传播属性。然而相较于电子媒体，书籍传播又有了显著的人际传播属性。电报与电话最初也展现出大众传播属性，随着广播与电视的发展，因特网功能的多元化使用，大众传播模式变得更具有多元性。然而大众传播想要最终实现大众化，还需要借助于人际传播，才能真正实现"街头巷议"。大众传播与人际传播融合，互相影响。

三、整合营销传播媒介

整合营销传播媒介常常涉及到三种活动：品牌娱乐、数据库市场和关系营销。

乡村旅游目的地可以将其产品或服务通过媒体活动结合一定的品牌娱乐方式进行传播，以活动营销、活动赞助、产品投放等方式展开。比如，通过赞助或冠名一定的公益事业或体育赛事达到信息传播的目的。

数据库营销是存储消费者和潜在消费者的名单，以便确定这些人将会需要怎样的产品和服务，市场营销人员再通过使用广告或公关信息，联系清单人员，达到传播的目的。

关系营销是指与消费者保持长期接触。乡村旅游的主体客源是城市居民，家庭出游或者集体活动是最常见的形式。通过电话、邮件等回访或不定期发送定制杂志、相关旅游宣传册、信函等，使游客再次消费的可能性极大。

媒介在信息传播过程中任重道远，每一种传播媒介都有它特有的优势和所侧重的传播对象。清楚了解传播媒介的特点，把握传播媒介运行机制，通过传播媒介的优化组合发挥各传播媒介特长，只有这样才能使乡村旅游信息收到较好的传播效果。从根本上解决乡村旅游资源的宣传及信息传达渠道和媒介单一的问题，通过搭建良好的信息传播平台，借助现代互联网、手机终端等技术，传播乡村旅游信息，实现快速便捷的自助式一站服务。

第三节　乡村旅游与互联网

"互联网+"时代的来临，不仅可有效解决乡村旅游开发，还可以帮助解决管理服务与低级营销等方面的问题，有效解决旅游成本的不合理化现象，让游客获得更多的消费体验和更好的消费服务，让乡村旅游具有更多的现代化气息。"互联网+"时代背景下，乡村旅游可以通过热点和舆情来开发新的旅游热点，从游客的视角出发寻找更好的销售模式，利用新媒体渠道吸引游客。在当下"互联网+"的大时代背景下，乡村旅游已具备导游导航甚至导购等多方面的功能，游客在出行之前就可以在网络上查询和制定出旅游计划，从而有了旅游产业的预定支付服务和后续的评价功能，而且游客还可以根据自身的需求在互联网上找到定制化的旅游服务等。一些网络实地观景和天气预报信息等，为游客提供更好的出游前的服务，同时也可以提高乡村旅游的服务水平。在"互联网+"下乡村旅游可以整合多种资源，提高自身的服务水平和公共服务水准，让乡村旅游环境变得更加现代化、科学化和安全化。"互联网+"时代背景下的乡村旅游能够对出游者进行实时掌控，从而做出更加规范有效的管理措施，避免发生事后的纠纷。

一、乡村旅游需要互联网的原因

1. 更加开放的市场

乡村地区发展较慢的一个很大限制因素就是市场闭塞。因为政策原因和交通不便，乡村的市场经济根本无法与城市相比较。而互联网的出现让乡村获得更多的机会，可以开拓更大的市场获取更多的机会。

2. 更加强大的品牌影响力

目前乡村旅游在品牌影响力上是很落后的，往往媒体都会把业务重心放在城市，而且传统的媒体广告费十分昂贵，乡村旅游的经营者想通过传统媒体进行品牌宣传十分困难。乡村地区没有太大的经济实力，媒体广告投入的效果也不太明显。在乡村旅游不断发展的过程中，品牌的地位越来越重要，想要在全国各地的乡村旅游业中成为佼佼者，第一是要做好服务接待和产品，第二就是要做好自身品牌经营，而目前最好的品牌经营渠道就是互联网。

3. 用互联网为产品注入智慧

互联网可以打出智慧化的建设王牌，可以让乡村旅游更加接地气。当下乡村旅游发展如火如荼的地方，智慧化建设这张牌可以让当地对于资源的管理更加精细，牢牢把握住游客的消费和行程，优化人力、物力、财力。

二、乡村旅游引进互联网的作用

1. 房子更加宜居

乡村有了互联网以后，原本没有无线网络的房子也开始连接互联网，对于游客来说上网变得更加方便。这样可以让游客住得更舒心，从而延长居住时间，不断招揽回头客。

2. 原住民视野更加开阔

互联网和乡村地区的农民和外界的联系变得更紧密，让农民的视线可投到农村之外。传统与外界信息交流的方式是通过电视报纸，而现在农民们在互联网上就可以看到很多的信息，可以帮助村民开阔视野。

3. 本地经营者的市场拓展

越来越多的人涌入乡村，发展一二三产业，进行市场经营活动。而大部分选择在农村创业的人，或是外来的创业者或是本地的创业者，都没有花太多心思和资金在市场开拓方面，而互联网的出现可以用低成本进行市场开拓。

4. 扶贫更精准

目前乡村扶贫工作做得不是很到位，在某些地区扶贫仅仅是给一些比较富裕的农村地区进行资金投入，而贫穷的农村却还没有得到真正意义上的扶持。因为对于扶贫工作的监督力度不够大，扶贫小组为完成任务和短时间内看到成绩，导致出现这种现象。而互联网的出现可以改变当下的扶贫模式，帮助做到真正的精准扶贫，为偏远地区的乡村发展注入强心剂。

5. 生活模式的改变

乡村居民在农闲的时候喜欢扎堆唠嗑，而我国的传统社会生活中，居民们也喜欢去走家串门进行娱乐活动，但是，想要举行一个娱乐活动需要逐一通知。自从出现互联网和互联网通信工具平台后，乡村当地的居民可以建一个平台，通过平台进行活动信息发布，也可以在微信中建群，随时随地在群里聊天交流，极大地提高乡村居民的交流便利性。对于外出打工的人来说，有了互联网通信工具后，也可以随时与家里人联系，可以说互联网早就改变了传统的交流习惯。

6. 度假模式的觉醒

乡村旅游度假的第一阶段，也就是常说的吃农家饭住农家院，很多人为了一顿饭而自驾去乡村。农家饭菜是乡村旅游的一个亮点。在互联网入驻以后，乡村原有的农家乐模式将得到大规模的升级，本地经营者的思路也会提升到更高层面。互联网不仅改变消费者的消费方式，而且还给经营者提供更多销售渠道，可以从简单的农家菜衍生出更多的乡村旅游体验。

三、乡村旅游应用互联网的形式

1. 营销推广

在农村建立起专业的门户网站，可以将当地的信息及时发布到网站上，加快与上级领导的联系，实现与游客的快速对接，更好地整理当地乡村的农产品和当地人文信息资源，调动起乡村多个群体之间的互动，提高乡村治理的效果。论坛和微信等互联网工具，可以大大提升乡村旅游的宣传渠道，扩大推广的覆盖范围，实现营销推广的多渠道化。

2. 电子商务

预订平台是提前通过网络进行预定，将乡村旅游与电子商务进行对接。预订平台的出现通常都是规模化的，在平台上面整合全国各地的乡村旅游资源，帮助各地乡村旅游资源获得更多的推广渠道。在几十年前农村居民种菜基本是自己吃或是去集市贩卖等，而通过互联网就可以运用网店等渠道出售自己种植的农产品。城市居民想要购买到原生态的农产品也可以在网上进行下单。目前比较常见的农产品交易平台是微店，因为微店操作简单，农村居民很容易上手使用。而且通过互联网，农民可以在电脑和手机上直接与供应商联系和下单购买农业生产资料等。

3. 乡村旅游+互联网：运营管理

通过互联网对乡村旅游的资源与产品进行信息化管理，搭建起管理运营平台。乡村旅游需要搭建属于目的地的"产品库"，这个产品库将是服务平台建设的基础。各类旅游要素将全面信息化，以数据流的方式进行最小颗粒管理。实现打包线路或产品销售实时拆分，多方渠道利益共享。互联网对乡村旅游的影响主要体现在流量监控、运营调度、食品安全等方面。

4. 视频监控+在线管理

互联网的优越性还体现在可以实现监控和在线管理，通过数据共享平台可以随时查看乡村的生态信息和预警信息等，能够提高农村环境的管理效率。随着乡村开发力度的逐渐增大，乡村原来的环境不可避免地遭到破坏，想要找到开发的平衡点就需要预警功能类的管理模式。在互联网和物联网的加持下，可以快速整理旅游车辆和导游等信息，实现管理的快捷化。通过互联网还可以解决农村菜园子的税租和农作物的费用、运费等，菜园的信息也可在网上全部公开，包括果蔬种植、成长和采摘全部过程，甚至还可以在网上看到农作物叶片大小和一些昆虫。为增加互动性，用户们也可以发出指令，学习如何培养农作物等。

5. 食品安全：标准及溯源

互联网对农业的信息化改造中，在安全方面给了产业链一个重要的保障。基地、合作社、线上平台、线下店铺，每个环节中都通过互联网实现了互联，形成了可追溯的全程链条。例如，阿里巴巴推出的农业"满天星"计划，致力于解决农产品的防伪溯源问题。据了解，该计划与农产区直接对接，盘活优质县域优质农产品资源；通过二维码追溯系统，对农产品的生产信息、流通等相关数据做追踪反馈，并通过当地政府、农产品检验局等保持原产地数据同步。消费者通过扫商品码，就能了解该农产品的生产信息。

我国目前长期从事农业的农民对于互联网的了解知之甚少，虽然智能手机和微信等普及力度很大，但是仍有相当一部分的农民们对这些不甚了解。而随着互联网的不断发展，企业必须要有社会责任感和义务，去帮农民们学习互联网知识，帮助农民们接触和使用互联网。在当下"互联网+"的大时代背景之下，通过帮助村民学会互联网知识，再和城市居民连接在一起，促进农村、城市一体化发展，对于提升改善我国 6 亿多农村居民和 7 亿城市居民的生产生活都十分重要。借助互联网，可以实现"互联网+"新常态下的乡村旅游转型升级。

四、借助"互联网+"升级乡村旅游

"互联网+"的本质是企业利用互联网的大数据，对有关的信息进行收集和整理，再对客户的消费心理进行分析，这一方式能够及时准确地判断消费方向，从而做出对应的服务措施，对产品进行更新，成功地将消费者为中心的格局代替传统的企业为中心的格局。传统的乡村旅游要借"互联网+"之风发展升级，需要从旅游产品、营销模式、经营管理模式、软硬件、保障体系 5 个方面实现升级。

（一）旅游产品升级

"互联网+"乡村以技术为核心，以产品建设为基础，避免出现乡村的在线化与数据化现象。因此乡村旅游想要取得可持续的发展，需对接互联网消费思维，实现旅游产品的升级。

1. 乡村旅游创意产品的融入

互联网时代，人们的消费已经进入到个性化消费时代，对于传统农家乐的热情逐渐减弱，对乡村旅游不断提出新需求。乡村旅游经营管理者应根据实际情况做出改善，以时代大背景为前提，结合信息技术推动乡村独特的民俗、特产、风貌等深度创意。"褚橙""卖檬"是该领域中创新发展的开始，主要对农产品进行包装升级，推广品牌效应。

2. 新业态类型产品的拓展与开发

互联网时代下，要以全域化、精品化、特色化为乡村旅游的发展理念，拓展与开发国家农业公园、乡村营地、乡村庄园、乡村博物馆、休闲农场、市民农园、艺术村落、民宿等新业态类型，助推从乡村旅游到乡村旅游生活的转变。

3. 网络可视化产品的增加

在线上微信互动、网上订购、"关注抽奖""媒体网络互动、大众广泛参与"，线下"野外踏青、景观垂钓、采摘乐趣、风味佳肴、健身暴走、畅享自然"基础上，打造多种私人定制化的产品。借助网络可视化的技术优势，将乡村旅游产品进行实时动态分享，吸引更多游客的到来，将线下游客变为线上消费的常客。

（二）营销模式升级

1. 化客体消费为主体宣传

从加强景区自身建设出发，充分考虑消费者需要，让游客在实地游玩中享受、归心，营造多个拍照点、点赞点、感悟点、分享点，提高游客对景区的喜爱度，游客将感受和体验通过互联网进行分享，由此达到宣传的效果。

2. 线上线下齐头并进

乡村旅游单方面的线下营销满足不了实际的要求，因此应当将线上线下进行结

合，有针对性地进行营销，相互配合共同提高营销的力度。线上营销主要通过网站、微博等平台进行，因此需要加强网络平台的建设，让其不仅能够提供乡村的地理位置、交通状况、旅游价格、自然风景、人文特色、村庄特色、民风民俗、住宿餐饮等信息，还能建议旅游者游览线路、时间安排、食宿安排等，实现从"卖产品"转变为营销乡村休闲生活方式。

3. 区域资源的整合营销

乡村旅游具有整体化特点，若只单家独户进行宣传是不可行的，宜整体化进行，利用共享资源优势推动乡村旅游发展。除此之外，积极配合政府政策，通过现代信息技术进行品牌宣传，企业和农户相结合进行营销。村庄整体进行规划和建设，最大限度保持乡村旅游形象的规范性、独特性以及整体性。

（三）经营管理模式升级

通过乡村旅游O2O模式，发挥互联网在游前、游中、游后的优势，实现线上线下紧密结合的高效管理。通过与农业开发公司或旅游网站合作，将闲置的乡村旅游资源进行度假租赁的分级、整合、规模化管理，实现旅游资源的在线展示和预订。利用互联网的优势，线上及时与客户沟通，了解客户的需求并解答相关疑问，客户还能够通过App进行预订和支付行为。线下建设主要通过配备先进的服务设施，提供电子设备为顾客提供信心和解答；闭环旅游体验配备虚拟体验工具，提高旅游多样化形式。

（四）软硬件升级

硬件和软件同时具备是互联网与乡村旅游完美集合的基础。对乡村旅游的基础设施进行升级和完善，确保设施的安全程度，为乡村配备现代智能设备，为游客提高较为准确的路线或交通信息等重要信息，同时为顾客提供系统服务，满足顾客多样化需求。结合乡村旅游的特色，整合乡村各项地理信息、人文资源信息，建立相应的智慧旅游基础服务系统，引进互联网技术人才，为乡村旅游提供技术服务支持。设施系统升级即设施完善，功能齐备的乡村旅游应具备充足完善的导览标识设施，以明确导向、解说和警示功能，在设施分布、使用材料、造型设计、字体类型上，应与乡村环境相协调，在满足主体功能的同时兼具美感和乡村特色。提升顾客良好体验感的还包括对当地的通信条件进行提高，保证游客在旅游过程中通畅的通信交流，配套设置公共电话以及互联网端口。健全的医疗机制是乡村旅游不可缺少的因素，提供医疗场所和设施，并有专业的人员保证医疗服务不中断。安全救助场所也不可缺少，开展乡村旅游区域还需要具备一定数量的应急疏散场所和设施。

（五）保障体系升级

在现有旅游标准化工作的基础上，推动乡村旅游信息标准化建设，逐步建立标准统一、数据规范、持续更新的乡村旅游信息化标准。在建立信息化标准的同时需要建立与之相匹配的信息安全保障体系，将安全性高以及技术性能良好的产品进行推广，推广的对象主要面向有关管理部门以及相关旅游行业。与第三方的安全评估和检测机构进行合作，积极配合其对信息安全的检测，有利于构建安全的网络和数据以及用户环境，同时也有利于确保多层次安全体制的建立。有效提高有关部门在共享信息资源的安全性。乡村旅游信息管理系统的地位随着乡村旅游业的发展得到进一步提高，当前应重点对其进行管理和完善。其实现方式可以通过在旅游点建立旅游咨询服务中心，提供咨询服务，利于游客提升体验感，也提高了管理的便捷性。除此之外，还可以提供游客投诉平台，线上线下建立接受投诉点，通过该方式加大对旅游景点的监督力度，结合投诉数据对旅游的服务质量进行升级和完善。大数据将乡村旅游的情况进行有效的反馈，工作人员根据反馈的信息做出精准的针对性方案，节约成本提高整体效率。

第十章　休闲农业与乡村旅游标准化管理

第一节　乡村旅游标准化概述

一、乡村旅游标准化的内涵

1. 乡村旅游标准化的定义

国家标准组织对标准化的定义是，为在一定范围内获得最佳秩序，对实际问题制定共同的重复使用的活动，称为标准化。它包括制定、发布及实施的过程。根据这一定义，乡村旅游标准化是指在一定范围内的乡村旅游活动中，为保护当地乡村旅游环境，共同制定成一个统一的、规范的文字性文件，对外统一形象、统一提供服务标准，对内规范乡村旅游企业内部管理。目的是创建当地乡村旅游品牌，提高服务质量，产生经济效益和社会效益。

2. 乡村旅游标准的特点

乡村旅游标准主要特点：第一，该标准对应的是乡村旅游产品的标准，包括对乡村旅游交通、餐饮、住宿等旅游部门的综合规范。在明确乡村旅游标准之时，需要基于以下框架进行重构：乡村旅游环境标准、乡村旅游设施标准、乡村旅游服务标准、乡村旅游质量与安全标准、乡村旅游环境与保护标准。第二，乡村旅游发展需要以自然、历史文化等资源作为基础，它有着公共产品属性，容易受到商业开发环境的破坏。所以，在对乡村旅游进行开发之时，就需要维持地方特色，这也是编制标准的关键。第三，在编制该标准时需要充分融合当地经济、习俗、社会等因素，对有关住宿、交通、餐饮等方面的标准要求，不能脱离当地今后的发展与已有配套条件，要确保其具有可执行性。第四，在该标准中还进一步涵盖了安全卫生、服务设施、服务规范等标准。当前我国乡村旅游的基础设施水平还较低，有关餐饮、住宿等方面的标准水平也不高，整体环境与卫生情况还有很大提升空间。为了提升旅游品质，就需要对这些软件层面的内容进行严格要求，给出明确规制。第五，对从业人员资质、组织服务能力进行明确规定。乡村旅游大多依靠农家院来开展，从业者素养有着很大差异，为此需要强化资格审查，确保相应服务品质。

二、我国乡村旅游标准化的历程

当前，乡村旅游标准隶属于旅游标准，其中旅游标准早在 1995 年就已经问世，当时是由全国旅游标准技委负责旅游标准编制的相关工作，经过努力，最终形成了相应的国际、国家、行业、职业、企业等标准。另外还分别给出了纵向标准与横向标准，对于纵向旅游标准而言，主要包括"吃、住、行、游、乐、购"等标准，对于横向旅游标准而言，则涉及基础、服务、产品与方法标准等。最终由这些标准构成了旅游业整体标准体系。

2003—2005 年，为了更好地发展乡村旅游，强化相关的环境生态建设，不断提升相应的软硬件水平，促使乡村旅游产业得到更好发展，先后制定了有关行业规范与标准，这也为后续乡村旅游规范的重要基础。在此阶段所涉及的标准主要是以硬件作为切入点，最大限度地保障旅游目的地的基础设施能够满足要求，同时设定了相应的星级评价体系，为游客进行选择提供重要基础。此阶段京、沪、浙等省市大量乡村旅游目的地，开始以都市作为依托取得迅速发展，贵州和江西等省则大力基于村寨来发展乡村旅游。到 2006 年，我国商务部开始颁布实施《农家乐经营服务规范》，随后，一些省市开始结合本地实情制定相应地方标准，这些都有效提升了乡村旅游的服务品质，相关基础设施也得到很好改善。除了在硬件设施设备上出台了相关标准外，更重要的是加入了旅游服务质量的评定标准以及环境评定标准。《全国休闲农业与乡村旅游星级企业（园区）评分表》在各地申报休闲农业与乡村旅游示范点时发挥了评判标准的作用。2013 年出台的中华人民共和国农业行业标准《休闲农庄建设规范》，为休闲农庄的建设制定了标准。2015 年 5 月发布的中华人民共和国国家标准《美丽乡村建设指南》为振兴乡村，发展经济指出了途径。

三、乡村旅游标准化存在的问题

近些年旅游业取得迅速发展，尤其是乡村旅游，在我国整个旅游业中的比重得到显著提升，在很多地区，乡村旅游更是升级成主角，成为当前旅游业的关键构成。乡村旅游可以将多种产业进行融合发展，而且可以将农牧渔、旅游、民俗文创等产业进行有机结合，并能相互促进共同发展。随着乡村旅游需求显著增长，有关标准化问题表现得日益突出，尤其是标准化相对缺乏，使乡村旅游缺乏规范发展，具体表现为以下 5 个方面问题。

1. 接待标准难统一

由于不同乡村、农户之间在文化、理念、风俗等层面有着显著不同，若是采用一刀切的标准化，难度可想而知，然而缺乏统一的接待标准，就使得服务品质难以保障。

2. 服务质量难掌控

因为缺乏统一接待标准，为此主管部门在监管、评价层面就会面临执行困难，对服务品质也很难进行把控。

3. 旅游特色难突显

若是乡村旅游的风格属性、主要内容缺乏明确的标准化，作为经营主体容易受到自身理念的影响,使乡村旅游远离最初轨道,失去自身特色,相应的竞争力也会随之下降。

4. 固有生活习性难改变

乡村旅游经营主体基本上缺乏相应的专业知识与服务意识,部分主体更是保留一些落后生活习惯,若是没有强力制约,很难满足现代旅游的要求。

5. 品牌效应难形成

目前旅游市场竞争激烈,乡村旅游聚集地大多以散户经营为主体,若是缺乏统一标准,很难构成具备一定规模且有竞争力的品牌。

四、乡村旅游标准化的主要对策

大力推进乡村旅游标准化工作,从创意、经营地、基础设施、卫生、接待服务等软硬件内容进行细致规范,才能对上述难题进行彻底解决,进而让乡村旅游走上正轨。乡村旅游想要实现规范化发展就需要得到标准化支持。乡村旅游的标准化是一个系统工程,既有经营户的标准,也有旅游村的标准,还有旅游乡镇的标准。借助诸多层面标准化,通过以户带动村镇,进而实现整体发展,使之前原始、自发的乡村旅游点,转换成规模化、标准化的产业体系。旅游乡镇将是新型旅游目的地,乡村旅游规模化、品牌化发展的重要抓手和平台,通过旅游乡镇推进标准化工作的创建,有助于乡村旅游的个性化、集约化、品牌化发展。

1. 对乡村旅游经营户实施标准化

单个旅游经营户的标准化是乡村旅游标准化的基点。对农家乐制定相关标准,不仅规范乡村旅游的经营行为,而且成为培训、指导、带动更多人从事乡村旅游的重要工具。构筑农家乐星级标准体系是乡村旅游发展的关键切入点,可以促进农家乐升级发展。

2. 对旅游村整体实施标准化

特色突出、环境良好、农家乐相对集中的旅游村是乡村旅游发展的关键节点,也是乡村旅游标准化的核心所在。在发展乡村旅游的过程中,始终注重特色鲜明的旅游村的建设,对旅游村环境与设施、接待与就业、管理与服务等方面进行细致的量化规定,让众多的旅游村走上规范化发展的道路。

3. 对旅游乡镇实施标准化

旅游乡镇是新型的旅游目的地,是乡村旅游规模化、品牌化发展的重要平台,通过在旅游乡镇推进标准化创建工作,有助于乡村旅游的集约化、品牌化发展。从组织领导、旅游规划、宣传促销、旅游资源与产品、旅游设施与环境、旅游管理与服务等诸多方面,对旅游乡镇进行量化规范,进而打造一批特色鲜明、旅游业发展迅速的乡镇,有力促进乡村旅游的发展。

第二节　乡村旅游示范园的申报与创建

一、国家农村产业融合发展示范园的创建

（一）创建类型、数量、条件与程序

1. 创建类型

各地要结合本地区实际，充分挖掘地域特色，围绕农业内部融合、产业链延伸、功能拓展、新技术渗透、产城融合、多业态复合等六种类型，有针对性地创建农村产业融合发展示范园。为统筹整合资源，强化示范效应，已认定或正在创建的农业科技园等园区，符合条件的，也可申请创建农村产业融合发展示范园。为提高示范园创建的多样性，确保多出经验，避免类型过于单一或雷同，各省（自治区、直辖市）要尽可能选择不同类型进行试点示范，每种类型最多选择1个。

2. 创建数量

2017年首批创建国家农村产业融合发展示范园100个。其中，2016年农林牧渔业总产值超过5 000亿元的省（自治区）创建数量不超过5个，其他省（自治区）不超过3个，直辖市和新疆生产建设兵团不超过2个，计划单列市不超过1个。

3. 创建条件

国家农村产业融合发展示范园原则上由县级政府申报创建，对隶属于地市级政府的项目应由地市级政府申报创建，每个县（市、区、旗、农场）或地市政府只能申报创建1个国家农村产业融合发展示范园。申报创建国家农村产业融合发展示范园应符合以下基本条件：申报县（市、区、旗、农场）或地市高度重视农村产业融合发展工作，已成立由主要领导挂帅的领导小组，新产业新业态发展具备一定基础，且建设示范园的意愿积极；示范园发展思路清晰、功能定位明确，规划布局合理、建设水平领先，产业特色鲜明、融合模式新颖，配套设施完善、组织管理高效，利益联结紧密、示范作用显著。具体创建条件由各省（自治区、直辖市）根据上述要求，结合本地实际细化确定。同等条件下，优先支持农村产业融合发展试点示范县创建农村产业融合发展示范园。

4. 创建程序

由县（市、区、旗、农场）或地市政府根据本省（自治区、直辖市）创建条件，组织承建单位编制国家农村产业融合发展示范园创建方案，并评审确定最优项目后，向省级发展改革委提出创建申请。省级发展改革委组织相关部门或专家对创建方案进行评审，按照竞争性选拔原则和本省区示范园控制数量，择优确定示范园名单，并上报国家发展改革委，国家发展改革委汇总后会同有关部门公布创建名单。按照"当年先创建、次年再认定"的原则，由县（市、区、旗、农场）或地市政府根据国家有关部门公布的示范园名单，按照省级发展改革委评审通过的创建方案，组织开展示

范园创建工作。创建工作满一年后,由省级发展改革委会同有关部门组织验收并将验收结果上报国家发展改革委,国家发展改革委会同有关部门对验收合格的正式认定为国家农村产业融合发展示范园,对示范效果不显著、验收不合格的不予认定并撤销创建资格,同时在下批次组织申报示范园创建工作时,相应减少该省(自治区、直辖市)名额。

(二)七大保障措施

1. 加大项目资金支持力度

鼓励县(市、区、旗、农场)或地市政府以国家农村产业融合发展示范园为重点,在不改变资金用途和管理要求的基础上,统筹利用各项涉农资金支持示范园符合条件的项目建设,完善示范园供水、供电、道路、通信、仓储物流、垃圾污水处理等设施条件。鼓励地方各级政府安排资金,支持农村产业融合发展示范园基础设施建设。

2. 优先支持发行企业债券

支持国家农村产业融合发展园区的入园农业产业化龙头企业发行农村产业融合发展专项企业债券,为园区基础设施建设、新型农业经营主体发展开拓长期、稳定、规模化的融资渠道。支持农村产业融合发展示范园以小微企业增信集合债券形式发行农村产业融合发展专项企业债券,募集资金用于农村产业融合小微企业发展。

3. 鼓励设立产业投资基金

鼓励有条件的地方,根据发展需要与财力可能,按照市场化方式,依法发起设立产业投资基金,按照市场运作、专业管理、科学决策、防范风险的原则,吸引和带动社会资本、金融机构、国有企业参与投资,加大对国家农村产业融合发展示范园的投入力度,充分发挥政府资金的引导作用和放大效应。

4. 鼓励地方加大融资支持

鼓励各地引导银行业金融机构加大对国家农村产业融合发展示范园入园企业的贷款投放。鼓励各地建立健全"政银担"合作机制,引导担保机构为国家农村产业融合发展示范园入园企业贷款、发行企业债券等进行担保增信,建立起多层次风险缓释措施和风险分担机制。

5. 完善用地保障机制

根据研究明确的农村产业融合发展用地政策,指导各地在农村产业融合发展示范园建设中做好用地保障。将农村产业融合发展示范园纳入土地利用总体规划统筹安排,在年度土地利用计划安排中予以支持,并通过城乡建设用地增减挂钩、工矿废弃地复垦利用、依法利用存量建设用地等途径,多渠道保障示范园用地需求。针对休闲农业、设施农业等不同类型项目,实施差别化的土地用途管制政策。

6. 支持政府与社会资本合作

支持县(市、区、旗、农场)、地市政府创新农村产业融合发展示范园建管模式,通过PPP等方式建设农村产业融合发展示范园,撬动更多金融和社会资本投入示范园建设和运营。

7. 加强产业融合公共服务

搭建农村综合性信息化服务平台，提供电子商务、休闲农业与乡村旅游、农业物联网、价格信息、公共营销等服务。优化创业孵化平台，提供设计、创意、技术、市场、融资等定制化解决方案等服务。建设农村产权流转交易市场，促进农村承包土地经营权依法有序流转。

二、全国休闲农业与乡村旅游示范县、示范点创建及评定

（一）申报的基本条件

1. 全国休闲农业与乡村旅游示范县申报的基本条件

（1）规划编制科学。示范县休闲农业与乡村旅游建设规划应符合当地经济社会和农业、旅游业发展规划要求，发展思路清晰，目标市场定位准确，布局结构合理，工作措施有力。

（2）扶持政策完善。当地党委政府认真贯彻党中央、国务院关于加强"三农"和旅游工作的方针政策，根据本县休闲农业与乡村旅游发展的实际需求，出台了较为完善的扶持政策和工作措施。

（3）工作体系健全。明确休闲农业与乡村旅游管理职能和主管部门，有健全的管理制度、统计制度、教育培训制度，及时掌握行业发展动态。加强服务平台建设，已建立休闲农业与乡村旅游行业协会等行业自律组织。重视服务能力提升，能围绕信息服务、创业辅导、融资担保、市场推介、教育培训、管理咨询等为企业提供有效服务。

（4）行业管理规范。建立了统一的管理制度和行业标准，对现代农业科技园、休闲农庄、观光采摘园、民俗村及连片的农家乐等实行标准化管理，近3年内无安全生产和食品质量安全事故发生。园区建设规范，无擅自占用耕地和基本农田修建休闲旅游基础设施行为，无以破坏农业生产为代价发展休闲农业与乡村旅游现象，没有发生污染环境和破坏生态资源事件。

（5）基础条件完备。县域范围具备良好的基础设施条件和完善的接待服务能力。休闲农业与乡村旅游点要做到通路、通水、通电、通信网络畅通，要有路标、有指示牌、有停车场，住宿、餐饮、娱乐、卫生等基础设施要达到相应的建设规范和公共安全卫生标准。生产和生活垃圾、污水实行无害化处理和综合利用。具有农耕文化展示、农业科学知识普及教育功能的园区，要做到设施齐全、先进实用。

（6）产业优势突出。在全省范围内有一定知名度的休闲农业与乡村旅游点有10个以上，总数必须超过100家；休闲农业与乡村旅游点分布在全县30%以上的乡镇区域，形成一定规模的休闲农业与乡村旅游产业带或集聚区；主要休闲农业与乡村旅游点要有地域、民俗和文化特色，有吸引力较强的体验项目和餐饮、服务功能。能够依托当地特色种植业、养殖业和农产品加工业开发设计休闲农业与乡村旅游产品。

(7) 发展成效显著。休闲农业与乡村旅游主要经济指标在全省处于领先水平。年接待游客100万人次以上，农民受益面达到30%以上，从业人员中农民就业比例达到60%以上，从业人员30%以上取得相应的职业资格证书或60%以上接受专门培训。

2. 全国休闲农业与乡村旅游示范点申报的基本条件

(1) 示范带头作用强。休闲农业与乡村旅游项目符合当地规划布局和有关要求，并得到相关部门批准，能够紧紧围绕当地农业生产过程、农民劳动生活、农村乡土人情开发休闲产品，周边农民能够广泛参与和直接受益。通过项目建设，对当地经济发展、农民就业增收和新农村建设起到了重要的带动作用。

(2) 经营管理规范。遵守国家法律法规，诚实守信，依法经营，依法纳税，热心公益事业，社会形象良好。管理制度完善，岗位责任明确，接待服务规范。近3年内没有发生安全生产事故和食品质量安全事故，无拖欠职工工资和损害职工合法权益现象。

(3) 服务功能完善。园区规划科学，布局合理，休闲项目特色鲜明，功能突出，知识性、趣味性、体验性强。客房、餐厅干净整洁、卫生设施达标。通信、网络等设施顺畅。农耕文化展示和农业科技普及、教育等设施完善。机电、游览、娱乐等设备完好，运行正常，无安全隐患。

(4) 基础设施健全。道路通畅，路标、说明牌、路灯、停车场健全。消防、安防、救护等设备完好、有效。无违规建筑和占用耕地乱搭滥建现象。建立了符合环保标准的污水和生活垃圾处理设施，生产和生活垃圾实行无害化处理和综合利用，近3年内没有发生污染环境等问题。

(5) 从业人员素质高。高度重视提高员工素质，注重加强人才培养。有完善的培训制度，健全的管理机制，坚持开展经常性的业务培训，上岗人员培训率达100%，关键和重点岗位人员持证上岗。

(6) 发展成长性好。主导产业特色突出，坚持标准化生产和产业化经营，所产农产品要达到无公害、绿色或有机农产品标准。近3年示范点总资产、销售收入和利税等主要经济指标稳定增长。当年营业收入要达到1 000万元以上，年接待游客10万人次以上，吸纳当地农村劳动力占职工总数的60%以上。

(二) 申报范围及程序

通过自我创建，达到"全国休闲农业与乡村旅游示范县基本条件"的县和"全国休闲农业与乡村旅游示范点基本条件"的休闲农业点（包括农家乐专业村、农业观光园、休闲农庄等），均可自愿申报。申报工作由各省、自治区、直辖市及计划单列市、农业行政主管部门会同旅游行政主管部门负责。

1. 全国休闲农业与乡村旅游示范县申报程序

(1) 由县级农业行政主管部门会同旅游行政主管部门对本县休闲农业与乡村旅游发展情况进行综合评估，并向县级人民政府提出申报建议。

(2) 县级人民政府负责向省级农业和旅游行政主管部门提出申请，填写《全国休闲农业与乡村旅游示范县申报表》，并附本县休闲农业与乡村旅游发展情况、发展规划等综合材料。

(3) 省级农业行政主管部门会同旅游行政主管部门负责示范县初审，并择优报农业部和国家旅游局。

2. 全国休闲农业与乡村旅游示范点申报程序

(1) 在休闲农业单位对照创建条件进行认真自我评估的基础上，可以自愿向县级农业和旅游行政主管部门提出申请，填写《全国休闲农业与乡村旅游示范点申报表》，并附本单位综合情况、相关证照等材料。

(2) 县级农业行政主管部门会同旅游行政主管部门负责对本县申报单位进行考核、评估，符合条件的可向省级农业和旅游行政主管部门择优推荐。

(3) 省级农业和旅游行政主管部门初审后择优上报。

（三）认定及管理

农业部、国家旅游局组织有关专家对各地上报的示范县、示范点进行综合评审，并对评审结果进行严格审核和择优确定后，在"中国农业信息网"和"中国旅游网"上进行7个工作日的公示。公示通过的单位，由农业部、国家旅游局发文确认并颁发"全国休闲农业与乡村旅游示范县"或"全国休闲农业示范点"牌匾和证书。

农业部、国家旅游局对示范县和示范点实行动态管理。对违反国家法律法规、侵害消费者权益、危害员工和农民利益现象、发生重大安全生产、食品质量安全事故以及不履行试点示范义务的，将取消其示范县或示范点资格。

三、田园综合体项目申报指南

（一）申报时间

(1) 国家级田园综合体申报时间是6月底前。
(2) 省级田园综合体申报时间按照各省财政厅文件执行。

（二）资金扶持额度

(1) 国家级田园综合体。每年6 000万~8 000万元，连续3年，比如河北迁西县花香果巷项目，第一批8 000万元资金已经到位。

(2) 省级田园综合体。3 000万~6 000万元，根据各省具体情况，比如江苏省2017年田园综合体建设试点资金各3 500万元，其中专项转移支付资金分别为3 500万元、400万元。

（三）申报认定流程

总体规划→市、省初选→报农发办→实地评估→竞争答辩→项目公示→项目评议→批复立项。

（四）申报部门

(1) 国家级田园综合体申报部门：财政部农业司（国务院农村综改办）、国家农发办。

（2）省级田园综合体申报部门：财政厅农发办。

（五）申报条件

无论国家级还是省级田园综合体必须符合以下 7 个条件才能准予立项。

1. 功能定位准确

围绕有基础、有优势、有特色、有规模、有潜力的乡村和产业，按照农田田园化、产业融合化、城乡一体化的发展路径，以自然村落、特色片区为开发单元，全域统筹开发，全面完善基础设施。突出农业为基础的产业融合、辐射带动等主体功能，具备循环农业、创意农业、农事体验一体化发展的基础和前景。明确农村集体组织在建设田园综合体中的功能定位，充分发挥其在开发集体资源、发展集体经济、服务集体成员等方面的作用。

2. 基础条件较优

区域范围内农业基础设施较为完备，农村特色优势产业基础较好，区位条件优越，核心区集中连片，发展潜力较大；已自筹资金投入较大且有持续投入能力，建设规划能积极引入先进生产要素和社会资本，发展思路清晰；农民合作组织比较健全，规模经营显著，龙头企业带动力强，与村集体组织、农民及农民合作社建立了比较密切的利益联结机制。

3. 生态环境友好

能落实绿色发展理念，保留青山绿水，积极推进山水田林湖整体保护、综合治理，践行看得见山、望得到水、记得住乡愁的生产生活方式。农业清洁生产基础较好，农业环境突出问题得到有效治理。

4. 政策措施有力

地方政府积极性高，在用地保障、财政扶持、金融服务、科技创新应用、人才支撑等方面有明确举措，水、电、路、网络等基础设施完备。建设主体清晰，管理方式创新，搭建了政府引导、市场主导的建设格局。积极在田园综合体建设用地保障机制等方面作出探索，为产业发展和田园综合体建设提供条件。

5. 投融资机制明确

积极创新财政投入使用方式，探索推广政府和社会资本合作，综合考虑运用先建后补、贴息、以奖代补、担保补贴、风险补偿金等，撬动金融和社会资本投向田园综合体建设。鼓励各类金融机构加大金融支持田园综合体建设力度，积极统筹各渠道支农资金支持田园综合体建设。严控政府债务风险和村级组织债务风险，不新增债务负担。

6. 带动作用显著

以农村集体组织、农民合作社为主要载体，组织引导农民参与建设管理，保障原住农民的参与权和受益权，实现田园综合体的共建共享。通过构建股份合作、财政资金股权量化等模式，创新农民利益共享机制，让农民分享产业增值收益。

7. 运行管理顺畅

根据当地主导产业规划和新型经营主体发展培育水平，因地制宜探索田园综合体的建设模式和运营管理模式。可采取村集体组织、合作组织、龙头企业等共同参与建设田园综合体，盘活存量资源、调动各方积极性，通过创新机制激发田园综合体建设和运行内生动力。

（六）重点解析

开展田园综合体建设项目旨在提升农村基础设施和发展农业产业，是一项前所未有的新事情，不能强迫农民流转土地，必须保证农民的根本利益，确保农民参与和受益，带动农民持续稳定增收，让农民充分分享发展成果和更有获得感，这就要求合作社充分参与。坚持以农为本，以保护耕地为前提，要保持农村田园风光，让人们从中感到农业是充满希望的现代产业、农民是令人羡慕的体面职业、农村是宜居宜业宜游的美好家园。

不予立项的9类情况：

（1）未突出以农为本。

（2）项目布局和业态发展上与农业未能有机融合。

（3）以非农业产业为主导产业。

（4）不符合产业发展政策。

（5）资源环境承载能力较差。

（6）违反国家土地管理使用相关法律法规。

（7）违规进行房地产开发和私人庄园会所建设。

（8）乡、村举债搞建设。

（9）存在大拆大建、盲目铺摊子等情况。

（七）申请2亿元以上田园综合体模式借鉴

1. 美丽南方田园综合体

项目地址：广西壮族自治区南宁市

以美丽南方丰富的农业资源、产业基础、特色村落、传统文化为依托，以农业综合开发项目为抓手，完善生产、产业、经营、生态、服务和运行六大功能体系，实现生产生活生态"三生同步"、一二三产业"三产融合"、农业文化旅游"三位一体"。

2. 河南全省田园综合体建设试点

项目地址：河南省

各地必须在美丽乡村建设基础上，优先选择有基础、有特色、有潜力的乡镇（村），全域统筹开发。项目范围应为乡镇内或相邻乡镇3~5个村，以特色产业、特色景观、特色文化等为枢纽连接成片的区域。

3. 临沂市沂南县朱家林田园综合体建设项目

项目地址：山东省

按照田园综合体建设的乡村旅游项目，按照"创新、三美、共享"的发展理念，遵循"保护生态、培植产业、因势利导、共建共享"的原则，以农民专业合作社、农业创客为主体,致力建设"创意农业+休闲旅游+田园社区"的田园综合体。

4. 襄汾县田园综合体建设试点

项目地址:山西省襄汾县

规划在汾河以东,北起襄汾县与尧都区交界、南至县城建成区,以燕村荷花园为核心,涉及2个乡镇9个村,面积1万余亩的区域开展试点工作,全力打造具有襄汾特色的近郊创意休闲农业田园综合体。

5. 迁西花乡果巷田园综合体

项目地址:河北省唐山市

依托燕山独特的山区自然风光,以"山水田园,花乡果巷,诗画乡居"为规划定位,以生态为依托、以旅游为引擎、以文化为支撑、以富民为根本、以创新为理念、以市场为导向,致力打造特色鲜明、宜居宜业、惠及各方的国家级田园综合体,建设生态优良的山水田园,百花争艳的多彩花园,硕果飘香的百年果园,欢乐畅享的醉美游园,群众安居乐业的祥福家园。

第三节 休闲农业与乡村旅游的相关标准

1. 休闲农业与乡村旅游的国家标准(部分)

为了规范管理乡村旅游,多个有关休闲农业与乡村旅游的国家标准陆续发布,包括国家农村产业融合发展示范园认定评审标准(试行)、全国休闲农业与乡村旅游星级企业(园区)评分表,2015年5月发布的中华人民共和国国家标准《美丽乡村建设指南》,2013年出台的中华人民共和国农业行业标准《休闲农庄建设规范》等,具体内容见附录二。

2. 休闲农业与乡村旅游的地方标准(部分)

全国多省市陆续发布休闲农业与乡村旅游的地方标准,规范管理乡村旅游。2018年6月海南省出台《乡村民宿服务质量等级划分与评定》,2017年3月宁夏回族自治区发布地方标准《休闲农业分类及休闲农庄分级规范》,2009年4月河北省发布《河北省乡村旅游服务质量标准》,具体内容见附录三。

附录一　休闲农业与乡村旅游相关政策（部分）

本附录包括文化和旅游部等多部门联合印发《关于促进乡村旅游可持续发展的指导意见》和 2018 年中央一号文件《中共中央　国务院关于实施乡村振兴战略的意见》。

文化和旅游部等多部门联合印发《关于促进乡村旅游可持续发展的指导意见》

乡村旅游是旅游业的重要组成部分，是实施乡村振兴战略的重要力量，在加快推进农业农村现代化、城乡融合发展、贫困地区脱贫攻坚等方面发挥着重要作用。为深入贯彻落实《中共中央 国务院关于实施乡村振兴战略的意见》（中发〔2018〕1号）和《乡村振兴战略规划（2018—2022年）》，推动乡村旅游提质增效，促进乡村旅游可持续发展，加快形成农业农村发展新动能，现提出以下意见：

一、总体要求

（一）指导思想

全面贯彻党的十九大和十九届二中、三中全会精神，以习近平新时代中国特色社会主义思想为指导，牢固树立新发展理念，落实高质量发展要求，紧紧围绕统筹推进"五位一体"总体布局和协调推进"四个全面"战略布局，按照产业兴旺、生态宜居、乡风文明、治理有效、生活富裕的总要求，从农村实际和旅游市场需求出发，强化规划引领，完善乡村基础设施建设，优化乡村旅游环境，丰富乡村旅游产品，促进乡村旅游向市场化、产业化方向发展，全面提升乡村旅游的发展质量和综合效益，为实现我国乡村全面振兴作出重要贡献。

（二）基本原则

——生态优先，绿色发展。践行绿水青山就是金山银山的理念，注重开发与保护并举，统筹考虑资源环境承载能力和发展潜力，加强对乡村生态环境和乡村特色风貌的保护，强化有序开发、合理布局，避免急功近利、盲目发展。

——因地制宜，特色发展。根据区域特点和资源禀赋，以市场为导向，因地制宜，科学规划，积极开发特色化、差异化、多样化的乡村旅游产品，防止大拆大建、千村一面和城市化翻版、简单化复制，避免低水平同质化竞争。

——以农为本，多元发展。坚持以农民为受益主体，以农业农村为基本依托，尊重农民意愿，注重农民的全过程参与，调动农民积极性与创造性，加大政府的支持和引导力度，吸引更多的社会资本和经营主体投入乡村旅游的发展，释放乡村旅游发展活力。

——丰富内涵，品质发展。挖掘乡村传统文化和乡俗风情，加强乡村文物保护利用和文化遗产保护传承，吸收现代文明优秀成果，在保护传承基础上创造性转化、创新性发展，提升农村农民精神面貌，丰富乡村旅游的人文内涵，推动乡村旅游精品化、品牌化发展。

——共建共享，融合发展。整合资源，部门联动，统筹推进，加快乡村旅游与农业、教育、科技、体育、健康、养老、文化创意、文物保护等领域深度融合，培育乡村旅游新产品新业态新模式，推进农村一二三产业融合发展，实现农业增效、农民增收、农村增美。

（三）主要目标

到 2022 年，旅游基础设施和公共服务设施进一步完善，乡村旅游服务质量和水平全面提升，富农惠农作用更加凸显，基本形成布局合理、类型多样、功能完善、特色突出的乡村旅游发展格局。

二、加强规划引领，优化区域布局

（四）优化乡村旅游区域整体布局

推动旅游产品和市场相对成熟的区域、交通干线和 A 级景区周边的地区深化开展乡村旅游，支持具备条件的地区打造乡村旅游目的地，促进乡村旅游规模化、集群化发展。鼓励东部地区围绕服务中心城市，重点推进环都市乡村旅游度假带建设，提升乡村旅游产品品质，推动乡村旅游目的地建设；鼓励中西部地区围绕脱贫攻坚，重点推动乡村旅游与新型城镇化有机结合，合理利用古村古镇、民族村寨、文化村镇，打造"三区三州"深度贫困地区旅游大环线，培育一批乡村旅游精品线路；鼓励东北地区依托农业、林业、避暑、冰雪等优势，重点推进避暑旅游、冰雪旅游、森林旅游、康养旅游、民俗旅游等，探索开展乡村旅游边境跨境交流，打造乡村旅游新高地。（文化和旅游部、发展改革委、农业农村部、自然资源部、体育总局、林草局按职责分工负责）

（五）促进乡村旅游区域协同发展

加强东部、中西部旅游协作，促进旅游者和市场要素流动，形成互为客源、互为市场、互动发展的良好局面。加强乡村旅游产品与城市居民休闲需求的对接，统筹城乡基础设施和公共服务，加大城市人才、智力资源对乡村旅游的支持，促进城乡间人员往来、信息沟通、资本流动，加快城乡一体化发展进程。注重旅游资源开发的整体性，鼓励相邻地区打破行政壁垒，统筹规划，协同发展。依托风景名胜区、历史文化名城名镇名村、特色景观旅游名镇、传统村落，探索名胜名城名镇名村"四名一体"全域旅游发展模式。（文化和旅游部、发展改革委、农业农村部、自然资源部、住房城乡建设部、人力资源社会保障部按职责分工负责）

（六）制定乡村旅游发展规划

各地区要将乡村旅游发展作为重要内容纳入经济社会发展规划、国土空间规划以及基础设施建设、生态环境保护等专项规划，在规划中充分体现乡村旅游的发展要求。支持有条件的地区组织开展乡村旅游资源普查和发展状况调查，编制乡村旅游发展规划，鼓励突破行政区域限制，跨区域整合旅游资源，制定区域性乡村旅游发展规划。乡村旅游发展规划要符合当地实际，强化乡土风情、乡居风貌和文化传承，尊重村民发展意愿，落实国土空间规划有关要求，注重规划衔接与落地实施。严格保护耕地，落实永久基本农田控制线并实行特殊保护。独立编制的乡村旅游发展规划应符合镇规划、乡规划和村庄规划的有关要求。（文化和旅游部、发展改革委、生态环境部、自然资源部、住房城乡建设部、农业农村部、文物局按职责分工负责）

三、完善基础设施，提升公共服务

（七）提升乡村旅游基础设施

结合美丽乡村建设、新型城镇化建设、移民搬迁等工作，实施乡村绿化、美化、亮化工程，提升乡村景观，改善乡村旅游环境。加快交通干道、重点旅游景区到乡村旅游地的道路交通建设，提升乡村旅游的可进入性。鼓励有条件的旅游城市与游客相对聚集乡村旅游区间开通乡村旅游公交专线、乡村旅游直通车，方便城市居民和游客到乡村旅游消费。完善农村公路网络布局，加快乡镇、建制村硬化路"畅返不畅"整治，提高农村公路等级标准，鼓励因地制宜发展旅游步道、登山步道、自行车道等慢行系统。引导自驾车房车营地、交通驿站建设向特色村镇、风景廊道等重要节点延伸布点，定期发布乡村旅游自驾游精品线路产品。加强乡村旅游供水供电、垃圾污水处理以及停车、环卫、通信等配套设施建设，提升乡村旅游发展保障能力。（文化和旅游部、发展改革委、农业农村部、交通运输部、财政部按职责分工负责）

（八）完善乡村旅游公共服务体系

实施"厕所革命"新三年计划，引进推广厕所先进技术。结合乡村实际因地制宜进行厕所建设、改造和设计，注重与周边和整体环境布局协调，尽量体现地域文化特色，配套设施始终坚持卫生实用，反对搞形式主义、奢华浪费。积极组织开展厕所革命公益宣传活动，深入开展游客、群众文明如厕教育。推动建立乡村旅游咨询服务体系，在有条件、游客数量较大的乡村旅游区建设游客咨询服务中心，进一步完善乡村旅游标识标牌建设，强化解说、信息咨询、安全救援等服务体系建设，完善餐饮住宿、休闲娱乐、户外运动、商品购物、文化展演、民俗体验等配套服务，促进乡村旅游便利化。加快推动乡村旅游信息平台建设，完善网上预订、支付、交流等功能，推动乡村旅游智慧化。(文化和旅游部、发展改革委、农业农村部、住房城乡建设部、自然资源部、财政部、工业和信息化部、卫生健康委按职责分工负责)

四、丰富文化内涵，提升产品品质

(九) 突出乡村旅游文化特色

在保护的基础上，有效利用文物古迹、传统村落、民族村寨、传统建筑、农业遗迹、灌溉工程遗产、农业文化遗产、非物质文化遗产等，融入乡村旅游产品开发。促进文物资源与乡村旅游融合发展，支持在文物保护区域因地制宜适度发展服务业和休闲农业，推介文物领域研学旅行、体验旅游、休闲旅游项目和精品旅游线路，发挥文物资源对提高国民素质和社会文明程度、推动经济社会发展的重要作用。支持农村地区地域特色文化、民族民间文化、优秀农耕文化、传统手工艺、优秀戏曲曲艺等传承发展，创新表现形式，开发一批乡村文化旅游产品。依托乡村旅游创客基地，推动传统工艺品的生产、设计等和发展乡村旅游有机结合。鼓励乡村与专业艺术院团合作，打造特色鲜明、体现地方人文的文化旅游精品。大力发展乡村特色文化产业。支持在乡村地区开展红色旅游、研学旅游。(文化和旅游部、发展改革委、住房城乡建设部、生态环境部、农业农村部、文物局按职责分工负责)

(十) 丰富乡村旅游产品类型

对接旅游者观光、休闲、度假、康养、科普、文化体验等多样化需求，促进传统乡村旅游的产品升级，加快开发新型乡村旅游产品。结合现代农业发展，建设一批休闲农业精品园区、农业公园、农村产业融合发展示范园、田园综合体、农业庄园，探索发展休闲农业和乡村旅游新业态。结合乡村山地资源、森林资源、水域资源、地热冰雪资源等，发展森林观光、山地度假、水域休闲、冰雪娱乐、温泉养生等旅游产品。鼓励有条件地区，推进乡村旅游和中医药相结合，开发康养旅游产品。充分利用农村土地、闲置宅基地、闲置农房等资源，开发建设乡村民宿、养老等项目。依托当地自然和文化资源禀赋发展特色民宿，在文化传承和创意设计上实现提升，完善行业标准、提高服务水平、探索精准营销，避免盲目跟风和低端复制，引进多元投资主体，促进乡村民宿多样化、个性化、专业化发展。鼓励开发具有地方特色的服饰、手工艺品、农副土特产品、旅游纪念品等旅游商品。(文化和旅游部、发展改革委、农业农村部、生态环境部、自然资源部、体育总局、林草局按职责分工负责)

(十一) 提高乡村旅游服务管理水平

制定完善乡村旅游各领域、各环节服务规范和标准，加强经营者、管理者、当地居民等技能培训，提升乡村旅游服务品质。提升当地居民旅游观念和服务意识，提升文明习惯、掌握经营管理技巧。鼓励先进文化、科技手段在乡村旅游产品体验和服务、管理中的运用，增加乡村旅游发展的知识含量。大力开展专业志愿者支援乡村行动，鼓励专业人士参与乡村景观设计、乡村旅游策划等活动。探索运用连锁式、托管式、共享式、会员制、分时制、职业经理制等现代经营管理模式，提升乡村旅游的运营能力和管理水平。（文化和旅游部、农业农村部、人力资源社会保障部按职责分工负责）

五、创建旅游品牌，加大市场营销

（十二）培育构建乡村旅游品牌体系

树立乡村旅游品牌意识，提升品牌形象，增强乡村旅游品牌的影响力和竞争力。鼓励各地整合乡村旅游优质资源，推出一批特色鲜明、优势突出的乡村旅游品牌，构建全方位、多层次的乡村旅游品牌体系。建立全国乡村旅游重点村名录，开展乡村旅游精品工程，培育一批全国乡村旅游精品村、精品单位。鼓励具备条件的地区集群发展乡村旅游，积极打造有影响力的乡村旅游目的地。支持资源禀赋好、基础设施完善、公共服务体系健全的乡村旅游点申报创建 A 级景区、旅游度假区、特色小镇等品牌。（文化和旅游部、发展改革委、农业农村部、生态环境部按职责分工负责）

（十三）创新乡村旅游营销模式

发挥政府积极作用，鼓励社会力量参与乡村旅游宣传推广和中介服务，鼓励各地开展乡村旅游宣传活动，拓宽乡村旅游客源市场。依托电视、电台、报纸等传统媒体资源，利用旅游推介会、博览会、节事活动等平台，扩大乡村旅游宣传。充分利用新媒体自媒体，支持电商平台开设乡村旅游频道，开展在线宣传推广和产品销售等。（文化和旅游部、发展改革委、农业农村部按职责分工负责）

六、注重农民受益，助力脱贫攻坚

（十四）探索推广发展模式

支持旅行社利用客源优势，最大限度宣传推介旅游资源并组织游客前来旅游，并通过联合营销等方式共同开发市场的"旅行社带村"模式。积极推进景区辐射带动周边发展乡村旅游，形成乡村与景区共生共荣、共建共享的"景区带村"模式。大力支持懂经营、善管理的本地及返乡能人投资旅游，以吸纳就业、带动创业的方式带动农民增收致富的"能人带户"模式。不断壮大企业主导乡村旅游经营，吸纳当地村民参与经营或管理的"公司+农户"模式。引导规范专业化服务与规模化经营相结合的"合作社+农户"模式。鼓励各地从实际出发，积极探索推广多方参与、机制完善、互利共赢的新模式新做法，建立定性定量分析的工作台账，总结推广旅游扶贫工作。（文化和旅游部、农业农村部、国务院扶贫办按职责分工负责）

（十五）完善利益联结机制

突出重点，做好深度贫困地区旅游扶贫工作。建立健全多元的利益联结机制，让农民更好分享旅游发展红利，提高农民参与性和获得感。探索资源变资产、资金变股金、农民变股东的途径，引导村集体和村民利用资金、技术、土地、林地、房屋以及农村集体资产等入股乡村旅游合作社、旅游企业等获得收益，鼓励企业实行保底分红。支持在贫困地区实施一批以乡村民宿改造提升为重点的旅游扶贫项目，引导贫困群众对闲置农房升级改造，指导各地在明晰产权的基础上，建立有效的带贫减贫机制，增加贫困群众收益。支持当地村民和回乡人员创业，参与乡村旅游经营和服务。鼓励乡村旅游企业优先吸纳当地村民就业。（文化和旅游部、农业农村部、自然资源部、林草局、国务院扶贫办按职责分工负责）

七、整合资金资源，强化要素保障

（十六）完善财政投入机制

加大对乡村旅游项目的资金支持力度。鼓励有条件、有需求的地方统筹利用现有资金渠道，积极支持提升村容村貌，改善乡村旅游重点村道路、停车场、厕所、垃圾污水处理等基础服务设施。按规定统筹的相关涉农资金可以用于培育发展休闲农业和乡村旅游。（财政部、发展改革委、农业农村部按职责分工负责）

（十七）加强用地保障

各地应将乡村旅游项目建设用地纳入国土空间规划和年度土地利用计划统筹安排。在符合生态环境保护要求和相关规划的前提下，鼓励各地按照相关规定，盘活农村闲置建设用地资源，开展城乡建设用地增减挂钩，优化建设用地结构和布局，促进休闲农业和乡村旅游发展，提高土地节约集约利用水平。鼓励通过流转等方式取得属于文物建筑的农民房屋及宅基地使用权，统一保护开发利用。在充分保障农民宅基地用益物权的前提下，探索农村集体经济组织以出租、入股、合作等方式盘活利用闲置宅基地和农房，按照规划要求和用地标准，改造建设乡村旅游接待和活动场所。支持历史遗留工矿废弃地再利用、荒滩等未利用土地开发乡村旅游。（自然资源部、住房城乡建设部、生态环境部、农业农村部、林草局按职责分工负责）

（十八）加强金融支持

鼓励金融机构为乡村旅游发展提供信贷支持，创新金融产品，降低贷款门槛，简化贷款手续，加大信贷投放力度，扶持乡村旅游龙头企业发展。依法合规推进农村承包土地的经营权、农民住房财产权抵押贷款业务，积极推进集体林权抵押贷款、旅游门票收益权质押贷款业务，扩大乡村旅游融资规模，鼓励乡村旅游经营户通过小额贷款、保证保险实现融资。鼓励保险业向乡村旅游延伸，探索支持乡村旅游的保险产品。（财政部、自然资源部、人民银行、银保监会按职责分工负责）

（十九）加强人才队伍建设

将乡村旅游纳入各级乡村振兴干部培训计划，加强对县、乡镇党政领导发展乡村旅游的专题培训。通过专题培训、送教上门、结对帮扶等方式，开展多层次、多渠道的乡村旅游培训。各级人社、农业农村、文化和旅游、扶贫等部门要将乡村旅游人才培育纳入培训计划，加大对乡村旅游的管理人员、服务人员的技能培训，培养结构合理、素质较高的乡村旅游从业人员队伍。开展乡村旅游创客行动，组织引导大学生、文化艺术人才、专业技术人员、青年创业团队等各类"创客"投身乡村旅游发展，促进人才向乡村流动，改善乡村旅游人才结构。（文化和旅游部、人力资源社会保障部、农业农村部、国务院扶贫办按职责分工负责）

各地各部门要把乡村旅游可持续、高质量发展作为实施乡村振兴战略的重要举措，统筹乡村旅游发展工作，结合实际出台落实意见或实施方案，明确部门工作职责，建立督导机制，形成推动乡村旅游发展的强大合力，推动各项任务贯彻落实。

中央一号文件《中共中央 国务院关于实施乡村振兴战略的意见》

（2018年1月2日）

实施乡村振兴战略，是党的十九大作出的重大决策部署，是决胜全面建成小康社会、全面建设社会主义现代化国家的重大历史任务，是新时代"三农"工作的总抓手。现就实施乡村振兴战略提出如下意见。

一、新时代实施乡村振兴战略的重大意义

党的十八大以来，在以习近平同志为核心的党中央坚强领导下，我们坚持把解决好"三农"问题作为全党工作重中之重，持续加大强农惠农富农政策力度，扎实推进农业现代化和新农村建设，全面深化农村改革，农业农村发展取得了历史性成就，为党和国家事业全面开创新局面提供了重要支撑。5年来，粮食生产能力跨上新台阶，农业供给侧结构性改革迈出新步伐，农民收入持续增长，农村民生全面改善，脱贫攻坚战取得决定性进展，农村生态文明建设显著加强，农民获得感显著提升，农村社会稳定和谐。农业农村发展取得的重大成就和"三农"工作积累的丰富经验，为实施乡村振兴战略奠定了良好基础。

农业农村农民问题是关系国计民生的根本性问题。没有农业农村的现代化，就没有国家的现代化。当前，我国发展不平衡不充分问题在乡村最为突出，主要表现在：农产品阶段性供过于求和供给不足并存，农业供给质量亟待提高；农民适应生产力发展和市场竞争的能力不足，新型职业农民队伍建设亟须加强；农村基础设施和民生领域欠账较多，农村环境和生态问题比较突出，乡村发展整体水平亟待提升；国家支农体系相对薄弱，农村金融改革任务繁重，城乡之间要素合理流动机制亟待健全；农村基层党建存在薄弱环节，乡村治理体系和治理能力亟待强化。实施乡村振兴战略，是解决人民日益增长的美好生活需要和不平衡不充分的发展之间矛盾的必然要求，是实现"两个一百年"奋斗目标的必然要求，是实现全体人民共同富裕的必然要求。

在中国特色社会主义新时代，乡村是一个可以大有作为的广阔天地，迎来了难得的发展机遇。我们有党的领导的政治优势，有社会主义的制度优势，有亿万农民的创

造精神，有强大的经济实力支撑，有历史悠久的农耕文明，有旺盛的市场需求，完全有条件有能力实施乡村振兴战略。必须立足国情农情，顺势而为，切实增强责任感使命感紧迫感，举全党全国全社会之力，以更大的决心、更明确的目标、更有力的举措，推动农业全面升级、农村全面进步、农民全面发展，谱写新时代乡村全面振兴新篇章。

二、实施乡村振兴战略的总体要求

（一）指导思想

全面贯彻党的十九大精神，以习近平新时代中国特色社会主义思想为指导，加强党对"三农"工作的领导，坚持稳中求进工作总基调，牢固树立新发展理念，落实高质量发展的要求，紧紧围绕统筹推进"五位一体"总体布局和协调推进"四个全面"战略布局，坚持把解决好"三农"问题作为全党工作重中之重，坚持农业农村优先发展，按照产业兴旺、生态宜居、乡风文明、治理有效、生活富裕的总要求，建立健全城乡融合发展体制机制和政策体系，统筹推进农村经济建设、政治建设、文化建设、社会建设、生态文明建设和党的建设，加快推进乡村治理体系和治理能力现代化，加快推进农业农村现代化，走中国特色社会主义乡村振兴道路，让农业成为有奔头的产业，让农民成为有吸引力的职业，让农村成为安居乐业的美丽家园。

（二）目标任务

按照党的十九大提出的决胜全面建成小康社会、分两个阶段实现第二个百年奋斗目标的战略安排，实施乡村振兴战略的目标任务是：

到2020年，乡村振兴取得重要进展，制度框架和政策体系基本形成。农业综合生产能力稳步提升，农业供给体系质量明显提高，农村一二三产业融合发展水平进一步提升；农民增收渠道进一步拓宽，城乡居民生活水平差距持续缩小；现行标准下农村贫困人口实现脱贫，贫困县全部摘帽，解决区域性整体贫困；农村基础设施建设深入推进，农村人居环境明显改善，美丽宜居乡村建设扎实推进；城乡基本公共服务均等化水平进一步提高，城乡融合发展体制机制初步建立；农村对人才吸引力逐步增强；农村生态环境明显好转，农业生态服务能力进一步提高；以党组织为核心的农村基层组织建设进一步加强，乡村治理体系进一步完善；党的农村工作领导体制机制进一步健全；各地区各部门推进乡村振兴的思路举措得以确立。

到2035年，乡村振兴取得决定性进展，农业农村现代化基本实现。农业结构得到根本性改善，农民就业质量显著提高，相对贫困进一步缓解，共同富裕迈出坚实步伐；城乡基本公共服务均等化基本实现，城乡融合发展体制机制更加完善；乡风文明达到新高度，乡村治理体系更加完善；农村生态环境根本好转，美丽宜居乡村基本实现。

到2050年，乡村全面振兴，农业强、农村美、农民富全面实现。

(三) 基本原则

——坚持党管农村工作。毫不动摇地坚持和加强党对农村工作的领导，健全党管农村工作领导体制机制和党内法规，确保党在农村工作中始终总揽全局、协调各方，为乡村振兴提供坚强有力的政治保障。

——坚持农业农村优先发展。把实现乡村振兴作为全党的共同意志、共同行动，做到认识统一、步调一致，在干部配备上优先考虑，在要素配置上优先满足，在资金投入上优先保障，在公共服务上优先安排，加快补齐农业农村短板。

——坚持农民主体地位。充分尊重农民意愿，切实发挥农民在乡村振兴中的主体作用，调动亿万农民的积极性、主动性、创造性，把维护农民群众根本利益、促进农民共同富裕作为出发点和落脚点，促进农民持续增收，不断提升农民的获得感、幸福感、安全感。

——坚持乡村全面振兴。准确把握乡村振兴的科学内涵，挖掘乡村多种功能和价值，统筹谋划农村经济建设、政治建设、文化建设、社会建设、生态文明建设和党的建设，注重协同性、关联性、整体部署，协调推进。

——坚持城乡融合发展。坚决破除体制机制弊端，使市场在资源配置中起决定性作用，更好发挥政府作用，推动城乡要素自由流动、平等交换，推动新型工业化、信息化、城镇化、农业现代化同步发展，加快形成工农互促、城乡互补、全面融合、共同繁荣的新型工农城乡关系。

——坚持人与自然和谐共生。牢固树立和践行绿水青山就是金山银山的理念，落实节约优先、保护优先、自然恢复为主的方针，统筹山水林田湖草系统治理，严守生态保护红线，以绿色发展引领乡村振兴。

——坚持因地制宜、循序渐进。科学把握乡村的差异性和发展走势分化特征，做好顶层设计，注重规划先行、突出重点、分类施策、典型引路。既尽力而为，又量力而行，不搞层层加码，不搞一刀切，不搞形式主义，久久为功，扎实推进。

三、提升农业发展质量，培育乡村发展新动能

乡村振兴，产业兴旺是重点。必须坚持质量兴农、绿色兴农，以农业供给侧结构性改革为主线，加快构建现代农业产业体系、生产体系、经营体系，提高农业创新力、竞争力和全要素生产率，加快实现由农业大国向农业强国转变。

(一) 夯实农业生产能力基础

深入实施藏粮于地、藏粮于技战略，严守耕地红线，确保国家粮食安全，把中国人的饭碗牢牢端在自己手中。全面落实永久基本农田特殊保护制度，加快划定和建设粮食生产功能区、重要农产品生产保护区，完善支持政策。大规模推进农村土地整治和高标准农田建设，稳步提升耕地质量，强化监督考核和地方政府责任。加强农田水利建设，提高抗旱防洪除涝能力。实施国家农业节水行动，加快灌区续建配套与现代

化改造，推进小型农田水利设施达标提质，建设一批重大高效节水灌溉工程。加快建设国家农业科技创新体系，加强面向全行业的科技创新基地建设。深化农业科技成果转化和推广应用改革。加快发展现代农作物、畜禽、水产、林木种业，提升自主创新能力。高标准建设国家南繁育种基地。推进我国农机装备产业转型升级，加强科研机构、设备制造企业联合攻关，进一步提高大宗农作物机械国产化水平，加快研发经济作物、养殖业、丘陵山区农林机械，发展高端农机装备制造。优化农业从业者结构，加快建设知识型、技能型、创新型农业经营者队伍。大力发展数字农业，实施智慧农业林业水利工程，推进物联网试验示范和遥感技术应用。

（二）实施质量兴农战略

制定和实施国家质量兴农战略规划，建立健全质量兴农评价体系、政策体系、工作体系和考核体系。深入推进农业绿色化、优质化、特色化、品牌化，调整优化农业生产力布局，推动农业由增产导向转向提质导向。推进特色农产品优势区创建，建设现代农业产业园、农业科技园。实施产业兴村强县行动，推行标准化生产，培育农产品品牌，保护地理标志农产品，打造一村一品、一县一业发展新格局。加快发展现代高效林业，实施兴林富民行动，推进森林生态标志产品建设工程。加强植物病虫害、动物疫病防控体系建设。优化养殖业空间布局，大力发展绿色生态健康养殖，做大做强民族奶业。统筹海洋渔业资源开发，科学布局近远海养殖和远洋渔业，建设现代化海洋牧场。建立产学研融合的农业科技创新联盟，加强农业绿色生态、提质增效技术研发应用。切实发挥农垦在质量兴农中的带动引领作用。实施食品安全战略，完善农产品质量和食品安全标准体系，加强农业投入品和农产品质量安全追溯体系建设，健全农产品质量和食品安全监管体制，重点提高基层监管能力。

（三）构建农村一二三产业融合发展体系

大力开发农业多种功能，延长产业链、提升价值链、完善利益链，通过保底分红、股份合作、利润返还等多种形式，让农民合理分享全产业链增值收益。实施农产品加工业提升行动，鼓励企业兼并重组，淘汰落后产能，支持主产区农产品就地加工转化增值。重点解决农产品销售中的突出问题，加强农产品产后分级、包装、营销，建设现代化农产品冷链仓储物流体系，打造农产品销售公共服务平台，支持供销、邮政及各类企业把服务网点延伸到乡村，健全农产品产销稳定衔接机制，大力建设具有广泛性的促进农村电子商务发展的基础设施，鼓励支持各类市场主体创新发展基于互联网的新型农业产业模式，深入实施电子商务进农村综合示范，加快推进农村流通现代化。实施休闲农业和乡村旅游精品工程，建设一批设施完备、功能多样的休闲观光园区、森林人家、康养基地、乡村民宿、特色小镇。对利用闲置农房发展民宿、养老等项目，研究出台消防、特种行业经营等领域便利市场准入、加强事中事后监管的管理办法。发展乡村共享经济、创意农业、特色文化产业。

（四）构建农业对外开放新格局

优化资源配置，着力节本增效，提高我国农产品国际竞争力。实施特色优势农产品出口提升行动，扩大高附加值农产品出口。建立健全我国农业贸易政策体系。深化与"一带一路"沿线国家和地区农产品贸易关系。积极支持农业走出去，培育具有国际竞争力的大粮商和农业企业集团。积极参与全球粮食安全治理和农业贸易规则制定，促进形成更加公平合理的农业国际贸易秩序。进一步加大农产品反走私综合治理力度。

（五）促进小农户和现代农业发展有机衔接

统筹兼顾培育新型农业经营主体和扶持小农户，采取有针对性的措施，把小农生产引入现代农业发展轨道。培育各类专业化市场化服务组织，推进农业生产全程社会化服务，帮助小农户节本增效。发展多样化的联合与合作，提升小农户组织化程度。注重发挥新型农业经营主体带动作用，打造区域公用品牌，开展农超对接、农社对接，帮助小农户对接市场。扶持小农户发展生态农业、设施农业、体验农业、定制农业，提高产品档次和附加值，拓展增收空间。改善小农户生产设施条件，提升小农户抗风险能力。研究制定扶持小农生产的政策意见。

四、推进乡村绿色发展，打造人与自然和谐共生发展新格局

乡村振兴，生态宜居是关键。良好生态环境是农村最大优势和宝贵财富。必须尊重自然、顺应自然、保护自然，推动乡村自然资本加快增值，实现百姓富、生态美的统一。

（一）统筹山水林田湖草系统治理

把山水林田湖草作为一个生命共同体，进行统一保护、统一修复。实施重要生态系统保护和修复工程。健全耕地草原森林河流湖泊休养生息制度，分类有序退出超载的边际产能。扩大耕地轮作休耕制度试点。科学划定江河湖海限捕、禁捕区域，健全水生生态保护修复制度。实行水资源消耗总量和强度双控行动。开展河湖水系连通和农村河塘清淤整治，全面推行河长制、湖长制。加大农业水价综合改革工作力度。开展国土绿化行动，推进荒漠化、石漠化、水土流失综合治理。强化湿地保护和恢复，继续开展退耕还湿。完善天然林保护制度，把所有天然林都纳入保护范围。扩大退耕还林还草、退牧还草，建立成果巩固长效机制。继续实施三北防护林体系建设等林业重点工程，实施森林质量精准提升工程。继续实施草原生态保护补助奖励政策。实施生物多样性保护重大工程，有效防范外来生物入侵。

（二）加强农村突出环境问题综合治理

加强农业面源污染防治，开展农业绿色发展行动，实现投入品减量化、生产清洁化、废弃物资源化、产业模式生态化。推进有机肥替代化肥、畜禽粪污处理、农作物秸秆综合利用、废弃农膜回收、病虫害绿色防控。加强农村水环境治理和农村饮用水水源保护，实施农村生态清洁小流域建设。扩大华北地下水超采区综合治理范围。推进重金属污染耕地防控和修复，开展土壤污染治理与修复技术应用试点，加大东北黑

土地保护力度。实施流域环境和近岸海域综合治理。严禁工业和城镇污染向农业农村转移。加强农村环境监管能力建设，落实县乡两级农村环境保护主体责任。

（三）建立市场化多元化生态补偿机制

落实农业功能区制度，加大重点生态功能区转移支付力度，完善生态保护成效与资金分配挂钩的激励约束机制。鼓励地方在重点生态区位推行商品林赎买制度。健全地区间、流域上下游之间横向生态保护补偿机制，探索建立生态产品购买、森林碳汇等市场化补偿制度。建立长江流域重点水域禁捕补偿制度。推行生态建设和保护以工代赈做法，提供更多生态公益岗位。

（四）增加农业生态产品和服务供给

正确处理开发与保护的关系，运用现代科技和管理手段，将乡村生态优势转化为发展生态经济的优势，提供更多更好的绿色生态产品和服务，促进生态和经济良性循环。加快发展森林草原旅游、河湖湿地观光、冰雪海上运动、野生动物驯养观赏等产业，积极开发观光农业、游憩休闲、健康养生、生态教育等服务。创建一批特色生态旅游示范村镇和精品线路，打造绿色生态环保的乡村生态旅游产业链。

五、繁荣兴盛农村文化，焕发乡风文明新气象

乡村振兴，乡风文明是保障。必须坚持物质文明和精神文明一起抓，提升农民精神风貌，培育文明乡风、良好家风、淳朴民风，不断提高乡村社会文明程度。

（一）加强农村思想道德建设

以社会主义核心价值观为引领，坚持教育引导、实践养成、制度保障三管齐下，采取符合农村特点的有效方式，深化中国特色社会主义和中国梦宣传教育，大力弘扬民族精神和时代精神。加强爱国主义、集体主义、社会主义教育，深化民族团结进步教育，加强农村思想文化阵地建设。深入实施公民道德建设工程，挖掘农村传统道德教育资源，推进社会公德、职业道德、家庭美德、个人品德建设。推进诚信建设，强化农民的社会责任意识、规则意识、集体意识、主人翁意识。

（二）传承发展提升农村优秀传统文化

立足乡村文明，吸取城市文明及外来文化优秀成果，在保护传承的基础上，创造性转化、创新性发展，不断赋予时代内涵、丰富表现形式。切实保护好优秀农耕文化遗产，推动优秀农耕文化遗产合理适度利用。深入挖掘农耕文化蕴含的优秀思想观念、人文精神、道德规范，充分发挥其在凝聚人心、教化群众、淳化民风中的重要作用。划定乡村建设的历史文化保护线，保护好文物古迹、传统村落、民族村寨、传统建筑、农业遗迹、灌溉工程遗产。支持农村地区优秀戏曲曲艺、少数民族文化、民间文化等传承发展。

（三）加强农村公共文化建设

按照有标准、有网络、有内容、有人才的要求，健全乡村公共文化服务体系。发

挥县级公共文化机构辐射作用，推进基层综合性文化服务中心建设，实现乡村两级公共文化服务全覆盖，提升服务效能。深入推进文化惠民，公共文化资源要重点向乡村倾斜，提供更多更好的农村公共文化产品和服务。支持"三农"题材文艺创作生产，鼓励文艺工作者不断推出反映农民生产生活尤其是乡村振兴实践的优秀文艺作品，充分展示新时代农村农民的精神面貌。培育挖掘乡土文化本土人才，开展文化结对帮扶，引导社会各界人士投身乡村文化建设。活跃繁荣农村文化市场，丰富农村文化业态，加强农村文化市场监管。

（四）开展移风易俗行动

广泛开展文明村镇、星级文明户、文明家庭等群众性精神文明创建活动。遏制大操大办、厚葬薄养、人情攀比等陈规陋习。加强无神论宣传教育，丰富农民群众精神文化生活，抵制封建迷信活动。深化农村殡葬改革。加强农村科普工作，提高农民科学文化素养。

六、加强农村基层基础工作，构建乡村治理新体系

乡村振兴，治理有效是基础。必须把夯实基层基础作为固本之策，建立健全党委领导、政府负责、社会协同、公众参与、法治保障的现代乡村社会治理体制，坚持自治、法治、德治相结合，确保乡村社会充满活力、和谐有序。

（一）加强农村基层党组织建设

扎实推进抓党建促乡村振兴，突出政治功能，提升组织力，抓乡促村，把农村基层党组织建成坚强战斗堡垒。强化农村基层党组织领导核心地位，创新组织设置和活动方式，持续整顿软弱涣散村党组织，稳妥有序开展不合格党员处置工作，着力引导农村党员发挥先锋模范作用。建立选派第一书记工作长效机制，全面向贫困村、软弱涣散村和集体经济薄弱村党组织派出第一书记。实施农村带头人队伍整体优化提升行动，注重吸引高校毕业生、农民工、机关企事业单位优秀党员干部到村任职，选优配强村党组织书记。健全从优秀村党组织书记中选拔乡镇领导干部、考录乡镇机关公务员、招聘乡镇事业编制人员制度。加大在优秀青年农民中发展党员力度。建立农村党员定期培训制度。全面落实村级组织运转经费保障政策。推行村级小微权力清单制度，加大基层小微权力腐败惩处力度。严厉整治惠农补贴、集体资产管理、土地征收等领域侵害农民利益的不正之风和腐败问题。

（二）深化村民自治实践

坚持自治为基，加强农村群众性自治组织建设，健全和创新村党组织领导的充满活力的村民自治机制。推动村党组织书记通过选举担任村委会主任。发挥自治章程、村规民约的积极作用。全面建立健全村务监督委员会，推行村级事务阳光工程。依托村民会议、村民代表会议、村民议事会、村民理事会、村民监事会等，形成民事民议、民事民办、民事民管的多层次基层协商格局。积极发挥新乡贤作用。推动乡村治

理重心下移，尽可能把资源、服务、管理下放到基层。继续开展以村民小组或自然村为基本单元的村民自治试点工作。加强农村社区治理创新。创新基层管理体制机制，整合优化公共服务和行政审批职责，打造"一门式办理""一站式服务"的综合服务平台。在村庄普遍建立网上服务站点，逐步形成完善的乡村便民服务体系。大力培育服务性、公益性、互助性农村社会组织，积极发展农村社会工作和志愿服务。集中清理上级对村级组织考核评比多、创建达标多、检查督查多等突出问题。维护村民委员会、农村集体经济组织、农村合作经济组织的特别法人地位和权利。

(三) 建设法治乡村

坚持法治为本，树立依法治理理念，强化法律在维护农民权益、规范市场运行、农业支持保护、生态环境治理、化解农村社会矛盾等方面的权威地位。增强基层干部法治观念、法治为民意识，将政府涉农各项工作纳入法治化轨道。深入推进综合行政执法改革向基层延伸，创新监管方式，推动执法队伍整合、执法力量下沉，提高执法能力和水平。建立健全乡村调解、县市仲裁、司法保障的农村土地承包经营纠纷调处机制。加大农村普法力度，提高农民法治素养，引导广大农民增强尊法学法守法用法意识。健全农村公共法律服务体系，加强对农民的法律援助和司法救助。

(四) 提升乡村德治水平

深入挖掘乡村熟人社会蕴含的道德规范，结合时代要求进行创新，强化道德教化作用，引导农民向上向善、孝老爱亲、重义守信、勤俭持家。建立道德激励约束机制，引导农民自我管理、自我教育、自我服务、自我提高，实现家庭和睦、邻里和谐、干群融洽。广泛开展好媳妇、好儿女、好公婆等评选表彰活动，开展寻找最美乡村教师、医生、村官、家庭等活动。深入宣传道德模范、身边好人的典型事迹，弘扬真善美，传播正能量。

(五) 建设平安乡村

健全落实社会治安综合治理领导责任制，大力推进农村社会治安防控体系建设，推动社会治安防控力量下沉。深入开展扫黑除恶专项斗争，严厉打击农村黑恶势力、宗族恶势力，严厉打击黄赌毒盗拐骗等违法犯罪。依法加大对农村非法宗教活动和境外渗透活动打击力度，依法制止利用宗教干预农村公共事务，继续整治农村乱建庙宇、滥塑宗教造像。完善县乡村三级综治中心功能和运行机制。健全农村公共安全体系，持续开展农村安全隐患治理。加强农村警务、消防、安全生产工作，坚决遏制重特大安全事故。探索以网格化管理为抓手、以现代信息技术为支撑，实现基层服务和管理精细化、精准化。推进农村"雪亮工程"建设。

七、提高农村民生保障水平，塑造美丽乡村新风貌

乡村振兴，生活富裕是根本。要坚持人人尽责、人人享有，按照抓重点、补短板、强弱项的要求，围绕农民群众最关心最直接最现实的利益问题，一件事情接着一

件事情办,一年接着一年干,把乡村建设成为幸福美丽新家园。

(一) 优先发展农村教育事业

高度重视发展农村义务教育,推动建立以城带乡、整体推进、城乡一体、均衡发展的义务教育发展机制。全面改善薄弱学校基本办学条件,加强寄宿制学校建设。实施农村义务教育学生营养改善计划。发展农村学前教育。推进农村普及高中阶段教育,支持教育基础薄弱县普通高中建设,加强职业教育,逐步分类推进中等职业教育免除学杂费。健全学生资助制度,使绝大多数农村新增劳动力接受高中阶段教育、更多接受高等教育。把农村需要的人群纳入特殊教育体系。以市县为单位,推动优质学校辐射农村薄弱学校常态化。统筹配置城乡师资,并向乡村倾斜,建好建强乡村教师队伍。

(二) 促进农村劳动力转移就业和农民增收

健全覆盖城乡的公共就业服务体系,大规模开展职业技能培训,促进农民工多渠道转移就业,提高就业质量。深化户籍制度改革,促进有条件、有意愿、在城镇有稳定就业和住所的农业转移人口在城镇有序落户,依法平等享受城镇公共服务。加强扶持引导服务,实施乡村就业创业促进行动,大力发展文化、科技、旅游、生态等乡村特色产业,振兴传统工艺。培育一批家庭工场、手工作坊、乡村车间,鼓励在乡村地区兴办环境友好型企业,实现乡村经济多元化,提供更多就业岗位。拓宽农民增收渠道,鼓励农民勤劳守法致富,增加农村低收入者收入,扩大农村中等收入群体,保持农村居民收入增速快于城镇居民。

(三) 推动农村基础设施提挡升级

继续把基础设施建设重点放在农村,加快农村公路、供水、供气、环保、电网、物流、信息、广播电视等基础设施建设,推动城乡基础设施互联互通。以示范县为载体全面推进"四好农村路"建设,加快实施通村组硬化路建设。加大成品油消费税转移支付资金用于农村公路养护力度。推进节水供水重大水利工程,实施农村饮水安全巩固提升工程。加快新一轮农村电网改造升级,制定农村通动力电规划,推进农村可再生能源开发利用。实施数字乡村战略,做好整体规划设计,加快农村地区宽带网络和第四代移动通信网络覆盖步伐,开发适应"三农"特点的信息技术、产品、应用和服务,推动远程医疗、远程教育等应用普及,弥合城乡数字鸿沟。提升气象为农服务能力。加强农村防灾减灾救灾能力建设。抓紧研究提出深化农村公共基础设施管护体制改革指导意见。

(四) 加强农村社会保障体系建设

完善统一的城乡居民基本医疗保险制度和大病保险制度,做好农民重特大疾病救助工作。巩固城乡居民医保全国异地就医联网直接结算。完善城乡居民基本养老保险制度,建立城乡居民基本养老保险待遇确定和基础养老金标准正常调整机制。统筹城乡社会救助体系,完善最低生活保障制度,做好农村社会救助兜底工作。将进城落户农业转移人口全部纳入城镇住房保障体系。构建多层次农村养老保障体系，创新多元化照料服务模式。健全农村留守儿童和妇女、老年人以及困境儿童关爱服务体系。加强和改善农村残疾人服务。

（五）推进健康乡村建设

强化农村公共卫生服务，加强慢性病综合防控，大力推进农村地区精神卫生、职业病和重大传染病防治。完善基本公共卫生服务项目补助政策，加强基层医疗卫生服务体系建设，支持乡镇卫生院和村卫生室改善条件。加强乡村中医药服务。开展和规范家庭医生签约服务，加强妇幼、老人、残疾人等重点人群健康服务。倡导优生优育。深入开展乡村爱国卫生运动。

（六）持续改善农村人居环境

实施农村人居环境整治三年行动计划，以农村垃圾、污水治理和村容村貌提升为主攻方向，整合各种资源，强化各种举措，稳步有序推进农村人居环境突出问题治理。坚持不懈推进农村"厕所革命"，大力开展农村户用卫生厕所建设和改造，同步实施粪污治理，加快实现农村无害化卫生厕所全覆盖，努力补齐影响农民群众生活品质的短板。总结推广适用不同地区的农村污水治理模式，加强技术支撑和指导。深入推进农村环境综合整治。推进北方地区农村散煤替代，有条件的地方有序推进煤改气、煤改电和新能源利用。逐步建立农村低收入群体安全住房保障机制。强化新建农房规划管控，加强"空心村"服务管理和改造。保护保留乡村风貌，开展田园建筑示范，培养乡村传统建筑名匠。实施乡村绿化行动，全面保护古树名木。持续推进宜居宜业的美丽乡村建设。

八、打好精准脱贫攻坚战，增强贫困群众获得感

乡村振兴，摆脱贫困是前提。必须坚持精准扶贫、精准脱贫，把提高脱贫质量放在首位，既不降低扶贫标准，也不吊高胃口，采取更加有力的举措、更加集中的支持、更加精细的工作，坚决打好精准脱贫这场对全面建成小康社会具有决定性意义的攻坚战。

（一）瞄准贫困人口精准帮扶

对有劳动能力的贫困人口，强化产业和就业扶持，着力做好产销衔接、劳务对接，实现稳定脱贫。有序推进易地扶贫搬迁，让搬迁群众搬得出、稳得住、能致富。对完全或部分丧失劳动能力的特殊贫困人口，综合实施保障性扶贫政策，确保病有所医、残有所助、生活有兜底。做好农村最低生活保障工作的动态化精细化管理，把符合条件的贫困人口全部纳入保障范围。

（二）聚焦深度贫困地区集中发力

全面改善贫困地区生产生活条件，确保实现贫困地区基本公共服务主要指标接近全国平均水平。以解决突出制约问题为重点，以重大扶贫工程和到村到户帮扶为抓

手,加大政策倾斜和扶贫资金整合力度,着力改善深度贫困地区发展条件,增强贫困农户发展能力,重点攻克深度贫困地区脱贫任务。新增脱贫攻坚资金项目主要投向深度贫困地区,增加金融投入对深度贫困地区的支持,新增建设用地指标优先保障深度贫困地区发展用地需要。

(三)激发贫困人口内生动力

把扶贫同扶志、扶智结合起来,把救急纾困和内生脱贫结合起来,提升贫困群众发展生产和务工经商的基本技能,实现可持续稳固脱贫。引导贫困群众克服等靠要思想,逐步消除精神贫困。要打破贫困均衡,促进形成自强自立、争先脱贫的精神风貌。改进帮扶方式方法,更多采用生产奖补、劳务补助、以工代赈等机制,推动贫困群众通过自己的辛勤劳动脱贫致富。

(四)强化脱贫攻坚责任和监督

坚持中央统筹省负总责市县抓落实的工作机制,强化党政一把手负总责的责任制。强化县级党委作为全县脱贫攻坚总指挥部的关键作用,脱贫攻坚期内贫困县县级党政正职要保持稳定。开展扶贫领域腐败和作风问题专项治理,切实加强扶贫资金管理,对挪用和贪污扶贫款项的行为严惩不贷。将2018年作为脱贫攻坚作风建设年,集中力量解决突出作风问题。科学确定脱贫摘帽时间,对弄虚作假、搞数字脱贫的严肃查处。完善扶贫督查巡查、考核评估办法,除党中央、国务院统一部署外,各部门一律不准再组织其他检查考评。严格控制各地开展增加一线扶贫干部负担的各类检查考评,切实给基层减轻工作负担。关心爱护战斗在扶贫第一线的基层干部,制定激励政策,为他们工作生活排忧解难,保护和调动他们的工作积极性。做好实施乡村振兴战略与打好精准脱贫攻坚战的有机衔接。制定坚决打好精准脱贫攻坚战三年行动指导意见。研究提出持续减贫的意见。

九、推进体制机制创新,强化乡村振兴制度性供给

实施乡村振兴战略,必须把制度建设贯穿其中。要以完善产权制度和要素市场化配置为重点,激活主体、激活要素、激活市场,着力增强改革的系统性、整体性、协同性。

(一)巩固和完善农村基本经营制度

落实农村土地承包关系稳定并长久不变政策,衔接落实好第二轮土地承包到期后再延长30年的政策,让农民吃上长效"定心丸"。全面完成土地承包经营权确权登记颁证工作,实现承包土地信息联通共享。完善农村承包地"三权分置"制度,在依法保护集体土地所有权和农户承包权前提下,平等保护土地经营权。农村承包土地经营权可以依法向金融机构融资担保、入股从事农业产业化经营。实施新型农业经营主体培育工程,培育发展家庭农场、合作社、龙头企业、社会化服务组织和农业产业化联合体,发展多种形式适度规模经营。

（二）深化农村土地制度改革

系统总结农村土地征收、集体经营性建设用地入市、宅基地制度改革试点经验，逐步扩大试点，加快土地管理法修改，完善农村土地利用管理政策体系。扎实推进房地一体的农村集体建设用地和宅基地使用权确权登记颁证。完善农民闲置宅基地和闲置农房政策，探索宅基地所有权、资格权、使用权"三权分置"，落实宅基地集体所有权，保障宅基地农户资格权和农民房屋财产权，适度放活宅基地和农民房屋使用权，不得违规违法买卖宅基地，严格实行土地用途管制，严格禁止下乡利用农村宅基地建设别墅大院和私人会馆。在符合土地利用总体规划前提下，允许县级政府通过村土地利用规划，调整优化村庄用地布局，有效利用农村零星分散的存量建设用地；预留部分规划建设用地指标用于单独选址的农业设施和休闲旅游设施等建设。对利用收储农村闲置建设用地发展农村新产业新业态的，给予新增建设用地指标奖励。进一步完善设施农用地政策。

（三）深入推进农村集体产权制度改革

全面开展农村集体资产清产核资、集体成员身份确认，加快推进集体经营性资产股份合作制改革。推动资源变资产、资金变股金、农民变股东，探索农村集体经济新的实现形式和运行机制。坚持农村集体产权制度改革正确方向，发挥村党组织对集体经济组织的领导核心作用，防止内部少数人控制和外部资本侵占集体资产。维护进城落户农民土地承包权、宅基地使用权、集体收益分配权，引导进城落户农民依法自愿有偿转让上述权益。研究制定农村集体经济组织法，充实农村集体产权权能。全面深化供销合作社综合改革，深入推进集体林权、水利设施产权等领域改革，做好农村综合改革、农村改革试验区等工作。

（四）完善农业支持保护制度

以提升农业质量效益和竞争力为目标，强化绿色生态导向，创新完善政策工具和手段，扩大"绿箱"政策的实施范围和规模，加快建立新型农业支持保护政策体系。深化农产品收储制度和价格形成机制改革，加快培育多元市场购销主体，改革完善中央储备粮管理体制。通过完善拍卖机制、定向销售、包干销售等，加快消化政策性粮食库存。落实和完善对农民直接补贴制度，提高补贴效能。健全粮食主产区利益补偿机制。探索开展稻谷、小麦、玉米三大粮食作物完全成本保险和收入保险试点，加快建立多层次农业保险体系。

十、汇聚全社会力量，强化乡村振兴人才支撑

实施乡村振兴战略，必须破解人才瓶颈制约。要把人力资本开发放在首要位置，畅通智力、技术、管理下乡通道，造就更多乡土人才，聚天下人才而用之。

（一）大力培育新型职业农民

全面建立职业农民制度，完善配套政策体系。实施新型职业农民培育工程。支持

新型职业农民通过弹性学制参加中高等农业职业教育。创新培训机制，支持农民专业合作社、专业技术协会、龙头企业等主体承担培训。引导符合条件的新型职业农民参加城镇职工养老、医疗等社会保障制度。鼓励各地开展职业农民职称评定试点。

（二）加强农村专业人才队伍建设

建立县域专业人才统筹使用制度，提高农村专业人才服务保障能力。推动人才管理职能部门简政放权，保障和落实基层用人主体自主权。推行乡村教师"县管校聘"。实施好边远贫困地区、边疆民族地区和革命老区人才支持计划，继续实施"三支一扶"、特岗教师计划等，组织实施高校毕业生基层成长计划。支持地方高等学校、职业院校综合利用教育培训资源，灵活设置专业（方向），创新人才培养模式，为乡村振兴培养专业化人才。扶持培养一批农业职业经理人、经纪人、乡村工匠、文化能人、非遗传承人等。

（三）发挥科技人才支撑作用

全面建立高等院校、科研院所等事业单位专业技术人员到乡村和企业挂职、兼职和离岗创新创业制度，保障其在职称评定、工资福利、社会保障等方面的权益。深入实施农业科研杰出人才计划和杰出青年农业科学家项目。健全种业等领域科研人员以知识产权明晰为基础、以知识价值为导向的分配政策。探索公益性和经营性农技推广融合发展机制，允许农技人员通过提供增值服务合理取酬。全面实施农技推广服务特聘计划。

（四）鼓励社会各界投身乡村建设

建立有效激励机制，以乡情乡愁为纽带，吸引支持企业家、党政干部、专家学者、医生教师、规划师、建筑师、律师、技能人才等，通过下乡担任志愿者、投资兴业、包村包项目、行医办学、捐资捐物、法律服务等方式服务乡村振兴事业。研究制定管理办法，允许符合要求的公职人员回乡任职。吸引更多人才投身现代农业，培养造就新农民。加快制定鼓励引导工商资本参与乡村振兴的指导意见，落实和完善融资贷款、配套设施建设补助、税费减免、用地等扶持政策，明确政策边界，保护好农民利益。发挥工会、共青团、妇联、科协、残联等群团组织的优势和力量，发挥各民主党派、工商联、无党派人士等积极作用，支持农村产业发展、生态环境保护、乡风文明建设、农村弱势群体关爱等。实施乡村振兴"巾帼行动"。加强对下乡组织和人员的管理服务，使之成为乡村振兴的建设性力量。

（五）创新乡村人才培育引进使用机制

建立自主培养与人才引进相结合，学历教育、技能培训、实践锻炼等多种方式并举的人力资源开发机制。建立城乡、区域、校地之间人才培养合作与交流机制。全面建立城市医生教师、科技文化人员等定期服务乡村机制。研究制定鼓励城市专业人才参与乡村振兴的政策。

十一、开拓投融资渠道,强化乡村振兴投入保障

实施乡村振兴战略,必须解决钱从哪里来的问题。要健全投入保障制度,创新投融资机制,加快形成财政优先保障、金融重点倾斜、社会积极参与的多元投入格局,确保投入力度不断增强、总量持续增加。

(一) 确保财政投入持续增长

建立健全实施乡村振兴战略财政投入保障制度,公共财政更大力度向"三农"倾斜,确保财政投入与乡村振兴目标任务相适应。优化财政供给结构,推进行业内资金整合与行业间资金统筹相互衔接配合,增加地方自主统筹空间,加快建立涉农资金统筹整合长效机制。充分发挥财政资金的引导作用,撬动金融和社会资本更多投向乡村振兴。切实发挥全国农业信贷担保体系作用,通过财政担保费率补助和以奖代补等,加大对新型农业经营主体支持力度。加快设立国家融资担保基金,强化担保融资增信功能,引导更多金融资源支持乡村振兴。支持地方政府发行一般债券用于支持乡村振兴、脱贫攻坚领域的公益性项目。稳步推进地方政府专项债券管理改革,鼓励地方政府试点发行项目融资和收益自平衡的专项债券,支持符合条件、有一定收益的乡村公益性项目建设。规范地方政府举债融资行为,不得借乡村振兴之名违法违规变相举债。

(二) 拓宽资金筹集渠道

调整完善土地出让收入使用范围,进一步提高农业农村投入比例。严格控制未利用地开垦,集中力量推进高标准农田建设。改进耕地占补平衡管理办法,建立高标准农田建设等新增耕地指标和城乡建设用地增减挂钩节余指标跨省域调剂机制,将所得收益通过支出预算全部用于巩固脱贫攻坚成果和支持实施乡村振兴战略。推广一事一议、以奖代补等方式,鼓励农民对直接受益的乡村基础设施建设投工投劳,让农民更多参与建设管护。

(三) 提高金融服务水平

坚持农村金融改革发展的正确方向,健全适合农业农村特点的农村金融体系,推动农村金融机构回归本源,把更多金融资源配置到农村经济社会发展的重点领域和薄弱环节,更好满足乡村振兴多样化金融需求。要强化金融服务方式创新,防止脱实向虚倾向,严格管控风险,提高金融服务乡村振兴能力和水平。抓紧出台金融服务乡村振兴的指导意见。加大中国农业银行、中国邮政储蓄银行"三农"金融事业部对乡村振兴支持力度。明确国家开发银行、中国农业发展银行在乡村振兴中的职责定位,强化金融服务方式创新,加大对乡村振兴中长期信贷支持。推动农村信用社省联社改革,保持农村信用社县域法人地位和数量总体稳定,完善村镇银行准入条件,地方法人金融机构要服务好乡村振兴。普惠金融重点要放在乡村。推动出台非存款类放贷组织条例。制定金融机构服务乡村振兴考核评估办法。支持符合条件的涉农企业发行上

市、新三板挂牌和融资、并购重组，深入推进农产品期货期权市场建设，稳步扩大"保险+期货"试点，探索"订单农业+保险+期货（权）"试点。改进农村金融差异化监管体系，强化地方政府金融风险防范处置责任。

十二、坚持和完善党对"三农"工作的领导

实施乡村振兴战略是党和国家的重大决策部署，各级党委和政府要提高对实施乡村振兴战略重大意义的认识，真正把实施乡村振兴战略摆在优先位置，把党管农村工作的要求落到实处。

（一）完善党的农村工作领导体制机制

各级党委和政府要坚持工业农业一起抓、城市农村一起抓，把农业农村优先发展原则体现到各个方面。健全党委统一领导、政府负责、党委农村工作部门统筹协调的农村工作领导体制。建立实施乡村振兴战略领导责任制，实行中央统筹省负总责市县抓落实的工作机制。党政一把手是第一责任人，五级书记抓乡村振兴。县委书记要下大气力抓好"三农"工作，当好乡村振兴"一线总指挥"。各部门要按照职责，加强工作指导，强化资源要素支持和制度供给，做好协同配合，形成乡村振兴工作合力。切实加强各级党委农村工作部门建设，按照《中国共产党工作机关条例（试行）》有关规定，做好党的农村工作机构设置和人员配置工作，充分发挥决策参谋、统筹协调、政策指导、推动落实、督导检查等职能。各省（自治区、直辖市）党委和政府每年要向党中央、国务院报告推进实施乡村振兴战略进展情况。建立市县党政领导班子和领导干部推进乡村振兴战略的实绩考核制度，将考核结果作为选拔任用领导干部的重要依据。

（二）研究制定中国共产党农村工作条例

根据坚持党对一切工作的领导的要求和新时代"三农"工作新形势新任务新要求，研究制定中国共产党农村工作条例，把党领导农村工作的传统、要求、政策等以党内法规形式确定下来，明确加强对农村工作领导的指导思想、原则要求、工作范围和对象、主要任务、机构职责、队伍建设等，完善领导体制和工作机制，确保乡村振兴战略有效实施。

（三）加强"三农"工作队伍建设

把懂农业、爱农村、爱农民作为基本要求，加强"三农"工作干部队伍培养、配备、管理、使用。各级党委和政府主要领导干部要懂"三农"工作、会抓"三农"工作，分管领导要真正成为"三农"工作行家里手。制定并实施培训计划，全面提升"三农"干部队伍能力和水平。拓宽县级"三农"工作部门和乡镇干部来源渠道。把到农村一线工作锻炼作为培养干部的重要途径，注重提拔使用实绩优秀的干部，形成人才向农村基层一线流动的用人导向。

（四）强化乡村振兴规划引领

制定国家乡村振兴战略规划（2018—2022年），分别明确至2020年全面建成小

康社会和 2022 年召开党的二十大时的目标任务，细化实化工作重点和政策措施，部署若干重大工程、重大计划、重大行动。各地区各部门要编制乡村振兴地方规划和专项规划或方案。加强各类规划的统筹管理和系统衔接，形成城乡融合、区域一体、多规合一的规划体系。根据发展现状和需要分类有序推进乡村振兴，对具备条件的村庄，要加快推进城镇基础设施和公共服务向农村延伸；对自然历史文化资源丰富的村庄，要统筹兼顾保护与发展；对生存条件恶劣、生态环境脆弱的村庄，要加大力度实施生态移民搬迁。

（五）强化乡村振兴法治保障

抓紧研究制定乡村振兴法的有关工作，把行之有效的乡村振兴政策法定化，充分发挥立法在乡村振兴中的保障和推动作用。及时修改和废止不适应的法律法规。推进粮食安全保障立法。各地可以从本地乡村发展实际需要出发，制定促进乡村振兴的地方性法规、地方政府规章。加强乡村统计工作和数据开发应用。

（六）营造乡村振兴良好氛围

凝聚全党全国全社会振兴乡村强大合力，宣传党的乡村振兴方针政策和各地丰富实践，振奋基层干部群众精神。建立乡村振兴专家决策咨询制度，组织智库加强理论研究。促进乡村振兴国际交流合作，讲好乡村振兴中国故事，为世界贡献中国智慧和中国方案。

让我们更加紧密地团结在以习近平同志为核心的党中央周围，高举中国特色社会主义伟大旗帜，以习近平新时代中国特色社会主义思想为指导，迎难而上、埋头苦干、开拓进取，为决胜全面建成小康社会、夺取新时代中国特色社会主义伟大胜利作出新的贡献！

附录二 休闲农业与乡村旅游的国家标准（部分）

本附录包括全国休闲农业与乡村旅游星级企业（园区）评分表、中华人民共和国国家标准《美丽乡村建设指南》（GB/T 32000—2015）、中华人民共和国农业行业标准《休闲农庄建设规范》（NY/T 2366—2013）、国家农村产业融合发展示范园认定评审标准（试行）。

全国休闲农业与乡村旅游星级企业（园区）评分表

全国休闲农业与乡村旅游星级企业（园区）评分见附表1。

附表1 全国休闲农业与乡村旅游星级企业（园区）评分

检查项目	最高得分	自评得分	验收得分
一、带动"三农"发展及生产经营状况（400分）			
（一）有鲜明的农业特色（100分）			
1. 主要依托当地农、林、牧、副、渔等农业资源发展休闲农业或乡村旅游项目 农业资源与农业景观利用效果一般（10分以下） 农业资源与农业景观利用效果较好（11~20分） 农业资源与农业景观利用效果突出（21~30分）	30		
2. 推动当地农业产业化发展，促进农业产业结构调整 农业主导产业带动力一般，形成相关产业（10分以下） 农业主导产业带动力较强，形成产业链条（11~20分） 农业主导产业带动力突出，产业形成规模（21~30分）	30		
3. 园区形成自己独特的农产品，品种较多，且在周围农村推广种植；农产品自给率高；重视运用新品种和推广新技术；有通过三品一标（无公害农产品、绿色食品、有机食品、农产品地理标志）的农产品	40		
（二）促进当地新农村建设（100分）			

(续表)

检查项目	最高得分	自评得分	验收得分
1. 推动当地新农村（村容与环境）建设 当地村庄与园区周围环境改善一般（20分以下） 当地村庄与园区周围环境改善明显（21~40分） 当地村庄与园区周围环境建设效果突出（41~60分）	60		
2. 带动农村餐饮、住宿等第三产业发展情况 发展效果一般（15分以下） 发展效果明显（16~30分） 发展效果突出（31~40分）	40		
（三）带动当地农民就业增收（100分）			
1. 提供就业岗位较多，有效吸纳农民就业，无拖欠职工工资现象 直接吸纳劳动就业人数1~80人，农民占从业人员的50%以上（0~20分） 直接吸纳劳动就业人数80~179人，农民占从业人员的50%以上（21~30分） 直接吸纳劳动就业人数180~299人，农民占从业人员的50%以上（31~40分） 直接吸纳劳动就业人数300人以上，农民占从业人员的50%以上（41~50分）	50		
2. 依托园区休闲农业发展，促进当地农民增收 促进农民增收效果比较明显（10分以下） 促进农民增收效果明显（11~20分） 促进农民增收效果突出（21~30分）	30		
3. 与当地农民及农村社区有良好互动，随机调查， 当地农民满意度达到80%（10分以下） 当地农民满意度达到85%（11~15分） 当地农民满意度达到95%（16~20分）	20		
（四）经济社会效益好（80分）			
1. 休闲农业或乡村旅游项目 年营业收入500万元以上（20分以下） 年营业收入1500万元以上（21~40分） 年营业收入2000万元以上（41~60分）	60		
2. 过去3年内企业（园区）荣获的荣誉 荣获市级荣誉和称号（每项5分） 荣获省级荣誉和称号（每项10分） 获得国家级荣誉和称号（每项20分）	20		
（五）发展后劲评估（20分）			

(续表)

检查项目	最高得分	自评得分	验收得分
1. 企业（园区）后续可开发利用的"三农"资源和农业体验项目多，可持续发展态势良好，已经编制具有指导性、前瞻性和可操作性的中长期发展规划	10		
2. 企业（园区）有可依托的其他涉农经济实体，且经营状况良好	10		
第一大项得分总计	400		
二、基础硬件条件（200分）			
（一）游览条件（70分）			
1. 游客服务中心位置合理，规模适度，设施齐全，功能完整，有专业咨询服务人员	15		
2. 有各种标识牌和景物介绍牌，各种标牌位置合理，造型特色突出，艺术感和文化气息浓厚，与景观环境协调，能烘托总体环境	15		
3. 公共信息图形符号符合 GB/T 10001.1—2006 和 GB/T 10001.2—2006 标准	10		
4. 有农业科技教育厅（展览馆），配有必要的设备	10		
5. 有游客公共休息设施且布局合理，数量充足，富有特色	10		
6. 企业（园区）内农田、农舍或农作场景内辟有专门参观通道	10		
（二）食宿条件（70分）			
1. 前厅（5分）			
总服务台位于前厅显著位置，有装饰，光线好；接待人员以普通话提供接待、问询、结账和留言服务；提供行李存放服务、休息设施	5		
2. 客房（15分）			
（1）能提供15间以上客房，或周边具备足够的住宿条件	6		
（2）客房装修良好、具有浓郁的地方特色，门锁为暗锁，有防盗装置，有软垫床、桌、椅、床头柜等配套家具，有电视机和温控设备，卫生间全天供应冷热水，房间内有服务指南、价目表、宾客须知等	4		
（3）至少2种规格的电源插座，提供国际互联网接入服务	3		
（4）客房、卫生间每天全面整理1次，每客或应客人要求更换床单、被单及枕套	2		

(续表)

检查项目	最高得分	自评得分	验收得分
3. 厨房（30分）			
（1）厨房布局合理，使用面积与接待能力相适应，紧邻餐厅，厨房墙面满铺瓷砖，地面铺有防滑地砖，有地槽，有吊顶	6		
（2）厨房粗加工间、烹调间、面点间、冷菜间、洗碗间独立分隔，各操作间温度适宜，厨房有必要的冷藏、冷冻设施，冷菜间温度符合食品卫生标准，有食品库房和非食品库房，配有取菜口	6		
（3）厨房内有空气消毒设施，良好的通风排风排烟设施，有餐（饮）具洗涤池、清洗池、消毒池或消毒设施，蔬菜清洗池、肉类清洗池独立分设，有专门放置临时垃圾的设施并保持其封闭，专门的餐厨垃圾处理设施	6		
（4）厨房与餐厅之间，有起隔音、隔热和隔气味作用设施，有必要的消防设施，有消杀飞虫、爬虫的防范措施，有餐具	6		
（5）有外购大宗辅料、粮油、副食品等佐证资料（进货单、产品质量检验报告等）	6		
4. 餐厅（20分）			
（1）餐厅位置合理，地面已做硬化处理，防滑、易于清洗，装潢美观大方，采光通风良好，整洁	5		
（2）餐厅桌椅、用具、餐具、酒具、茶具等配套。有菜单及饮品单。菜单及饮品单印制装帧精美或富有特色	5		
（3）菜肴具有浓郁的农家风味和本地特色	10		
（三）交通条件（30分）			
1. 到达园区的道路交通设施完善、进出便捷	10		
2. 有专用停车场（船舶码头）、停车场容量能充分满足游客接待量要求，布局合理	10		
3. 停车场标志规范、醒目，绿化美观，与景观环境相协调；停车场有专人管理	10		
（四）购物条件（30分）			
1. 有购物场所，购物场所与景观环境相协调，环境整洁，秩序良好，购物场所无围追兜售、强买强卖现象	5		
2. 供游客采摘、加工和所出售的农副产品达到"三品一标"之一	10		
3. 对园区内商品从业人员有统一管理措施，园区内商品执行有关退换货规定	5		

(续表)

检查项目	最高得分	自评得分	验收得分
4. 园区内旅游商品地方特色突出	10		
第二大项得分总计	200		

三、管理和服务条件（150分）

（一）管理条件（50分）

检查项目	最高得分	自评得分	验收得分
1. 内部管理规章制度健全，有投诉制度，投诉处理及时、妥善，档案记录完整	10		
2. 建设开发项目符合当地总体发展规划要求	15		
3. 有80%以上的从业人员经专业培训合格；关键岗位从业人员持证上岗；从业人员持证上岗率达到40%以上	15		
4. 管理层中需要专门资质的管理和专业技术人员全部取得相应的资格证书	10		

（二）服务条件（100分）

检查项目	最高得分	自评得分	验收得分
1. 服务人员对客人礼貌、热情、友好，对客人一视同仁，尽量满足客人的需求，服务过程中表情自然、亲切、热情适度，提倡微笑服务，对客人提出的问题暂时无法解决时，耐心解释并于事后设法解决，不推诿和应付	10		
2. 服务人员遵纪守法，诚信经营，保护客人的合法权益	5		
3. 服务人员统一着装、佩工牌上岗，仪容仪表端庄、大方，站、坐、行姿符合各岗位的规范与要求，让客人感到舒适	5		
4. 有导游讲解服务，人数及语种能满足游客需要，讲解词科学、准确、生动并具有针对性	10		
5 休闲体验项目较多，吸引力较强，且紧密结合地方特色，乡土风情浓郁，文化深厚，项目内容不重复，有特色（70分）			
（1）农事活动（垂钓、捕捞、采摘、种植、挤奶、喂养等，每一项2分，5项以上满分，下同）	12		
（2）农产品加工体验（制作豆腐、香油、糍粑、酿酒、奶制品等）和农村手工艺体验（扎风筝、剪纸、制陶、纺织、印染、玩具制作等）	12		
（3）节庆活动（西瓜节、杨梅节、农耕文化节、风筝节、油菜花节以及民俗文化、歌舞表演等）	12		

检查项目	最高得分	自评得分	验收得分
（4）农村体育运动（骑马、登山、划船、漂流、摔跤、秋千、高跷、攀岩、蹦极、动物比赛、野外露营、烧烤、篝火等）	12		
（5）娱乐设施（包括多功能厅、歌舞厅、卡拉OK厅或KTV房、棋牌室、健身房、桌球室、乒乓球室、游戏室、茶室、篮球场、羽毛球场、网球场、保龄球馆、门球场、游泳池等）	12		
（6）为特定人群（老年人、儿童、残疾人等）配备旅游工具、用品及儿童娱乐场地及婴儿看护等特殊服务	10		
第三大项得分总计	150		
四、生态环境条件（100分）			
（一）自然生态保持良好，环境优美、空气清新、舒适宜人，乡村风情浓郁	30		
（二）企业（园区）建筑布局合理，建筑物体量、高度、色彩、造型与景观相协调；无违章建筑和私搭滥建行为；不造成环境污染和其他公害；开发建设过程中有效保护生态景观、文物古迹、传统民俗等自然资源、人文资源	30		
（三）企业（园区）周边环境和谐、无人为破坏、无建设性破坏、无污染单位和无脏乱差问题	20		
（四）建设项目通过环境评估： （1）已通过省级环保部门环境评估，未对当地农业生产造成不利影响（20分） （2）已通过市级环保部门环境评估，未造成对生态环境的破坏和建设性破坏（15分）	20		
第四大项得分总计	100		
五、安全与公共卫生条件（150分）			
（一）安全条件（70分）			
1. 认真执行有关部门制定和颁发的安全法规，并取得工商、卫生、环保、消防等部门的许可	20		
2. 危险地段标志明显，防护设施齐备、有效，特殊地段有专人看守	20		
3. 备有突发事件处理预案，建立紧急救援机制，设立医务室，并配备专（兼）职医务人员	20		
4. 现场检查无安全隐患	10		
（二）公共卫生条件（80分）			

(续表)

检查项目	最高得分	自评得分	验收得分
1. 园区内干净整洁，无污水、污物，无乱堆、乱放、乱建现象，建筑物及各种设施设备无剥落、无污垢	10		
2. 公共厕所（30分）			
（1）布局合理，数量能满足需要。男女卫生间分开设置，标识醒目美观，建筑造型景观化，与周边环境和建筑相协调	6		
（2）设施齐全，配有手纸、手纸框、挂衣钩、洗手池（配备洗涤品）、烘手器、镜台	6		
（3）厕所设专人打扫与服务，室内整洁，无异味；洁具洁净、无污垢、无堵塞	6		
（4）有单独设置化粪池，防渗、防腐、密封，能有效处理粪便	6		
（5）有符合循环经济的粪便处理设施	6		
3. 园区内垃圾箱布局合理，标识明显，造型美观独特，与环境相协调；垃圾箱分类设置，垃圾清扫及时，日产日清	15		
4. 园区内及农户居住区污水排放不污染农田、地面、河流、湖泊等	15		
5. 食品卫生从业人员有健康证，知晓食品卫生知识；不使用对环境造成污染的一次性餐具	10		
第五大项得分总计	150		
合计	1 000		

说明：三星级为600~799分，且每一大项得分不低于该项总分的60%；四星级为800~899分，且每一大项得分不低于该项总分的70%；五星级为900分以上，且每一大项得分不低于该项总分的80%

中华人民共和国国家标准
《美丽乡村建设指南》
GB/T 32000—2015

1 范围

本标准规定了美丽乡村的村庄规划和建设、生态环境、经济发展、公共服务、乡风文明、基层组织、长效管理等建设要求。

本标准适用于指导以村为单位的美丽乡村的建设。

2 规范性引用文件

下列文件对于本文件的应用是必不可少的。凡是注日期的引用文件，仅注日期的版本适用于本文件。凡是不注日期的引用文件，其最新版本（包括所有的修改单）适用于本文件。

GB/T 156　标准电压

GB 3095　环境空气质量标准

GB 3096　声环境质量标准

GB 3097　海水水质标准

GB 3838　地表水环境质量标准

GB 4285　农药安全使用标准

GB 5749　生活饮用水卫生标准

GB 5768.1　道路交通标志和标线　第1部分：总则

GB 5768.2　道路交通标志和标线　第2部分：道路交通标志

GB 7959　粪便无害化卫生标准

GB/T 8321（所有部分）农药合理使用准则

GB 15618　土壤环境质量标准

GB/T 16453（所有部分）水土保持综合治理　技术规范

GB 18596　畜禽养殖业污染物排放标准

GB 19379　农村户厕卫生规范

GB/T 27774　病媒生物应急监测与控制　通则

GB/T 29315　中小学、幼儿园安全技术防范系统要求

GB/T 30600　高标准农田建设　通则

GB 50039　农村防火规范

GB 50201　防洪标准

GB 50288　灌溉与排水工程设计规范

GB 50445　村庄整治技术规范

DL 493　农村安全用电规程

DL/T 5118　农村电力网规划设计导则

HJ 25.4　污染场地土壤修复技术导则

HJ 588　农业固体废物污染控制技术导则

NY/T 496　肥料合理使用准则　通则

建标 109　农村普通中小学校建设标准

3 术语和定义

下列术语和定义适用于本文件。

3.1 美丽乡村 Beautiful Village

经济、政治、文化、社会和生态文明协调发展，规划科学、生产发展、生活宽裕、乡风文明、村容整洁、管理民主，宜居、宜业的可持续发展乡村（包括建制村和自然村）。

4 总则

4.1 坚持政府引导、村民主体、以人为本、因地制宜的原则，持续改善农村人居环境。

4.2 规划先行，统筹兼顾，生产、生活、生态和谐发展。

4.3 村务管理民主规范，村民参与积极性高。

4.4 集体经济发展，公共服务改善，村民生活品质提升。

5 村庄规划

5.1 规划原则

5.1.1 因地制宜

5.1.1.1 根据乡村资源禀赋，因地制宜编制村庄规划，注重传统文化的保护和传承，维护乡村风貌，突出地域特色。

5.1.1.2 村庄规模较大、情况较复杂时，宜编制经济可行的村庄整治等专项规划。历史文化名村和传统村落应编制历史文化名村保护规划和传统村落保护发展规划。

5.1.2 村民参与

5.1.2.1 村庄规划编制应深入农户实地调查，充分征求意见，并宣讲规划意图和规划内容。

5.1.2.2 村庄规划应经村民会议或村民代表会议讨论通过，规划总平面图及相关内容应在村庄显著位置公示，经批准后公布、实施。

5.1.3 合理布局

5.1.3.1 村庄规划应符合土地利用总体规划，做好与镇域规划、经济社会发展规划和各项专业规划的协调衔接，科学区分生产生活区域，功能布局合理、安全、宜居、美观、和谐、配套完善。

5.1.3.2 结合地形地貌、山体、水系等自然环境条件，科学布局，处理好山形、水体、道路、建筑的关系。

5.1.4 节约用地

5.1.4.1 村庄规划应科学、合理、统筹配置土地，依法使用土地，不应占用基本农田，慎用山坡地。

5.1.4.2 公共活动场所的规划与布局应充分利用闲置土地、现有建筑及设施等。

5.2 规划编制要素

5.2.1 编制规划应以需求和问题为导向,综合评价村庄的发展条件,提出村庄建设与治理、产业发展和村庄管理的总体要求。

5.2.2 统筹村民建房、村庄整治改造,并进行规划设计,包含建筑的平面改造和立面整饰。

5.2.3 确定村民活动、文体教育、医疗卫生、社会福利等公共服务和管理设施的用地布局和建设要求。

5.2.4 确定村域道路、供水、排水、供电、通信等各项基础设施配置和建设要求,包括布局、管线走向、敷设方式等。

5.2.5 确定农业及其他生产经营设施用地。

5.2.6 确定生态环境保护目标、要求和措施,确定垃圾、污水收集处理设施和公厕等环境卫生设施的配置和建设要求。

5.2.7 确定村庄防灾减灾的要求,做好村级避灾场所建设规划;对处于山体滑坡、崩塌、地陷、地裂、泥石流、山洪冲沟等地质隐患地段的农村居民点,应经相关程序确定搬迁方案。

5.2.8 确定村庄传统民居、历史建筑物与构筑物、古树名木等人文景观的保护与利用措施。

5.2.9 规划图文表达应简明扼要、平实直观。

6 村庄建设

6.1 基本要求

6.1.1 村庄建设应按规划执行

6.1.2 新建、改建、扩建住房与建筑整治应符合建筑卫生、安全要求,注重与环境协调;宜选择具有乡村特色和地域风格的建筑图样;倡导建设绿色农房。

6.1.3 保持和延续传统格局和历史风貌,维护历史文化遗产的完整性、真实性、延续性和原始性。

6.1.4 整治影响景观的棚舍、残破或倒塌的墙体,清除临时搭盖,美化影响村庄空间外观视觉的外墙、屋顶、窗户、栏杆等,规范太阳能热水器、屋顶空调等设施的安装。

6.1.5 逐步实施危旧房的改造、整治。

6.2 生活设施

6.2.1 道路

6.2.1.1 村主干道建设应进出畅通,路面硬化率达100%。

6.2.1.2 村内道路应以现有道路为基础,顺应现有村庄格局,保持原始形态走向,就地取材。

6.2.1.3 村主干道应按照 GB 5768.1 和 GB 5768.2 的要求设置道路交通标志,

村口应设村名标识;历史文化名村、传统村落、特色景观旅游景点应设置指示牌。

6.2.1.4 利用道路周边、空余场地,适当规划公共停车场(泊位)。

6.2.2 桥梁

6.2.2.1 安全美观,与周围环境相协调,体现地域风格,提倡使用本地天然材料,保护古桥。

6.2.2.2 维护、改造可采用加固基础、新铺桥面、增加护栏等措施,并设置安全设施和警示标志。

6.2.3 饮水

6.2.3.1 应根据村庄分布特点、生活水平和区域水资源等条件,合理确定用水量指标、供水水源和水压要求。

6.2.3.2 应加强水源地保护,保障农村饮水安全,生活饮用水的水质应符合 GB 5749 的要求。

6.2.4 供电

6.2.4.1 农村电力网建设与改造的规划设计应符合 DL/T 5118 的要求,电压等级应符合 GB/T 156 的要求,供电应能满足村民基本生产生活需要。

6.2.4.2 电线杆应排列整齐,安全美观,无私拉乱接电线、电缆现象。

6.2.4.3 合理设置照明路灯,宜使用节能灯具。

6.2.5 通信

广播、电视、电话、网络、邮政等通信服务设施齐全、信号通畅,线路架设规范、安全有序;有条件的村庄可采用管道下地敷设。

6.3 农业生产设施

6.3.1 适合实际开展土地整治和保护;适合高标准基本农田建设的重点区域,按 GB/T 30600 的要求进行规范建设。

6.3.2 开展农田水利设施治理;防洪、排涝和灌溉保证率等达到 GB 50201 和 GB 50288 的要求;注重抗旱、防风等防灾基础设施的建设和配备。

6.3.3 结合产业发展,配备先进、适用的现代化农业生产设施。

7 生态环境

7.1 环境质量

7.1.1 大气、声、土壤环境质量应分别达到 GB 3095、GB 3096、GB 15618 中与当地环境功能区相对应的要求。

7.1.2 村域内主要河流、湖泊、水库等地表水体水质,沿海乡村的近岸海域海水水质应分别达到 GB 3838、GB 3097 中与当地环境功能区相对应的要求。

7.2 污染防治

7.2.1 农业污染防治

7.2.1.1 推广植物病虫害统防统治,采用农业、物理、生物、化学等综合防治措施,不得使用明令禁止的高毒高残留农药,按照 GB 4285、GB/T 8321 的要求合理用药。

7.2.1.2 推广测土配方施肥技术,施用有机肥、缓释肥;肥料使用符合 NY/T 496 的要求。

7.2.1.3 农业固体废物污染控制和资源综合利用可按 HJ 588 的要求进行;农药瓶、废弃塑料薄膜、育秧盘等农业生产废弃物及时处理;农膜回收率≥80%;农作物秸秆综合利用率≥70%。

7.2.1.4 畜禽养殖场(小区)污染物排放应符合 GB 18596 的要求,畜禽粪便综合利用率≥80%;病死畜禽无害化处理率达到 100%;水产养殖废水应达标排放。

7.2.2 工业污染防治

村域内工业企业生产过程中产生的废水、废气、噪声、固体废物等污染物达标排放,工业污染源达标排放率达 100%。

7.2.3 生活污染防治

7.2.3.1 生活垃圾处理

7.2.3.1.1 应建立生活垃圾收运处置体系,生活垃圾无害化处理率≥80%。

7.2.3.1.2 应合理配置垃圾收集点、建筑垃圾堆放点、垃圾箱、垃圾清运工具等,并保持干净整洁、不破损、不外溢。

7.2.3.1.3 推行生活垃圾分类处理和资源化利用。垃圾应及时清运,防止二次污染。

7.2.3.2 生活污水处理

7.2.3.2.1 应以粪污分流、雨污分流为原则,综合人口分布、污水水量、经济发展水平、环境特点、气候条件、地理状况,以及现有的排水体制、排水管网等确定生活污水收集模式。

7.2.3.2.2 应根据村落和农户的分布,可采用集中处理或分散处理或集中与分散处理相结合的方式,建设污水处理系统并定期维护,生活污水处理农户覆盖率≥70%。

7.2.3.3 清洁能源使用

应科学使用并逐步减少木、草、秸秆、竹等传统燃料的直接使用,推广使用电能、太阳能、风能、沼气、天然气等清洁能源,使用清洁能源的农户数比例≥70%。

7.3 生态保护与治理

7.3.1 对村庄山体、森林、湿地、水体、植被等自然资源进行生态保育,保持原生态自然环境。

7.3.2 开展水土流失综合治理,综合治理技术可按 GB/T 16453 的要求执行;防止人为破坏造成新的水土流失。

7.3.3 开展荒漠化治理,实施退耕还林还草。规范采砂、取水、取土、取石行为。

7.3.4 按 GB 50445 的要求对村庄内坑塘河道进行整治，保持水质清洁和水流通畅，保护原生植被。岸边宜种植适生植物，绿化配置合理、养护到位。

7.3.5 改善土壤环境，提升农田质量，对污染土壤按 HJ 25.4 的要求进行修复。

7.3.6 实施增殖放流和水产养殖生态环境修复。

7.3.7 外来物种引种应符合相关规定，防止外来生物入侵。

7.4 村容整治

7.4.1 村容维护

7.4.1.1 村域内不应有露天焚烧垃圾和秸秆的现象，水体清洁，无异味。

7.4.1.2 道路路面平整，不应有坑洼、积水等现象；道路及路边、河道岸坡、绿化带、花坛、公共活动场地等可视范围内无明显垃圾。

7.4.1.3 房前屋后杂物堆放整齐，无污水溢流，无散落垃圾；建材、柴火等生产生活用品集中有序存放。

7.4.1.4 按规划在公共通道两侧划定一定范围的公用空间红线，不得违章占道和占用红线。

7.4.1.5 宣传栏、广告牌等设置规范，整洁有序；村庄内无乱贴乱画乱刻现象。

7.4.1.6 划定畜禽养殖区域，人畜分离；农家庭院畜禽圈养，保持圈舍卫生，不影响周边生活环境。

7.4.1.7 规范殡葬管理，尊重少数民族的丧葬习俗，倡导生态安葬。

7.4.2 环境绿化

7.4.2.1 村庄绿化宜采用本地果树林木花草品种，兼顾生态、经济和景观效果，与当地的地形地貌相协调；林草覆盖率山区≥80%，丘陵≥50%，平原≥20%。

7.4.2.2 庭院、屋顶和围墙提倡立体绿化和美化，适度发展庭院经济。

7.4.2.3 古树名木采取设置围护栏或砌石等方法进行保护，并设标志牌。

7.4.3 厕所改造

7.4.3.1 实施农村户用厕所改造，户用卫生厕所普及率≥80%，卫生符合 GB 19379 的要求。

7.4.3.2 合理设置村内卫生公厕，不应低于 1 座/600 户，按 GB 7959 的要求进行粪便无害化处理；卫生公厕有专人管理，定期进行卫生消毒，保持干净整洁。

7.4.3.3 村内无露天粪坑和简易茅厕。

7.4.4 病媒生物综合防治

按照 GB/T 27774 的要求组织进行鼠、蝇、蚊、蟑螂等病媒生物综合防治。

8 经济发展

8.1 基本要求

8.1.1 制定产业发展规划，三产结构合理、融合发展，注重培育惠及面广、效益高、有特色的主导产业。

8.1.2 创新产业发展模式，培育特色村、专业村，带动经济发展，促进农民增收致富。

8.1.3 村级集体经济有稳定的收入来源，能够满足开展村务活动和自身发展的需要。

8.2 产业发展

8.2.1 农业

8.2.1.1 发展种养大户、家庭农场、农民专业合作社等新型经营主体。

8.2.1.2 发展现代农业，积极推广适合当地农业生产的新品种、新技术、新机具及新种养模式，促进农业科技成果转化；鼓励精细化、集约化、标准化生产，培育农业特色品牌。

8.2.1.3 发展现代林业，提倡种植高效生态的特色经济林果和花卉苗木；推广先进适用的林下经济模式，促进集约化、生态化生产。

8.2.1.4 发展现代畜牧业，推广畜禽生态化、规模化养殖。

8.2.1.5 沿海或水资源丰富的村庄，发展现代渔业，推广生态养殖、水产良种和渔业科技，落实休渔制度，促进捕捞业可持续发展。

8.2.2 工业

8.2.2.1 结合产业发展规划，发展农副产品加工、林产品加工、手工制作等产业，提高农产品附加值。

8.2.2.2 引导工业企业进入工业园区，防止化工、印染、电镀等高污染、高能耗、高排放企业向农村转移。

8.2.3 服务业

8.2.3.1 依托乡村自然资源、人文禀赋、乡土风情及产业特色，发展形式多样、特色鲜明的乡村传统文化、餐饮、旅游休闲产业，配套适当基础设施。

8.2.3.2 发展家政、商贸、美容美发、养老托幼等生活性服务业。

8.2.3.3 鼓励发展农技推广、动植物疫病防控、农资供应、农业信息化、农业机械化、农产品流通、农业金融、保险服务等农业社会化服务业。

9 公共服务

9.1 医疗卫生

9.1.1 建立健全基本公共卫生服务体系，建有符合国家相关规定、建筑面积≥60平方米的村卫生室；人口较少的村可合并设立，社区卫生服务中心或乡镇卫生院所在地的村可不设。

9.1.2 建立统一、规范的村民健康档案，提供计划免疫、传染病防治及儿童、孕产妇、老年人保健等基本公共卫生服务。

9.2 公共教育

9.2.1 村庄幼儿园和中小学建设应符合教育部门布点规划要求。村庄幼儿园、中小学学校建设应分别符合 GB/T 29315、建标 109 的要求，并符合国家卫生标准与安全标准。

9.2.2　普及学前教育和九年义务教育。学前一年毛入园率≥85%；九年义务教育目标人群覆盖率达 100%，巩固率≥93%。

9.2.3　通过宣传栏、广播等渠道加强村民普法、科普宣传教育。

9.3　文化体育

9.3.1　基础设施

9.3.1.1　建设具有娱乐、广播、阅读、科普等功能的文化活动场所。

9.3.1.2　建设篮球场、乒乓球台等体育活动设施。

9.3.1.3　少数民族村能为村民提供本民族语言文字出版的书刊、电子音像制品。

9.3.2　文体活动

定期组织开展民俗文化活动、文艺演出、讲座展览、电影放映、体育比赛等群众性文体活动。

9.3.3　文化保护与传承

9.3.3.1　发掘古村落、古建筑、古文物等乡村物质文化，进行整修和保护。

9.3.3.2　搜集民间民族表演艺术、传统戏剧和曲艺、传统手工技艺、传统医药、民族服饰、民俗活动、农业文化、口头语言等乡村非物质文化，进行传承和保护。

9.3.3.3　历史文化遗存村庄应挖掘并宣传古民俗风情、历史沿革、典故传说、名人文化、祖训家规等乡村特色文化。

9.3.3.4　建立乡村传统文化管护制度，编制历史文化遗存资源清单，落实管护责任单位和责任人，形成传统文化保护与传承体系。

9.4　社会保障

9.4.1　村民普遍享有城乡居民基本养老保险，基本实现全覆盖。鼓励建设农村养老机构、老人日托中心、居家养老照料中心，实现农村基本养老服务。

9.4.2　家庭经济困难且生活难以自理的失能半失能 65 岁及以上村民基本养老服务补贴覆盖率≥50%。农村五保供养目标人群覆盖率达 100%，集中供养能力≥50%。

9.4.3　村民享有城乡居民基本医疗保险参保率≥90%。

9.4.4　被征地农民按相关规定享有相应的社会保障。

9.5　劳动就业

9.5.1　加强村民的素质教育和技能培训，培养新型职业农民。

9.5.2　协助开展劳动关系协调、劳动人事争议调解、维权等权益保护活动。

9.5.3　收集并发布就业信息，提供就业政策咨询、职业指导和职业介绍等服务；为就业困难人员、零就业家庭和残疾人提供就业援助。

9.6　公共安全

9.6.1　根据不同自然灾害类型建立相应防灾设施和避灾场所，并按有关要求管理。

9.6.2 应制定和完善自然灾害救助应急预案，组织应急演练。

9.6.3 农村消防安全应符合 GB 50039 的要求。

9.6.4 农村用电安全应符合 DL 493 的要求。

9.6.5 健全治安管理制度，配齐村级综治管理人员，应急响应迅速有效，有条件的可在人口集中居住区和重要地段安装社会治安动态视频监控系统。

9.7 便民服务

9.7.1 建有具备综治服务功能的村便民服务机构，提供代办、计划生育、信访接待等服务，每一事项应编制服务指南，推行标准化服务。

9.7.2 村庄由客运站点，村民出行方便。

9.7.3 按照生产生活需求，建设商贸服务网点，鼓励有条件的地区推行电子商务。

10 乡风文明

10.1 组织开展爱国主义、精神文明、社会主义核心价值观、道德、法治、形势政策等宣传教育。

10.2 制定并实施村规民约，倡导崇善向上、勤劳致富、邻里和睦、尊老爱幼、诚信友善等文明乡风。

10.3 开展移风易俗活动，引导村民摒弃陋习，培育健康、文明、生态的生活方式和行为习惯。

11 基层组织

11.1 组织建设

应依法设立村级基层组织，包括村党组织、村民委员会、村务监督机构、村集体经济组织、村民兵连及其他民间组织。

11.2 工作要求

11.2.1 遵循民主决策、民主管理、民主选举、民主监督。

11.2.2 制定村民自治章程、村民议事规则、村务公开、重大事项决策、财务管理等制度，并有效实施。

11.2.3 具备协调解决纠纷和应急的能力。

11.2.4 建立并规范各项工作的档案记录。

12 长效管理

12.1 公众参与

12.1.1 通过健全村民自治机制等方式，保障村民参与建设和日常监督管理，充分发挥村民主体作用。

12.1.2 村民可通过村务公开栏、网络、广播、电视、手机信息等形式，了解美丽乡村建设动态、农事、村务、旅游、商务、防控、民生等信息,参与并监督美丽乡村建设。

12.1.3 鼓励开展第三方村民满意度调查,及时公开调查结果。

12.2 保障与监督

12.2.1 建立健全村庄建设、运行管理、服务等制度,落实资金保障措施,明确责任主体、实施主体,鼓励有条件的村庄采用市场化运作模式。

12.2.2 建立并实施公共卫生保洁、园林绿化养护、基础设施维护等管护机制,配备与村级人口相适应的管护人员,比例不低于常住人口的2‰。

12.2.3 综合运用检查、考核、奖励等方式,对美丽乡村的建设与运行实施动态监督和管理。

中华人民共和国农业行业标准
《休闲农庄建设规范》
NY/T 2366—2013

休闲农庄是农业生产为基础,第一产业和第三产业相结合的新型农业企业形态,合理引导农庄发展是拓展农业多功能、建设现代农业、推进社会主义新农村建设、构建和谐社会的重要途径。为了确保休闲农庄健康发展,实施对休闲农业企业的管理,特制定本规范。

本规范起草单位:中国科学院地理科学与资源研究所。

本规范批准单位:国家农业部。

1 总则

1.1 本规范适用于全国新建、扩建和改建的休闲农庄的规划建设。

1.2 休闲农庄按用地规模可分为小型园区(5公顷以下)、中型园区(5~100公顷)、大型园区(100~200公顷)、特大型园区(200公顷以上)。

1.3 休闲农庄规划建设除执行本规范外,尚应符合国家有关强制性标准与规范的规定。

2 术语

2.1 休闲农庄

是指以山林、田园、湖泊、溪流、水库等自然景观资源为依托,以农、林、牧、渔等特色农业生产、加工、经营为基础,以乡土文化、农作生产、农村生活为引线,集生产、加工、经营、观光、娱乐、运动、住宿、餐饮、购物等生产、服务功能于一体的农业企业形态。

2.2 休闲农业

休闲农业也是以农业为基础,以休闲为目的,以服务为手段,以城市游客为目标,农业和旅游业相结合,第一产业和第三产业相结合的新型产业形态。

2.3 休闲活动

在休闲农庄内开展的观光采摘、休闲垂钓、节事节庆等休闲旅游活动。

3 规范性引用文件

下列文件中的条款通过本部分的引用而成为本部分的条款。凡是注日期的引用文件,其随后所有的修改单(不包括勘误的内容)或修订版均不适用于本部分,然而,鼓励根据本部分达成协议的各方研究是否可使用这些文件的最新版本。凡是不注日期的引用文件,其最新版本适用于本部分。

GB 3095—1996 环境空气质量标准

GB 8978—1996 污水综合排放标准

GB 5749—2006 生活饮用水卫生标准

GB 9664 文化娱乐场所卫生标准

GB 9667 游泳场所卫生标准

GB/T 15971—1995 导游服务质量

GB 16153 饭馆(餐厅)卫生标准

GB/T 10001.1—2006 标志用公共信息图形符号 第1部分:通用符号

GB/T 10001.2—2006 标志用公共信息图形符号 第2部分:旅游休闲符号

GB/T 15566—2007 公共信息导向系统 设置原则与要求

GB 4285 农药安全使用标准

GB 18406.1 农产品安全质量 无公害蔬菜安全要求

GB 18406.2 农产品安全质量 无公害水果安全要求

GB 18407.1 农产品安全质量 农产品安全质量 无公害蔬菜产地环境要求

GB 18407.2 农产品安全质量 农产品安全质量 无公害水果产地环境要求

4 总体布局要求

休闲农庄布局必须全面贯彻遵循有关各项方针、政策及法规。总体布局的定位应在充分分析各种功能特点及其相互关系的基础上,合理组织各种功能系统,既要突出各功能区特点,又要注意农产品的不同成熟期,使之各功能区之间相互配合、协调发展,构成一个有机整体。

4.1 充分体现出提供农产品为主的第一产业生产、保护与维持生态环境平衡以及作为一种重要的旅游资源的3个层次功能。

4.2 从全局出发,统一安排;充分合理利用园区空间,因地制宜地满足观光采摘、休闲度假、科普展示等多种功能需要。

4.3 适当结合城郊休闲、农园生活和生产体验、乡土教育等功能，完善生产的基础设施，完善每个环节的高科技含量，配备各种旅游配套设施，以满足游客的旅游观光休闲需要。

4.4 总体布局要兼顾软、硬件建设，而且要注重两者互相配合，以发挥建设示范作用。

4.5 统筹规划，分期建设，有计划地分期实施，要有长远观点，逐步建设为今后发展留有余地。

5 建设内容

5.1 整体环境

5.1.1 整体规划布局合理，功能分区明确。

5.1.2 整体环境优美，树木花草（包括农作物）占陆地面积的50%以上。

5.1.3 建筑外观、形式、色彩、材料及空间尺度与周围环境协调。

5.1.4 有完善的游览系统。

5.1.5 园内无裸土，无荒地。

5.1.6 水面无污染。

5.1.7 公共场所无垃圾杂物。

5.2 功能分区

根据休闲农庄综合发展需要，结合地域特点，应因地制宜设置不同功能区。规划分区大体上包括入口区、服务接待区、科普展示区、特色品种展示区、精品展示区、种植采摘区、引种区、休闲度假区、生产区、设施栽培区等12个区。休闲农庄必须划分入口区、服务接待区、种植采摘区、生产区4个区。

5.2.1 入口区

用于游客方便入园的用地，大型休闲农庄一般建设2~3个入口。主入口区包括入口牌坊、入口停车场、服务建筑、导游牌、假山水池等。

5.2.2 服务接待区

用于相对集中建设住宿、餐饮、购物、娱乐、医疗等接待服务项目及其配套设施。此区可规划建设办公楼、游客服务中心、果品文化展示室、停车场等。

5.2.3 科普展示区

科普展示区是为儿童及青少年设计的活动用地，以科学知识教育与趣味活动相结合，具备科普教育、电化宣教、住宿等功能。

5.2.4 特色品种展示区

以各种不同的具当地特色的农业品种植展示区，为观赏性较强品种展示空间。

5.2.5 精品展示区

为精品农业种植区，可满足高端层次观光采摘者的要求。

5.2.6 种植采摘区

此区面积最大,是休闲农业园的基本用地。种植采摘区可以分为不同果品的采摘区,在景观营造上应保留农田景观格局,在不破坏农业景观的基础上规划建设适当的园林小品和游憩采摘道路。

5.2.7 引种区

引进和驯化国内外优良的品种,建立优良农产品品种引进、选育和繁育体系。

5.2.8 休闲度假区

主要用于观光休闲者较长时间的观光采摘、休闲度假之用地。休闲农业园在合理的园区土地利用控制下可适当建设度假木屋,度假小别墅等住宿设施,延长游客在园区内停留的时间,增强休闲农业园的休闲度假功能。

5.2.9 生产区

从事传统农业生产的区域,在园区其他功能区农产品供给量不能满足游客时可开放,生产区在景观建设、管理方面比其他分区要粗放。

5.2.10 设施栽培区

进行农作物设施栽培的区域。

5.3 活动项目

5.3.1 项目组织安排合理,休闲体验主题突出,可参与性项目不低于5项。

5.3.2 提供丰富多样的粮食、水果、蔬菜等农副产品的种植、采摘等休闲体验。

5.3.3 有家禽、水产养殖饲养基地,提供喂养、垂钓等休闲体验活动项目。

5.3.4 与当地地域人文特色相结合的休闲娱乐项目及农事、节事类参与性民俗活动。

5.4 餐饮设施

5.4.1 休闲农庄餐饮服务点和布局,应按照游览路线和园区实际条件加以统筹安排,凡是不靠近风景区或民俗村的园区,均宜设置餐饮服务设施。

5.4.2 餐饮建筑除供游人进餐外,造型应新颖、独特,与乡村自然环境协调。

5.4.3 餐饮建筑设计,应内外空间互相渗透,与园区景观相融合,并应符合现行《饮食建筑设计规范》的规定。

5.4.4 餐饮建筑的体量和烟筒高度不应破坏原有景观和环境。

5.4.5 餐厅餐位数不低于50位。

5.4.6 有传统民俗节日的特色餐饮,如月饼、年糕、元宵、粽子、腊八粥等。

5.4.7 使用自产无公害农副产品比例达到80%以上,有典型农家菜、时令菜。

5.5 住宿设施

5.5.1 休闲农庄的住宿服务,应根据游客规模和需求,确定接待房间、床位数量及档次比例。

5.5.2 住宿服务设施设计,应符合现行《旅馆建设设计规范》的规定。残疾人使用的建筑设施,应符合《方便残疾人使用的城市道路和建筑设计规范》的规定。

5.5.3 床位数不低于50张。
5.5.4 客房整洁卫生,无异味,卫生间设施齐全完好。
5.5.5 客房有冷暖空调并能正常使用。
5.5.6 卧具一律消毒处理并一客一换。

5.6 道路设施

5.6.1 休闲农庄外部可进入性强,到达园区的道路交通状况良好、便利。
5.6.2 内部交通通达性强,具有独立的生产(消防)通道、观光游览道路等。
5.6.3 有与车位需求相适应的停车场。
5.6.4 道路网设计必须满足农业生产、农产品观光采摘、环境保护及职工生产、生活等多方面的需要。
5.6.5 休闲农庄内部主路路基宽度一般按5.0~7.0米进行设计,其纵坡小于8%,横坡小于4%。
5.6.6 休闲农庄内通往各功能分区的道路路基宽度一般按3.0~5.0米进行设计,其纵坡小于12%。
5.6.7 休闲农庄内步游道路宽度一般按1.0~3.0米进行设计,不设阶梯的人行道纵坡宜小于18%。

5.7 水电设施

5.7.1 有符合环保标准的污水处理设施或中水设施。
5.7.2 休闲农庄给水方式,有条件的可采用集中管网给水,也可利用简易管线自流引水,或采用机井给水。
5.7.3 给水水源可采用地下水或地表水,一般以地下水为主。排水工程必须满足生活污水、生产污水和雨水排放的需要。
5.7.4 排水方式,宜采用暗管(渠)排放。污水排放应符合环境保护要求。生活、生产污水,必须经过处理后排放,不得直接排入水体和洼地。
5.7.5 休闲农庄的供电工程,应根据电源条件、用电负荷和供电方式,本着节约能源、经济合理、技术先进的原则进行设计,做到安全适用,维护管理方便。
5.7.6 休闲农庄照明宜采用分线路、分区域控制,并将照明与防止消灭农业病虫害结合起来。
5.7.7 在变电所和变压器的周围,应设置安全防护设施。
5.7.8 供电线路敷设,一般不应采用架空线路。必须采用时,线路应尽量沿路布设,避开中心园区和主要景点,尽可能不跨越建筑物或其他设施。

5.8 景观设施

5.8.1 游览、休憩、服务性建筑物的位置、朝向、高度、体量、空间组合、造型、色彩及其使用功能,应符合下列规定:
5.8.2 与地形、地貌、山石、水体、植物等其他景观要素和自然环境统一协调。
5.8.3 层数一般以一层为宜;起主题和点景作用的景观建筑高度和层数服从景

观需要。

5.8.4 亭、廊、花架、敞厅的楣子高度应考虑游人通过或赏景的要求。

5.8.5 亭、廊、花架、敞厅等供游人坐憩之处，不采用粗糙饰面材料，也不采用易刮伤肌肤和衣物的构造。

5.8.6 休闲农庄内景观最佳地段，土壤肥沃地段，不得设置餐厅及集中的服务设施。

5.8.7 景观小品的位置、高度、体量、风格、造型、色彩要与整体环境相适应。

5.9 卫生设施

5.9.1 各类场所卫生达到 GB 9664 规定的要求，餐饮场所达到 GB 16153 规定的要求，游泳场所达到 GB 9667 规定要求。

5.9.2 公厕数量与接待能力相匹配，布局合理，设施设备应达到 GB/T 18973—2003 规定的三星级及以上旅游厕所标准。

5.9.3 配备数量满足需要的垃圾箱，垃圾分类收集，处理及时，日产日清，集中处理。

5.9.4 食品卫生符合国家规定，配备卫生消毒设施，不使用造成污染的一次性餐具。

5.10 配套服务设施

5.10.1 游客中心位置合理，规模适度，具备提供信息、咨询、游程安排、讲解、教育、休息等旅游设施和服务功能。

5.10.2 公共服务标识系统完善，标识标牌布设合理，规范醒目。标识牌和景物介绍牌布置合理，能烘托整体环境。公共信息图形符号的设置应满足 GB/T 10001.1—2000 和 GB/T 10001.2—2002 的要求。

5.10.3 设立旅游购物场所，布局合理，环境整洁，秩序良好。旅游商品种类丰富，地方特色突出。

5.10.4 咨询与投诉管理制度规范，有咨询、投诉接待人员，游客的问讯能得到及时解答。

5.10.5 建立电子商务系统平台，具备网上查询、预定、支付等服务功能。

5.10.6 设置邮政、银行服务设施，布局合理，外观易于识别，与环境协调性好。

6 经营管理

6.1 管理体制

建立职能完善、灵活高效的管理机构，解决好休闲农庄的建设和管理，以保证各项工作的顺利进行。对休闲农庄的建设要实行法人负责制、招投标制和工程监理制，对施工和监理单位进行公开招标，对每一个具体项目的管理进行量化，明确职责，实行层层岗位责任制，将责任分解到具体的人员，在休闲农庄建设期间成立项目协调领导小组,实行责任追究制度,严格执行相关现行的规范和标准,将质量管理贯穿到项目建设的各个环节。

6.2 项目管理

6.2.1 工程管理

工程设施建设实行招标的形式进行,公开放标,公平竞争,择优录用,既保证质量,又保证投资较少。在建设的过程中,加强监督,直至完工验收。

6.2.2 资金管理

保证有偿资金的按要求偿还;严格执行国家基本建设投资计划和财政预算制度,保障建设资金及时足额到位,确保项目按照批准的内容施工;定期对资金使用情况进行核查、政策、制度的执行情况;监督财政资金应用和管理是否符合规定。保证各项资金的使用的合法、合理,杜绝挪用、滥用资金情况的发生,提高资金的使用效率。项目资金属专用资金部分,必须实行专款专用,单独核算。

6.2.3 组织管理

休闲农庄的开发、建设、管理、运营须按照开发运营市场化、融资渠道多元化、经营管理现代化的总体原则,建立符合现代化企业制度要求的开发运营体制。

在农庄建设期间成立项目协调领导小组,项目协调领导小组下设专项工程指挥部。专项工程指挥部下设计划财务部、材料供应部、工程技术部和办公室。

6.3 人员培训

根据市场发展的需要,对农庄的决策者、组织者、经营者需进行必要的知识、专业技能、管理技能、职业道德、礼仪等方面的培训。农庄的服务人员、工作人员、管理人员、导游等尽可能安排下岗人员、转型人员,同时向社会公开招聘,进行专业理论学习和实际操作培训,定期岗位培训或轮训,严格实行持证上岗制度,始终把提高管理水平和服务质量放在第一位,以适应农庄发展的需要。

7 综合效益标准

7.1 经济效益

7.1.1 休闲农庄必须以农业生产经营为主体,农业生产经营应占到整个农庄收入的50%以上。

7.1.2 休闲农庄年接待人数2万人次以上。

7.1.2 休闲农庄年直接收入(指发展休闲农业所获得的直接收益)50万元以上。

7.2 社会效益

7.2.1 休闲农庄直接吸纳劳动力就业30人以上。

7.2.2 休闲农庄间接提供劳动力就业50人以上。

7.3 生态效益

7.3.1 休闲农庄绿化美化好,生态环境优良,绿色植被(含农作物)占整个农庄面积的60%以上。

7.3.2 原生态得到有效保护和利用、庄园内无裸土、无荒地、水面无污染、园区公共场所无垃圾杂物。

附录 本规范用词说明

为便于在执行本规范条文时区别对待，对于要求严格程度不同的用词说明如下。

（1）表示很严格，非这样做不可的用词：正面词采用"必须"，反面词采用"严禁"。

（2）表示严格，在正常情况下均应这样做的用词：正面词采用"应"，反面词采用"不应"或"不得"。

（3）对表示允许稍有选择，在条件许可时首先应这样做的：正面词采用"宜"，反面词采用"不宜"。表示有选择，在一定条件下可以这样做的，采用"可"。

条文中指明应按其他有关标准、规范执行时，写法为"应按……执行"或"应符合……的规定"。

国家农村产业融合发展示范园认定评审标准（试行）

为兼顾不同类型示范园的普适标准和个性特点，本认定标准共分7张表格。其中，1张表格为通用指标打分表，适用于所有类型的示范园，另外6张表格分别针对某一特定类型示范园。每家被评审单位的分数由两部分构成，一是通用指标打分表得分，二是针对本园区类型的特色指标打分表得分，两部分分数各占一定比例，加权后形成最后得分。各张表格考核重点的具体赋分标准和分值已明确，将由评审专家掌握，并据此开展评审认定。通用指标考核见附表2，特色指标考核（农业内部融合型）见附表3，特色指标考核（延伸农业产业链型）见附表4，特色指标考核（农业功能拓展型）见附表5，特色指标考核（多业态复合型）见附表6，特色指标考核（新技术渗透型）见附表7，特色指标考核（产城融合型）见附表8。

附表2 通用指标考核表

序号	内容	考核重点
一	示范园区基础设施条件	
1	水电路信房等基础设施条件	配套设施条件基本完善（附建设前后对比照片）
2	现代农业生产设施和农业技术应用	现代农业生产、服务手段和技术广泛应用
3	农业生态环境	生态环境良好，农业面源污染得到较好控制

(续表)

序号	内容	考核重点
4	现代能源支撑	电网改造升级、绿色能源开发利用、清洁能源消费比重（提供具体数据）
二	示范园产业基础条件	
1	与当地土地利用总体规划及产业发展规划的吻合度	符合当地土地利用总体规划与产业规划
2	依法依规使用土地	依法依规办理了相关土地利用手续，未发现违法违规占用耕地特别是永久基本农田；对占用永久基本农田的，一票否决
3	示范园空间布局	示范园有明确边界，且功能分区基本合理
4	示范园内产业链条完整度	现代农业产业链条基本完整，一二三产业协同发展、融合紧密
5	示范园内农业产业生命力	示范园产品的市场表现好，且有发展潜力（提供主要产品销售增长情况）
三	示范园功能定位及产业融合发展	
1	园区示范类型及功能定位	示范类型明确、功能定位明确
2	示范园创建目标	严格按照创建方案开展创建、创建目标体系清晰（提供建设前后主要目标完成情况详尽对比数据）
3	产业融合发展与农业农村紧密结合	示范园以农业农村为基本依托，与乡村产业振兴和农业农村现代化紧密结合（说明示范园依托的主要农业产业和农村资源）
4	产业融合模式	产业融合发展与本地资源禀赋结合紧密，已经探索形成适合本地特点的产业融合模式，且发展思路清晰、路径明确
5	融合方式创新	融合发展路径中包含独特的制度、技术和商业模式创新做法，具有新颖性及推广价值（提供具体案例）
6	示范园内龙头企业带动能力	龙头企业带动农户和其他主体的数量（提供具体数据）
7	利益联结机制	利益联结机制紧密、新颖，具备可复制、可推广的价值，有利于发挥对农业提质增效、农民增收致富的积极促进作用（提供具体案例）
四	政策支持	
1	有新型主体支持政策	鼓励新型经营主体发展的政策体系完善，对主体给予用地、水电、金融等方面的优惠政策（附政策文件）
2	支持政策落到实处	示范园内合作社、家庭农场、新型职业农民是否承担过政府涉农项目，或得到政府以奖代补资金（提供政策文件和具体案例说明）

（续表）

序号	内容	考核重点
3	农村产业融合土地保障	支持农村产业融合发展土地政策明确（提供政策文件和具体案例说明）
4	引导资金投入	按规定统筹整合相关资金予以支持（如有，提供政策文件和具体资料）
5	金融服务	具有支持示范园发展的金融政策，如设立产业发展基金、风险担保基金或成立融资担保、再担保机构等（如有，提供具体资料）
6	支持农业人口转移就业、返乡创业	出台示范园吸纳农业人口转移就业、支持返乡创业人员政策措施（提供具体政策文件）
五	组织保障	
1	领导重视	已成立由本级政府主要领导挂帅的领导小组（附成立领导小组文件）
2	机构健全	已经明确管委会（或其他机构）负责园区建设运行具体事务（附相关文件）
3	产业融合信息服务	搭建农村产业融合发展公共服务信息平台（如有，提供具体资料）
4	产权流转服务	已经搭建农村集体产权流转市场（如有，提供具体资料）
5	科技机构参与	有固定科研机构服务园区建设（如有，提供具体资料）
6	督促考核措施	建立健全了推动园区创建执行、监督检查、绩效考核的措施（提供具体规定文件等）

附表3 特色指标考核表（农业内部融合型）

序号	内容	考核重点
一	农业产业结构优化	
1	"三品一标"农产品生产比例	"三品一标"农产品认证面积占示范园比例（提供具体数据）
2	土地适度规模化经营比例	土地流转、托管等规模化经营占示范园比例（提供具体数据）
3	龙头企业实力	示范园内规模以上（年产值1 000万元以上）企业或其他新型经营主体数量（提供具体数据）
4	农业内部循环经济建设	种养加一体化产值占示范园总产值的比例（提供具体数据）
5	农业废弃物资源化利用	农业废弃物（如畜禽粪污、秸秆等）资源化利用比例（提供具体数据）

（续表）

序号	内容	考核重点
6	产业链建设	示范园内涉及种植业、养殖业、农产品加工、农产品物流、农产品电子商务、乡村旅游、乡村文化、小城镇开发建设等（提供具体案例）
二	主体示范带动	
1	龙头企业辐射带动能力	新型职业农民、合作社、家庭农场、龙头企业经营的农业生产基地占比（提供具体数据）
2	返乡创业新型经营主体情况	年度新增本地大中专学生、务工经商返乡创业人员兴办合作社或兴办家庭农场、开办乡村旅游数量（提供具体数据）
3	基地生产标准化	年度龙头企业自建或带动原料基地标准化生产比例（提供具体数据）
4	基地生产品牌化	品牌化产品产值占示范园农产品总产值的比例（提供具体数据）
5	基地生产组织化	示范园内是否有行业协会或产业联盟，并对农业生产进行指导（如有，提供具体案例）
三	利益联结	
1	利益联结机制构建	示范园内订单农业或保底分红等方式生产产值占全部农产品比重（提供具体数据）
2	带动农民增收情况	示范园建设带动农民增收情况（提供前后数据对比）
3	农户资产性收益	以土地、林地入股参与合作社或龙头企业经营的数量（提供具体数据）
4	政府投入资产性收益	以政府投资项目或财政资金折股量化，支持农民参与保底收益或分红的情况（如有，提供具体佐证资料）
5	龙头企业融资担保服务	龙头企业为农户贷款提供信贷担保或融资服务（提供具体案例）
6	龙头企业技术服务	龙头企业或合作社为农户提供技术或市场培训，提供统一品牌服务（提供具体案例）

附表4 特色指标考核表（延伸农业产业链型）

序号	内容	考核重点
一	农业产业结构优化	
1	"三品一标"农产品生产比例	"三品一标"农产品认证面积占示范园比例（提供具体数据）
2	土地适度规模化经营比例	土地流转、托管等规模化经营占示范园比例（提供具体数据）
3	龙头企业实力	示范园内规模以上（年产值1 000万元以上）企业或其他新型经营主体数量（提供具体数据）

(续表)

序号	内容	考核重点
4	农产品加工或过腹转化比例	农产品加工产值占园区总产值的比例或过腹转化产值占园区总产值的比例（提供具体数据）
5	农业循环发展	种养加一体化产值占示范园总产值的比例（提供具体数据）
6	产业链建设	示范园内产业涉及乡村旅游、共享农业、认养农业、体验农业、特色民宿、生态康养、乡村文化、小城镇开发建设等（提供具体案例）
二	主体示范带动	
1	龙头企业辐射带动能力	新型职业农民、合作社、家庭农场、龙头企业经营的农业生产基地占比（提供具体数据）
2	新产业新业态带动就业能力	示范园内年度新增本地大中专学生、务工经商返乡创业人员兴办合作社或兴办家庭农场、开办乡村旅游等数量（提供具体数据）
3	基地生产标准化	龙头企业自建或带动原料基地标准化生产比例（提供具体数据）
4	基地生产品牌化	品牌化产品产值占示范园农产品总产值的比例（提供具体数据）
5	基地生产组织化	示范园内是否有行业协会或产业联盟，并对农业生产进行指导（如有，提供具体案例）
三	利益联结	
1	利益联结机制构建	示范园内订单农业或保底分红占全部农产品比重（提供具体数据）
2	带动农民增收情况	示范园建设带动农民增收情况（提供前后数据对比）
3	农户资产性收益	以土地、林地入股参与合作社或龙头企业经营的数量（提供具体数据）
4	政府投入资产性收益	以政府投资项目或财政资金折股量化，支持农民参与保底收益或分红的情况（如有，提供具体佐证资料）
5	龙头企业融资担保服务	龙头企业为农户贷款提供信贷担保或融资服务（如有，提供具体佐证资料）
6	龙头企业技术服务	龙头企业或合作社为农户提供技术或市场培训，提供统一品牌服务（如有，提供具体案例）

附表5　特色指标考核表（农业功能拓展型）

序号	内容	考核重点
一	农业产业结构优化升级	
1	"三品一标"农产品生产比例	"三品一标"农产品认证面积占示范园比例（提供具体数据）

(续表)

序号	内容	考核重点
2	土地适度规模化经营比例	土地流转、托管等规模化经营占示范园比例（提供具体数据）
3	新产业新业态带动	农村电商、乡村旅游等新产业新业态促进现代农业发展（提供具体佐证资料）
4	特色旅游景点、旅游村镇数量	示范园内旅游景点及旅游村镇个数（提供具体数据）
5	村镇文化保护及地域文化开发利用	对古村落或地域文化保护有明确的举措（提供具体资料）
6	多功能拓展建设	示范园内农事体验、旅游商品开发，共享农业、认养农业、农家乐、民俗文化展示（演绎）、文化商品开发、农产品电子商务、特色农业展会、特色小镇、村镇建设城镇开发建设等（提供具体案例）
二	主体示范带动	
1	带动本地农产品或特色民俗产品销售增长	旅游、展会、民宿等经营带动示范园农产品或特色民俗产品销售增长比率（提供具体数据）
2	吸引消费者情况	农业与旅游、教育、文化、健康养老等产业深度融合发展，吸引外地游客数量（提供前后数据对比）
3	基地生产标准化	龙头企业自建或带动原料基地标准化生产比例（提供具体数据）
4	基地生产品牌化	品牌化产品产值占示范园农产品总产值的比例（提供具体数据）
5	基地生产组织化	示范园内是否有行业协会或产业联盟，并对农业生产进行指导（如有，提供具体佐证资料）
三	利益联结	
1	带动就业增长情况	新型经营主体发展旅游、展会、民宿等，带动本地农民就业人数增加情况（提供具体数据）
2	带动农民增收情况	示范园内旅游、展会、民宿以及订单农业等带动农民增收情况（提供前后数据对比）
3	农户资产性收益	以土地、林地入股参与合作社或龙头企业经营的数量（提供具体数据）
4	政府投入资产性收益	以政府投资项目或财政资金折股量化，支持农民参与保底收益或分红的情况（如有，提供具体佐证资料）
5	龙头企业融资担保服务	龙头企业为农户贷款提供信贷担保或融资服务（如有，提供具体佐证资料）
6	龙头企业技术服务	龙头企业或合作社为农户提供技术或市场培训，提供统一品牌服务（如有，提供具体佐证资料）

附表6 特色指标考核表（多业态复合型）

序号	内容	考核重点
一	农业产业结构优化升级	
1	"三品一标"农产品生产比例	"三品一标"农产品认证面积占示范园比例（提供具体数据）
2	农业内部循环经济发展	种养加一体化产值占园区总产值的比例（提供具体数据）
3	农业多功能拓展带动农民就业情况	带动当地农民参与旅游、展会、民宿等就业人数情况（提供具体数据）
4	农产品加工或过腹转化比例	农产品加工产值占园区总产值的比例或过腹转化产值占园区总产值的比例（提供具体数据）
5	电子商务带动特色农产品销售	通过互联网订单销售产品占示范园农产品比例（提供具体数据）
6	多功能拓展建设	示范园内农事体验、旅游商品开发，农家乐、民俗文化展示（演绎）、文化商品开发、农产品电子商务、特色小镇等（提供具体案例说明）
二	主体示范带动	
1	龙头企业辐射带动能力	新型职业农民、合作社、家庭农场、龙头企业经营的农业生产基地占比（提供具体数据）
2	返乡下乡人员就业能力增长	年度新增本地大中专学生、务工经商返乡创业人员兴办合作社或兴办家庭农场、开办乡村旅游数量（如有，提供具体数据）
3	基地生产标准化	龙头企业自建或带动原料基地标准化生产比例（提供具体数据）
4	基地生产品牌化	品牌化产品产值占示范园农产品总产值的比例（提供具体数据）
5	基地生产组织化	示范园内是否有行业协会或产业联盟，并对农业生产进行指导（如有，提供具体佐证资料）
三	利益联结	
1	利益联结机制构建	示范园内订单农业或保底分红占全部农产品比重（提供具体数据）
2	带动农民增收情况	示范园建设带动农民增收情况（提供前后数据对比）
3	农户资产性收益	以土地、林地入股参与合作社或龙头企业经营的数量（提供具体数据）
4	政府投入资产性收益	以政府投资项目或财政资金折股量化，支持农民参与保底收益或分红的情况（如有，提供具体佐证资料）
5	龙头企业融资担保服务	龙头企业为农户贷款提供信贷担保或融资服务（提供具体案例和数据）

(续表)

序号	内容	考核重点
6	龙头企业技术服务	龙头企业或合作社为农户提供技术或市场培训，提供统一品牌服务（如有，提供具体佐证资料）

附表7 特色指标考核表（新技术渗透型）

序号	内容	考核重点
一	农业产业结构优化升级	
1	"三品一标"农产品生产比例	"三品一标"农产品认证面积占示范园比例（提供具体数据）
2	农业高新技术在示范园内运用	农业高新技术、设备、品种运用广泛（提供具体佐证资料）
3	智慧农业技术运用	远程监控、在线诊断、物联网、大数据、在线信息发布等技术运用情况（提供具体佐证资料）
4	农产品电子商务基础建设	电子商务交易园（区）基础设施建设完备（提供具体佐证资料）
5	电子商务配送网络	示范园内电子商务物流、配送体系健全（提供组织架构体系说明）
6	电子商务带动特色农产品销售	通过互联网订单销售占示范园农产品产值比例（提供具体数据）
二	主体示范带动	
1	电商龙头企业和新型主体情况	电商龙头企业或新型经营主体数量（提供具体数据）
2	电子商务龙头企业带动就业能力增长	电子商务带动本地就业人数较上一年增加比例（提供具体数据）
3	科技支撑	示范园内至少要入住1家市级以上科研机构，建立科技研发推广平台和产业基地（提供具体案例）
4	品牌化建设	通过电商推动示范园产品品牌化建设和发展（提供具体案例和数据）
5	生产组织化	示范园内是否有行业协会或产业联盟，并对农业生产进行指导（如有，提供具体佐证资料）
三	利益联结	
1	利益联结机制构建	示范园内订单农业或保底分红等占全部农产品比重（提供具体数据）
2	农户通过现代农业生产技术提高劳动生产率	通过新品种、新技术运用提高农业产出值（提供前后数据对比）
3	新技术带动农民增收情况	电子商务等新技术带动农民增收情况（提供前后数据对比）

（续表）

序号	内容	考核重点
4	政府支持平台建设或高技术投入	以政府投资项目或其他财政资金投入方式带动农业信息技术运用、高新技术运用（提供具体案例和数据）
5	为农业生产者提供融资担保服务	龙头企业为农户贷款提供信贷担保或融资服务（如有，提供具体案例和资金数额）
6	电子商务或农业技术公司提供技术服务	龙头企业或合作社为农户提供技术或市场培训，提供统一品牌服务（如有，提供具体案例）

附表8 特色指标考核表（产城融合型）

序号	内容	考核重点
一	农业产业结构优化升级	
1	示范园区内农产品加工企业发展情况	示范园内农产品加工业产值占当地农产品加工业总产值的比重以及农产品加工业产值增加幅度（提供具体数据）
2	示范园区产业发展与城镇化融合紧密	示范园产业发展与当地城镇化规划紧密衔接（提供具体案例说明）
3	示范园区内土地市场城乡一体化	城乡土地市场一体化水平较高（提供具体数据和案例说明）
4	城乡居民社会保障体系一体化	示范园内农民与城镇居民社会保障体系一体化程度高（提供具体数据）
5	水电路等基础设施和上学、就医等公共服务一体化	示范园基础设施和城乡公共服务均等化水平较高（提供具体数据和案例）
6	农村居民非农就业比例	示范园内农村居民务农比例低于本地区平均水平（提供具体数据）
二	融合发展能力	
1	示范园区对本地劳动力就业吸纳能力	示范园吸纳本地农业转移人口就业数量（提供前后对比数据）
2	主导产业对本地城镇化支撑能力强	示范园主导产业能够对城镇化形成有力支撑（提供具体案例和数据）
3	农村发展为城市提供休闲养生服务场所	农村为城镇人口提供服务能力强（提供具体案例和数据）
4	基地生产标准化	龙头企业自建或带动原料基地标准化生产比例（提供具体数据）
5	基地生产品牌化	品牌化产品产值占示范园农产品总产值的比例（提供具体数据）
三	利益联结	
1	利益联结机制构建	示范园内订单农业或保底分红等占全部农产品比重（提供具体数据）

附录二　休闲农业与乡村旅游的国家标准（部分）

（续表）

序号	内容	考核重点
2	农民收入增加情况	示范园内农民收入增幅超过当地平均收入增幅（提供具体数据）
3	政府支持平台建设或高技术投入	以政府投资项目或其他财政资金投入方式带动农业信息技术运用、高新技术运用（提供具体案例和数据）
4	政府支持农业转移人口专业技术培训	政府提供技术培训（提供具体案例和数据）
5	为农业生产者提供融资担保服务	龙头企业为农户贷款提供信贷担保或融资服务（如有，提供具体案例和资金数额）
6	龙头企业提供技术服务	龙头企业或合作社为农户提供技术或市场培训，提供统一品牌服务（如有，提供具体案例）

附录三 休闲农业与乡村旅游的地方标准（部分）

本附录包括海南省地方标准《乡村民宿服务质量等级划分与评定》（DB 46/T 460—2018）、宁夏回族自治区地方标准《休闲农业分类及休闲农庄分级规范》（DB 64/T 1265—2016）、河北省乡村旅游服务质量标准（DB 13/T 1009—2009）。

海南省地方标准
《乡村民宿服务质量等级划分与评定》
DB46/T 460—2018

2018-05-30 发布　　　　　　　　　　　　　　　　　2018-07-01 实施

海南省质量技术监督局　发布

1 范围

本标准规定了乡村民宿的术语和定义、等级划分、等级评定必备条件、等级评定基本要素及标牌管理等内容。

本标准适用于向游客提供住宿及相关服务的以民居建筑为经营场地的乡村住宿接待单位。

2 规范性引用文件

下列文件对于本文件的应用是必不可少的。凡是注日期的引用文件，仅所注日期的版本适用于本文件。凡是不注日期的引用文件，其最新版本（包括所有的修改单）适用于本文件。

GB 3095　环境空气质量标准
GB 3096　声环境质量标准
GB 5749　生活饮用水卫生标准
GB 8978　污水综合排放标准
GB 9663　旅店业卫生标准
GB/T 10001.1　公共信息图形符号　第1部分：通用符号
GB/T 10001.2　标志用公共信息图形符号　第2部分：旅游休闲符号
GB 13495.1　消防安全标志　第1部分：标志
GB 14881　食品安全国家标准　食品生产通用卫生规范

GB 14930.1　食品安全国家标准　洗涤剂
GB 14934—2016　食品安全国家标准　消毒餐（饮）具
GB 16153　饭店（餐厅）卫生标准
GB/T 17217　城市公共厕所卫生标准
GB 18483　饮食业油烟排放标准
GB 22337　社会生活环境噪声排放标准
LB/T 065—2017　旅游民宿基本要求与评价
国务院令〔2011〕第588号　旅馆业治安管理办法
建村〔2017〕50号　农家乐（乡村民宿）建筑防火导则（试行）

3　术语和定义

下列术语和定义适用于本文件。

3.1　乡村民宿

经营者利用农村房屋和院落，结合地域性自然景观、生态环境、人文风情及农林牧渔生产活动，以慢节奏生活、家庭服务、乡野体验、亲近自然为特色，为游客提供乡野生活、休闲度假的居住空间。

4　等级划分

4.1　等级

依据旅游经营用乡村民宿的设施设备基本功能、服务品质、地方文化特色等软硬件水平进行评分，按照分数由低到高，将旅游乡村民宿分为三个等级，即铜宿、银宿、金宿。铜宿为服务质量达标级，银宿为良好级，金宿为优秀级。

4.2　等级划分依据

4.2.1　设立必备条件，必备条件实行一票否决，见附录A。

4.2.2　设立评分依据，包括设施设备、服务要求、特色项目、加分项目等，总分为600分，对参评企业进行评分，见附录B。

4.3　等级划分得分要求

乡村民宿等级划分得分要求应满足表1的规定。

表1　乡村民宿等级划分与评定得分要求

	铜宿	银宿	金宿	总分
必备条件	达标	达标	达标	不设分数
等级评分	≥360分	≥480分	≥540分	600分

5 等级评定必备条件

5.1 合法合规

5.1.1 取得合法经营的有效证照（工商、公安、税务、卫生、环保等部门颁发的许可证或多证合一许可证），且在接待区域醒目位置进行公示。

5.1.2 房屋产权合法，或房屋租赁合法，应由当地乡（镇）政府出具合法证明。

5.1.3 单栋建筑面积不超过800平方米，高度不超过三层，客房数量不超过14个标准间（或单间）；所有客房总数量不超过42间。

5.2 安全

5.2.1 经营场地安全

5.2.1.1 乡村民宿经营场地远离地质灾害区、严重污染区和其他危险区域，无安全隐患。

5.2.1.2 具备避免蛇、蜈蚣等有害动物侵入的有效措施。

5.2.2 治安安全

5.2.2.1 总体要求

5.2.2.1.1 建立和切实落实住宿登记、财物保管、值班巡查、情况报告、安全预警、应急管理等内部治安管理制度。

5.2.2.1.2 建立自然灾害、火灾、治安事件、医疗救护、食品卫生、设施设备突发故障等突发事件处理应急机制。

5.2.2.1.3 主要从业人员经过安全知识培训，掌握安全管理的基本技能：

a) 主要从业人员具备在紧急情况下进行顾客疏散、电话报警、快速救援等方面的知识和技能；

b) 主要从业人员掌握基本急救知识及操作技能。

5.2.2.1.4 建立事故台账，包括事故时间、类别、经过、救援过程、人员伤亡及经济损失情况、事故处理情况等内容。

5.2.2.2 具体要求

5.2.2.2.1 做到一客一登记，配备旅客身份验证系统，向公安机关报备所有住客的身份信息。

5.2.2.2.2 视频监控覆盖所有公共区域，画面清晰，且定期保存监控资料（以当地有关部门规定为准）。

5.2.2.2.3 在醒目位置张贴应急处置相关联系电话，包括：治安报警电话、火警电话、急救电话等。

5.2.2.2.4 在容易出现安全事故的地方张贴安全提示或安全须知，有图形显示和中外文对照。

5.2.2.2.5 设有安全预警信息公布渠道，包括信息公告栏、广播、微信等。

5.2.2.2.6 客房的门、窗牢固完好，所有门、窗安装内锁，门锁牢固，有防盗装置。

5.2.2.2.7 备有日常药品和急救箱。

5.2.3 消防安全

5.2.3.1 应通过消防或公安部门的认定。

5.2.3.2 符合 GB 13495.1—2015 和《农家乐（乡村民宿）建筑防火导则（试行）》（建村〔2017〕50 号）的规定。

5.2.4 食品安全

5.2.4.1 食品来源、餐具使用、食品制作与储存等符合 GB 14881 的规定。

5.2.4.2 建立健全食品安全制度和保障食品安全的操作规程。

5.3 可达性

5.3.1 交通

5.3.1.1 道路设施、交通工具等交通条件能满足旅客的进入及出行需要。

5.3.1.2 交通导引标识清晰明了。

5.3.2 通信

5.3.2.1 有移动通信网络覆盖。

5.3.2.2 具有实时网上预订功能，有免费无线网络（WiFi）。

5.4 生态环境

5.4.1 无破坏自然资源的现象。

5.4.2 无污染环境的现象。

5.4.3 无乱建、乱堆、乱放现象。

5.4.4 污水排放应符合 GB 8978 的规定。

5.5 卫生

5.5.1 遵守国家、地方政府的相关卫生法律、法规和规章。

5.5.2 制定各项卫生制度和措施，并遵照执行。

5.5.3 配备专职或兼职的卫生管理人员。

5.5.4 客房卫生应符合 GB 9663 的规定。

5.5.5 餐饮场所卫生应符合 GB 16153 的规定。

5.5.6 餐饮器具消毒应符合 GB 14934 的规定。

5.5.7 餐饮油烟排放应符合 GB 18483 的规定。

5.5.8 公共卫生间卫生应符合 GB/T 17217 的规定。

5.5.9 洗涤剂、消毒剂应符合 GB 14930.2 的规定。

5.5.10 生活饮用水卫生应符合 GB 5749 的规定。

6 等级评分基本要素

6.1 设施设备

6.1.1 外部标识

6.1.1.1 标识的内容、范围，应符合 GB/T 10001.1 的规定。

6.1.1.2 位置醒目，指向准确，标明与乡村民宿的间距，夜间开放乡村民宿标牌可识。

6.1.1.3 中外文对照。

6.1.2 建筑物

6.1.2.1 主体建筑结构完好。

6.1.2.2 外立面无明显残缺或破损，外观整洁。

6.1.3 停车场

6.1.3.1 乡村民宿周围200米内设有停车场。

6.1.3.2 停车场常备车位数至少达到客房数的1/5。

6.1.3.3 有保证车辆安全的有效措施。

6.1.4 接待处（前厅）

6.1.4.1 大门醒目、宽敞，便于客人及行李进出。

6.1.4.2 设总服务台，具备问询、入住、结账等服务功能。

6.1.4.3 设立休息区，供客人会客、阅读、休闲使用。

6.1.4.4 至少有一间公共卫生间。整洁卫生，设有抽水马桶（蹲便器）、卫生纸、污物桶、半身镜、洗手盆、洗手液或香皂、烘手机或擦手纸等设备或物件。

6.1.4.5 设置中外文对照的导览图和引导标识，位置合理、内容准确、标识醒目。

6.1.4.6 摆放绿色植物、鲜花，美化和净化环境。

6.1.4.7 配备背景音乐播放设备。

6.1.4.8 配备小型的复印机、打印机，提供商务服务。

6.1.4.9 配备轮椅，有残疾人专用卫生间或厕位，为残障人士提供必要的服务。

6.1.4.10 设施设备追求精致化。

6.1.4.11 装修、装饰注重特色和主题氛围。

6.1.5 客房

6.1.5.1 客房空间及装修

6.1.5.1.1 客房装修、装饰体现本土文化，注重主题氛围。

6.1.5.1.2 所有客房净面积（不包括门廊和洗手间）不小于10平方米；净高度不低于2.6米。

6.1.5.2 家具

6.1.5.2.1 客房配备相应的家具。

6.1.5.2.2 客房家具注重功能与特色。

6.1.5.2.3 客房床垫长度不小于1.9米，单人床宽度不小于1.0米，双人床宽度不小于1.8米。

6.1.5.3 灯具和照明

6.1.5.3.1 客房配备相应的灯具。

6.1.5.3.2 各灯具开关位置合理，方便使用。

6.1.5.4 电视机

6.1.5.4.1 客房配备尺寸合适的彩色电视机。

6.1.5.4.2 卫星、有线闭路电视节目不少于20套。

6.1.5.4.3 电视节目画面清晰，无杂音。

6.1.5.5 客房必须配备的设备或物品

6.1.5.5.1 电热水壶。

6.1.5.5.2 电蚊香。

6.1.5.5.3 迷你消毒柜。

6.1.5.5.4 免费茶叶、矿泉水或者特色饮品、小吃。

6.1.5.5.5 垃圾桶。

6.1.5.5.6 根据不同类型的床配备相应数量的枕芯、枕套、床单、毛毯或棉被。

6.1.5.5.7 不间断电源插座（国际通用制式）不少于3处，并有明确标识，方便使用。

6.1.5.6 客房需配备的便利设备及用品

6.1.5.6.1 吹风机。

6.1.5.6.2 备用被子或毛毯（每床1条）。

6.1.5.6.3 浴衣（每客1件）。

6.1.5.6.4 熨斗和熨衣板。

6.1.5.6.5 环保或纸制礼品袋（每房2个）。

6.1.5.6.6 文具（含铅笔、圆珠笔、便签纸、橡皮、曲别针等）。

6.1.5.6.7 每房不少于4个普通衣架、2个裤架和2个裙架。

6.1.5.7 客房卫生间

6.1.5.7.1 面积达到4平方米左右。

6.1.5.7.2 装修注重工艺。

6.1.5.7.3 70%以上的卫生间淋浴、马桶（蹲便器）干湿分离。

6.1.5.7.4 淋浴间有单独照明；沐浴间24小时提供热水，水温可调节，水流充足、水质良好；淋浴间下水保持通畅，水不外溢；淋浴间配有防滑设施（或有防滑功能）。

6.1.5.7.5 配备节水马桶（蹲便器）。

6.1.5.7.6 配备相应的梳妆镜。

6.1.5.7.7 配备挂钩、面巾纸、晾衣绳、浴巾架、浴帘或其他防溅设施、呼救按钮或有呼救功能的电话、110V/220V不间断电源插座（低电流）等便利设备及用品。

6.1.5.7.8 必须配备漱口杯（每房至少2个）、卫生袋、卫生纸、垃圾桶、地巾、浴巾（每房至少 2 条）、面巾（每房至少 2 条）等物品。

6.1.5.8 客房舒适度

6.1.5.8.1 床单、被套、枕套、毛巾的含棉量为 100%，纱支规格不低于 60 支纱×40 支纱。

6.1.5.8.2 毛巾（含浴巾、面巾、地巾等）纱支规格不低于 16 支纱。

6.1.5.8.3 至少提供 2 种以上不同类型的枕头。

6.1.5.8.4 窗帘与客房整体设计相协调，遮光效果良好。

6.1.5.8.5 客房门、墙、窗、天花、卫生间采取隔音措施，效果良好。

6.1.5.8.6 照明至少满足基本需要。

6.1.5.9 客房走廊

6.1.5.9.1 光线适宜。

6.1.5.9.2 通风良好。

6.1.5.9.3 客房门牌标识醒目。

6.1.6 餐饮

6.1.6.1 厨房

6.1.6.1.1 厨房布局合理，使用面积与接待能力相适应。

6.1.6.1.2 厨房地面经硬化和防滑处理。

6.1.6.1.3 照明、通风、油烟净化、防蝇、防尘、防鼠、废弃物存放等设备或装置齐全。

6.1.6.1.4 餐（饮）具洗涤池、清洗池、消毒池分设，并有明显标识。

6.1.6.1.5 蔬菜清洗池、肉类清洗池、水产品清洗池独立分设，并有明显标识。

6.1.6.1.6 有充足的冷藏、冷冻和保鲜设备，生熟分开。

6.1.6.1.7 食品原料采购有进货单、产品质量检验报告或合格证。

6.1.6.2 餐厅

6.1.6.2.1 布局合理，使用面积与接待能力相适应。

6.1.6.2.2 地面已经硬化和防滑处理。

6.1.6.2.3 餐具、酒具、茶具等各种器具配套合理。

6.1.6.2.4 有整洁的中英文菜单、酒水单，明码标价。

6.1.6.2.5 配备消毒设施并及时消毒。

6.1.6.2.6 餐厅及厨房的地面、墙面、天花、台面、家具、餐具、饮具等的装修、装饰注重材质、工艺、氛围和主题。

6.1.7 庭院

6.1.7.1 庭院面积与接待规模相匹配。

6.1.7.2 有相应的绿化、景观小品和休闲设施，整洁、卫生、安全。

6.2 服务要求

6.2.1 总体要求

6.2.1.1 规章制度要求

6.2.1.1.1 制定入住登记、安全管理、卫生管理、人员管理等规章制度，制订突发事件应急预案。

6.2.1.1.2 各项规章制度贯彻得力，有一年以上完整执行记录。

6.2.1.2 人员要求

6.2.1.2.1 仪容仪表符合服务人员基本要求。

6.2.1.2.2 佩戴员工身份标识。

6.2.1.2.3 服务主动、热情，友好、诚恳。

6.2.1.2.4 具备相应的工作技能。经培训合格后上岗；积极参加在岗专业化培训，年培训时间不少于8课时。

6.2.2 接待服务

6.2.2.1 服务项目及价目表张贴合理，清楚醒目，至少用中文和一种外文标识。

6.2.2.2 接待员使用标准普通话或根据顾客情况使用外语进行服务；至少12小时在岗，不在岗时，主动张贴联系方式，并确保联系渠道畅通。

6.2.2.3 免费提供有关本店及本地的纸质或电子版的宣传资料。

6.2.2.4 制定和执行预订、行李、问询、入住登记、叫醒、结账、离店等各环节的服务流程或相关规定。

6.2.2.5 接待处（前厅）地面、门窗、天花、墙面（柱）、家具、灯具、总服务台、各种设备及盆景、花木、艺术品完好、无破损，完好程度至少达85%以上。

6.2.2.6 接待处（前厅）地面、门窗、天花、墙面（柱）、家具、灯具、总服务台、各种设备及盆景、花木、艺术品卫生状况良好，卫生清洁程度至少达90%以上。

6.2.3 客房服务

6.2.3.1 所有客用品齐全、整齐，拖鞋、电视遥控器、空调遥控器等物品放置方便客人取用。

6.2.3.2 布草和床上用品一客一换，长住客人房间至少3天一换。

6.2.3.3 对洗漱、杯具、拖鞋等用品及时清洗消毒；对卫生间的恭桶、面盆、淋浴间一客一消毒。

6.2.3.4 制定并执行客房清理、器具消毒、设备维护等各环节的服务流程或相关规定。

6.2.3.5 客房设备和用品完好、无破损。地面、房门、墙面、门锁、窗户、天花、家具、灯具、布草、电器、插座、印刷品、电话机、床头（控制）柜、卫生间门、卫生间地面、卫生间墙壁、卫生间天花、面盆、浴缸、淋浴区、恭桶、卫生间五金件、下水系统、排风系统等的完好程度至少达85%以上。

6.2.3.6 客房清洁卫生。客房地面、房门、墙面、门锁、窗户、天花、家具、灯具、布草、电器、插座、印刷品、电话机、床头（控制）柜、卫生间门、卫生间地面、卫生间墙壁、卫生间天花、面盆、浴缸、淋浴区、恭桶、卫生间五金件、下水系统、排风系统等的卫生清洁程度至少达90%以上。

6.2.4 餐饮服务

6.2.4.1 用餐区明亮、通风、安全；在醒目位置标明提供餐饮服务的时间表。

6.2.4.2 视情况提供早餐、中餐、晚餐、茶吧、酒吧等服务项目中的一种或多种服务。

6.2.4.3 至少具备2个以上富有农家风味或地方特色的菜点。菜品原料卫生、安全、环保。

6.2.4.4 有搭伙、点餐、自我体验（DIY）等用餐模式可供客人选择。

6.2.4.5 视情况采用常规的、具有一定本土特色的或富有趣味化情节的服务方式。

6.2.4.6 制定并执行餐厅服务、送餐服务、清洁卫生、器具消毒、设备维护、食品安全等方面的服务流程或相关规定。

6.2.4.7 用餐区的设备与用品完好、无破损。天花、墙面、门窗及窗帘、地面、餐台（包括自助餐台）、家具、灯具、艺术品、盆景、花木，以及台布、餐巾、面巾、餐具等的完好程度达85%以上。

6.2.4.8 用餐区清洁卫生。天花、墙面、门窗及窗帘、地面、餐台（包括自助餐台）、家具、灯具、艺术品、盆景、花木，以及台布、餐巾、面巾、餐具等客用品卫生清洁程度达90%以上。

6.2.5 服务评价与改进

6.2.5.1 服务评价

6.2.5.1.1 定期就服务细节、服务意识、服务态度、服务技能、服务流程、服务规制、服务效果等方面开展自我评价，做到及时发现问题、分析原因和进行整改。

6.2.5.1.2 每年针对住店客人开展满意度调查，掌握住店客人对本店服务质量的评价情况。

6.2.5.2 服务改进

6.2.5.2.1 及时整改自身发现的和顾客满意度调查过程中所发现的服务质量问题，并及时对整改结果进行确认。

6.2.5.2.2 对客人投诉所提及的服务质量问题根据实际情况提出整改承诺，并在承诺期限内进行整改，整改后第一时间告知投诉者。

6.3 特色项目

6.3.1 旅游吸引物

6.3.1.1 依托富有海南特色的有游览、体验价值的海滨、海岛、热带雨林、热带田园、热带山地、热带苗圃、果园、茶园、湿地、温泉等自然资源，或依托古村、古镇、古遗址、古民居建筑、黎苗风情、民俗风情等人文旅游资源，见附录C。

6.3.1.2 周边有可依托的游览点，同时还根据实际情况自我开发具有观赏、游览、体验等功能的特色游览点。

6.3.1.3 开发和组织客人参与热带农事体验、民俗文化体验、趣味体育等室外特色活动；具备歌舞、游戏、棋牌、茶艺、健身、沙龙等室内特色活动项目。

6.3.2 特色建筑

6.3.2.1 突出疍家渔排、崖州合院、火山石民居、多进合院、南洋风格民居、南洋风格骑楼、儋州客家围屋、军屯民居、船形屋、金字屋等海南本域（本土或本民族）传统民居建筑风格。

6.3.2.2 建筑得以精心设计，并追求艺术美感。

6.3.3 特色服务

6.3.3.1 注重主人文化与情怀，营造温馨的家庭氛围。

6.3.3.2 提供讲解服务。讲解乡村民宿的文化特色、附设或附近的景点景观，介绍当地的风土人情、文化特色、历史故事等。

6.3.3.3 提供售卖服务。向客人出售旅行日常用品、旅游纪念品、土特产品等产品。

6.3.3.4 提供票务服务。为客人提供优惠的景点门票、机票、车票等代订票服务。

6.3.3.5 提供车辆服务。为住店客人提供 10 千米以内的免费接送服务；超过 10 千米路程的，提供免费的租车中介服务。

6.3.3.6 提供特色餐饮服务。能为少数民族客人提供符合其饮食习惯的基本菜肴；能为境外客人提供融入本土文化的西餐服务或西点服务。

6.3.3.7 具备一定的智能化服务能力和基本的信息化管理能力。

6.3.3.8 有一定的特色服务品牌。乡村民宿自产的菜肴、饮料、民间小吃、工艺品等成为知名品牌；通过 ISO9000、ISO14000 认证；通过旅游标准化试点验收；被确定为旅游标准化示范单位。

6.3.3.9 乡村民宿所在的村（街道）或景区（点）有相应的医务点（所、院），能迎合顾客需要而及时出诊。

6.3.3.10 能为客人提供地方传统食品、地方特色工艺品的制作指导及现场制作活动服务。

6.4 综合加分项目

6.4.1 具有独特的人文气息。

6.4.2 考察期间，年度顾客满意度达 90% 以上（依据第三方信息平台数据）。

6.4.3 2 年内获得第三方平台的奖励。

6.4.4 3 年内获得市（县）级及以上政府的荣誉或奖励。

6.4.5 在社区联结方面卓有成效。鼓励和带领顾客接触、融入社区；方便社区居民与顾客接触、交流、交易；主动参与社区公共事务，积极回馈社会；加强顾客管理，避免顾客体验活动干扰社区正常生活。

7 标牌的管理

7.1 乡村民宿正式开业12个月后可以申请服务质量等级的评定。经评定机构评审、批准后,授予申请单位相应的标牌,分铜宿、银宿、金宿三个等级。

7.2 铜宿标牌,每三年复核一次;银宿、金宿每两年复核一次。复核不合格的,将被责令整改。整改还不合格的,将被降级,甚至摘牌。

7.3 等级评定后,如果挂牌单位出现重大安全责任事故,或出现其他信用危机,造成恶劣的社会影响,其标牌将被摘下,其所属等级也立即被取消。

附录 A （规范性附录）

乡村民宿等级划分与评定的必备条件,见表A。

表A 乡村民宿等级划分与评定的必备条件

序号	项目	达标	不达标	备注
1	合法合规			
1.1	取得合法经营的有效证照（工商、公安、税务、卫生、环保等部门颁发的许可证或多证合一许可证）,且在接待区域醒目位置进行公示			
1.2	房屋产权合法,或房屋租赁合法,应由当地乡镇政府出具合法证明			
1.3	单栋建筑面积不超过800平方米,高度不超过3层,客房数量不超过14个标准间（或单间）；所有客房总数量不超过42间			
2	安全			
2.1	场地安全			
2.1.1	场地远离地质灾害区、严重污染区和其他危险区域,无安全隐患			
2.1.2	具备避免蛇、蜈蚣等有害动物侵入的有效措施			
2.2	治安安全			
2.2.1	总体要求			
2.2.1.1	建立和切实落实住宿登记、财物保管、值班巡查、情况报告、安全预警、应急管理等内部治安管理制度			
2.2.1.2	建立自然灾害、火灾、治安事件、医疗救护、食品卫生、设施设备突发故障等突发事件处理应急机制			

(续表)

序号	项目	达标	不达标	备注
2.2.1.3	主要从业人员经过安全知识培训，掌握安全管理的基本技能			
2.2.1.3.1	主要从业人员具备在紧急情况下进行顾客疏散、电话报警、快速救援等方面的知识和技能			
2.2.1.3.2	主要从业人员掌握基本的急救知识及操作技能			
2.2.1.4	建立事故台账，包括事故时间、类别、经过、救援过程、人员伤亡及经济损失情况、事故处理情况等内容			
2.2.2	具体要求			
2.2.2.1	做到一客一登记，配备旅客身份验证系统，向公安机关报备所有住客的身份信息			
2.2.2.2	视频监控覆盖所有公共区域，画面清晰，且定期保存监控资料（以当地有关部门规定为准）			
2.2.2.3	在醒目位置张贴应急处置相关联系电话，包括：治安报警电话、火警电话、急救电话等			
2.2.2.4	在容易出现安全事故的地方张贴安全提示或安全须知，有图形显示和中英文对照			
2.2.2.5	设有安全预警信息公布渠道，包括信息公告栏、广播、微信等			
2.2.2.6	客房的门、窗牢固完好，所有门、窗安装内锁，门锁牢固，有防盗装置			
2.2.2.7	备有日常药品和急救箱			
2.3	消防安全			
2.3.1	应通过消防或公安部门的认定			
2.3.2	符合 GB 13495.1—2015 和《农家乐（乡村民宿）建筑防火导则（试行）》（建村〔2017〕50号）的规定（参评企业提供相应佐证材料）			
2.4	食品安全			
2.4.1	食品来源、餐具使用、食品制作与储存等符合 GB 14881 的规定（参评企业提供相应佐证材料）			
2.4.2	建立和健全食品安全制度和保障食品安全的操作规程			

(续表)

序号	项目	达标	不达标	备注
3	可达性			
3.1	交通			
3.1.1	道路设施、交通工具等交通条件能满足旅客的进入及出行需要			
3.1.2	外部交通导引标识清晰明了			
3.2	通信			
3.2.1	有移动通信网络覆盖			
3.2.2	具备实时网上预订功能，有免费无线网络（WiFi）			
4	生态环境			
4.1	无破坏自然资源的现象			
4.2	污染环境的现象			
4.3	无乱建、乱堆、乱放现象			
4.4	污水排放应符合 GB 8978 的规定			
5	卫生			
5.1	遵守国家、地方政府的相关卫生法律、法规和规章			
5.2	制定各项卫生制度和措施，并遵照执行			
5.3	配备专职或兼职的卫生管理人员			
5.4	客房卫生应符合 GB 9663 的规定（参评企业提供相应佐证材料）			
5.5	餐饮场所卫生应符合 GB 16153 的规定（参评企业提供相应佐证材料）			
5.6	餐饮器具消毒应符合 GB 14934 的规定（参评企业提供相应佐证材料）			
5.7	餐饮油烟排放应符合 GB 18483 的规定（参评企业提供相应佐证材料）			
5.8	公共厕所卫生应符合 GB/T 17217 的规定。（参评企业提供相应佐证材料）			
5.9	洗涤剂、消毒剂应符合 GB 14930.2 的规定（参评企业提供相应佐证材料）			
5.10	生活饮用水卫生应符合 GB 5749 的规定			

总体结论（用文字注明是否达标）

注：①请在相应空格中划√；②上述被评定的项目只要有一项不符合标准，后续评审则无效。

附录 B （规范性附录）

乡村民宿服务质量等级划分与评定评分细则见表 B。

评分说明

1 本评分细则共涉及设施设备、服务要求、特色项目、综合加分 4 个方面。其中：设施设备 222 分，服务要求 160 分，特色项目 168 分，综合加分 50 分，总分 600 分。

2 各服务质量等级的评定要求

设施设备、服务要求、特色项目 3 个方面单项评定得分率均达到 70%，总分达到 360 分的可评定为"铜宿"等级，"铜宿"等级无名额限制。

设施设备、服务要求、特色项目 3 个方面单项评定得分率均达到 70%，总分达到 480 分的入围"银宿"候选企业。"银宿"等级有名额限制，其数量不得超过当年申报该等级且通过必备条件评估企业数量的 40%。在全省的综合评分排名中，在 40% 以内的，可最终评定为"银宿"等级；在 40% 以外而又达到"铜宿"评定标准的，可最终评定为"铜宿"等级。

设施设备、服务要求、特色项目 3 个方面单项评定得分率均达到 70%，总分达到 540 分的入围"金宿"候选企业。"金宿"等级有名额限制，其数量不得超过当年申报该等级且通过必备条件评估企业数量的 10%。在全省的综合评分排名中，在 10% 以内的，可最终评定为"金宿"等级；在 10% 以外而又达到"银宿"评定标准的，可最终评定为"银宿"等级；在 10% 以外而又只达到"铜宿"评定标准的，则最终评定为"铜宿"等级。

3 未设置对客专用餐厅和厨房的乡村民宿企业，可与附近的餐饮企业建立共享餐厅，以此为住店客人提供餐饮服务。在进行服务等级评定时，此类参评企业应申请对其共享餐厅进行评分。但是，共享餐厅（包括厨房）设施设备、餐饮服务、特色项目的最终得分应在专家评分的基础上乘以一定的系数，具体细则如下：共享餐厅离参评企业的步行距离小于 20 米，则乘以 0.9 的系数；步行距离大于 20 米而小于 50 米，则乘以 0.85 的系数；步行距离大于 50 米而小于 100 米，则乘以 0.8 的系数；步行距离大于 100 米而小于 150 米，则乘以 0.75 的系数；步行距离大于 150 米而小于 200 米，则乘以 0.7 的系数；步行距离大于 200 米，则乘以 0.6 的系数。但如果参评企业确定的共享餐厅所提供的菜品和服务独具特色，深受住店客人喜爱，则所乘系数可相应提高 0.05。

表 B 乡村民宿服务质量等级划分与评定评分细则

序号	评定项目	一级分项	二级分项	三级分项	四级分项	五级分项	六级分项	自评得分	所乘系数	评定得分
1	设施设备	222								

(续表)

序号	评定项目	一级分项	二级分项	三级分项	四级分项	五级分项	六级分项	自评得分	所乘系数	评定得分
1.1	外部标识		10							
1.1.1	公共信息图形符号			3						
	标识的内容、范围，基本符合GB/T10001.1的规定				1					
	标识的内容、范围，完全符合GB/T10001.1的规定				3					
1.1.2	设置			4						
	位置醒目，指向准确，标明与乡村民宿的间距，夜间开放乡村民宿标牌可识（酌情给分）				4					
1.1.3	文字			3						
	中文				1					
	中英文对照				2					
	中文、英文及一种以上的其他外文对照				3					
1.2	建筑物		10							
1.2.1	主体建筑结构			5						
	主体建筑结构完好（根据实际情况酌情给分）				5					
1.2.2	建筑物外立面			5						
	外立面轻度残缺或破损，但外观整洁				1					
	外立面无明显残缺或破损，外观整洁				2					
	外立面经过设计与装饰，美观大方				3					
	外立面经过精心设计与装饰，有一定的审美价值				5					
1.3	停车场		10							
1.3.1	档次			4						

附录三 休闲农业与乡村旅游的地方标准（部分）

（续表）

序号	评定项目	一级分项	二级分项	三级分项	四级分项	五级分项	六级分项	自评得分	所乘系数	评定得分
	无可使用的停车场				0					
	乡村民宿周围200米内有可使用的简易停车场				1					
	乡村民宿周围200米内有可使用的硬化停车场，车场内有方向引导指示标识，设停车线（酌情给分）				2					
	乡村民宿周围200米内有可使用的标准化生态停车场				3					
	乡村民宿周围200米内有可使用的现代化智能停车场				4					
1.3.2	常备车位数量			4						
	无常备车位				0					
	常备车位不少于客房数的1/5				1					
	常备车位不少于客房数的2/5				3					
	常备车位不少于客房数的3/5				4					
1.3.3	安全措施			2						
	有保证车辆安全的有效措施（酌情给分）				2					
1.4	接待处（前厅）		35							
1.4.1	主要设施设备（以下各项酌情给分）			22						
1.4.1.1	大门醒目、宽敞，便于客人及行李进出				3					
1.4.1.2	设总服务台，具备问询、入住、结账等服务功能				3					
1.4.1.3	设立休息区，供客人会客、阅读、休闲使用				2					
1.4.1.4	至少有一间公共卫生间。整洁卫生（1分），设有抽水马桶（蹲便器）、卫生纸、污物桶、半身镜、洗手盆、洗手液或香皂、烘手机或擦手纸等设备或物件（各0.5分）				4					
1.4.1.5	设置中外文对照的导览图和引导标识，位置合理、内容准确、标识醒目				2					
1.4.1.6	摆放绿色植物盆景、鲜花，美化和净化环境				2					
1.4.1.7	配备背景音乐播放设备				2					

(续表)

序号	评定项目	一级分项	二级分项	三级分项	四级分项	五级分项	六级分项	自评得分	所乘系数	评定得分
1.4.1.8	配备小型的复印机、打印机,提供商务服务（各1分）				2					
1.4.1.9	配备轮椅,有残疾人专用卫生间或厕位,为残障人士提供必要的服务（各1分）				2					
1.4.2	设施设备的精致化程度			5						
	低				0					
	一般				2					
	较高				3					
	高				5					
1.4.3	前厅装修装饰			8						
	特色一般,主题氛围一般				2					
	特色鲜明,主题氛围较强				5					
	特色鲜明,主题氛围突出				8					
1.5	客房		125							
1.5.1	客房装修、装饰效果			6						
	工艺和格调其中有一个效果较差				1					
	工艺一般,格调一般				2					
	工艺较好、色调较协调,格调统一				4					
	工艺精致、色调协调,格调高雅				6					
1.5.2	客房空间			9						
1.5.2.1	净面积（不包括门廊和洗手间）				6					
	不小于10平方米					1				
	不小于12平方米					2				
	不小于16平方米					3				
	不小于20平方米					4				
	不小于24平方米					5				
	不小于30平方米					6				
1.5.2.2	净高度				3					

附录三 休闲农业与乡村旅游的地方标准（部分）

（续表）

序号	评定项目	一级分项	二级分项	三级分项	四级分项	五级分项	六级分项	自评得分	所乘系数	评定得分
	不低于2.6米					1				
	不低于2.8米					2				
	不低于3.0米					3				
1.5.3	家具				20					
1.5.3.1	基本配备					9				
	床、床头柜、床垫（有几项得几分）						3			
	行李架（柜）						1			
	写字台和座椅						1			
	沙发椅（扶手椅）和茶几						1			
	小酒吧、酒水架（或酒水柜）						1			
	小冰箱						1			
	步入式衣物储藏间或简易挂衣架						1			
1.5.3.2	功能与特色					5				
	具备基本功能，但无明显特色						1			
	具备基本功能，有一定的特色						3			
	具备基本功能，特色鲜明						5			
1.5.3.3	床垫长度不小于1.9米，宽度					6				
1.5.3.3.1	单人床						3			
	不小于1.0米							1		
	不小于1.2米							2		
	不小于1.35米							3		
1.5.3.3.2	双人床						3			
	不小于1.8米							1		
	不小于2.0米							2		
	不小于2.2米							3		
1.5.4	灯具和照明				11					
1.5.4.1	基本配备					8				

(续表)

序号	评定项目	一级分项	二级分项	三级分项	四级分项	五级分项	六级分项	自评得分	所乘系数	评定得分
	主光源（顶灯或槽灯）、床头照明灯、门廊照明灯（有几项得几分）					3				
	写字台照明灯					1				
	夜灯					1				
	装饰物照明灯（台灯）					1				
	小酒吧照明灯					1				
	衣柜照明灯					1				
1.5.4.2	灯光控制				3					
	各灯具开关位置合理，方便使用（酌情给分）					2				
	各灯具开关位置合理，床头有房间灯光"一键式"总控制开关，方便使用					3				
1.5.5	电视机			3						
1.5.5.1	配备尺寸合适的彩色电视机				1					
1.5.5.2	卫星、有线闭路电视节目不少于20套				1					
1.5.5.3	电视节目画面清晰，无杂音				1					
1.5.6	客房必需配备的设备或物品（少1项，从总分中扣1分）									
1.5.6.1	电热水壶									
1.5.6.2	电蚊香									
1.5.6.3	迷你消毒柜									
1.5.6.4	免费茶叶									
1.5.6.5	免费矿泉水或特色饮品、小吃									
1.5.6.7	垃圾桶									
1.5.6.8	根据不同类型的床配备相应数量的枕芯、枕套、床单、毛毯或棉被									
1.5.6.9	不间断电源插座（国际通用制式）不少于3处，并有明确标识，方便使用									
1.5.7	客房应配备的便利设备及用品			10						

(续表)

序号	评定项目	一级分项	二级分项	三级分项	四级分项	五级分项	六级分项	自评得分	所乘系数	评定得分
1.5.7.1	吹风机				1					
1.5.7.2	浴衣（每客1件）				1					
1.5.7.3	备用被子或毛毯（每床1条）				2					
1.5.7.4	熨斗和熨衣板				1					
1.5.7.5	环保或纸制礼品袋				1					
1.5.7.6	文具（含铅笔、圆珠笔、便签纸、曲别针等）（1项0.5分）				2					
1.5.7.7	每房不少于4个普通衣架、2个裤架和2个裙架				2					
1.5.8	客房卫生间			35						
1.5.8.1	面积（70%的卫生间）				4					
	小于4平方米但不影响使用（酌情给分）					1				
	不小于4平方米					2				
	不小于5平方米					3				
	不小于6平方米					4				
1.5.8.2	装修				5					
	工艺粗糙					0				
	工艺一般					1				
	工艺较高					3				
	工艺精致					5				
1.5.8.3	70%以上的卫生间淋浴、马桶（蹲便器）干湿分离（酌情给分）				2					
1.5.8.4	淋浴				8					
1.5.8.4.1	淋浴间有单独照明					1				
1.5.8.4.2	24小时提供热水，水温可调节					2				
1.5.8.4.3	水流充足、水质良好					2				
1.5.8.4.4	淋浴间下水保持通畅，不外溢					2				
1.5.8.4.5	淋浴间配有防滑设施（或有防滑功能）					1				
1.5.8.5	马桶（蹲便器）				4					

(续表)

序号	评定项目	一级分项	二级分项	三级分项	四级分项	五级分项	六级分项	自评得分	所乘系数	评定得分
	普通节水马桶（蹲便器）					1				
	高档节水马桶（蹲便器）					2				
	高档智能马桶					4				
1.5.8.6	梳妆镜				2					
	普通梳妆镜					1				
	防雾梳妆镜					2				
1.5.8.7	卫生间便利设备及用品				10					
1.5.8.7.1	晾衣绳					1				
1.5.8.7.2	浴巾架					2				
1.5.8.7.3	浴室里挂钩不少于1处，方便使用					1				
1.5.8.7.4	110V/220V不间断电源插座（低电流）					1				
1.5.8.7.5	浴帘或其他防溅设施					2				
1.5.8.7.6	面巾纸					1				
1.5.8.7.8	呼救按钮或有呼救功能的电话					2				
1.5.8.8	卫生间客用必备品（少1项从总分中扣1分）									
1.5.8.8.1	漱口杯（每房至少2个）									
1.5.8.8.2	浴巾（每房至少2条）									
1.5.8.8.3	地巾									
1.5.8.8.4	面巾（每房至少2条）									
1.5.8.8.5	卫生袋									
1.5.8.8.6	卫生纸									
1.5.8.8.7	垃圾桶									
1.5.9	客房舒适度			28						
1.5.9.1	布草				15					
1.5.9.1.1	床单、被套、枕套的含棉量为100%					3				
1.5.9.1.2	床单、被套、枕套的纱支规格					4				

(续表)

序号	评定项目	一级分项	二级分项	三级分项	四级分项	五级分项	六级分项	自评得分	所乘系数	评定得分
	低于60支纱×40支纱					0				
	不低于60支纱×40支纱					1				
	不低于80支纱×60支纱					4				
1.5.9.1.3	毛巾（含浴巾、面巾、地巾等）的纱支规格				3					
	低于16支纱					0				
	不低于16支纱					1				
	32支纱（或螺旋16支），含棉量为100%					3				
1.5.9.1.4	布草一客一消毒				3					
1.5.9.1.5	布草干爽、清洁				2					
1.5.9.2	枕头				2					
	至少提供2种以上不同类型的枕头					2				
1.5.9.3	窗帘				2					
	窗帘与客房整体设计相协调，遮光效果好					2				
1.5.9.4	隔音效果				5					
	客房门、墙、窗、天花、卫生间采取隔音措施，效果良好					5				
1.5.9.5	照明效果				4					
	照明至少可满足基本需要					1				
	有目的物照明光源，满足不同区域的照明需求					2				
	专业设计，功能照明、重点照明、氛围照明和谐统一					4				
1.5.10	客房走廊			3						
1.5.10.1	光线适宜				1					
1.5.10.2	通风良好				1					
1.5.10.3	客房门牌标识醒目				1					
1.6	餐饮（27）（共享餐厅最终得分在专家评分的基础上乘以相应的系数）	27								
1.6.1	厨房			12						

(续表)

序号	评定项目	一级分项	二级分项	三级分项	四级分项	五级分项	六级分项	自评得分	所乘系数	评定得分
1.6.1.1	厨房布局合理；使用面积与接待能力相适应				2					
1.6.1.2	厨房地面经硬化和防滑处理				1					
1.6.1.3	餐（饮）具洗涤池、清洗池、消毒池分设，并有明显标识				2					
1.6.1.4	蔬菜清洗池、肉类清洗池、水产品清洗池独立分设，并有明显标识				2					
1.6.1.5	有充足的冷藏、冷冻和保鲜设备，生熟分开				1					
1.6.1.6	照明、通风、油烟净化、防蝇、防尘、防鼠、废弃物存放等设备或装置齐全				2					
1.6.1.7	食品原料采购有进货单、产品质量检验报告或合格证				2					
1.6.2	餐厅			10						
1.6.2.1	布局合理；使用面积与接待能力相适应				2					
1.6.2.2	地面经硬化和防滑处理				2					
1.6.2.3	餐具、酒具、茶具等各种器具配套				2					
1.6.2.4	有整洁的中英文菜单、酒水单，明码标价				1					
1.6.2.5	有消毒设施并及时消毒				3					
1.6.3	装修与装饰效果（包含餐厅及厨房的地面、墙面、天花、台面、家具、餐具、饮具等的装修、装饰效果）			5						
	材质、工艺都很普通，氛围较差，主题较弱				1					
	设计一般，材质、工艺一般，氛围一般，主题一般（酌情给分）				3					
	精湛设计，材质高档、工艺精致，氛围协调，主题突出（酌情给分）				5					
1.7	庭院		5							
	环境整洁，有一定的绿化和景观，有随意布置的休闲设施（酌情给分）			2						

附录三 休闲农业与乡村旅游的地方标准（部分）

（续表）

序号	评定项目	一级分项	二级分项	三级分项	四级分项	五级分项	六级分项	自评得分	所乘系数	评定得分
	环境较好，有一定美感的观景物或建筑小品，有用心布置的休闲设施（酌情给分）			3						
	环境优美，有专业化设计的观赏景物或建筑小品，有精心设计的休闲设施（酌情给分）			5						
2	服务要求	160								
2.1	总体要求（22）		22							
2.1.1	规章制度要求			8						
2.1.1.1	规章制度完备率（应制订入住登记、安全管理、卫生管理、人员管理等规章制度，制订完备的服务规范和操作流程，制订突发事件应急预案）				5					
	60%以下					0				
	60%~69%					1				
	70%~79%					2				
	80%~89%					3				
	90%~99%					4				
	100%					5				
2.1.1.2	各项规章制度贯彻得力，有一年（含）以上完整执行记录，记录不完整不得分				3					
2.1.2	人员要求			14						
2.1.2.1	仪容仪表				4					
	仪容仪表不符合服务人员基本要求，也不佩戴员工身份标识					0				
	"仪容仪表符合服务人员基本要求，佩戴员工身份标识"中有一项达到要求					1				
	仪容仪表符合服务人员基本要求，佩戴员工身份标识					2				
	仪容仪表符合服务人员基本要求，服饰或装扮与乡村民宿整体风格相协调，佩戴员工身份标识					3				
	仪容仪表符合服务人员基本要求，根据乡村民宿风格统一着装，员工身份标识彰显乡村民宿特色					4				

(续表)

序号	评定项目	一级分项	二级分项	三级分项	四级分项	五级分项	六级分项	自评得分	所乘系数	评定得分
2.1.2.2	工作态度				4					
	主动、热情、友好、诚恳（酌情给分）					4				
2.1.2.3	工作技能				6					
2.1.2.3.1	经培训合格后上岗					3				
2.1.2.3.2	积极参加在岗专业化培训					3				
	所有从业人员每年参与专业化培训的时间少于8课时						0			
	所有从业人员每年参与专业化培训的时间不少于8课时						1			
	所有从业人员每年参与专业化培训的时间不少于16课时						2			
	所有从业人员每年参与专业化培训的时间不少于24课时						3			
2.2	接待服务	39								
2.2.1	服务项目及价目表张贴合理，清楚醒目，用中文、外文标识			3						
	无标识				0					
	仅用中文标识				1					
	用中文和一种外语标识				2					
	用中文和一种以上外语标识				3					
2.2.2	免费提供纸质或电子版的有关本店及本地的宣传资料			3						
	连本店宣传资料都不提供				0					
	仅提供本店宣传册				1					
	提供本店名片及宣传册；本地特色餐饮、购物、交通、游览、娱乐及风土人情、历史典故方面的宣传册				2					
	提供本店名片及宣传册；本地特色餐饮、购物、交通、游览、娱乐及风土人情、历史典故方面的宣传册；当地旅游交通图、主要交通时刻表、地方报刊				3					
2.2.3	接待员在岗时间			4						

(续表)

序号	评定项目		一级分项	二级分项	三级分项	四级分项	五级分项	六级分项	自评得分	所乘系数	评定得分
	至少12小时在岗，不在岗时，主动张贴联系方式，并确保联系渠道畅通					1					
	至少18小时在岗，不在岗时，主动张贴联系方式，并确保联系渠道畅通					2					
	24小时在岗					4					
2.2.4	接待员工作语言				3						
	发音不太标准的普通话，但能听懂					1					
	标准普通话和简单的外语					2					
	标准普通话和流利的外语					3					
2.2.5	接待服务流程				10						
2.2.5.1	标准制定情况					5					
	应具备预订、行李、问询、入住登记、叫醒、结账、离店等各环节的服务流程或相关规定	不具备					0				
		具备，但不完善					1~4				
		完备					5				
2.2.5.2	标准执行情况					5					
	应执行预订、行李、问询、入住登记、叫醒、结账、离店等各环节的服务流程或相关规定	不执行					0				
		部分执行					1~4				
		全部执行					5				
2.2.6	接待处（前厅）维护保养与清洁卫生				16						
2.2.6.1	维护保养					8					
	地面、门窗、天花板、墙面（柱）、家具、灯具、总服务台、各种设备及盆景、花木、艺术品完好、无破损，完好程度达	85%以下					0				
		85%~89%					3				
		90%~99%					5				
		100%					8				
2.2.6.2	清洁卫生					8					

(续表)

序号	评定项目		一级分项	二级分项	三级分项	四级分项	五级分项	六级分项	自评得分	所乘系数	评定得分
	地面、门窗、天花板、墙面（柱）、家具、灯具、总服务台、各种设备及盆景、花木、艺术品卫生状况良好，卫生清洁程度达	90%以下				0					
		90%~95%				4					
		96%~99%				6					
		100%				8					
2.3	客房服务（36）			36							
2.3.1	客房整理				12						
2.3.1.1	布草和床上用品一客一换，长住旅客至少3天一换					4					
2.3.1.2	所有客用品齐全、整齐，拖鞋、电视遥控器、空调遥控器等放置方便客人取用					2					
2.3.1.3	洗漱、杯具、拖鞋用品应清洗消毒，无污渍					3					
2.3.1.4	对卫生间的马桶、面盆、淋浴间1客1消毒					3					
2.3.2	客房服务流程				8						
2.3.2.1	标准制定情况					4					
	制定客房清理、器具消毒、设备维护等各环节的服务流程或相关规定	不具备					0				
		具备，但不完善					1~3				
		完备					4				
2.3.2.2	标准执行情况					4					
	执行客房清理、器具消毒、设备维护等各环节的服务流程或相关规定	不执行					0				
		部分执行					1~3				
		全部执行					4				
2.3.3	维护保养与清洁卫生				16						
2.3.3.1	维护保养					8					

(续表)

序号	评定项目		一级分项	二级分项	三级分项	四级分项	五级分项	六级分项	自评得分	所乘系数	评定得分
	地面、房门、墙面、门锁、窗户、天花板、家具、灯具、布草、电器、插座、印刷品、电话机、床头（控制）柜、卫生间门、卫生间地面、卫生间墙壁、卫生间天花、面盆、浴缸、淋浴区、恭桶、卫生间五金件、下水系统、排风系统等完好，无破损，完好程度达	85%以下				0					
		85%~89%				3					
		90%~99%				5					
		100%				8					
2.3.3.2	清洁卫生					8					
	地面、房门、墙面、门锁、窗户、天花板、家具、灯具、布草、电器、插座、印刷品、电话机、床头（控制）柜、卫生间门、卫生间地面、卫生间墙壁、卫生间天花、面盆、浴缸、淋浴区、马桶（蹲便器）、卫生间五金件、下水系统、排风系统等卫生状况良好，清洁卫生程度达	90%以下				0					
		90%~95%				4					
		96%~99%				6					
		100%				8					
2.4	餐饮服务（43）（共享餐厅最终得分在专家评分的基础上乘以相应的系数）		46								
2.4.1	用餐区				4						
2.4.1.1	用餐区内明亮、通风、安全					3					
2.4.1.2	在醒目位置标明提供餐饮服务的时间表					1					
2.4.2	服务项目				5						

(续表)

序号	评定项目		一级分项	二级分项	三级分项	四级分项	五级分项	六级分项	自评得分	所乘系数	评定得分
	在早餐服务、中餐服务、晚餐服务、茶吧服务、酒吧服务中，可提供	其中的1种服务				1					
		其中的2种服务				2					
		其中的3种服务				3					
		其中的4种服务				4					
		其中的全部服务				5					
2.4.3	菜品				9						
2.4.3.1	菜品数量					4					
	有2个以上具有农家风味或地方特色的菜点						1				
	有4个以上具有农家风味或地方特色的菜点						2				
	有6个以上具有农家风味或地方特色的菜点						3				
	有8个以上具有农家风味或地方特色的菜点						4				
2.4.3.2	菜品原料					5					
	菜品原料卫生、安全、环保，来源于具有合法资质的农贸市场						2				
	菜品原料卫生、安全、环保，主要特色菜的原料为自产无公害农副产品						3				
	菜品原料卫生、安全、环保，50%以上的菜品原料为自产无公害农副产品						5				
2.4.4	顾客可选择的用餐模式				3						
	在搭伙、点餐、自我体验(DIY)3种模式中，顾客可选择	其中的1种模式				1					
		其中的2种模式				2					
		其中的3种模式				3					
2.4.5	服务方式				3						
	常规化的服务方式					1					
	具有一定本土特色的服务方式					2					
	富有趣味化情节的服务方式					3					
2.4.6	餐饮服务流程				8						
2.4.6.1	标准制定情况					4					

附录三 休闲农业与乡村旅游的地方标准（部分）

（续表）

序号	评定项目		一级分项	二级分项	三级分项	四级分项	五级分项	六级分项	自评得分	所乘系数	评定得分
	应具备餐厅服务、送餐服务、清洁卫生、器具消毒、设备维护、食品安全等方面的服务规程或相关规定	不具备					0				
		具备，但不完善					1~3				
		完备					4				
2.4.6.2	标准执行情况					4					
	应执行餐厅服务、送餐服务、清洁卫生、器具消毒、设备维护、食品安全等方面的服务规程或相关规定	不执行					0				
		部分执行					1~3				
		全部执行					4				
2.4.7	维护保养与清洁卫生					14					
2.4.7.1	维护保养						6				
	用餐区天花、墙面、门窗及窗帘、地面、餐台（包括自助餐台）、家具、灯具、艺术品、盆景、花木，以及台布、餐巾、面巾、餐具等客用品完好、无破损，完好程度达	85%以下					0				
		85%~89%					2				
		90%~99%					4				
		100%					6				
2.4.7.2	清洁卫生						8				
	用餐区天花、墙面、门窗及窗帘、地面、餐台（包括自助餐台）、家具、灯具、艺术品、盆景、花木，以及台布、餐巾、面巾、餐具等客用品等卫生状况良好，清洁卫生程度达	90%以下					0				
		90%~95%					4				
		96%~99%					6				
		100%					8				
2.5	服务评价与改进			17							
2.5.1	服务评价				12						
2.5.1.1	自我评价					5					

(续表)

序号	评定项目		一级分项	二级分项	三级分项	四级分项	五级分项	六级分项	自评得分	所乘系数	评定得分
	乡村民宿应定期就服务细节、服务意识、服务态度、服务技能、服务流程、服务规制、服务效果等方面开展自我评价,做到及时发现问题、分析原因和采取整改措施,乡村民宿自我评价的时间间隙	每日评价					1				
		每周评价					1				
		每月评价					1				
		季度评价					1				
		年度评价					1				
2.5.1.2	顾客评价				7						
	乡村民宿每年应针对住店客人进行服务满意度调查。可采取的措施通常有3种:①自身利用电话征询、留置问卷调查等方法进行调查;②利用携程、艺龙等第三方信息平台直接获取相关信息;③委托第三方开展客人服务质量评价方面的专项调查,乡村民宿采取的措施	不进行顾客满意度调查					0				
		第①种					1				
		第②种					2				
		第③种					3				
		第①种和第②种					4				
		第①种和第③种					5				
		第②种和第③种					6				
		第①②③种					7				
2.5.2	服务改进			5							
2.5.2.1	自身发现的和顾客满意度调查过程中发现的服务质量问题				3						
2.5.2.1.1	服务细节、服务态度方面存在的问题应在7天内进行整改,整改后1天内进行确认					1					
2.5.2.1.2	服务技能、服务流程方面存在的问题应在30天之内进行整改,整改后3天内进行确认					1					
2.5.2.1.3	服务管理制度、服务意识方面存在的问题应在90天内进行整改,整改后7天内进行确认					1					

(续表)

序号	评定项目		一级分项	二级分项	三级分项	四级分项	五级分项	六级分项	自评得分	所乘系数	评定得分
2.5.2.2	对客人投诉所提及的服务质量问题应根据实际情况提出整改承诺,在承诺期限内进行整改,整改后第一时间告知投诉者				2						
3	特色项目		168								
3.1	旅游吸引物			49							
3.1.1	特色旅游资源				12						
	宜依托的旅游资源: ①热带海滨、热带海岛、热带雨林、热带田园、热带山村、河流、湖泊、峡谷、湿地、温泉、热带果园、热带茶园、热带苗圃、晒盐场、养殖场、菜园、林场等自然资源 ②古村、古镇、古城、古民居建筑、古遗址、古遗迹、古桥、古井、古牌坊、石窟寺、石刻、壁画、博物馆等特色人文旅游资源; ③"黎苗风情"或其他民族、民俗风情人文旅游资源	旅游资源观赏价值较差				0					
		单一的自然资源或人文资源,观赏价值一般				2					
		自然资源与人文资源结合,观赏价值一般				4					
		单一的自然资源或人文资源,具有较高的观赏价值				6					
		自然资源与人文资源结合,具有较高的观赏价值				8					
		单一的自然资源或人文资源,具有很高的观赏价值				10					
		自然资源与人文资源结合,具有很高的观赏价值				12					
3.1.2	特色游览点				17						
3.1.2.1	自我开发型游览点				10						
	无自我开发型游览点					0					
	自我开发的具有观赏、游览、体验等功能的特色游览点1处以上					4					
	自我开发的具有观赏、游览、体验等功能的特色游览点2处以上					8					

(续表)

序号	评定项目	一级分项	二级分项	三级分项	四级分项	五级分项	六级分项	自评得分	所乘系数	评定得分
	自我开发的具有观赏、游览、体验等功能的特色游览点3处以上					10				
3.1.2.2	依托型游览点				7					
	无依托型游览点				0					
	周边10千米内有AAA级及以上旅游景区				1					
	周边5千米内有AAA级及以上旅游景区				2					
	周边3千米内有AAA级及以上旅游景区				3					
	周边1千米内有AAA级及以上旅游景区				4					
	处于辐射2个AAA级及以上旅游景区的服务区内				5					
	处于辐射多个AAA级及以上旅游景区的服务区内				7					
3.1.3	特色活动			20						
3.1.2.1	室内活动				8					
		特色室内活动少于2项				0				
	室内应提供歌舞、游戏、棋牌、乒乓球、桌球、阅读、儿童娱乐、茶艺、陶艺、健身、电影、沙龙等特色活动	特色室内活动不少于2项				1				
		特色室内活动不少于3项				4				
		特色室内活动不少于4项				6				
		特色室内活动不少于5项				8				
3.1.2.2	室外活动（见附录C）			12						
	无室外活动				0					
	室外活动覆盖农事体验、体育活动、民俗文化活动中的一大类；每大类活动中至少有4项是成熟的、独具特色的单项活动，总共能提供5项及以上特色活动 （成熟度不达标,每项扣2分;特色活动数量不达标,每项扣1分,扣完为止）				2					

(续表)

序号	评定项目	一级分项	二级分项	三级分项	四级分项	五级分项	六级分项	自评得分	所乘系数	评定得分
	室外活动覆盖农事体验、体育活动、民俗文化活动中的一大类；每大类活动中至少有4项是成熟的、独具特色的单项活动，总共能提供6项及以上特色活动 （成熟度不达标，每项扣2分；特色活动数量不达标，每项扣1分，扣完为止）				4					
	室外活动覆盖农事体验、体育活动、民俗文化活动中的两大类；每大类活动中至少有3项是成熟的、独具特色的单项活动，总共能提供6项及以上特色活动 （成熟度不达标，每项扣2分；特色活动数量不达标，每项扣1分，扣完为止）					6				
	室外活动覆盖农事体验、体育活动、民俗文化活动中的两大类；每大类活动中至少有3项是成熟的、独具特色的单项活动，总共能提供7项及以上特色活动 （成熟度不达标，每项扣2分；特色活动数量不达标，每项扣1分，扣完为止）						8			
	室外活动覆盖农事体验、体育活动、民俗文化活动三大类；每大类活动中至少有2项是成熟的、独具特色的单项活动，总共能提供6项及以上特色活动 （成熟度不达标，每项扣2分；特色活动数量不达标，每项扣1分，扣完为止）						10			
	室外活动覆盖农事体验、体育活动、民俗文化活动三大类；每大类活动中至少有2项是成熟的、独具特色的单项活动，总共能提供7项及以上特色活动 （成熟度不达标，每项扣2分；特色活动数量不达标，每项扣1分，扣完为止）						12			
3.2	特色建筑			24						

（续表）

序号	评定项目		一级分项	二级分项	三级分项	四级分项	五级分项	六级分项	自评得分	所乘系数	评定得分
3.2.1	建筑风格				12						
		本域（本土或本民族）特色不明显，外域特色也一般				1~2					
	海南本域传统民居建筑风格：疍家渔排、崖州合院、火山石民居、多进合院、南洋风格民居、南洋风格骑楼、儋州客家围屋、军屯民居、船形屋、金字屋等	本域（本土或本民族）特色不明显，但外域特色鲜明				5					
		本域（本土或本民族）特色一般，但外域特色鲜明				8					
		本域（本土或本民族）特色较鲜明，或外域特色鲜明				10					
		本域（本土或本民族）特色凸显				12					
3.2.2	艺术美感				12						
	无艺术美感					0					
	艺术美感较弱					1					
	艺术美感一般					4					
	艺术美感较强					8					
	艺术美感突出					12					
3.3	特色服务			95							
3.3.1	主人服务				20						
	外请管家，其他从业人员为本村村民					10					
	管家和其他从业人员都是本村村民					12					
	乡村民宿主人担任管家，其他从业人员雇用本村村民担任					15					
	乡村民宿从业人员以家庭成员为主，乡村民宿主人生活居住在乡村民宿内并亲自提供服务					20					

(续表)

序号	评定项目	一级分项	二级分项	三级分项	四级分项	五级分项	六级分项	自评得分	所乘系数	评定得分
3.3.2	接待处（前厅）服务			25						
3.3.2.1	讲解服务				10					
3.3.2.1.1	介绍当地的风土人情、文化特色、历史故事等					5				
3.3.2.1.2	讲解乡村民宿的文化特色、附设或附近的景点景观					5				
3.3.2.2	售卖服务									
	提供旅行日常用品、旅游纪念品、土特产品等的销售服务					5				
3.3.2.3	票务服务									
	提供优惠的景点门票、机票、车票等代订票服务（酌情给分）					5				
3.3.2.4	车辆服务					5				
3.3.2.4.1	为住店客人提供10千米以内的免费接送服务					3				
3.3.2.4.2	超过10千米路程的，提供免费的租车中介服务					2				
3.3.3	餐饮服务（共享餐厅最终得分在专家评分的基础上乘以相应的系数）				10					
3.3.3.1	能为少数民族顾客提供符合其饮食习惯的基本菜肴					5				
3.3.3.2	能为境外客人提供融入本土文化的简单的西餐服务或西点服务					5				
3.3.4	服务智能化和信息化				14					
3.3.4.1	智能化管理系统					6				
3.3.4.1.1	先进的楼宇自动控制系统（新风/空调监控、供配电与照明监控、给排水系统监控等）					3				
3.3.4.1.2	智能入住系统、智能调光系统、客房智能温湿控系统、客房环境智能控制系统、顾客服务管理系统、停车场管理系统（酌情给分）					3				
3.3.4.2	信息管理系统					8				
	无管理信息系统					0				

(续表)

序号	评定项目	一级分项	二级分项	三级分项	四级分项	五级分项	六级分项	自评得分	所乘系数	评定得分
	管理信息系统仅覆盖前台对客服务部门				2					
	前后台均有独立的管理信息系统				6					
	信息管理系统全面覆盖前后台,有数据关联的乡村民宿专用管理信息系统(前厅管理、客房管理、餐饮管理、安全管理等数据流自动化处理并关联)				8					
3.3.5	特色服务品牌			16						
3.3.5.1	乡村民宿自产的菜肴、饮料、民间小吃、工艺品等成为具有本土特色的知名品牌				5					
	有1个知名品牌				2					
	有2个及以上知名品牌或1个知名商标				4					
	有2个及以上知名商标				5					
3.3.5.2	通过ISO9000认证				2					
3.3.5.3	通过ISO14000认证				2					
3.3.5.4	通过旅游标准化试点验收				3					
	省级				2					
	国家级				3					
3.3.5.5	成为旅游标准化示范单位				4					
	省级				3					
	国家级				4					
3.3.6	其他			10						
3.3.6.1	乡村民宿所在的村(街道)或景区(点)有相应的医务点(所、院),能迎合顾客需要而及时出诊				5					
3.3.6.2	可为客人提供地方传统食品、地方特色工艺品的制作指导及现场制作活动服务				5					
4	综合加分项目	50								
4.1	具备独特的人文气息			12						

(续表)

序号	评定项目	一级分项	二级分项	三级分项	四级分项	五级分项	六级分项	自评得分	所乘系数	评定得分
4.1.1	社区居民热情好客			2						
4.1.2	毗邻省级及以上文物保护单位			2						
4.1.3	乡村民宿以艺术品位创造美学空间			3						
4.1.4	主人主动与客人分享人生经历故事、生活经验和探讨人生观			3						
4.1.5	乡村民宿主动展示、介绍和推广本域（本土或本民族）文化（历史、习俗、文物、古迹等）			2						
4.2	顾客满意度（依据第三方信息平台数据）		8							
	满意度在90%以下			0						
	满意度在90%~95%			5						
	满意度在96%以上			8						
4.3	获得第三方平台的奖励		8							
	海南本土第三方平台的奖励			3						
	国内著名第三方平台的奖励			5						
	国际著名第三方平台的奖励			8						
4.4	获得荣誉		10							
	未获得荣誉或奖励			0						
	3年内获得乡镇级政府荣誉或奖励			2						
	3年内获得市（县）级政府荣誉或奖励			6						
	3年内获得省级政府荣誉或奖励			8						
	3年内获得国家级政府荣誉或奖励			10						
4.5	社区联结		12							
4.5.1	鼓励和带领顾客接触、融入社区，使其了解社区风土人情和参与、体验社区各项活动			3						

(续表)

序号	评定项目	一级分项	二级分项	三级分项	四级分项	五级分项	六级分项	自评得分	所乘系数	评定得分
4.5.2	方便社区居民与顾客接触、交流、交易，使社区居民获取外部信息，获得经济收益			3						
4.5.3	乡村民宿经营者主动参与社区公共事务，积极回馈社会			3						
4.5.4	乡村民宿经营者加强顾客管理，避免顾客体验活动干扰社区正常生活			3						
	合计	600	600							

附录C （规范性附录）具有海南特色的室外参与性活动

C.1 农事体验

热带粮食作物及热带水果、蔬菜、茶叶等农副产品的种植、收割（采摘）及深加工等体验活动；

椰子林、槟榔林等热带果林的观赏、游憩和采摘活动；

拔竹笋、采蘑菇、抓泥鳅、摸鱼虾、摸螺、放牧、拾贝、狩猎等乡土趣味活动。

C.2 体育活动

打排球、打篮球、爬山、骑行等常规体育活动；

海滨洗浴、快艇驾驶、潜水、游泳、滑翔、海钓、捕鱼等海滨、海上体育活动；

"拉乌龟"、打粉枪射击、射箭、"顶牛"（顶膝盖）、打狗归坡、卡咯（跳竹竿）、"打陀螺""男子押加"、顶棍等黎苗传统体育活动。

C.3 民俗文化活动

婚嫁迎娶、地方戏、灯会、民间乐器、节庆活动（农历三月三）、蜡染、竹编、木雕、石雕、椰雕、牛角雕、酿酒、做年糕、做豆腐、做茶点、编制黎锦、原始制陶、特色野炊等。

参考文献

[1] GB/T 14308—2010 旅游饭店星级的划分与评定
[2] GB/T 17775—2003 旅游景区质量等级的划分与评定
[3] GB/T 18973—2016 旅游厕所质量等级的划分与评定
[4] LB/T 007—2015 绿色旅游饭店

[5] DB 37/T—2016 乡村民宿服务质量等级划分与评定

[6] DB 34/T 1931 乡村旅游示范村评定规范

宁夏回族自治区地方标准
《休闲农业分类及休闲农庄分级规范》
DB 64/T 1265—2016

2016-12-28 发布　　　　　　　　　　　　　　　　2017-03-28 实施

宁夏回族自治区质量技术监督局　发布

1　范围

本标准规定了休闲农业、休闲农庄、休闲活动、美丽田园、美丽乡村和休闲农产品等的定义、休闲农业发展模式分类、休闲农庄分类分级、布局原则、建设内容和经营管理等内容。

本标准适用于引领、促进休闲农业多元化发展和休闲农庄规范化建设、运营和管理。

2　规范性引用文件

下列文件对于本文件的应用是必不可少的。凡是注日期的引用文件，仅所注日期的版本适用于本文件。凡是不注日期的引用文件，其最新版本（包括所有的修改单）适用于本文件。

GB 3095—1996　环境空气质量标准

GB 4285　农药安全使用标准

GB 5749—2006　生活饮用水卫生标准

GB 8978—1996　污水综合排放标准

GB 9664　文化娱乐场所卫生标准

GB 9667　游泳场所卫生标准

GB/T 10001.1—2006　标志用公共信息图形符号　第 1 部分：通用符号

GB/T 10001.2—2006　标志用公共信息图形符号　第 2 部分：旅游休闲符号

GB/T 15566—2007　公共信息导向系统 设置原则与要求

GB/T 15971—1995　导游服务质量

GB 16153　饭店（餐厅）卫生标准

GB 18406.1　农产品安全质量　无公害蔬菜安全要求

GB 18406.2　农产品安全质量　无公害水果安全要求

GB 18407.1　农产品安全质量　农产品安全质量　无公害蔬菜产地环境要求

GB 18407.2　农产品安全质量　农产品安全质量　无公害水果产地环境要求

NY/T 2366—2013　休闲农庄建设规范

3 术语和定义

下列术语和定义适用于本标准

3.1 休闲农业

以农业为基础，以休闲为目的，以服务为手段，以城乡游客为目标，农业和旅游业相结合，一二三产业相融合的新型产业形态和消费业态。包括休闲农庄、休闲活动、美丽田园、美丽乡村、休闲农产品和休闲农业职业经理人等要素。

3.2 休闲农庄

休闲农业经营主体的总称，是指以山林、田园、湖泊、溪流、水库等自然景观资源为依托，以农、林、牧、渔等特色农业生产、加工、经营为基础，以乡土文化、农业生产、农村生活为引线，集生产、加工、观光、娱乐、运动、养生、养老、度假、餐饮、会务、购物等生产、服务功能于一体的新型农业经营主体。

3.3 休闲活动

在休闲农庄和旅游村镇开展的休闲观光、休闲垂钓、康体养生、文化娱乐、农事体验、民宿节庆等休闲旅游活动。

3.4 美丽田园

农业生产的多样性、地域的独特性和文化的多重性交相辉映，形成了一批农耕特色与自然山水、乡村风貌融为一体的农事景观，如场面宏大、景色迷人、特色明显、公众喜爱的花田间作、彩色稻田、油葵地景、茶园地景、蔬菜地景、梯田景观、渔作场面、畜牧转场和油菜花海、薰衣草园、色素菊园、玫瑰月季园、牡丹芍药园、桃梨杏花园等，这类农事景观被农业部称为美丽田园或美丽乡村。美丽田园已成为休闲观光农业和乡村旅游的重要载体，成为城乡居民体验耕作乐趣、缅怀田园生活、品味农业情调和寄托乡愁村韵的重要场所，成为提高农业综合效益、带动农民增收的重要途径。

3.5 美丽乡村

新农村建设的升级版，是以生产、生活、生态和谐发展为目标，以发展现代农业、改善人居环境、传承生态文化、培育文明风尚为途径打造的生态宜居、生产高效、生活美好、人文和谐的新农村典范，是农民乐享其中、居民心驰神往的所在。美丽乡村建设有十大模式，分别为：产业发展型、生态保护型、城郊集约型、社会综治型、文化传承型、渔业开发型、草原牧场型、环境整治型、休闲旅游型、高效农业型；每种模式分别代表了某一类型乡村在各自的自然和人文资源禀赋、社会和经济发展水平、产业发展和人文气质特点等条件下建设美丽乡村的成功路径和方式。

3.6 休闲农产品

在休闲农庄和旅游村镇采摘、购买、消费的鲜活农产品、特色（私坊）小食品、现代休闲食品和农村传统工艺品。

4 休闲农业发展模式分类

从目前的发展现状看，休闲农业发展大概有 7 种模式、30 种类型。

4.1 田园农业旅游模式

以农村田园景观、农业生产活动和特色农产品为旅游吸引物，开发农业游、林果游、花卉游、渔业游、牧业游等不同特色的主题旅游活动，满足游客体验农业、回归自然的心理需求。常见的类型有：田园农业游、园林观光游、农业科技游、务农体验游等。

4.2 民俗风情旅游模式

以农村风土人情、民俗文化为旅游吸引物，充分突出农耕文化、乡土文化和民俗文化特色，开发农耕展示、民间技艺、时令民俗、节日庆典、民间歌舞等旅游活动，增加乡村旅游的文化内涵。常见的类型有：农耕文化游、民俗文化游、乡土文化游、民族文化游等。

4.3 农家乐旅游模式

农民利用自家庭院、自己生产的农产品及周围的田园风光、自然景点，以低廉的价格吸引游客前来吃、住、玩、游、购、娱等旅游活动。常见的类型有：农业观光农家乐、民俗文化农家乐、民居民宿农家乐、休闲娱乐农家乐、旅游接待农家乐、农业事参与农家乐等。

4.4 村（镇）民居旅游模式

以古村镇宅院建筑和新农村格局为旅游吸引物，开发观光旅游。包括：古民居和古宅院游、民族村寨游、古镇建筑游、新村风貌游等。

4.5 休闲度假旅游模式

依托自然优美的乡野风景、舒适怡人的清新气候、独特的地热温泉、环保生态的绿色空间，结合周围的田园景观和民俗文化，兴建一些休闲、娱乐设施，为游客提供休憩、度假、娱乐、餐饮、健身、创作等服务。常见的类型有：休闲度假村、休闲农庄、乡村酒店等。

4.6 科普教育旅游模式

利用农业观光园、农业科技生态园、农业产品展览馆、农业博览园或博物馆，为游客提供了解农业历史、学习农业技术、增长农业知识的旅游活动。常见的类型有：农业科技教育基地、观光休闲教育农园、少儿农业科普基地、农业博览园等。

4.7 回归自然旅游模式

利用农村优美的自然景观、奇异的山水、绿色森林、静荡的湖水，发展观山、赏景、登山、森林浴、滑雪、滑水、滑草、漂流等旅游活动，让游客感悟大自然、亲近大自然、回归大自然。常见的类型有：森林公园、湿地公园、水上乐园、露宿营地、自然保护区等。

5 休闲农庄分类分级

5.1 按占地规模

可分为小微农庄（20亩以下）、小型农庄（20~100亩）、中型农庄（100~500

亩)、大型农庄(500~1 000亩)、特大型农庄(1 000亩以上)。

5.2 按示范创建

可分为二星级农庄、三星级农庄、四星级农庄和五星级农庄(具体标准另行制定)。

5.3 按经营档次

可分为农家乐、休闲农庄(主题主园)、休闲农园(田园综合体)和休闲度假村(民宿民俗村)。本标准主要按此分类进行分级规范。

5.3.1 农家乐(渔家乐、牧家乐、园林人家)

应具有餐饮、棋牌、民宿、垂钓、菜摘、民宿等休闲功能,农家饭菜风味卫生;庭院、棚室、鱼塘等环境整洁优美,步道、塘堤、道路硬化,凉亭、花廊、公厕、车场等基础设施齐备;占地20亩以下,一次性接待能力5~10桌100人,员工3~5人,年接待游客5 000人次以下,纯收入10万~20万元。

5.3.2 休闲农庄(主题庄园)

除具有农家乐的设施和功能外,还应具备观光、健身、拓展、科普、乐童、篝火、客房、KTV、养生、养老、阅读、会务、户外运动、自驾营地和特色种养、农产品销售等设施和功能,主题突出,特色明显,吸引力强;林园、草坪、花廊、花圃、湿地、亭台等景观设计引人入胜,接待中心、客户、购物店、游乐设施等布局合理协调;占地20~100亩,接待能力10~50桌、100~500人,员工5~20人,民宿床位30位以上,年接待游客0.5万~2万人次,营业收入20万~100万元。

5.3.3 休闲农园(田园综合体)

除具有休闲农庄的设施和功能外,还应有农业主题公园、养生度假、茶道休闲、乡村酒吧、手工制作、作坊酿造、亲子农事、亲近动物、私家菜地、果树认养和农村传统工艺品和小食品制作(销售)等设施与功能,农园主题鲜明,节会品牌响亮,能满足游客多样化、高品质、人文性需要;环境优美富于田园气息,园艺造型富有文化创意和时代感,具有自己独特的休闲节会和品牌推介活动;劳动用工在20人以上,民宿床位在30位以上,餐饮接待能力50桌、500人以上,占地应100亩以上,年接待游客2万人次以上,营业收入100万元以上。

5.3.4 休闲度假村(民宿民俗村)

统一规划、整村(自然村)推进,统一管理、区块布局、分户经营;具备特色街区、乡村酒店、漫游园林、研学旅游、文博阅览、农事体验、民俗参与、温泉疗养、植物治疗、有氧运动、中医养生、茶道禅修、乡村音乐(剧场)等设施和功能;田园景色独特,人文气息浓郁,环境优雅恬静富于乡韵野趣,格调简约质朴崇尚回归自然,与周边村民、环境和谐相融,接待床位数50张以上,年接待游客2万人次以上,营业收入300万元以上。

6 布局原则

休闲农庄布局须全面贯彻和遵循有关各项方针、政策及法律法规。总体布局的定位应在充分分析各种功能特点及其相互关系的基础上,合理配置各种功能系统,既要突出各功能区特点,又要注意农产品的不同成熟期,使各功能区之间相互配合、协调发展,构成一个有机整体。具体需要把握以下几个方面。

6.1 统筹规划

充分体现提供农产品为主的第一产业生产活动、保护与维持农庄生态环境平衡以及确保旅游资源永续利用三层次功能,统筹规划,科学开发,高效循环,协调运营。

6.2 合理应用

充分合理利用园园空间,结合休闲观光、乡村美食、田园生活、风情采摘、农事体验、民俗参与、养生度假、文化博览、科普教育等功能,因地制宜完善基础设施,引进和践行新理念,推广应用高科技,配备各种人性化设施,以满足游客的休闲消费需求。

6.3 合理布局

总体布局要有长远眼光,一次规划,分步建设,留有余地;要兼顾软、硬件设施配套和协调运行,以发挥建设示范作用。

7 建设内容

7.1 整体环境

规划布局合理,功能分区明确;整体环境优美,树木花草(包括农作物)占陆地面积的50%以上;建筑外观、形式、色彩、材料及空间尺度与周围环境协调;有完善的游览系统,园内无裸土、无荒地,水面无污染,公共场所无垃圾杂物。

7.2 功能分区

根据休闲农庄综合发展需要,结合地域特点,应因地制宜设置不同功能区。功能区块大休上包括庭院入口区、游客接待区、产品(形象)展示区、会务培训区、科普文博区、特色种养区、风情采摘区、运动游乐区、休闲度假区等功能区块。休闲农庄、休闲农园和休闲度假村必须划分入口区、服务接待区、种植采摘区、生产区四区。

7.2.1 庭院入口区

用于游客方便入园的场地,大型休闲农庄一般建设2~3个入口。主入口区包括入口牌坊、停车场、游客中心(前台前庭)、导游牌、景观造型等。

7.2.2 游客接待区

用于相对集中建设餐饮、住宿、购物、娱乐、医疗等接待服务项目及其配套设施。此区可规划建设管理用房、游客服务中心、产品展厅、停车场等。

7.2.3 产品(形象)展示区

主要展示农庄的休闲食品、绿色农产品、"随手礼"品和荣誉牌匾、资质证书等。

7.2.4　会务培训区

主要是规划建设商务会议、技能培训、办公用房等，可一房多用、功能互补，实现资源利用效率最大化。

7.2.5　科普文博区

以普及农业科学知识、农耕文化教育和开展趣味活动为主，布局建设儿童游乐园、拓展训练营、农业科普馆、农耕博物馆、古村古镇馆、动漫电教馆和非物质文化馆等。

7.2.6　特色种养区

根据农庄经营需要，引进特色果蔬和畜禽品种进行绿色种植和健康养殖，为游客提供健康安全食材和休闲农产品。此区可根据市民需求建成"私家菜地""林下鸡""手指羊"和亲近动物的游乐场所，种植区和养殖区应适度分开。

7.2.7　风情采摘区

是休闲农庄（园）的基本用地，可种植观赏型、即食性、多样化的果蔬品种，建立若干个风情采摘棚（区）确保循环使用；在景观营造上应保留农田景观格局，在不破坏农业景观的基础上规划建设适当的园林小品和游憩采摘道路。

7.2.8　运动休闲区

可规划建设拓展、射击、射箭、蹦极、攀岩、飞索、索桥、悬梯、滑雪、滑草、踩水、自驾赛道、真人 CS 营地、高尔夫训练基地等。

7.2.9　设施游乐区

主要是建设各种情趣健身、水上乐园、儿童乐园、迷宫漫道、游乐场（摩天轮、海盗船、过山车、失重塔）等。

7.2.10　养生度假区

休闲农庄（园）在土地利用总体规划下，可适当建设度假小别墅（小木屋）、各种造型的情趣小屋、发呆堂、中药养生堂等，增强休闲农庄（园）的度假功能，延长游客休闲时间，增加游客休闲消费。

7.3　民俗参与

休闲农庄（园）应积极开发可供游客参与、互动、体验的活动和产品，如：篝火、歌舞、武术、茶道、酿造、陶工、纺线、刺绣、剪纸、泥塑、喂养和亲近动物等，休闲农庄区性休闲农园一般不少于五项。

7.4　餐饮服务

休闲农庄（园）餐饮服务点和布局，应按照游览路线和园区实际条件加以统筹规划，餐饮建筑除供游人进餐外，造型应新颖、独特，与乡村自然环境相协调；餐饮建筑设计应内外空间互相渗透，与农庄景观相融合，并符合现行《饮食建筑设计规范》的规定。有条件的农庄、休闲农园和休闲度假村可按民俗节日提供传统食品如：月饼、年糕、元宵、粽子、腊八粥等。

7.5 住宿设施

应根据客源市场分析和休闲农庄主题确定客房数量和风格、档次,客房设施设计应符合现行《旅馆建设设计规范》的规定。残疾人使用的建筑设施应符合《方便残疾人使用的城市道路和建筑设计规范》的规定。具有民宿功能的农庄(园)床位数不低于30张。客房整洁卫生,无异味,卫生间设施齐全完好,卧具一律消毒处理并一客一换。

7.6 道路设施

休闲农庄外部可进入性强,要做到外部道路辨识度高和便利安全,内部交通通达性强,具有独立的生产、生活、游览、消防通道和观光游览道路等,以满足农业生产、生活、观光、采摘、环保及消防等多方面的需要。

7.6.1 休闲农庄内部主路

路基宽度一般按5.0~7.0米进行设计,其纵坡小于8%,横坡小于4%;各功能分区的道路路基宽度一般按3.0~5.0米进行设计,其纵坡小于12%。

7.6.2 农庄的道路设计

休闲农庄内步游道路宽一般按1.0~3.0米进行设计,不设阶梯的游步道纵坡宜小于18%。

7.6.3 农庄停车场设计

要有与游人(车辆)容量相适应的停车场,停车场应该是生态型(渗水、长草)和易于复垦的硬化设计。

7.7 水电设施

7.7.1 给水方式

有条件的可采用集中管网给水,也可利用简易管线自流引水,或采用机井给水;给水水源可采用地下水或地表水,一般以地下水为主。

7.7.2 污水处理

有符合环保标准的污水处理设施或中水设施,排水工程必须满足生活污水、生产污水和雨水排放的需要,鼓励雨水利用设施的设计和装配。

7.7.3 排水方式

宜采用暗管(渠)排放。污水排放应符合环境保护要求。生活、生产污水必须经过处理后排放,不得直接排入水体和洼地。

7.7.4 供电工程

应根据电源条件、用电负荷和供电方式,本着节约能源、经济合理、技术先进的原则进行设计,做到安全适用,维护和管理方便。

7.7.5 农庄照明

休闲农庄照明宜采用分线路、分区域控制,并将照明与防治农作物病虫害结合起来。

7.7.6 供电线路敷设

一般不应采用架空线路。必须采用时线路应尽量沿路布设,避开中心园区和主要景点，尽可能不跨越建筑物或其他设施。

7.7.7 安全防护

在变电所和变压器的周围，应设置安全防护设施。

7.8 景观设施

7.8.1 服务设施

游乐、休憩、服务性建筑物和设施的布局、设置、朝向、高度、体量、空间组合、造型、色彩选择等应与地形、地貌、山石、水体、植被等自然景观统一协调。休闲农庄内景观最佳地段，土壤肥沃地段，不得设置餐厅及集中的服务设施。

7.8.2 合理的创意设计

层数一般以一层为宜，起主题和"点睛"作用的景观建筑高度和层数要服从景观创意设计需要；亭、廊、阁、花架、敞厅的楣子高度应考虑游人通过或赏景的要求；游客接触的设施不采用粗糙饰面材料，也不采用易刮伤肌肤和衣物的构造，一些皱褶、棱角处要圆滑弧曲。

7.8.3 服务设施的规定

游乐、休憩、服务性建筑物和设施都要符合国家相关《标准》规定，游泳场所达到 GB 9667 规定要求，一些新的游乐设施和大型景观创意设计还要请有关专业部门专家做安全性评估，评估合格后方能投入运营。

7.9 卫生设施

7.9.1 卫生和餐饮的要求

各类场所卫生达到 GB 9664 规定的要求，餐饮场所达到 GB 16153 规定的要求。

7.9.2 公厕标准

公厕数量与接待能力相匹配，设施设备应达到 GB/T 18973—2003 规定的三星级及以上旅游厕所标准。

7.9.3 垃圾处理

配备数量满足需要的垃圾箱，垃圾分类收集，处理及时，日产日清，集中处理；城郊休闲农庄的餐厨垃圾要纳入城区处理系统，实行有偿、集中、无害化处理，不具备条件的要自行设计和使用餐厨垃圾无害化处理的设施和方式方法。

7.9.4 食品卫生

食品卫生符合国家规定，配备卫生消毒设施，尽量不使用或少使用一次性餐具。

7.10 配套服务设施

7.10.1 游客中心的设施和服务功能

游客中心位置合理，规模适度，具备接待、咨询、待转、分流、协理、候客等设施和服务功能。

7.10.2 公共服务

公共服务标识系统完善，标识、标牌和景物介绍牌布设合理，规范醒目，能烘托整体氛围。公共信息图形符号的设置应满足 GB/T 10001.1—2000 和 GB/T 10001.2—

2002 的要求。

7.10.3 农产品和休闲产品体验店

农产品和休闲产品体验店布局合理、环境整洁、秩序良好、商品种类丰富，地方特色突出。

7.10.4 咨询与投诉管理制度

咨询与投诉管理制度规范，有咨询、投诉电话和接待人员，游客的问讯能得到及时解答。

7.10.5 服务平台

建立电子商务系统平台，具备网上查询、预定、支付等服务功能。

7.10.6 度假村提供的服务设施

休闲农园和休闲度假村（旅游村镇）应设置邮政、超市、银行服务设施，且布局合理，外观易于识别，与环境协调性好。

8 经营管理

8.1 休闲农业职业经理人

鼓励有条件的休闲农庄（园）独立注册为企业法人，实行法人负责制；从属有关企业或新型农业经营主体的实行委派负责人制。法人或负责人统称为"休闲农业职业经理人"，职业经理人根据农庄的企业性质（独资、合伙、股份）当然担任、合伙推选或由股东大会聘任。各级政府主管部门应积极探索建立休闲农业职业经理人培训、考核、认证制度。

8.2 运行管理

休闲农业职业经理人负责农庄的建设、改造、运行和日常经营管理。根据需要负责管理和服务人员岗位设置、招聘培训、制度建立、文化创意、氛围营造、节会策划和财务管理等。

8.3 项目管理

休闲农庄（园）新建、改建、扩建项目执行建筑工程招标制、监理制，每一个项目经量化后建立层级岗位目标责任制和质量责任追究制度，严格执行相关现行的规范和标准，将质量管理贯穿到项目建设的各个环节。

政府奖补或扶持项目严格执行国家基本建设投资计划和财政预算制度，确保项目按照批复内容施如期完工，确保项目资金使用合规、合理。项目资金属专用资金部分，必须实行专款专用，单独核算，接受财政检查和政府审计。

8.4 人员招聘培训

休闲农庄（园）的服务人员、工作人员、管理人员、导游等尽可能就近招录周围乡村适龄农民和城镇转型人员，然后进行礼仪仪表、服务技能、服务质量、食品卫生安全、消防安全等方面知识培训，以适应休闲农庄发展的需要。

8.5 智慧农庄（旅游乡村）

智慧农庄或旅游乡村是智慧旅游的重要组成部分，是指能通过互联网技术、信息通信技术实现休闲农庄的餐饮、住宿、采摘和其他休闲、体验、旅游项目的在线展现、网上预订、信息推送查询、电子认证支付和车流人流物流适时监控等智能化统一管理的休闲农庄或旅游村镇。

河北省地方标准
《河北省乡村旅游服务质量标准》
DB 13/T 1009—2009

2009-04-08 发布　　　　　　　　　　　　　　　　2009-04-23 实施

河北省质量技术监督局　发布

1　范围

本标准规定了河北省乡村旅游的经营服务要求和管理原则。

本标准适用于河北省乡村旅游的经营服务活动。

2　规范性引用文件

下列文件中的条款通过本标准的引用而成为本标准的条款。凡是注明日期的引用文件，其随后所有的修改单（不包括勘误的内容）或修改版不适用于本标准，然而，鼓励根据本标准达成协议的各方研究是否可使用这些文件的最新版本。凡是不注明日期的引用文件，其最新版本适用于本标准。

GB 3095　环境空气质量标准

GB 5749　生活饮用水卫生标准

GB/T 10001.1　标志用公共信息图形符号　第1部分：通用符号

GB/T 10001.2　标志用公共信息图形符号　第2部分：旅游休闲符号

GB/T 18973—2003　旅游厕所质量等级的划分与评定

3　术语与定义

下列术语和定义适用于本标准。

3.1　乡村旅游

以各种类型的乡村为背景，以农（牧、渔）民为经营主体，以乡村文化、乡村生活和乡村风光为旅游吸引物而进行的兼有观光、休闲、体验性质的旅游活动。

3.2　乡村旅游点

以田园风光、自然生态、农（牧、渔）村民俗民族文化为资源，满足旅游者观光、休闲和体验农（牧、渔）业生产、生活的旅游活动点（区）。

4 要求

4.1 基本要求

乡村旅游点基础设施、安全标准及服务质量的基本要求可概括为：设施齐全、服务规范、卫生达标、安全有序。

4.2 环境

4.2.1 生态环境

4.2.1.1 乡村旅游点环境空气质量达到 GB 3095（环境空气质量标准）二级标准。

4.2.1.2 生活饮用水水质卫生符合 GB 5749（生活饮用水卫生标准）的基本要求：生活饮用水中不含病原微生物；不含危害人体健康的化学物质；感官性状良好，保证饮用安全。

4.2.1.3 乡村旅游点内有足够面积的绿化区域，布局合理、环境优美。

4.2.2 资源保护

4.2.2.1 乡村旅游点开发能保护当地特色自然资源、植被、土壤和环境条件。

4.2.2.2 乡村旅游点开发能保护当地的历史古迹、文物和特色建筑物。

4.2.2.3 乡村旅游点开发能保护当地的文化特色和传统民俗、生活习惯。

4.2.2.4 活动项目能做到以不破坏生态环境为前提，坚持环保原则。

4.3 交通通信

4.3.1 交通设施

4.3.1.1 主干线通往乡村旅游点道路路况良好，有较好的可进入性。

4.3.1.2 主干线通往乡村旅游点支线公路路口、支线公路通往乡村旅游点公路路口有醒目指示牌。

4.3.1.3 附近设有加油站。

4.3.2 通信设施

4.3.2.1 乡村旅游点出入口和游客集中场所有固定电话。

4.3.2.2 无线通信网覆盖完全，信号良好。

4.4 公共设施

4.4.1 建筑装修

4.4.1.1 乡村旅游点的主体建筑和配套设施建设具有地方特色，其建筑形式、色彩等与周围环境相协调。

4.4.1.2 乡村旅游点内的各类标识美观醒目，文字准确规范。图形符号符合 GB/T 10001.1 和 GB/T 10001.2（标志用公共信息图形符号）要求，位置合理，数量充足。

4.4.2 环境卫生

4.4.2.1 卫生管理

4.4.2.1.1 乡村旅游点的环境卫生符合国家、地方政府的相关卫生法律、法规和规章。

4.4.2.1.2 乡村旅游点的公共场所无污水、污物，无乱建、乱堆、乱放现象。墙壁、隔板、门窗等清洁，无霉斑、无脱落、无刻画。

4.4.2.1.3 乡村旅游点内的旅游厕所，其数量、分布能与游客接待量相适应，做到干净、无污垢、无异味。有直排污水管道或建有单独化粪池，粪便处理措施得当，效果良好。

4.4.3 垃圾桶（箱）

4.4.3.1 乡村旅游点内设置有足够的垃圾桶（箱），布局合理，标识明确。

4.4.3.2 垃圾桶（箱）体完好、表面干净无污渍，能及时处理桶内垃圾。

4.4.4 停车场

乡村旅游点内有满足游客接待量要求的停车场，停车场场地平整坚实、绿化美观，标识规范醒目。

4.5 住宿

4.5.1 住宿设施

4.5.1.1 乡村旅游点住宿设施实行挂牌管理，每户最低不少于4张床位。

4.5.1.2 乡村旅游点的客房配备冷暖设备或换气装置。室内设施齐备，通风良好，照明充足。

4.5.1.3 有淋浴设施，定时提供热水。

4.5.1.4 公用卫生设施采用水冲式，男、女卫生间分设，卫生间标志明显且有防滑设施。设施与卫生至少达到 GB/T 18973—2003（旅游厕所质量等级的划分与评定）一星级的要求。

4.5.2 住宿服务

4.5.2.1 乡村旅游点住宿设施的入住登记、安全等制度健全，服务项目明确，价格合理。

4.5.2.2 服务人员工装整洁，态度热情，具备基本服务技能。

4.5.2.3 乡村旅游点客房用品用具配备齐全，床单、被罩、枕巾一客一换。

4.6 餐饮

4.6.1 餐饮设施

4.6.1.1 乡村旅游点餐饮设施建设能与乡村旅游点的整体环境相协调。

4.6.1.2 餐饮服务设施与接待游客数量相适应，能提供当地特色菜肴，且品种丰富，特色鲜明。

4.6.1.3 餐饮设施设备完好，有完善的防蝇、防尘、防鼠及污水处理设施。餐（饮）具配套并符合卫生要求，有消毒专用设备。

4.6.2 餐饮服务

4.6.2.1 厨房工作人员和服务人员持有卫生部门核发的《健康证》，工装整洁，具备基本服务技能。

4.6.2.2 食品原料和食品加工过程符合食品卫生法的要求。

4.6.2.3 有健全的食品卫生管理制度，配有食品卫生管理人员，加强食品卫生检查。

4.7 购物与特色活动

4.7.1 旅游购物

4.7.1.1 购物摊点布局合理，证照齐全，管理有序。能提供旅行日常用品、旅游纪念品、土特产品的销售服务。

4.7.1.2 旅游商品有本地区特色，无假冒伪劣商品，不欺客宰客。

4.7.2 特色活动

4.7.2.1 乡村旅游点能提供具有当地特色的活动项目，能充分体现当地农业和农村民俗特点，游客参与性强。

4.7.2.2 乡村旅游活动项目区域具有充足的活动空间，功能完善。项目布局合理，表演、体验等活动能有机结合，协调统一。

4.8 安全管理

4.8.1 乡村旅游点建立健全的安全管理制度，各岗位安全职责明确并切实可行。

4.8.2 乡村旅游点有足够的消防、防盗、救护等设备且完好有效。安全人员经过培训，具有应对紧急情况的基本知识与技能。

4.8.3 乡村旅游点建有相应的医疗设施，配备医务人员和常用药品。

4.8.4 乡村旅游点内的危险地段标志明显，防护设施齐备有效。

4.9 乡村旅游管理

4.9.1 乡村旅游点建有专职或兼职的旅游管理机构，做到职责明确，管理有效。

4.9.2 乡村旅游点各项制度健全，简洁实用，公开透明。

4.9.3 设有面向公众公示的旅游咨询电话和投诉电话，做到接听及时。

4.9.4 有介绍乡村旅游点区位概况及活动项目等内容的宣传册。

4.9.5 旅游管理机构定期对从业人员进行培训，做到举止文明、热情服务、诚信经营。

5 本标准自下发之日起试行。本标准由河北省旅游局负责解释。

附录四　休闲农业与乡村旅游经典案例

案例一：广东梅县雁南飞茶田度假村

梅县雁南飞茶田度假村位于叶剑英元帅的故乡——广东省梅县雁洋镇，总面积450公顷，广东宝丽华集团公司饱蘸着祖国茶文化，在青山绿水间浓墨重彩挥洒而就的融茶叶生产、加工和旅游度假为一体的山区"三高农业""生态农业""旅游农业"的开放型旅游度假区。雁南飞茶田把农业与旅游有机结合，融茶叶、水果的生产、生态公益林改造、园林绿化和旅游度假为一体的生态农业示范基地和旅游度假村。

雁南飞茶田度假村按照"茶田风光、旅游胜地"的发展方向，营造浓厚的茶文化内涵并融客家文化于其中，既有自然风光，又有农业开发、度假功能。在弘扬茶文化方面，创造出了一个新的模式。雁南飞茶田度假村先后荣获国家AAAA级旅游景区、全国农业旅游示范点、全国高产优质高效农业标准化示范区、全国青年文明号等20多项荣誉称号。

案例二：广东顺德长鹿休闲度假农庄

广东顺德长鹿休闲度假农庄建于2002年，现为全国农业旅游示范点及国家AAAA级旅游景区。长鹿农庄是一个集岭南历史文化、顺德水乡风情、农家生活情趣，以吃、住、玩、赏、娱、购于一体的综合性景区，是休闲娱乐、旅游度假、商务会议的最佳场所。

广东顺德长鹿休闲度假农庄主要由"长鹿休闲度假村""机动游乐主题公园""水世界主题公园""农家乐主题公园"和"动物主题公园"五大园区组成，各具特色，精彩纷呈。

吃：岭南特色农家美食。

住：超五星级湖景别墅。

玩：游乐城、欢乐岛主题乐园。

赏：农家五绝表演。

娱：度假村KTV、原始部落、瀑布游泳池、药浴温泉。

购：特色购物一条街，汇聚东西南北地区各种驰名特产。

案例三：四川成都花舞人间

成都花舞人间是由华西希望集团斥巨资兴建的四川希望农业科技博览园。"花舞人间"承载着希望事业创始人陈育新先生对中国农业的深刻理解、无比热爱和矢志追求。集试验示范、生产经营、科普旅游、观光健身、休闲娱乐、生态环保等功能于一体的都市农业主题公园,引领中国农业旅游的新时尚。

海茶楼:毗邻悠久的老君山,一边是葱绿的松柏环绕,一边是云海的碧水波澜。远处连绵起伏的山峦带来心旷神怡的心情,游客悠然自得地喝着香浓的茶水,喜笑颜开地打着棋牌,美好的景象让游人久久难忘。

杜鹃长廊:依山而建,长达400米,两旁遍植各种杜鹃,一路拾级而上,既可得登山之乐,又可得赏花之趣。廊内还刻有包括诗仙李白、诗圣杜甫及唐玄宗李隆基在内的历代名人咏新津的诗句。一路曲折走来,几千年的"五津风烟"似在眼前,不由得令人感慨万千。

樱花湖:樱花湖是花舞人间五湖之一,形状酷似水鸟,坐落在半山腰,与506小道接壤。湖边种有日本樱花,每逢四月,樱花盛开,粉红色的花蕾好像天边淡淡的云霞,微风吹过,片片花瓣飘落入水,樱花雨的浪漫和美轮美奂景致让人久久驻足观赏,不愿离去。

雾海:蒙蒙细雨之中,青山似在云彩间如仙女般飘来飘去,被青山绿水环抱的"雾海"中央,还有另一奇观"升降舞台"。以山作景、以天作幕的"升降舞台",为仙女展示楚楚动人的歌舞搭建了一个绝无仅有的舞台。

二十四池:一亩池由8个圆形水池组成,每个水池的水域面积均为一亩,因而得名"一亩池"。水池中种有荷花,每逢七月,荷花盛开,把8个水池装扮得更加缤纷美丽。水池周围种植有桃树,当桃花烂漫时,更是休闲、照相的好去处。每棵桃树分叉均在2米以上,夏天不仅遮阴挡雨,还能方便游人在里面自由活动,露营赏荷花。

九十九级瀑布:九十九级瀑布由宽2米落差1米的水台构成。瀑布水面如丝绸般平滑,晴空之下,"九十九级瀑布"犹如高悬在大地之上的明镜,令人叫绝。沿着这条石阶路登山健身,一路拾级而上,眼前是青山绿水,两旁是溪水潺潺,得悟"人往高处走,水往低处流"之妙。

同心潭:是"人间印象"的核心景点,由多层同心坏形水道组成,游人在此既可休闲、聊天、逗鱼,又可享受"山不转水转"的乐趣。其中的"时空环道",内侧由365块条石组成,寓意365天,每块石头上铭刻着"历史上的今天",游人可在上面"看生日、看大事、看如水时光";外侧亦由365块条石组成,上面标明了成都、四川、中国、世界共365个城市的地理位置,游人可在上面"找家乡、找方向、找无限空间。"

情人之舟:一座山被顺势巧妙地打造成"情人之舟",其船形外观及其旁边无数的玫瑰花,以此为背景来拍摄婚纱照或举办婚礼,堪称一绝。在青山碧水、蓝天白云、和风丽日的见证下,在鲜花、美酒、掌声的环绕中,挽着情人的手,缓缓走过红地毯。

案例四：广东深圳青青世界

青青世界是一家以休闲度假为主题的观光农场，为"鹏城十景"之一。园区占地面积约20万平方米，景区分为侏罗纪公园、蝴蝶谷、瓜果园、陶艺馆、园艺馆等，另建有欧陆风情的木屋别墅、中餐厅、游泳池、钓鱼池等。

园中的游乐项目有制陶、垂钓、蜡雕、手工纺织、编织中国结、城市农夫、制作唐三彩、陶版画、蜡染等，妙趣横生，锻炼游客的动手能力。此外，游客还可以参加足底健康步道、惊险吊桥、果汁屋、蝴蝶谷、茶寮、烧烤场等娱乐设施中的各项活动。

青青世界为游客提供全木结构的半山度假木屋和海景酒店客房，客房设施都按四星级标准建造。园内的餐厅主要提供台湾菜和粤菜，此外也有商务套餐和快餐食品。瓜果公园内设的"城市农夫"自留地，给游客提供一个自身体验农村生活，亲手耕种的机会。一块2平方米的土地，租金580元/3个月，在租用期间，凭地契一家三口（2大人1小孩）可随时免费入园耕种。瓜菜成熟，摘回家细细品尝，真是别有一番心情。

案例五：江西乡村旅游与休闲农业示范点简介

江西作为国家粮食主产区，在全省发展绿色农业的基础上，实现"生产、生活、生态"三生结合。按园林、山水观光组合模式规划兴建，打造油菜花海、樱花隧道、菊花小径、莲花池塘等农业景观带，展现江西乡村淳朴自然风光。作为全国最大的脐橙产区，借助品牌农作物赣南脐橙的影响力，以及赣北早熟梨、葡萄、枇杷、蜜橘等知名蔬果，实现四季瓜果不断，提升乡村旅游竞争力，进行品牌产业文化建设，扩大宣传，开展采摘体验观光、蔬果品鉴会、摄影展等活动。利用现代农业进行栽培技术展览，到菜园赏识，让游客参与水稻、草药、茶叶等农作物的育苗、栽种、抓虫、整田、收割等不同时节的农事体验，解决"吃米不知稻谷样"的问题，定期举办播种、农收等庆典活动，介绍传统农具，让游客体验踩水车、乘牛车、摇风车、打年糕、推石磨、喷农药等活动，体验农具的智能储管箱等智能化农业生产活动。进行农产品自销，发扬原汁原味土家饮食文化。

1. 世外驿站生态观光旅游度假山庄

世外驿站生态观光旅游度假山庄坐落于安义县石鼻镇东南500米处，经湾里区红星乡到南昌仅30千米，只需18分钟车程，交通十分便利。作为安义古村群的配套项目，是一处环境优美、风景宜人的特色休闲农业经营点，建有耕种区、原生态林带疗养区、茶花观赏园、四季花果采摘区、野生区、度假中心区、水上运动区等不同功能体验区，获得三星级农家旅馆、自驾游基地的称号，是安义乃至南昌地区发展休闲旅游业的农业龙头企业之一，南昌市乡村旅游示范点。世外驿站按照"餐饮休闲，特色种养"的定位经营，遵循"餐饮+农业+旅游"的生态业模式，以农业种养为基础，餐饮游乐为核心，以观光休闲为重点，构建层次清晰的生态休闲观光农业。现已完成了1 300平方米餐饮服务中心建设，按农家三星级旅馆标准进行装修，室内日用设施一应俱全，拥有独立的中央空调、互联网接入口、平板电视等，水上娱乐、休闲健身场所、多媒体会议中心楼、农家旅馆等区域已建设完成并投入使用。景区内还有江西省最大的安义纯种瓦灰鸡养殖场、水上垂钓区、果园、耕种区，为游客提供了一个自然、清新的娱乐、垂钓、采摘场所。

"世外桃源、快乐驿站"正如对它名字的解读一样，加上景区便利的交通、舒适的环境和良好的景观设计，世外驿站目前已初步成为集观光旅游、休闲度假、商务会议、餐饮住宿、健身娱乐、采摘垂钓于一体的生态会所，是休闲、旅游、餐饮的好去处、令人向往的原生态"参与型农家乐"。

2. 复合立体茶园

在同一片茶园里以茶树为主要物种，通过实施立体复合栽培，人为地创造多物种并存的生态环境，在茶庄边的养生河上放养鱼苗与原有的野生鱼共成长，也为茶叶生长提高肥料，打造茶叶绿龙景观带，在茶园点缀客家民居。游客可参观立体生态作业环境，自摘、自做茶叶，掌握茶叶种植和沏泡技术，可观看制茶和茶道表演、享用茶膳。发展育苗、种茶、制茶、销售一条龙产业链。同时融入热情好客的客家文化、当地独特的书院文化等，与旅游文化结合，展示高雅环境与艺术。以茶为媒发展乡村旅游业，利用副产品进行土法造纸等变废为宝的活动。

婺源金山生态茶业观光园是为响应"发展文化与生态旅游"号召，适应都市人渴望闲适、恬淡的田园生活而建的集有机茶生产和旅游观光于一体的生态茶业观光园，生态茶业观光园区内现有有机茶700多亩，所生产的有机茶已获得欧盟有机监测机构认证，现已创出了"金山"这一国内外知名品牌。茶园四周林木苍翠，青山绿水，与白墙黛瓦的茶庄相映生辉，体现出了江西人文与生态和谐美的统一。在复合立体生态茶园的建设方面，观光园在茶园顶部种植防护林，在茶园中道路两边及周围种植隔离带，在底部种植林木或果树，形成一个有三层空间的结构模式，通过实施立体复合栽培，人为地创造多物种并存的生态环境，使茶树生长与茶园生态和谐统一，是保持茶叶可持续发展的栽培模式。除了以绿代表的婺源绿茶最出名外，观光园内的荷包鲤鱼、龙尾砚台、江湾雪梨也久负盛名。婺源金山生态茶业观光园现已成为茶文化展示、游览观光、休闲度假、净化心灵的佳地。

3. 湖岛生态渔村

依托生态林、淡水湖等生态环境，在湖畔渔村不仅可以欣赏渔舟唱晚的美景，还可以开展休闲垂钓，看鱼翔浅底，同时推广驿前鱼钩、饶州鱼卡等江西传统渔具；利用虾蟹、甲鱼莲、荸荠、菱角等水生动植物让游客参与培植，而后作为美食呈现，对水獭、白鳍豚、长江江豚等珍稀动物进行喂养和科普教育。引入稻田养鱼的生态循环系统，凸显稻饭鱼羹的饮食文化、推出不同档次的钓宴；发展水上娱乐项目，打通湖岛连线，利用不同的空间格局开展游览休闲活动，建设水生态健康会所。

都昌县矶山生态鱼庄是都昌县首家综合性休闲生态鱼庄,位于风景秀丽的矶山湖。鱼庄南面有江西省第一座风力发电场——矶山湖风力发电场;北面是一眼望不到头的矶山湖水产场标准鱼池。该鱼庄总占地300余亩,拥有15个标准精养鱼池,一幢餐饮服务楼,一个生态养猪场,一个生态养鸡场及数亩菜地,以水产养殖、休闲垂钓为主营,兼营餐饮旅馆、蔬菜种植和畜牧养殖。鱼庄餐饮服务楼内餐厅、棋牌室、会议室、歌厅、休息室一应俱全。完全可以满足游客垂钓、娱乐、餐饮、休闲观光的需要,是一处乡村旅游的好地方。同时,它以"生态、健康、环保、实惠"为经营宗旨,吸引了一大批的游客来这里休闲、游玩、观光、垂钓。同时农副产品基本上自产自销,食品安全有保障。鱼庄现已被评为江西省AAAA级乡村旅游点。

4. 百草养生庄园

药疗理疗成为时尚的趋势为宜春发展乡村温泉百草养生带来了不可多得的机遇。宜春的温泉富含20多种对人体有益的微量元素,尤其含有被称为"生命的火种""长寿元素""抗癌之王"的"硒",用含硒温泉泡脚有养生保健的疗效,温泉水不含硫黄素,无色无味,口感极佳,可以饮用。游客如果能经常享受温泉水的滋养也能像当地人一样实现延年益寿的美好愿望。此外千年药都樟树,拥有一流的制药技术,药材齐全。中药材可以泡茶、做菜、制酒,为养生庄园的药疗、药膳奠定了良好的基础。

中国古海位于千年药都江西樟树,离樟树城区约4千米。在1亿4 500万年前,江西原是一片浅海。地壳运动把江西变成了高山深盆,而樟树正处于盆地中央,所以周边残留的海水都不断往樟树这一深凹迁移汇集,在长期干旱的气候条件影响下形成了沉积盐矿床。后来,地壳运动把这个沉积物质丰富的盐矿床埋到了千米地下,形成了岩盐矿。古海养生旅游度假区以山水生态的自然资源为基底,结合樟树地下蕴藏亿万年的盐卤资源,集中独具地方特色的药、酒、盐等养生文化资源,打造东方古海养生旅游区、芳香植物养生度假区、千年药都文化体验区、国际养生运动休闲区、世界养生文化体验区五大景区,为游客提供多维度养生产品。这里是世界第一家以古海为核心资源的养生旅游综合体,世界第一个倡导"养生旅游、旅游养生"理念的旅游目的地,也是世界首创的古海养生模式。如今,旅游加养生的新型发展模式、国际顶级水平的硬件设施、全方位的人文关怀,使其成为国内规格最高、系统最完善、文化内涵最深刻的古海养生目的地。

5. 综合度假酒店

丛溪庄园坐落于中国最美乡村——江西婺源丛溪漂流景区,是由婺源县丛溪漂流旅游发展有限公司投资兴建的一个自然生态旅游度假区。庄园整体以徽派建筑风格沿丛溪河两岸建造。走进庄园移步换景,楼台亭阁,飞檐翘角、粉墙黛瓦掩映在青山绿水之中;举目环视景色宜人,田园风光、鹰飞鱼跃、四季花景如临世外桃源之境。丛溪庄园集养生度假、餐饮住宿、会务接待、品茶会友、激情漂流于一体,建有高中档客房、丛溪食府、多功能会议厅和风格独特的棋牌室、茶廊、茶艺中心、艺术创作中心等。丛溪庄园以自然生活、源于自然为经营理念，为都市人找到了梦想中的家园。庄园在着力打造自然生态和人文景观的同时，餐饮服务上以有机、绿色、健康、环保为宗旨，崇尚绿色健康，打造安全餐饮，确保所有原料全部源于生态、有机的天然食品。在管理上注重人性化管理、强调个性化服务、突出健康时尚消费。丛溪庄园以其优越的区位优势、优美的自然生态环境和提供优质的服务、健康时尚的消费理念填补了婺源乡村休闲观光旅游、养生度假市场的空白。

6. 野趣探险营地

九天生态旅游景区位于宜丰县西北部国家级官山自然保护区西麓，景区距离大广武吉高速和昌铜高速天宝互通枢纽仅 3 千米，交通畅通便利。主要内容有峡谷漂流、峡谷溯溪探险、山岳景区生态公园、拓展野战、旅游接待中心、休闲及星级度假山庄、产权公寓及其他与之相配套的项目等。现已成为集旅游度假、休闲养生、高档娱乐、旅游地产于一体的国家 4A 级旅游景区和全国农业旅游示范景区。九天生态旅游景区是江西水质最好，水量最充足，植物最完好的自然生态旅游区。溯溪探险，风景秀丽怡人，被誉为江西最漂亮好玩的溯溪线路。一谷一新景，九曲藏千画，"奇、野、险、情"独特风韵，堪称一绝，在跌宕起伏的溯溪中体验生命的动感，在一泻千里的峡谷中享受乐趣。九天旅游区周边还有野战、九天高山拓展、九天溯溪探险等惊险刺激的项目供游客挑战自我，又有天宝古村、曹洞宗祖庭洞山古寺、临济宗祖庭黄檗山古寺、东方禅文化园等文化景观，可以进行文化熏陶、陶冶情操，还有古树群、潭山温泉、中国竹博园等自然景观，供游客饱览美景，被誉为"江西西部后花园"。

7. 禅道静休社区

在江西，佛寺道观星罗棋布，禅道文化融会贯通，将农耕与禅意、道术结合，实现了自力更生、脚踏实地与觉悟自性、静默直观的有效结合，打造禅道农耕文化静休体验社区，集观光、会议、休闲、度假、种植、加工、服务功能于一体，实现"农产品种植加工、禅道旅游吸引物、文化创意产业"三大产业集聚，也提供了养生养老、度假休闲的最佳去处。在园内修建了循环道路，建有部分游步道、观景亭、休闲木屋等，让游客可以聆听唱经、传道，感悟人生。

八百洞天旅游风景区号称"中国一绝，华林奇洞""江南奇观，古滕荧火""世外桃源、天然氧吧"，它位于华林山李家岭半山腰，距离南昌 100 千米，全程国道，交通便利。山上有一石洞群，天然堆积，洞洞相连，环环相扣，是一个天然迷宫。主峰海拔为 589 米，地形险要，惊险刺激，峰顶风光无限，古木参天，如入仙境。景区以道教养生文化为内涵基础，是聚福气和灵气的风水宝地，教化着人们认识真、善、美和上善若水、厚德载福的生续延寿之道。景区共分为 3 部分：李八百奇洞景观区，适合中青年；瀑布荧火奇观区，适合中老年；休闲垂钓区，适合所有人群。已开发最具原始风貌的景点 20 个，另有依湖而建的接待中心，可一次性容纳百人吃、住、玩；傍山而立的小木屋，冬暖夏凉，令人体味深山而居的静谧，超然惬意。纯绿色山野饮食,更为游客提供了品味山间美色,享受浪漫人生的便利。

8. 红色怀古公社

这种类型的乡村旅游主要是由政府主导,进行根据地参观,红色教育,举办红色文化节,具体活动例如开展"缅怀革命先烈、传承红色精神"纪念仪式、"重走红军路、当好接班人"登山活动和军事训练射击体验活动等,不仅吸引省市县相关部门的负责人,也吸引参加红色教育的中小学生和参与体验的户外运动爱好者。

永新是井冈山革命根据地的重要组成部分,是闻名于世的"三湾改编"和"龙源口大捷"发生地,现存革命遗址470多处,红色资源十分丰富。永新县建设的红色主题公园——三湾公园,是江西省首家红色旅游主题项目,占地面积达8.9万平方米,整个公园红、绿、古交相辉映。公园内既有刚建成的贺子珍纪念馆、将军雕塑广场、三湾改编等重大历史事件浮雕长廊,又有亭台楼阁仿古桥;既有灵动的溪水,又有参天古树和茵茵绿草,绿地面积达4.3万平方米,绿化率达71%,到处充满生机和活力。充分利用声光电、幻影成像、人造雨雾和气味等现代科技手段,生动再现贺子珍和开国将军们的英雄风采。同时,完善充实三湾改编纪念馆、秋溪党支部陈列室、革命烈士纪念馆、湘赣革命纪念馆等红色纪念馆的文物资料。三湾公园的建成开放,让永新百姓有了一个休闲、娱乐和受教育的好去处,也为游客增添了一个红色新景点。

9. 文化演绎学院

按照风水八卦运行规律演绎,按照天干地支的布局建造,传递八卦文化。推出白天和夜间表演,推广地方特色饶河戏,复原祭祀祖先、聚集议事、娱乐庆典的传统活动,将庐陵文化、临川文化、农耕文明、商贾文化等以实景的方式展现给游客,增加夜间消费和文化体验。建造工艺博览长廊,展示景德镇陶瓷、木雕、夏布刺绣等江西特色手工艺品,游客可以由村民指导亲手制作喜欢的工艺品。打造文化地产、景观地产、书屋书院等地产形式,以新型文化休闲打造新颖旅游产品体系。围绕赏酒、品酒、藏酒的酒文化三大主题,建成了酒文化展览、酒类品尝、传统酿造工艺演示、酒类工艺品艺术创作等功能区,实现以酒会友,活化客家文化的目的。

栗园围位于江西省赣州市龙南县里仁镇栗园村,是龙南县最大的客家围,属中华客家第一大围屋。栗园围是一座八卦围,按八卦演化在东、南、西、北四个方向均建有围门,围内有围中围,围屋建筑规模宏大,风格迥异,生活设施布局科学。围内主要建筑布局以"一祠三厅"为核心,气势甚为恢宏,堂内雕梁画栋,镂刻斗拱,大堂顶部清晰可见的历史故事彩画见证了其浓厚的文化气息和悠久的人文历史。栗园围不仅具有客家围屋普遍具备的防御功能,而且依风水原理布局建宅,增强了生产、休闲、文教功能。古老的建筑和人文景观提供了后人观赏追思的历史遗物,从围屋建筑中那些高超奇特的规划、设计、布局,游客可以感受到客家围屋的自然风貌和历史变迁,感受到深厚、浓郁的客家文化,感受到客家人的聪明才智。

10. 民俗风情小镇

展现江西独特的古村落、古建筑、古弄民宅风格样式，将畲族、瑶族的民族元素融入景观、建筑设计之中，在小镇进行绣帕、彩带、竹编、印染、织锦、雕刻等的现场制作，与游客实现直接对接；展现青蓝色麻布特色服饰；现场演绎山歌民歌、舞蹈，传统节庆活动实景展示，例如抛花包等传统民族技艺和婚俗活动；推广畲族射弩、武术、点穴、医术等功夫和绝技，现场进行绿曲酒的酿造，展现独特民族美食文化，传递传统自然健康的生活理念。进行民族土特商品开发与销售。实现品民族美食、看民族绝技、赏特色农业，有浓郁民族文化韵味的新月畲族民俗村，是江西省几个为数不多的少数民族居住地之一。该村以发展乡村旅游为主导，配套发展苗木、旅游商品开发，建设有民俗表演厅、游客接待中心、星级农家旅馆及特色餐饮、土特商品开发等产业。近年来该村围绕"生态立县、绿色发展"战略，坚持以创建文明小康村为着手，精心培养特色产业，把目光瞄准山上、山外，做起了"山"文章，积累育苗经验，苗木面积不断扩大、品种不断更新。

案例六：国家级田园综合体项目简介

1. 广西南宁"美丽南方"田园综合体

南宁美丽南方入选国家田园综合体试点，获得 2017 年国家农业综合开发田园综合体建设试点财政补助资金 5 600 万元。美丽南方田园综合体规划方案为：以美丽南方丰富的农业资源、产业基础、特色村落、传统文化为依托，以农业综合开发项目为抓手，完善生产、产业、经营、生态、服务和运行六大功能体系，实现生产生活生态"三步同生"、一二三产业"三产融合"、农业文化旅游"三位一体"。

此外，美丽南方田园综合体拟将规划区设计为"一轴两翼三带八区"的总体布局结构。"一轴"即沿 005 县道的园区交通和发展主轴，将园区各主要功能片区、景观节点和特色村落有机整合，形成完整的田园综合体；"两翼"以 005 县道为界，将园区分为南北两翼；"三带"即依托园区农田、村落、水系、山地，形成三条重要的农业休闲观光体验带；"八区"包括创意农事体验、智慧农业展示区、高效农业集中区等八个功能分区。

2. 内蒙古乌审旗巨力田园综合体

巨力田园综合体项目由中国信达资产管理股份有限公司内蒙古分公司、深圳前海凯信佳业资产管理有限公司和内蒙古华中生态建设有限公司共同出资建设，项目位于图克镇 313 省道两侧，计划投资 16 亿元，建设期为 3~5 年，以"智慧、生态、循环、高效、观光型"农业为发展方向，突出生态、循环与科技特色，以蒙元田园文化保护传承为核心，以现代智慧农业、生态循环农业、休闲观光农业、美丽田园为重点，辅以旅游服务设施、融产业、旅游、社区、人文功能，将园区打造成为"农业大观园、艺术新载体、生态会客厅、教育大教堂、科技孵化器"，引导当地农业供给侧结构改革，推动小城镇建设进程，实现人口、资源、经济、社会、生态环境和谐发展。

3. 广西田阳壮乡印象田园综合体项目

"壮乡印象·现代农业特色田园综合体项目"在广西百色市田阳县启动。项目以农业科技为主题，贯穿农耕、红色旅游、壮民族民俗民风等文化脉络，以农旅创意为特色，引进国际国内农业先进科技，致力打造广西特色现代农业的新典范。

"壮乡印象·现代农业特色田园综合体项目"由广西建工集团投资，总投资达30亿元，规划用地2 390亩。项目规划的主要空间布局为"一心一轴两环五区"："一心"指农业嘉年华核心；"一轴"为特色农业产业发展轴；"两环"为产业联动核心功能环和生态农业休闲景观环；"五区"为综合服务体验区、儿童科普教育区、农业嘉年华核心区、现代农业示范区和生态农业养生区。田阳是壮民族的发源地，是中国果蔬名县、第一个杧果之乡、全国无公害蔬菜生产示范基地、全国南菜北运基地，是中国面向东盟开放合作的前沿和西南出海大通道的重要交通枢纽，拥有水陆空"三位一体"的立体交通网络，具备发展新型高品位休闲体验农业的良好条件和优势。

4. 湖北襄阳中国酿造第一村

襄城区政府牵头，成都康子食品有限公司与隆中风景区共同签订战略合作协议，投资3亿元建设"诸葛酿"情景式酿造工坊旅游体验区以及诸葛酿品牌开发拓展项目，共同打造"中国酿造第一村"，使之成为湖北亮眼名片。景区将以三国文化为载体，打造一个集酿造原材料种植、生产、展示、体验、文博、技术保护、文化交流、中华料理、主题旅游等于一体的中国酿造第一村——中华手工酿造文化产业的田园综合体。

"诸葛酿"品牌与隆中风景区进行战略合作是因为三国文化渊源。湖北隆中是三国文化发源地，刘备三顾茅庐请诸葛亮出山之地，诸葛先生为蜀国大计鞠躬尽瘁，死而后已。诸葛亮无疑是隆中和成都的文化名片，本次隆中景区不仅将"田园综合体"落地，更集中体现了"三化合一"理念，开创场景体验式新型旅游形态，即"产业旅游化""旅游主题化""主题产业化"。隆中景区最突出特点是将文化与体验融入旅游，沉淀三国文化，打造中华手工酿造主题。人们置身于山水美景与浓厚文化氛围中，观摩参与手工酿造过程，品鉴中华料理，寓教于乐，乐在其中。这无疑将刮起场景体验式旅游风向。

5. 浙江绍兴"花香漓渚"田园综合体

按照"政府引导、市场主体、农民受益"的总体要求，花香漓渚以农业综合开发为平台，进一步加快土地流转进度，调整种植结构、提升花木档次，积极推进花市提档升级，引进一批优质农文旅类项目，补足现有花木产业集群发展相对滞后、村级集体经济相对薄弱、土地资源要素约束凸显等短板。

漓渚现有6个花卉专业村，250多家花卉企业，花木基地4万余亩，拥有绿化苗木、名优兰花等8大系列2 900个品种。未来几年，漓渚镇将全力推动试点各项工作稳步开展，将"花香漓渚"建成集休闲农业集群发展区、宜业宜居宜游美丽新家园、品质型高效生态农业样板区、高水平建成全面小康社会的示范区等为一体的田园综合体，着力打响"花木集群看漓渚""高端兰花看漓渚""全域美丽看漓渚"的三张金名片，为全国田园综合体建设创造更多经验。

6. 云南保山隆阳区田园综合体

保山市隆阳区强力推进万亩生态观光农业园，引领区域传统农业向生态观光农业、休闲农业转型，形成四季有景、色彩缤纷的农业观光画卷，打造集农业观光、休闲娱乐、传统文化展示于一体的生态观光农业园。

项目涉及隆阳区河图街道、金鸡乡 2 个乡镇（街道）、11 个村（社区），概算总投资 41 亿元。围绕万亩生态观光农业园功能定位，未来将以"菜、花、果"为生产核心，着力打造"滇西花篮·锦苑·花千谷""滇西果篮·万家欢·果山""滇西菜篮·晨农·馋滇菜"的"云花、云果、云菜"三大名片。项目包含"五区一村落"（花卉产业区、水果产业区、蔬菜产业区、华大智慧农业科技示范区、优质粮食生产区，12 个田园特色村庄）于一体的田园综合体，将农业生产与乡村旅游、文化创意、康体养生、科普教育深度融合，实现一二三产业融合发展，农业文化旅游整体推进。

7. 广东珠海斗门区岭南大地田园综合体

该项目以石龙村为核心区，覆盖东湾和下栏两个行政村片区，总面积 17 000 多亩。项目以岭南文化为魂，以富民为本，以发展高端现代农业为核心，以文化和科技体验为脉络，以绿色生态科创教育为载体，打破原有单一农业种植局面，以"生产、生活、生态"为一体，开启一二三产业循环发展的现代农业大产业，打造一个宜农、宜文、宜教、宜居、宜购、宜养、宜乐、宜游的国家级田园综合体示范项目。项目将分三期开发：第一期是花田喜地，第二期是岭南水街和农业庄园，第三期是养生度假区。

8. 四川绵阳禅茶小镇田园综合体

平武禅茶小镇乡旅综合体项目位于四川绵阳平武县豆叩镇堡子村。平武禅茶小镇田园综合体项目位于以"国家羌族文化生态实验区"为载体开发的清漪江流域，该地区具有悠久的茶历史。项目分三期开发，预计总投资 5 000 万元。重点面向绵阳、成都、四川等区域层次游客市场，打造集乡村休闲旅游、禅茶文化体验、精品民宿酒店、健康管理服务、禅茶产品等功能复合的田园综合体。

项目的所属区位将成为平武乡村旅游重心，离规划中的平武绵阳高速出口约 10 千米，未来豆叩镇也将是平武在绵九高速历史文化轴上重要门户，有自身突出的自然生态资源、茶文化以及丰富的历史文物资源。尊重原有的建筑布局，主要以当地石材对外立面进行处理，另外以木与竹元素进行装饰，并挖掘当地羌族特色加以利用。

9. 黑龙江佳木斯富锦田园综合体

佳木斯富锦市将结合辖区内万亩大地块的地理、生态优势，建设以稻田文化为主题的田园综合体，以"大地艺术""空中观赏""体验互动""科普拓展""休闲娱乐"为构成版块，意在通过产业的相互渗透和融合，把休闲农业、养生度假、文化艺术、农业技术、农副产品、农耕活动等有机结合起来，拓展现代农业原有的研发、生产、加工、销售产业链，使传统的功能单一的农业加工及加工食用的农产品成为现代休闲产品的载体，发挥产业价值的乘数效应。富锦大地块还将打造植物迷宫、海稻水世界、稻草人王国、黑土泥浆等多项景区建设，利用观光农业把大农业的生态资源优势推向全国，更好地卖出富锦的农产品，形成富锦市绿色食品、绿色产业的集聚融合。

10. 山东临沭山里村特色田园综合体

山东省临沭县山里村特色田园综合体以戴河旅游发展轴为主体，以金正阳农业园、核桃园等现代农业产业带和草山茶叶园等传统农业为两翼，构建一体两翼的科学发展格局。山里村特色田园综合体将整个综合体项目区划分为五片区：草山裸心茶社品茶园区、金正阳休闲农业园区、戴河茶品交易园区、马山家庭农园区、山里传统村落园区，将旅游业、农业、种植业有机融合，实现山里村经济的可持续发展。根据山里村一河、两村、三山、五坡的地形地貌条件，以及青山绿水、有机农业、传统村落、宗族文化的资源禀赋特点，当地实施以现代农业、宗族文化、休闲养生、古村落回忆、有机农庄为主题的近郊生态休闲精品乡村旅游，以全面突出"乡土山里、田园人家"特色。

参考文献

白然. 2016. 全域旅游视角下承德市乡村旅游发展路径研究［J］. 旅游纵览（下半月）（7）：91.

北京市旅游发展委员会. 2019. 北京市旅游发展委员会网站［EB/OL］. http：//www.visitbeijing.com.cn

戴斌，杜江，乔花芳. 2010. 旅行社管理［M］. 北京：高等教育出版社.

董正秀，周晓平. 2011. 乡村旅游品牌战略研究——以苏南为例［J］. 改革与战略（6）：56-58.

冯清. 2008. 乡村旅游品牌化战略初探［J］. 现代经济（6）：104-105.

复学英. 2015. 新农村建设视阈下乡村旅游研究［M］. 北京：中国社会科学出版社.

龚斌. 2013. 中国人的休闲［M］. 北京：文津出版社.

郭焕成，韩非. 2010. 中国乡村旅游发展综述［J］. 地理科学进展，29（12）：1597-1605.

郭盛晖. 2016. 中国旅游资源赏析与线路设计［M］. 北京：北京理工大学出版社.

何玮. 2011. 基于环境保护理念的乡村旅游可持续发展研究［J］. 长春理工大学学报（10）：57-58.

河北省秦皇岛市人民政府. 2019. 秦皇岛市人民政府网站［EB/OL］. http：//www.qhd.gov.cn.

河北省唐山市人民政府. 2019. 唐山市人民政府网站［EB/OL］. http：//www.tangshan.gov.cn.

胡婕. 2016. 新时期乡村养老旅游产业发展对策分析［J］. 旅游纵览·行业版（11）：58.

黄顺红. 2015. 乡村旅游开发与经营管理［M］. 重庆：重庆大学出版社.

黄蔚艳. 2007. 乡村旅游市场可持续发展的经济学分析［J］. 生态经济（学术版）（1）：244-247.

贾荣. 2016. 乡村旅游经营与管理［M］. 北京：北京理工大学出版社.

雷晚蓉. 2012. 乡村旅游资源开发利用研究［M］. 长沙：湖南大学出版社.

李金早. 2015-8-21. 开明开放开拓迎接中国"旅游+"新时代［N］. 中国旅游报.

李鸾莉，王灿. 2015. 新型城镇化下我国乡村旅游的生态化转型探讨［J］. 农业经济问题（6）：29-34.

李庆雷，李芳. 2016-2-29. 情感旅游的理论研究及启示［N］. 中国旅游报，（C02）.

李天元. 2011. 旅游学［M］. 北京：高等教育出版社.

李振海. 2015. 国家旅游局局长李金早为旅游业发展绘制前进路标［J］. 旅游时代（2）：6-7.

刘翠. 2008. 休闲旅游文化基础［M］. 北京：清华大学出版社.

骆高远. 2013. 旅游资源学［M］. 杭州：浙江大学出版社.

吕春莉. 2016. 乡村旅游的环境保护问题探析［J］. 中国市场（7）：180.

马波. 2007. 中国旅游业转型发展的若干重要问题［J］. 旅游学刊，22（12）：13-14.

潘鸿雷，蔡蓉蓉，徐子琳. 2012. 城乡统筹背景的南京乡村养老旅游产业探索［J］. 江苏商论

(2): 120-122.

秦学. 2013. 和谐文明视域下休闲文化与生活风尚建设理论与实践 [M]. 北京: 科学出版社.

孙丽坤. 2009. 新农村建设与辽宁乡村旅游品牌化战略初探 [J]. 生态经济 (10): 411-414.

陶玉霞. 2015. 乡村旅游根性意涵的社会调试与价值重建研究 [J]. 人文地理 (5): 117-125.

天津市旅游局. 2019. 天津市旅游局网站 [EB/OL]. http://www.tjtour.cn.

王德刚. 2010. 乡村生态旅游开发与管理 [M]. 济南: 山东大学出版社.

王鑫. 2016. 乡村旅游信息传播的媒介探究 [J]. 文艺生活·文艺理论 (3): 267-268.

王煜琴. 2013. 模拟导游 [M]. 北京: 旅游教育出版社.

王云才, 许春霞, 郭焕成. 2005. 论中国乡村旅游发展的新趋势 [J]. 干旱区地理, 28 (6): 862-868.

许黎, 曹诗图, 柳德才. 2017. 乡村旅游开发与生态文明建设融合发展探讨 [J]. 地理与地理信息科学 (11): 33-35.

许秀群. 2010. 我国新农村休闲文化的现状及其成因 [J]. 三农探索 (8): 51-52.

余宏宇, 余压芳. 2013. 贵州乡村旅游目的地的品牌形象识别与设计研究 [J]. 贵州大学学报 (艺术版) (2): 121-124.

张海珍, 盛学峰. 2019. 徽州文化研学旅行发展研究 [J]. 黄山学院学报 (4): 15-19.

张集良, 邬秋艳. 2009. 乡村旅游可持续发展的关键因子研究——以长乐村、宏村、三山岛为例 [J]. 旅游论坛 (6): 890-896.

张继涛, 郑玉芳. 2010. 新农村休闲文化建设探析 [J]. 湖北大学学报 (哲学社会科学版) (1): 87-91.

张建国. 2017. 乡村旅游开发与环境保护协同发展探讨 [J]. 理论探索 (10): 22-24.

张俊英. 2018. 民族地区乡村旅游发展现状与对策研究 [J]. 江苏商论 (4): 79-81.

中国国家标准化管理委员会. 2019. 中国国家标准化管理委员会网站 [EB/OL]. http://www.sac.gov.cn.

中国旅游研究院. 2019. 中国旅游研究院网站 [EB/OL]. http://www.ctaweb.org.

中华人民共和国农业农村部. 2019. 中华人民共和国农业农村部网站 [EB/OL]. http://www.moa.gov.cn.

中华人民共和国文化和旅游部. 2019. 中华人民共和国文化和旅游部网站 [EB/OL]. http://www.mct.gov.cn.

中华人民共和国中央人民政府. 2019. 中华人民共和国中央人民政府网站 [EB/OL]. http://www.gov.cn.

周红军. 2008. 论乡村旅游线路设计的原则 [J]. 农村·农业·农民 (A版) (5): 46-47.

周建明, 蔡晓霞, 宋涛. 2011. 试论我国乡村旅游标准化发展历程及体系架构 [J]. 旅游学刊, 26 (2): 58-64.